普通高中教育过程公平研究

The Research on the Process Equity of Senior High School Education

梁茜 著

中国社会科学出版社

图书在版编目（CIP）数据

普通高中教育过程公平研究 / 梁茜著 . —北京：中国社会科学出版社，2023.5

ISBN 978-7-5227-1620-6

Ⅰ.①普… Ⅱ.①梁… Ⅲ.①高中—公平原则—研究—中国 Ⅳ.①G632.0

中国国家版本馆 CIP 数据核字（2023）第 047970 号

出 版 人	赵剑英
责任编辑	彭 丽　李 沫
责任校对	李 莉
责任印制	王 超

出　　版	中国社会科学出版社
社　　址	北京鼓楼西大街甲 158 号
邮　　编	100720
网　　址	http://www.csspw.cn
发 行 部	010-84083685
门 市 部	010-84029450
经　　销	新华书店及其他书店
印　　刷	北京君升印刷有限公司
装　　订	廊坊市广阳区广增装订厂
版　　次	2023 年 5 月第 1 版
印　　次	2023 年 5 月第 1 次印刷
开　　本	710×1000　1/16
印　　张	23.75
字　　数	328 千字
定　　价	128.00 元

凡购买中国社会科学出版社图书，如有质量问题请与本社营销中心联系调换

电话：010-84083683

版权所有　侵权必究

出 版 说 明

为进一步加大对哲学社会科学领域青年人才扶持力度，促进优秀青年学者更快更好成长，国家社科基金 2019 年起设立博士论文出版项目，重点资助学术基础扎实、具有创新意识和发展潜力的青年学者。每年评选一次。2021 年经组织申报、专家评审、社会公示，评选出第三批博士论文项目。按照"统一标识、统一封面、统一版式、统一标准"的总体要求，现予出版，以飨读者。

全国哲学社会科学工作办公室
2022 年

摘　　要

　　教育对社会平等具有不可忽视的重要作用，人们在追求更高质量的教育的同时也无时无刻不在追求更高层次的公平。作为一种培养人的社会活动，教育是以"过程"的形式存在并展开的，过程属性是教育的基本属性。因此，对于教育公平的理解也应建立在"过程"的基础之上。瑞典教育学家胡森认为，教育过程是指学生入学之后所接受的教育的中间性阶段，过程公平意味着以平等为基础，根据不同学生的特点所采取的不同对待方式。本书认为，这种"平等基础上的差异对待"不仅指向狭义层面的师生交往，也涵盖了学生受教育过程中的资源分配和程序执行过程，正是这些过程描绘了学校教育的真实风貌，也构成了审视教育公平的具体情境。尤其是在当前我国高中入学率不断提升，绝大多数学生能够获得高中教育的"入场券"的前提下，学生是否能够进一步享有足够公平而有质量的教育过程亟须关注，基于此，本书旨在考察普通高中教育过程公平的实然状态和现实困境，以期为促进普通高中教育公平提供建议与思考。

　　基于对国内外相关教育公平理论的梳理，从公平的"维度—程度"视角来分析普通高中学校的教育资源分配过程、教育程序执行过程和人际互动过程，以平等对待、弱势补偿和差异引领三种层层递进的公平"尺度"来考量不同教育过程场域中公平的实现程度、困境表现及成因机制。在具体的研究范式中，将理论研究和实证研究相结合，力求在分析问题时使两者互为补充、互相验证，综合运用了文献法、问卷调查法、访谈调查法和比较法，对我国19个省份的1.5万余名普通高中学生进行了问卷调查，对60余名教师和学生进行了深度的访谈，结合理论研究与实证研究的资料，对我国普通高中教育过程公平的实然现状、群体间差异、公平困境、相关的影响因素和提升路径进行了较为全面和深入的研究。主要有以下研究发现。

第一，教育过程公平的程度在不同的区域之间、学校之间、班级之间和个体之间均具有显著差异。其中，学校之间的差异大于区域之间，个体之间的差异大于区域、学校和班级之间。由此可以推断目前我国普通高中教育公平的矛盾主要存在于生生之间和学校之间，对于公平的关注应从促进区域均衡逐渐转向促进校际均衡和提升学生的个体公平感。从公平的影响因素来看，当前普通高中教育过程公平受到"家庭资本"这一先赋性因素的影响较小，受到"学校资本"，包括师资水平、班级规模、学校层次、班级层次等因素的影响较大，同时，教师对学生的期望和学生个体的学习信念感对教育过程公平也有显著影响。

第二，在教育过程公平不同维度的表现中，分配公平中的资源配置维度、程序公平中的权利自主维度和互动公平中的差别对待维度的得分较低，结合访谈资料对于相关困境进行梳理，发现资源配置方面的困境表现为资源分配的不均衡、资源供给与需求之间的矛盾以及改革配套的资源补偿不足；权利自主方面的困境主要表现为程序设计和执行过程中的隐性分层以及学校对学生自主选择权的干预和剥夺；平等基础上的差别对待是当前普通高中教育过程公平主要的难点与痛点，研究结果表明囿于资源匮乏和理念偏差等原因，在学校内部的师生互动中，基本的"平等对待"问题尚待改善，基于不同学生个性和需要的"差别对待"更难以落实。

第三，受新制度主义理论的启发，普通高中教育过程不公平的困境成因可以归纳为规制性要素、规范性要素以及文化认知性要素。其中，规制性要素体现为缺乏多方参与和精准调研的"自上而下"

教育政策逻辑、"以县为主"的管理与财政体制的严峻挑战以及教师考核制度的负向影响；规范性要素体现为普通高中承担的功利性社会责任和舆论、学校管理者引领的"分数至上"的师生行为规范以及教育评价导向变迁的路径依赖；文化—认知性要素体现为学校内部的文化区隔、教师个人的公平理念、学生在教育过程中的消极参与等因素对于互动过程公平的消极干扰。

基于以上研究发现，从优化教育制度设计与执行过程、提升教育资源供给的质与量、以差异公平理念引领高中育人改革实践和重视学校内部的互动公平四个方面思考促进普通高中教育过程公平的可能性建议，综合制度公平、理念公平、资源公平和关系公平的视角，探索以教育过程公平理念指导普通高中教育在评价方式、资源供给方式、学校管理方式转型的可能性路径，为促进我国高中教育走向"公平而有质量"提供支持。

关键词：教育过程公平；普通高中；资源；制度；互动

Abstract

Education is a great tool to realize human equality. In all ages, individuals are pursuing better-quality education and higher level equity at the same time. As a social activity of cultivating people, education develops in the form of "process", and the process attribute is the basic attribute of education. Therefore, the comprehension of education equity should also be based on the "process". Husen, a Swedish educationist, first put forward the concept of equity of education process, which represents the intermediate stage of education that students receive after entering school. Specifically, it refers to the way based on equality to consider a different treatment according to each person's characteristics. Based on this point of view, this book further interprets the equity of education process as the fair treatment of students in the process of resource allocation, institution implement and interpersonal interaction. At present, the popularity of basic education in our country is high. Most of the students can get the "admission ticket" of school education equally, and creating enough wonderful "runway" for students has become the core of "fair and quality education". Based on this reason, this book discusses the related issues of education process equity.

Based on the discussion of the relevant theories of distributive justice, procedural justice and interactive justice, this study analyzes the process of educational resource allocation, educational procedure implementation and interpersonal interaction in the practice of educational reform in senior high schools from the perspective of dimension "degree" of equity, and considers different education with three progressive "scales" of equal treatment, compensation for the weak and difference cultivation. Among the specific research paradigms, this study combines the theoretical research paradigm and the empirical research paradigm to make them complement and verify each other in the analysis of problems. It comprehensively uses the literature method, questionnaire method, interview method and comparative method to design and verify the equity index system of the senior high school education process, which is more than 15 000 senior high school students in 19 provinces of China participated in the research and more than 60 teachers and students participated in the interview. Combined with theoretical research and empirical research data, this paper expounds the current situation, differences, difficulties and causes of the equity in the process of education in senior high schools, and puts forward relevant suggestions. The main findings are as follows:

Firstly, the differences of education process equity among different regions, schools, classes and individuals are significant. Among them, the differences between schools are greater than those between regions, and the differences between individuals are greater than those between regions, schools and classes. Therefore, it can be concluded that the current contradiction of education equity in senior high schools mainly exists between students and schools. The focus should be shifted from promoting regional balance to promoting inter school balance and enhancing students'sense of equity. From the perspective of the influencing factors of equity, the current equity of senior high school education process is less affected by the "family capital", which is a prerequisite factor, and more influenced by the "school capital", including teachers' level, class size, school level, class level and other factors. Meanwhile, teachers' expectations of students and students'individual learning beliefs also have a significant impact on the equity of education process.

Secondly, in the different dimensions of education process equity, the scores of resource allocation dimension, rights autonomy dimension and differential treatment are low, and the difficulties in resource allocation are manifested in the imbalance of resource allocation among different students and the dislocation between resource supply and actual demand of students. The dilemma of rights autonomy is that students do not have real autonomous rights in the process of choosing, schools tend to take utilitarian orientation to implement students choice rights under the idea of exam oriented orientation. Different treatment based on equality is the main difficulty and pain in the current high school education process equity. The research results show that in the interaction between teachers and students in the school, the basic problem of equal treatment remains to be solved, and the different treatment based on students personalities is more difficult to implement.

Thirdly, inspired by the theory of new institutionalism, the cause of the dilemma of the unfair process of senior high school education can be summarized as regulatory elements, normative elements and cultural-cognitive elements. Among them, the regulatory elements are embodied in the logic of "top-down" education policy, the severe challenge of "county-based" management and financial system, and the negative impact of teacher assessment system; the regulatory elements are embodied in the functional social responsibility of senior high school, the "score first" behavior norms led by school managers as well as the path of the educational the change of cultural educational evaluation orientation, the "score first" teacher-student behavior norms led by school managers. elements are reflected in the negative interference of the internal cultural separation of schools, the idea of teachers' personal equity, and the negative participation of students in the educational process.

Based on the above research findings, this paper considers the possible suggestions to promote the education process equity of senior high school from four aspects: optimizing the design and implementation process of education system, improving the balance and sufficiency of the distribution of education resources, leading the practice of education reform in senior high school with the concept of equity, and focusing on the interpersonal interaction equity within the school. Integrating system equity, concept equity, resource equity and relationship equity and exploring the possible path of guiding the transformation of senior high school education in evaluation mode, resource supply and school management with the concept of education process equity, so as to provide support for equity and quality education.

Key Words: Equity of Education Process; Senior High School; Resources; Institution; Interaction

目 录

第一章 研究缘起：基于高中教育过程公平观的求索 …………（1）
  第一节 研究背景与缘起 ………………………………………（2）
  第二节 研究问题与意义 ………………………………………（8）
  第三节 核心概念界定 …………………………………………（12）
  第四节 研究对象与方法 ………………………………………（22）

第二章 研究爬梳：教育过程公平研究的多重视域 …………（32）
  第一节 历史回顾：教育公平的溯源与脉络研究 ……………（33）
  第二节 概念检视：教育过程公平的内涵与结构研究 ………（45）
  第三节 政策演进：普通高中教育公平的发展阶段研究 ……（58）
  第四节 实践聚焦：普通高中教育过程公平
           相关问题研究 …………………………………………（77）
  第五节 已有研究进展与局限 …………………………………（94）

第三章 研究设计：透视教育过程公平问题的行动指南 ……（101）
  第一节 公平的考量尺度 ………………………………………（101）
  第二节 公平问题的分析视角 …………………………………（112）
  第三节 本书的分析框架 ………………………………………（120）
  第四节 研究工具开发与检验 …………………………………（123）
  小 结 研究框架的形成与阐释 ………………………………（151）

第四章　公平之境：普通高中教育过程公平的实然状态 …… （154）
 第一节　普通高中教育过程公平的总体情况 ………… （155）
 第二节　普通高中教育过程公平的群体间差异 ……… （164）
 第三节　普通高中教育过程公平的影响因素 ………… （204）
 小　结　数据结果与讨论 ……………………………… （216）

第五章　公平之困：普通高中教育过程公平的困境表征 …… （219）
 第一节　分配过程不公平 ……………………………… （220）
 第二节　程序过程不公平 ……………………………… （232）
 第三节　互动过程不公平 ……………………………… （246）

第六章　成因探讨：普通高中教育过程公平困境
     的新制度主义分析 …………………………… （262）
 第一节　规制性要素 …………………………………… （263）
 第二节　规范性要素 …………………………………… （270）
 第三节　文化—认知性要素 …………………………… （278）

第七章　公平之策：促进普通高中教育过程公平
     的若干思考 …………………………………… （287）
 第一节　改善程序公平：优化制度设计与执行过程 …… （288）
 第二节　促进分配公平：提升教育资源供给的质与量 …… （296）
 第三节　关注差异公平：打通高中育人改革
     的多样化通道 ………………………………… （305）
 第四节　强化互动公平：关照学生内心的公平感受 …… （309）

结语　研究总结与展望 …………………………………… （315）

附录一　普通高中教育过程公平调查问卷 …………………… （325）

附录二　普通高中教育过程公平访谈提纲 …………………（330）

参考文献 ……………………………………………………（333）

索　引 ………………………………………………………（355）

后　记 ………………………………………………………（359）

Contents

Chapter 1　Exploration Based on the Equity View of Senior High School Education Process ……………… (1)
　Section 1　Research Background and Origins ……………… (2)
　Section 2　Research Issues and Significance ……………… (8)
　Section 3　Definition of Core Concepts ……………… (12)
　Section 4　Research Objects and Methods ……………… (22)

Chapter 2　Multiple Perspectives on the Study of Educational Process Equity ……………… (32)
　Section 1　Historical Review: Research on the Origin and Context of Education Equity ……………… (33)
　Section 2　Concept Review: Research on the Connotation and Structure of Education ProcessEquity ……………… (45)
　Section 3　Policy Evolution: Research on the Development Stage of Equity in SeniorHigh School Education ……(58)
　Section 4　Practice Focus: Equity in the Education Process of Senior High SchoolResearch on Related Issues …… (77)
　Section 5　Existing Research Progress and Limitations ……… (94)

Chapter 3　Action Guide for Perspective on Equity Issues in the Education Process ………………………………… (101)
　Section 1　Criteria for Equity Consideration ……………… (101)
　Section 2　Analysis Perspective on Equity Issues …………… (112)
　Section 3　Analysis Framework of the Book ………………… (120)
　Section 4　Development and Testing of Research Tools ……… (123)
　Summary　Formation and Interpretation of the Research Framework ……………………………………………… (151)

Chapter 4　The Realistic State of Equity in the Education Process of Senior High School ……………………… (154)
　Section 1　General Situation of Equity in the Education Process of Senior High School ……………………………… (155)
　Section 2　Intergroup Differences in Equity in the Education Process of Senior High School ……………………… (164)
　Section 3　Factors Influencing Equity in the Education Process of Senior High School ……………………………… (204)
　Summary　Data Results and Discussion ……………………… (216)

Chapter 5　Characterization of the Dilemma of Equity in the Education Process of Senior High School ……… (219)
　Section 1　Unfair Distribution Process ……………………… (220)
　Section 2　Unfair Procedural Process ………………………… (232)
　Section 3　Unfair Interaction Process ………………………… (246)

Chapter 6　The Dilemma of Equity in the Education Process of Senior High School Analysis of New Institutionalism in China ……………………………………………… (262)
　Section 1　Regulatory Elements ……………………………… (263)

Section 2　Normative Elements ………………………………… (270)
Section 3　Culture-Cognitive Elements ……………………… (278)

Chapter 7　Promoting Equity in the Education Process of Senior High School ………………………………………… (287)

Section 1　Improving Procedural Equity: Optimizing System Design and Execution Process …………………… (288)
Section 2　Promoting Equity in Distribution: Improving the Quality and Quantity of Education Resource Supply ……… (296)
Section 3　Focus on Differences and Equity: Bridging the Reform of High School Education Diversified channels …… (305)
Section 4　Strengthening Interactive Equity: Caring for Students' Inner Feelings of Equity ………………………… (309)

Conclusions and Prospects ……………………………………… (315)

Appendix 1　Questionnaire on Equity in the Education Process of Senior High School ………………………… (325)
Appendix 2　Outline of Interviews in the Education Process Equity of Senior High School ………………… (330)

References ………………………………………………………… (333)

Index ……………………………………………………………… (355)

Postscript ………………………………………………………… (359)

第 一 章

研究缘起：
基于高中教育过程公平观的求索

"美国公立学校之父"贺拉斯·曼（Horace Mann）曾指出"教育是实现人类平等的伟大工具，它的作用比任何其他人类的发明都要大"①。教育与公平相辅相成，而"公平"是一个充满复杂性与思辨性的经典论题，作为一个相对意义上的概念，"公平具有一张普洛透斯似的脸，变幻无常，随时可呈不同的形状"。基于不同的立场和情境，公平的内涵也不一而足。②而当这一饱含哲学色彩的词语与学校教育相互碰撞时，掀起的"浪花"更是复杂多变。"戴上一副眼镜来看我们的学校，似乎他们是最差的地方；戴上另一副眼镜来看，它们又似乎是最好的地方。"③正如对公平的理解一样，对于学校教育的判断，基于不同的立场也有着不同的声音，而我们始终愿意坚信学校应该且有能力为每个有志于寻求机会的人提供无限的机会。研究教育过程公平的本质便是考察学校是否给予了每个学生充分的

---

① ［美］约翰·S. 布鲁贝克：《高等教育哲学》，王承绪等译，浙江教育出版社2001年版，第71页。
② ［美］E. 博登海默：《法理学——法哲学及其方法》，邓正来等译，华夏出版社1987年版，第238页。
③ ［美］约翰·I. 古德莱德：《一个称作学校的地方》，苏智欣等译，华东师范大学出版社2006年版，第9页。

学习和发展机会，它是教育公平在每个学生个体身上最微观和最直接的体现，也是帮助我们认识、理解和诊断学校教育的一面镜子。

作为一项培养人的社会活动，教育领域所历经的大大小小的改革和发展背后都蕴含着公平的理念与追求。教育从少数人的特权发展为每个人生来享有的平等权利，各级各类学校的入学率日益提升，各项评价与考试制度不断完善，形式上的教育公平问题基本得到解决。随着社会的发展，"人民群众接受高质量教育的热切期盼与优质教育资源严重短缺且发展不均衡"成为当今教育领域的主要矛盾。[1]当平等的入学权和公平的竞争机会已基本得到普及，对于学生受教育过程的关注便成为更高层次的教育公平所应聚焦的方向。学生在进入学校之后经历着怎样的受教育过程？学校是否为学生提供了足够公平和优质的资源与发展机会？如何能促进教育过程公平，使学生不仅拥有公平的起跑线，也拥有同样精彩的跑道？这便是本书研究的缘起。

第一节 研究背景与缘起

一 从起点公平到过程公平的教育发展趋势

提到教育公平，学界主要从以下两个视角来理解：一是基于学生接受教育的历程，从起点公平、过程公平和结果公平三个阶段来划分教育公平；二是基于教育事业发展层次，从形式公平和实质公平来划分不同程度的教育公平。数据显示，截至2020年，我国高中阶段毛入学率达到91.2%[2]，从数量来看，绝大多数的学生能够享有适龄的入学机会，说明教育规模的问题已经基本得到解决，起点

---

[1] 蒲丽芳：《公平·优质·多样：面向未来的中国基础教育——中国教育学会第30次学术年会综述》，《中国教育学刊》2018年第1期。

[2] 教育部：《2020年全国教育事业发展统计公报》，http://www.moe.gov.cn/jyb_sjzl/sjzl_fztjgb/202108/t20210827_555004.html，2021年8月27日。

公平的改善成效显著。当教育发展的主要阶段性问题是规模不足时，从外部增加数量、扩大机会等会带来较大的收益，最大限度地促进教育产出，规模优先的教育公平观具备十足的工具合理性，然而，随着这一治理思路下的规模目标逐渐达成，经济边际条件逐渐递减以及人民群众的教育需求不断发展，规模扩大对于教育质量的提升收效将逐渐下降。① 正如我国学者谢维和的观点："教育公平的问题已经不仅是数量的问题，而是已成为标准的选择以及教育公平中统一性和差异性的矛盾问题。"② 显性的、可量化的入学率指标是教育公平的底线和基础，但无法代表实质上的教育公平。事实上，即使每个适龄儿童都能够平等地进入相应的教育阶段学习，也不代表他们能够获得同样成功的机会，③ 这种"获得同样成功的机会"即本书所讨论教育过程公平的意义所在。④ 教育要实现真正高质量的公平、均衡与优质，就必须树立过程公平观，将更多的资源和机会投入学生的受教育过程中。

二 从简单平等到个性关怀的公平理念深化

当教育公平的聚焦点从扩大规模转向提升过程质量，对于受教育者在学习过程中的需要与感受的关注就成为衡量学校教育公平与否的第一把标尺，无视个体行使相同权利的能力差异的公平只能是"空头支票"，⑤ 教育过程公平的核心是面向学生学习过程的差异性公平，而非"一刀切"的平等，这种"差异"建立在平等的基础之

---

① 辛涛、姜宇、王旭冉：《从教育机会到学习机会：教育公平的微观视域》，《清华大学教育研究》2018年第2期。
② 谢维和、李乐夫、孙凤：《中国的教育公平与教育发展（1990—2005）：关于教育公平的一种新的理论假设及其初步证明》，教育科学出版社2008年版，第17页。
③ 联合国教科文组织国际教育发展委员会：《学会生存——教育世界的今天和明天》，教育科学出版社1996年版，第102页。
④ 刘精明：《教育公平与社会分层》，中国人民大学出版社2015年版，第10页。
⑤ 程天君：《新教育公平引论——基于我国教育公平模式变迁的思考》，《教育发展研究》2017年第2期。

上，是平等性公平在过程公平领域的进一步延伸，旨在对人的公平感受和差异发展的关注与引导。学校内部一切的教育活动都无不和学生的学习息息相关，如课程设置、教材编写、教师教学、课堂内容、师生互动、考试评价等与学习密切相关的各种指标及要素，① 而现实的教育情境中过多地把注意力放在教师的"教"、考试的"评"，而常常忽略了学生的"学"，缺乏对于学生学习体验和公平感受的关注，更缺少对于学生差异化发展的引导。美国教育学家古德莱德在《一个称作学校的地方》一书中提道："现在和未来的中心问题不再是入学的机会问题，而是全体学生获取知识的机会问题。"② 瑞典著名的教育学者胡森将"平等"的概念分解为起点、目标与对待三个层面，其中，"平等"的起点旨在使每个人都有不受歧视地开始其学习生涯的机会，即入学机会的平等；"平等"的目标旨在划定支持教育面前机会均等的社会—经济原则，即政策法规与经费投入的平等；"平等"的对待旨在使人们忽略人种、出身、性别、智力等因素，用不同的方式来平等地对待每一个人，即教育微观过程的平等。③ 目前，随着规模视角下的教育起点公平问题逐渐改善，大多数学生能够拥有相对平等的"起点"，如何在教育过程中以学生为中心，给予学生充分的发展的可能性就成为我们探讨"公平"时所应参考的核心依据。这种思路下的教育公平观是基于平等对待之上的"差别对待"，最终指向学生的个性化、差异化发展。

三　从效率优先到内涵发展的高中办学转型

高中阶段教育作为连接义务教育和高等教育的中介体，其公平

---

① 辛涛、姜宇、王旭冉：《从教育机会到学习机会：教育公平的微观视域》，《清华大学教育研究》2018 年第 2 期。
② ［美］约翰·I. 古德莱德：《一个称作学校的地方》，苏智欣等译，华东师范大学出版社 2006 年版，第 124 页。
③ ［瑞］托尔斯顿·胡森：《平等——学校和社会政策的目标》（上），张人杰译，《全球教育展望》1987 年第 2 期。

与质量问题向下影响着义务教育人才的培养,向上影响着高等教育人才的输送。我国学者冯建军认为,高中阶段的公平问题十分复杂,仅按照结果公平的思路将薄弱初中的生源硬塞进重点高中里有碍于程序公平的实现;无视学生个体发展的差异,采用"一刀切"和平均主义的教育方法有碍于过程公平的实现;将能力不足者录取到高中,如一些学校用计划外指标招生高中自费生,收取高昂的择校费,有碍于起点公平的实现。高中教育公平应恰切地分配教育资源,使每个人获得相适宜的教育,最终指向个体发展的公平[1]。2019年6月,国务院办公厅印发《关于新时代推进普通高中育人方式改革的指导意见》,提出到2022年,全面实施普通高中新课程新教材、推进适应学生全面而有个性发展的教育教学改革、基本完善选课走班教学管理机制、基本建立科学的教育评价和考试招生制度、保障师资与办学条件、形成普通高中多样化有特色发展的格局这六个具体目标[2],每一个目标都在致力于纠正长期以来的普通高中阶段"唯分数论"的教与学体系,将学生"全面而有个性"的发展作为衡量办学质量的重要标准,体现了对于学生个性化、多样化发展的关注。"普通高中育人方式改革"是我国普通高中发展过程中的一次重要的转型探索,也是教育现代化时代背景下的必然选择,"育人方式改革"意味着高中学校要落实一系列以理念变革驱动行动变革的实践,在普通高中的课程改革、教学创新、考试招生、学生发展指导、组织机制保障等各个方面进行积极探索[3]。在普通高中育人方式改革的这场声势浩大的"行动"中,高中教育将超越以往对义务教育阶段

---

[1] 冯建军:《论高中教育机会的差异性公平》,《华中师范大学学报》(人文社会科学版)2010年第5期。

[2] 国务院办公厅:《关于新时代推进普通高中育人方式改革的指导意见》,2019年6月19日,http://www.gov.cn/zhen-gce/content/2019-06/19/content_5401568.htm,2019年9月19日。

[3] 朱益明:《以育人方式改革促进普通高中健康发展》,《教育发展研究》2019年第18期。

的学习进行拓展延伸以服务于高等院校培养选拔人才的"预科功能",真正发挥自身独特的育人价值,尤其体现对于学生个性化与差异化选择的"保驾护航",凸显面向每个学生的全面发展的育人理念。而对于每位学生选择权利的尊重和保障、对于每位学生发展的可能性的尊重与引领、对于学校教学组织形式创新与多样化的探索无一不体现了教育过程公平中对个体感受、权利和差异发展的关注,普通高中育人方式的改革与教育过程公平的价值理念具有天然的耦合性,在普通高中育人方式改革的实践背景下探讨教育过程公平的价值意蕴能够更精准地以理念引领行动,提升高中育人方式改革的质量,促进新时代高中教育背景下人们对于"教育公平"理解的深化。为了推进普通高中育人模式的转变,从政策呼吁到学校实践,都在致力于以下两个问题的突破:其一在于有质量地普及高中阶段教育,即如何在提高高中阶段入学率的基础上促进高中多样化发展;其二则在于新高考背景下如何落实学生的自主选择权,对学生进行有效的生涯发展指导,而这两个问题背后的价值导向均聚焦于教育过程公平地促进与提升。

首先,高中阶段教育的普及不仅是入学率的达标,更应当是教育质量的落实,而学生在校内是否享有相对公平的学习过程则是衡量教育质量的关键。目前,我国绝大部分省市的高中入学率已经达到国家要求的90%,在数量上无限接近普及高中的标准的同时,必须思索如何实现质量上的提升。通过调查与文献梳理可以发现,高中阶段教育质量发展不均衡的现象十分严峻,学生获取的学习机会在校际间、班级间和班级内部都有明显差异。在笔者参与的课题组所做的调研访谈中,许多工作在乡镇的校长提到当地的高中择校现象比较突出,在高考之前县级或省市级的重点高中就开始向乡镇的优质生源抛下"橄榄枝",而不同地域之间的高中在师资、硬件与学生培养方面的巨大反差使得优质生源义无反顾地以"用脚投票"的方式进行择校,长此以往,将不断影响地方教育资源的均衡配置,使教育不公平现象陷入恶性循环。高中的"择校热"从一个侧面反映出优质教育资源的分布不均，而从更深的层面探究，不同学校、不同班级学生受教育过程公平的差距便显而易见了。另外，对于早已实现高中90%入学率的地区来说，高中阶段教育走向多样化与特色化是必然趋势，而人才培养多样化是教育多样化的核心，给予不同个体差异化的学习过程和体验是促进普通高中多样化发展的应有之义。

其次，新高考下的选科选考制度推动了学生学习和考试方式的变动，相关的实践机制与公平性却尚未清晰。2014年9月颁布的《国务院关于深化考试招生制度的实施意见》指出要改革录取机制，将学业水平考试、综合素质评价与统一高考相结合。《国务院关于深化考试招生制度改革的实施意见》中强调了此次考试招生制度改革的公平性价值导向，指出应保障考试招生机会公平、程序公开和结果公正。[①] 但在实际的实施中却隐含了许多不公平风险，如学业考试中考试内容的"城市化倾向"、考试科目选择的"功利化倾向"、考试等级评价制度的"排斥性倾向"等[②]，数据显示，在浙江省2014级学生的选考科目中，选考物理的学生为8.9万人，占比36%，而选考历史占比43.8%、地理48.1%，在2015级学生中选考物理的为7.6万人，占比30%。[③] 物理学科在新高考中受到的"冷遇"现象背后受到多重因素的影响，学生在这场考试改革的博弈中是否具有真正的自主选择的权利？这是当下高考改革情境中迫切需要回答和研究的问题，也是教育过程公平所关注的重点。从另一个方面来说，新的高考制度旨在给予高中生充分的选择权，但据对浙江省5所高中首批选考学生的调查显示，60%以上的学生对所选科目对应高校

---

① 樊亚峤、张善超、李宝庆：《高中学业水平考试改革的公平性分析》，《教育发展研究》2016年第15期。

② 余澄、王后雄：《高考改革的公平风险分析》，《课程·教材·教法》2015年第9期。

③ 冯成火：《新高考物理"遇冷"现象探究——基于浙江省高考改革试点的实践与思考》，《中国高教研究》2018年第10期。

专业的就业情况了解一般比较不了解，① 学校所开设的生涯指导也大多局限于"学涯指导"的层面，缺乏更深层次的实践探索，在进行选择的时候学生心中充斥着自身兴趣、成绩与就业前景三者间的迷茫和矛盾，高中学校是否能为每一个学生提供平等而充分的生涯规划指导？这也是教育过程公平所应探讨的重要问题。

第二节 研究问题与意义

基于研究背景的启发，教育公平观的转变将视野置于对教育过程公平的关注中，而普通高中作为义务教育与高等教育的中间"桥梁"，其公平价值既不同于义务教育阶段的简单均衡，也不同于高等教育的选拔与竞争，普通高中教育公平问题有着独特的研究价值。"提出研究问题可看作是一项研究漫长旅途的出发点。"② 本书在对国内外教育公平相关理论研究和实践案例进行梳理的基础上，力图通过全面的实证调查，针对普通高中学生这一群体，围绕"教育过程公平"这一概念立体化的阐释和描绘，分析和解决以下研究问题。

一 主要研究问题

（一）构建普通高中教育过程公平的分析与测量工具

梳理文献发现，国内外对教育过程公平的研究总体来说呈现两种取向，一是测量取向，即采取定量研究方法，旨在评价学生在校学习过程中的各项指标。在国外，以国际学生评估项目（Program for International Student Assessment，简称 PISA 测试）和第三次国际数学

---

① 张雨强、顾慧、张中宁：《普通高中生高考选考科目现状及影响因素研究——以浙江省 5 所高中首批选考学生为例》，《教育学报》2018 年第 4 期。

② 陈晓萍等：《组织与管理研究的实证方法》，北京大学出版社 2008 年版，第 34 页。

和科学评测项目（Third International Mathematics and Science Study，简称 TIMSS 测试）两个大规模测试中对于"学习机会"的测量为代表，在国内则以杨小微、李学良等人对学校内部公平指数的研究为代表，将教育过程公平关注的对象细化为一个个可测的变量；二是描述取向，即采取质的研究方法，旨在描述学生微观的学习的过程，以国外学者施密特（Schmidt），我国学者王建军、殷玉新等人的研究为代表，建立学生学习的概念分析框架，进行自下而上的扎根研究。本书拟结合这两种研究取向，采用混合研究方法，较为完整地展现研究内容和提升研究价值。目前来看，关于教育过程公平的研究以篇幅较小的思辨性文章为主，且已有研究所面向的群体大部分为义务教育阶段的学生，未有适用于普通高中阶段教育过程公平研究的系统框架，因此本书首先需要解决的问题是构建一个适用于普通高中教育过程公平测评的测量框架。具体来说，首先基于相关理论分析和研究综述，对教育过程公平的概念进行详细的分析与阐释，将教育过程公平这一抽象概念具体划分为可测的若干子维度，然后通过专家论证和访谈对理论维度的划分进行验证和修改，再根据实地走访、听课、访谈等方式建立题库，随后进行量表的编写和修订，以形成本书的测量工具。

（二）呈现普通高中教育过程公平的实然状态

在研究框架与研究工具确定之后，本书将进行普通高中教育过程公平现状呈现和差异分析，为了呈现相对全面的我国普通高中教育过程公平的状态，本书将在全国范围内开展调研，对于教育过程公平现状的呈现不仅包括公平子维度上的表现，同时还兼顾群体差异分析视角下的区域对比、校际对比与班级内部对比。对这些具有不同背景因素的群体所呈现的教育过程公平状态的比较，能够较为直观地描述出我国普通高中在教育过程公平这一问题上的现状，以及不同背景因素对于教育过程公平状态的影响。同时，采用多元回归分析的方法呈现各个影响因素的影响效应，以归纳影响普通高中教育过程公平现状的主要因素。

（三）剖析普通高中教育过程公平的困境及成因

研究公平问题的意义在于改善和解决公平的现状，而要寻找方法，首先要找准困难所在。普通高中教育过程公平的现状和差异呈现的是量化过的"表象"的数据，而"真"问题的呈现则需透过数据去捕捉一些"信号"，然后用这些"信号"去进行更深入的研究。因此，笔者将基于问卷数据的搜集和分析所呈现的"表象"问题，结合相关案例搜集和深度访谈对普通高中教育过程公平的困境进行探讨，并在对问题进行抽丝剥茧的过程中加入校长和教师群体的"声音"，以补充学生问卷所呈现的公平状态，从不同的利益相关者的视角去挖掘教育过程公平存在的困境。

普通高中教育过程公平困境的成因也是本书力图探寻的一个重要问题。虽然本书讨论的问题是存在于教育过程中的公平问题，但影响这一问题形貌的因素却不仅局限于微观的教育过程或学校内部，而是综合了与学生成长发展有关的制度、家庭及个人能动性等多方面的因素。结合制度主义、结构主义和个人主义这三种范式对影响普通高中教育过程公平的因素及相互作用机制进行思考，能够帮助我们系统地认识到教育活动的复杂性，为更深入地理解教育过程公平的困境以及相应的改进策略提供多维视角。

（四）探讨促进普通高中教育过程公平的可行策略

在发现问题、认清问题、分析问题成因的基础上，本书还尝试提出基于普通高中教育过程公平现存困境的改善建议，从影响学生受教育过程公平的各个方面进行优化路径的思考，并试图寻找一个全新的理论视角来思考教育过程公平问题，为未来普通高中促进过程公平提供建议。

二 研究意义

（一）理论意义

古往今来，人们对于"公平"的理解都难以用某一单维的尺度来解释和衡量，罗尔斯认为公平要同时满足平等原则和差别原则，诺齐克认为公平应考虑人们的选择和持有权利，德沃金认为公平应包含对人们选择自由的尊重和选择风险的保障，霍耐特认为公平的本质在于"承认"，消除不平等的歧视，关注人的内心感受。随着我国教育事业的不断发展，人们对于公平的认知和需求不断深化，当前在判断公平问题时应建立起多维公平的理念，而不是用一种公平观去"推翻"另一种公平观，陷入对于"什么才是真正的公平"的喋喋不休的争论中。本书的理论价值之一即提供了分析教育公平问题的复合视角，从教育过程涉及的资源分配、权利持有、人际互动三个方面来系统地看待教育过程公平，以期丰富教育过程公平的研究内容体系。

此外，以往我国普通高中教育公平所取得的进展与成就常常以经费投入、升学率、在校生数量、学校硬件设施与面积等显性的数量指标来衡量，这是我国普通高中均衡发展的有力依据和动力，在目前来说仍是至关重要的。然而，新时代的普通高中教育公平应秉持多维公平观，以数量和规模为准的均等化公平已具备可测量的指标，而以质量和内涵提升为准的差异化过程公平则缺乏可操作的衡量依据。面向未来的普通高中教育将对招生考试方式、课程设置和教学设计等方面进行一系列的改革，其根本目的在于为每一个学生提供适宜于其发展需要的学习和成功机会。而只有这些分布在教育过程中的学习机会具有"可测性"，对于不公平问题的判断和解决才有据可依。本书依托西方政治哲学领域的经典公平理论，结合我国普通高中发展的现实情况，构建了普通高中教育过程公平的评价指标体系，并根据预调研及正式调研的数据进行了多次量表修正，最终形成的量表具有较强的信效度，为建立教育过程公平评价域提供了可参考的理论框架。

（二）实践意义

《关于新时代推进普通高中育人方式改革的指导意见》确立了我国普通高中教育的未来发展方向，明确了高中教育的育人性特征，将"学生全面而有个性地发展"理念置于高中教育发展的核心，为我们呈现了新时代普通高中育人方式改革的图景。这代表了面向未来的普通高中教育公平观的发展方向：从理念层面上讲，应从关注教育公平转向学生的学习公平，尊重学生差异化的发展需要，凸显学生在教育公平视域中的主体地位；从实践操作层面上讲，应不断增加学生在学习过程中的发展机会，深化普通高中课程、教学以及管理方面的改革，促进普通高中的多样化发展。事实上，在以往教育公平的发展历程中，通常秉持教育的工具观，以招生指标如何分配、学校如何办、教师如何教等外部视角来看待教育不公平的问题，而鲜有从人本主义教育观来考虑学校内部的学生这一"人"的要素，考虑到学生的公平感受如何以及学生个体需要怎样的教育。从政策要求来看，这场改革涉及学校各个层面的要素，是以育人理念转型为指引的"有计划的改革"，是普通高中学校教育的整体转型，而非某一堂课、某一个时间点、某一所学校的微观变革。任何改革都带有一定的风险，尤其是在普通高中育人方式改革这场系统性的全面改革活动中，对于公平的追求更高阶，改革中蕴藏的"公平风险"也更大。在这一阶段，对于普通高中教育过程公平的研究能够呈现当前普通高中教育的实然状态，呈现改革中利益各方的实际感受与需求，规避和改善改革中的公平风险，为普通高中育人方式的改革提供依据，助推普通高中教育朝着更加公平而有质量的方向发展。

第三节 核心概念界定

一 普通高中教育

我国的高中阶段教育包括普通高中教育和中等职业教育两大部分，区别于"职业教育"和"专业教育"，普通高中教育的"普通性"表明其在教育内容和目标上具有通识教育的特征，注重对共同知识基础和伦理价值观的培育，旨在为公民的成长奠定良好的基础。

普通高中按照办学主体的不同主要分为公办普通高中和民办普通高中，目前，我国的普通高中主要以公办形式为主，本书中的"普通高中"是公办普通高中的简称，是指依法成立的，由国家财政拨款，依法履行职责并独立承担法律责任的教育机构①。关于普通高中教育的性质与定位，一般从以下几个角度理解。

（一）普通高中教育是较高层次的基础教育

2003年教育部出台的《普通高中课程方案（实验）》将普通高中的性质界定为在义务教育的基础之上，进一步提高国民素质的、面向大众的基础教育。② 这表明了普通高中教育的基础性和大众化特征③，尤其是当前我国正在加大普及高中阶段教育的力度，更加凸显了普通高中阶段教育为每一个适龄学生提供人生发展所需的必不可少的知识与技能，为我国的国民素质培养打好基础的使命与责任。

（二）普通高中教育是通往高等院校的预备教育

我国学者谢维和认为新时期对普通高中教育性质的定位应凸显"预科性"，以满足社会经济发展的高层次人才需求和高等教育逐渐走向大众化的现实需要④。这种"预科性"体现了普通高中教育向高等教育阶段输送人才的预备教育功能，然而，对这种预备功能的狭隘理解容易滋生普通高中阶段教育的应试倾向，强化高考和升学的指挥棒功能，使普通高中教育陷入纯功利化和工具化办学泥沼中。对普通高中教育"预备性"的理解应从"为升学做准备"转化为"为未来阶段的学习做准备"，注重普通高中教育和高等教育之间的

---

① 梁剑：《普通高中办学体制转型研究》，博士学位论文，西南大学，2017年，第33页。
② 教育部：《关于印发〈普通高中课程方案（实验）〉和语文等十五个学科课程标准（实验）的通知》，http：//old. moe. gov. cn/publicfiles/business/htmlfiles/moe/s8001/201404/xxgk_ 167349. html，2003年3月31日。
③ 周坤亮：《普通高中教育定位的历史考察》，《全球教育展望》2014年第3期。
④ 谢维和：《从基础教育到大学预科——新时期高中教育的定位及其选择》，《中国教育报》2011年9月29日第3版。

知识、态度、技能、价值观和社会情感品质等的有机衔接。

（三）普通高中教育是以培养全面而有个性的人为目标的育人教育

高中阶段是学生个性生成和自主发展的关键时期，普通高中阶段的教育并非只是基础教育和高等教育之间的过渡教育，而是具有独特的育人价值的关键教育阶段。2019年，国务院发布《关于新时代推进普通高中育人方式改革的指导意见》（以下简称《意见》）提出应"扭转普通高中教育中的片面应试教育倾向，切实提高育人水平，为学生适应社会生活、接受高等教育和未来职业发展打好基础；深入推进适应学生全面而有个性发展的教育教学改革①"。《意见》中对于发展普通高中教育指导思想的论述体现了普通高中教育的"育人性"特征。我国学者石中英（2010）认为，"教育性"或"育人性"是指：（1）学生中心性，即重视学生不同阶段身心发展的特点，关注学生不同的学习发展需要；（2）完整性，即提供完整的教育要素与活动；（3）全纳性，即以"有教无类"为基本价值取向；（4）以人格或品格的陶冶作为教育实践的根本追求②。普通高中教育基础性与预备性、大众化与精英化的多元特征从根本上来看都应为其独特的育人价值服务，而这种育人性又体现了普通高中对"全面"和"个性"的双重追求。尤其是新时代背景下高考改革的价值导向与普通高中多样化、特色化发展的趋势，更加凸显了适切于学生个性化和差异化发展需要的"选择性"特征，但是强调多元选择和个性特征的发展并不意味着对于普通高中基础性和全面性的否定，"为了人人的教育"和"为了个性的教育"在普通高中教育阶段同样重要。新时代的普通高中教育应以培养全面有个性的人为目标，

---

① 国务院办公厅：《关于新时代推进普通高中育人方式改革的指导意见》，http://www.gov.cn/zhengce/content/2019-06/19/content_5401568.htm，2019年6月19日。
② 石中英：《关于现阶段普通高中教育性质的再认识》，《教育研究》2014年第10期。

以"基础+选择"为发展方式，凸显育人本质。

综合以上对普通高中的基础性、预备性和育人性的探讨，本书对"普通高中教育"的理解采用"育人性"的视角，将普通高中教育界定为旨在促进学生全面而有个性地发展，为每位学生掌握知识、态度、技能、价值观与社会情感品质以适应社会生活、接受高等教育和发展未来职业的教育。

二 教育过程

美国教育学家杜威（1990）指出："教育目的不可能离开过程而存在，真实意义上的教育目的是基于过程的，过程即教育活动的存在和展开方式，指向儿童的生长过程。"[①] 虽然教育的过程是依托于教育中的各项活动而存在，但教育过程又不只是某种活动的进程、阶段或环节，还包括在特定的情境下，教育活动的主体围绕某个教育活动主题进行互动式交往，以建构和创新实践活动结构，促进教育各个要素间的交互与发展的过程。[②] 国外著名经济学家阿玛蒂亚·森（Amartya Sen）认为在谈到"平等"时一定要考虑到两个核心的问题：第一，为什么要平等？第二，要实现什么的平等？只有明确了究竟要平等什么，才能够真正地回答追求平等的意义。[③] 因此，要理解教育过程公平，除了要能够充分理解"公平"外，还应探明"教育过程"所包含的要素。

美国社会学家科尔曼在1966年发布的著名的《教育机会均等》（后称科尔曼报告）中将教育过程的要素阐释为学校所得到的资源投入及产生的交互作用，包括生均费用、校舍、教师资质、图书馆等

---

① [美]约翰·杜威：《民主主义与教育》，王承绪译，人民教育出版社2001年版，第54页。

② 郭元祥：《论教育的过程属性和过程价值——生成性思维视域中的教育过程观》，《教育研究》2005年第9期。

③ [印]阿玛蒂亚·森：《论经济不平等》，王利文等译，社会科学文献出版社2006年版，第233页。

硬件设施、不同种族学生的输入资源以及基于上述因素而形成的教师德行、教师期望和学生的学习程度与兴趣。①基于科尔曼报告，瑞典教育学家胡森提出了五类可测量的教育公平变量，第一类是学校外部的物质资源因素，包括学生的家庭经济水平和学业开支、学校所处的地理位置以及交通状况等；第二类是学校内部的物质资源设施，包括教学楼和教室、实验室和图书馆的数量和质量以及师生使用的教材等；第三类是家庭的教育状况，包括父母的教育期望和帮助子女养成的学习习惯；第四类是学校内部教育过程中的要素，包括教师的水平、对不同层次学生的态度、教师期望和学生的学习动机；第五类是狭义的课程"学习机会"，指在某一课程中预期规定的教学时间、教师实际的教学时间以及教师布置的课外作业数量等。除了第一类学校外部变量以外，其余四类教育公平要素均与教育过程息息相关。总的来看，胡森对于教育要素的分类涉及了物质性和心理性两个范畴，他指出，在对教育公平领域的要素进行分析时，应明确区分物质性资源和心理性资源，物质性资源的改善不等同于心理性资源的改善，即使物质上的不公平得到消除，心理上的不公平也会依然存在，因此应考虑到社会、家庭和学校的物质与心理状况对教育环境的整体影响和作用。②

　　在理解教育过程的要素时，还可从可测的视角去分析，将教育过程的要素指标化。国外的 TIMSS 和 PISA 等大规模测试对于教育公平的测量已进行了一系列实践，如 PISA 测试中所提出的"不受学生背景因素影响的学习机会公平"。在 PISA 2012 学生问卷中将学校教育的过程要素分为学生层面的出勤率、课外活动、学习动机和参与、学习和思考策略、学习时间；课堂层面的学习机会、

---

① Coleman, J. S., Campbell, E. Q., Hobson, C. J., Mcpartland, J., Mood, A. M., Weinfeld, F. D., York, R. L., *Equality of Educational Opportunity*, Washington, D. C., U. S. Government Printing Office, 1966, p. 12.

② ［瑞典］托尔斯顿·胡森：《平等——学校和社会政策的目标》（上），张人杰译，《外国教育资料》1987 年第 2 期。

教学实践和教学质量、教学时间和小组实践；学校层面的校长和教师专业发展、学校招聘政策、课程设置、评估及师生关系；国家层面的政策支持、资助与问责决策等，如表1-1所示①。其中，学生、课堂和学校层面的过程要素均以学生的学习过程为着眼点，详细阐释了教育过程包含的要素。而在"输入"要素中，同样按照学生、课堂、学校和国家四个维度阐释了可能影响教育过程的背景性因素。

表1-1　　　　　　　　PISA测试中的教育过程要素

	输入	过程	结果
学生	性别，社会经济地位（SES）	出勤率	数学成绩
	教育经历，年级	课外活动（课后学习小组）	数学学习态度和动机
	移民背景 家庭环境和支持	学习动机，学习参与	与普通学校有关的态度（朝向学习成果和活动）和行为，例如承诺，逃学
	ICT经历，态度，技能	学习和思考策略，考试策略	学习动机
	开放性，坚持不懈，解决问题的方式	学习时间（包括家庭作业和私人补习）	
课堂	班级规模，社会经济背景和民族组成	学习机会：对教学任务和概念的熟悉程度 教学实践：教师指导，学生指导，形成性评估和反馈 教学质量：课堂管理/学科氛围，教师支持，认知活动	
	教师教育/培训，技能	教学时间，小组实践	

---

① OECD, *PISA 2012 Techenical Report*, OECD Publications, 2014：49.

续表

	输入	过程	结果
学校	社会经济背景和民族构成 社区状况	成就取向，共享规范，领导力，教师士气和合作，专业发展	升级/留级和毕业率
	学校筹资情况，公立/私立，学校规模	入学和招聘政策，跟踪，课程设置/学校课程，评估	出勤率
	家庭参与	师生关系	
国家（系统）	经济实力，社会平等状况	学校资助，追踪和分配，专业教师的政策发展，支持特殊需求和语言少数民族学生，招聘和认证政策	平均毕业率
	政策	问责制和评估政策，决策方向	

其中，在最贴近学生学习过程的课堂要素中，PISA测试从教学内容、教学实践和教学质量三个维度进行测量，教学内容重点关注学生的数学学习体验，包括对数学概念的熟悉程度、在练习和考试中进行数学推理的频率以及解决数学学习任务的体验；教学实践主要包括教师指引式教学行为、形成性评价和以学生为中心的教学行为；教学质量主要包括课堂组织和管理、教师的情感和社会支持、认知活动以及课堂纪律和氛围。

综上，从系统的视角来看，教育过程的要素主要包括以下几方面：第一，教育资源要素，指在教育过程中为支持教学与学习开展的相关资源，包括教师的专业素养、教学技术、支持设施、经费资助等因素；第二，课程要素，包括课程制度设计和具体实施过程；第三，教学过程要素，指教师具体的教学过程与教学实践；第四，学习过程要素，指以学习者为中心的互动、反馈和引领。[①]

综上，本书将教育过程界定为在学生入学之后，围绕学生学习与发展的相关教育资源的分配过程、教育程序的设计与实施过程以及师生交往互动过程。

---

① 靳玉乐、全晓洁：《"预期课程"框架下的学习机会探析》，《云南师范大学学报》（哲学社会科学版）2017年第1期。

三　教育过程公平

教育公平是一个复杂的概念，涵盖了渗透于教育全过程的制度、条件和实践①。在教育公平研究和实践的初期，教育机会公平基本代表了教育公平的全部内涵，直到美国社会学家科尔曼提出了"输入""过程"和"输出"三个层面的教育公平，认为起点的"输入"公平不意味着结果的"输出"公平，学生在学习中获得的师资、课程、教学资源等"过程"因素的差异性影响着公平的程度。② 教育公平的过程性开始进入人们的视野，瑞典教育学家胡森进一步从代表入学机会均等的起点公平、代表教育中间性阶段的过程公平以及代表教育目标的结果公平来论说教育公平，由此便形成了人们对教育公平不同发展阶段的基本理解，即起点公平是前提与基础，是公平的"入场券"，影响着后续的公平状态；结果公平体现了教育公平的最终目标，而过程公平则代表了公平的本质属性，也是通往结果公平的必经之路。

表1-2将国内外相关学者对于教育起点公平、教育过程公平和教育结果公平的论述进行简要对比，发现学界对于教育起点公平和结果公平的理解基本一致，认为教育起点公平指不受个体出身和背景影响的就学机会均等，是教育公平的底线与基础；教育结果公平指学生学业成就和教育质量的公平，常通过升学率、综合素质评价、学校教育对学生产生的社会效益等方面来评价；而对于教育过程公平，则呈现了宏观与微观的两种视角。以胡森的观点为代表，微观层面的教育过程公平即"过程中的平等对待"，指师生互动、交往和对待的公平，这也是人们通常理解的狭义的教育过程公平；宏观层面的教育过程公平则涵盖了学生受教育过程中的制度、资源、内容、

---

① 郭少榕：《论学校教育的微观公平》，《中国教育学刊》2018年第10期。
② Coleman J S., "Equal Educational Opportunity: A definition", *Oxford Review of Education*, Vol. 1, No. 1, January 1975, pp. 25-29.

互动和对待等因素。如我国学者吴康宁的观点"教育过程参与机会公平是发达水平的教育公平,指学生在课内外学习和活动中获得的平等的机会,这些机会包括教学内容、过程参与、师生互动、优质学校资源等"①。除了从宏观和微观两种视角来理解过程公平以外,相关学者在论述教育过程公平时还提出了"不同的对待方式""发展潜能""平等而有差异的对待"以及"弱势补偿"等观点,这说明与起点公平的简单平均不同,教育过程公平应考虑公平的复杂性和层次性,平等对待、差异对待和弱势补偿均为过程公平的应有之义。

综上,本书采用对教育过程公平的宏观理解,认为教育过程公平不仅指微观层面上的互动公平,也包括学生进入学校接受教育过程中的制度、程序、资源及课程公平。在本书中,教育过程公平指学生在教育资源分配过程、教育程序实施过程和师生互动过程中得到的平等对待、弱势补偿和差异引领。对于"教育过程公平"这一概念的具体分析框架,构建了"维度—程度"的二维视角,将在第三章中进行进一步探讨。

表1-2　　　　　　教育起点公平、过程公平与结果公平

论者	起点公平	过程公平	结果公平
科尔曼②(1968)	入学机会和学校的条件公平	学校所授教育内容和师生互动的机会公平	学业成就、学历等教育收益的公平
胡森③(1987)	每个人都有不受歧视地开始学习生涯的机会	平等地对待,即以平等为基础的方式来根据每个人的特点考虑不同的对待方式	有助于社会经济方面平等的学业成就机会平等

---

① 吴康宁:《教育机会公平的三个层次》,《中国教育报》2010年5月4日第4版。

② Coleman J., "The Concept of Equality of Educational Opportunity", *Harvard Educational Review*, Vol. 38, No. 1, 1968, pp. 7-22.

③ [瑞典]托尔斯顿·胡森:《平等——学校和社会政策的目标》(上),张人杰译,《外国教育资料》1987年第2期。

续表

论者	起点公平	过程公平	结果公平
查啸虎① (2001)	使不同社会出身的学生享有同等的机会接受共同性的义务教育	学生能够享有的与其能力相符的学校教育,包括教师对不同教育对象的态度、关注程度的差异、教师与不同学生交往方式和交往时间的差异	学生在课程教学中获得的成功机会和实际发展机会的差异等
谢维和② (2006)	入学机会均等	接受教育的过程中机会均等	取得学业成功的机会均等
萨托利③ (2008)	为平等的能力提供平等的机会,即入学机会平等	公平地发展个人潜能,给予每个人最大可能的发展机会	允许个体通过自身的功绩和能力争取最大可能地上进
王善迈④ (2008)	受教育权和受教育机会公平	公共教育资源配置公平	教育质量公平
吴康宁 (1998)⑤ (2010)⑥	就学机会和求学条件均等	学生在课内外学习和活动中获得的平等的机会,这些机会包括教学内容、过程参与、师生互动、优质学校资源等	学业成就和所获学历教育对日后生活影响的均等

---

① 查啸虎:《教育机会均等的历史演进与现实思考》,《安徽师范大学学报》(人文社会科学版) 2001 年第 4 期。

② 谢维和:《教育公平与教育差别——兼谈教育改革与发展的深层次矛盾》,《人民教育》2006 年第 6 期。

③ [美] 乔万尼·萨托利:《民主新论》,冯克利等译,上海人民出版社 2008 年版,第 380 页。

④ 王善迈:《教育公平的分析框架和评价指标》,《北京师范大学学报》(社会科学版) 2008 年第 3 期。

⑤ 吴康宁:《教育社会学》,人民教育出版社 1998 年版,第 112 页。

⑥ 吴康宁:《教育机会公平的三个层次》,《中国教育报》2010 年 5 月 4 日第 4 版。

续表

论者	起点公平	过程公平	结果公平
杨小微 (2015)① (2016)②	宏观意义上的教育机会均等（综合入学率、全纳性、财政投入、教师配置）	过程中平等而有差异的对待（制度、内容、方法、师生关系等）；前提是对学生基本受教育权利的尊重，实质是教育资源和学习机会的平等享有	学生综合素养水平（在原有素质基础上得到充分而自由的发展）
沈有禄③ (2017)	入学机会平等	教育分流平等（学术课程与职业课程的倾向和选择的自由）；教育过程中的对待平等；作为保障的教育资源分配的平等（包括弱势补偿）	教育成就平等（包括过程中与教育结束后的结果与影响）

第四节　研究对象与方法

在社会调查中，受到研究条件的限制，一般只能从总体调查对象中采取一定的方式抽取一个子集或一部分元素进行调查资料的收集，这个过程即抽样。④ 我国幅员辽阔，不同的地理位置和经济发展与历史文化水平孕育出了不同的教育风貌，在普通高中教育过程公平这一研究视野中，区域水平上的东中西部以及城乡之间、校际水平上的不同层次学校之间、学校内部水平上的不同班级和不同个体之间均可能面临着不同类型和不同深度的公平问题。在

---

① 杨小微：《为促进教育过程公平寻找合适的"尺度"》，《探索与争鸣》2015年第5期。
② 杨小微、李学良：《关注学校内部公平的指数研究》，《教育科学研究》2016年第5期。
③ 沈有禄：《教育机会分配及其公平性问题探析》，《上海教育科研》2017年第11期。
④ 风笑天：《现代社会调查方法》，华中科技大学出版社2013年版，第57页。

前文对于教育过程公平研究的文献梳理中发现，已有对于教育公平问题的研究大多限于某一区域内部，受到我国区域经济发展水平不平衡的影响，不同区域的学校发展水平存在较大差异，因此不少学者认为对教育公平的讨论应限制在同一区域内；但由于本书对于教育过程公平的理解涵盖了分配过程、程序过程和互动过程三个维度，不同区域学校之间存在的公平差异恰恰是本书的研究问题之一，同时，考虑到目前对于不同区域间的教育过程公平情况缺乏较为系统和全面的实证研究，因此在对研究对象的选择上，本书尽可能全面地考虑到不同区域、不同类型和不同层次学校的情况，以相对完整地呈现这些教育过程公平问题的现状及形成机制。

一　问卷样本描述

首先，采用分层抽样、整群抽样和随机抽样相结合的抽样方法，以学校为抽样单位，参照我国对三大经济带的划分，从我国东部、中部和西部地区中各选择若干学校进行抽样。参加抽样的学校所在地域包括东部地区的上海、天津、江苏、浙江、福建、广东六个省、自治区和直辖市；中部地区的河南、黑龙江、山西、安徽和江西五个省以及西部地区的甘肃、陕西、宁夏、青海、四川、云南、贵州和西藏八个省和自治区[①]；其次，根据我国行政区划，在每个地区中按照省会或直辖市、县级市以及农村三个层次分别选取若干学校，再从示范性高中和非示范性普通高中两个类别中分别抽取若干学校，最终获取的有效问卷显示共计19个省、自治区和直辖市的80多所学校参与了此次调研（见表1-3）。

---

① 文中对东中西经济地带的划分参照中国卫生健康统计年鉴中的分类标准，详见 http://tongji.cnki.net/kns55/navi/HomePage.aspx?floor=1&id=N2012090077&name=YSIFE。

表 1-3　　　　　　　　　　问卷发放情况

地区	参与调研省份	参与调研学校数（所）	样本（份）	样本比例（%）
东部地区	上海、天津、江苏、浙江、福建、广东	直辖市或省会学校 11 地级市或县域学校 8 农村学校 5	发放 5689 回收 5400 有效 2896	25.1
中部地区	河南、黑龙江、山西、安徽和江西	直辖市或省会学校 9 地级市或县域学校 22 农村学校 6	发放 9500 回收 8875 有效 7187	62.3
西部地区	甘肃、陕西、宁夏、青海、四川、云南、贵州和西藏	直辖市或省会学校 7 地级市或县域学校 5 农村学校 8	发放 3500 回收 1643 有效 1452	12.6

在具体的研究对象中，由于"教育过程公平"的直接相关者是学生，但已有研究对学生视角下的公平问题和感受的关注却较为匮乏，因此本书的主要调查对象为普通高中在校学生，辅之以对学校行政人员、教师和家长的访谈，以检验、解释和补充学生问卷所获得的数据。

二　访谈样本描述

教育公平问题在很大程度上涉及人的内心体验，因此无法完全用大样本的问卷调查法来呈现研究结果，需以深度的访谈调查法来挖掘更为深入的研究资料，揭示数据背后的来龙去脉。因此，访谈法贯穿本书的始终，主要集中于 2019 年 3 月预调研时期、2019 年 5—7 月正式调研时期以及 2019 年 11 月的资料补充时期，在资料补充时期，受访者所提到的教育过程公平问题已基本与前两次集中访谈时期梳理的相关问题重合，至此，研究者认为访谈资料基本达到饱和状态。[①] 访谈研究采用方便抽样的原则，尽可能地在研究可接触的范围内寻找更多的、更具代表性的访谈样本，通过座谈会、实地走访、电话访谈、邮件往来等方式，共获取了 26 名教师的访谈材料

[①] 陈向明：《质的研究方法与社会科学研究》，教育科学出版社 2000 年版，第 173 页。

（其中包括8名校长、副校长及书记、13名班主任和5名任课教师）以及21名学生的访谈材料（其中高一学生7名，高二学生8名，高三学生6名），在征得受访者同意的前提下，对访谈过程进行录音，在每次访谈结束的48小时之内将录音转为文字稿，并利用Nvivo软件进行初步的编码处理，研究共转录访谈文本9.7万余字。访谈对象的基本情况如表1-4和表1-5所示。

表1-4　　　　　　　　受访教师基本情况表　　　　　　　　单位：年

序号	访谈对象	性别	学校层次	地区	年级	教龄	行政职务	职称
1	M1	男	示范性	东（直辖市）	高三	25	副校长	高级
2	M2	男	示范性	中（省会）	高一	28	校长	高级
3	M3	女	示范性	东（直辖市）	高二	22	书记	高级
4	M4	女	一般	中（县城）	高三	19	副校长	高级
5	M5	男	一般	西（县城）	高二	20	校长	高级
6	M6	男	一般	中（省会）	高二	24	副校长	高级
7	M7	男	一般	西（农村）	高三	19	校长	高级
8	M8	女	一般	西（农村）	高三	20	书记	高级
9	T1	女	示范性	东（直辖市）	高二	7	班主任	中级
10	T2	女	示范性	中（省会）	高二	6	班主任	中级
11	T3	女	一般	中（县城）	高一	10	班主任	中级
12	T4	女	示范性	东（直辖市）	高二	7	班主任	中级
13	T5	男	示范性	中（省会）	高三	18	任课教师	中级
14	T6	女	示范性	中（县城）	高二	5	班主任	初级
15	T7	男	一般	中（县城）	高三	12	班主任	中级
16	T8	男	示范性	东（直辖市）	高二	3	班主任	初级
17	T9	女	示范性	东（直辖市）	高一	2	班主任	初级
18	T10	女	一般	中（省会）	高二	7	班主任	初级
19	T11	女	一般	西（农村）	高一	9	班主任	中级
20	T12	女	示范性	中（省会）	高二	17	任课教师	高级
21	T13	女	一般	东（直辖市）	高三	14	任课教师	高级
22	T14	女	一般	西（农村）	高二	5	班主任	初级
23	T15	女	示范性	东（直辖市）	高一	6	任课教师	中级
24	T16	男	一般	东（直辖市）	高一	4	任课教师	初级
25	T17	女	一般	西（农村）	高二	12	班主任	中级
26	T18	男	一般	中（农村）	高一	5	班主任	初级

表1-5　　　　　　　　　　受访学生基本情况表

序号	访谈对象	性别	学校层次	地区	年级	班级类型	是否担任班干部
1	S1	女	一般	东（直辖市）	高一	实验班	否
2	S2	女	示范性	中（直辖市）	高一	科创班	否
3	S3	女	示范性	东（直辖市）	高一	国际班	否
4	S4	女	一般	中（县城）	高一	普通班	是
5	S5	男	示范性	中（县城）	高一	实验班	是
6	S6	女	一般	西（省会）	高一	普通班	否
7	S7	男	一般	中（农村）	高一	普通班	是
8	S8	男	一般	西（农村）	高二	普通班	否
9	S9	男	示范性	东（直辖市）	高二	科创班	是
10	S10	女	一般	东（直辖市）	高二	科创班	否
11	S11	男	示范性	东（直辖市）	高二	国际班	否
12	S12	男	示范性	东（直辖市）	高二	国际班	否
13	S13	女	示范性	东（直辖市）	高二	普通班	是
14	S14	女	示范性	东（直辖市）	高二	普通班	是
15	S15	女	一般	西（省会）	高二	实验班	是
16	S16	男	一般	西（省会）	高三	普通班	否
17	S17	男	示范性	东（省会）	高三	普通班	否
18	S18	男	示范性	东（直辖市）	高三	科创班	是
19	S19	女	一般	中（农村）	高三	实验班	否
20	S20	男	一般	中（农村）	高三	普通班	否
21	S21	男	一般	中（农村）	高三	普通班	否

三　研究方法的选择与运用

本书采用定性研究与定量研究相结合的混合研究设计，使定性研究和定量研究的结论相互验证和补充。具体来讲，在研究过程中定量研究方法和定性研究方法并没有严格的先后顺序，而是采用"嵌套设计"，以研究问题为核心，根据不同的研究情境和研究问题需要选择适当的研究方法，以形成对于研究问题较为全面和深入的理解与阐释。具体而言，在研究的不同阶段对研究方法的运用如下。

（一）文献研究

对于文献研究是否能称为一种研究方法，至今仍有许多争议，由于文献的阅读和分析是任何一项研究开展的基础，且渗透于研究的各个环节中，从这个角度来看，它似乎并不能被称作一种独立的研究方法。但我国学者风笑天认为，文献研究不仅是一种资料搜集方法，而是并列于实验研究和调查研究的具有自己特定研究逻辑和过程的研究方式，文献研究包括内容分析、统计资料分析、二次分析和历史比较分析等子类型。[①] 类似地，我国学者仇立平认为，文献研究是在明确特定研究问题的前提下，有针对性采取文献收集和分析方法，深入考察研究问题的演变和发展脉络[②]。这说明，作为研究方法的文献研究带有明确的研究目的性和文献分析方法的适切性及科学性。在本书中，基于对"教育过程公平的发展脉络""教育过程公平的内涵与结构""普通高中教育过程公平政策的演进"以及"普通高中教育过程公平的研究聚焦"四个方面的思考，进行了国内外相关文献的搜集、梳理和分析。其中，文献研究的对象包括已发表的国内外著作、文章、报纸和我国出台的涉及教育公平的法律条款与政策文本等，文献研究的具体方法涉及历史考察与分析、内容分析和知识图谱分析等。

在文献研究的内容呈现方面主要划分为国内外的已有研究综述和理论分析两个部分；在研究综述部分，首先对于教育过程公平的溯源和发展进行了历史回顾，探明教育过程公平理念的演变脉络；然后从宏观政策视角、中观课程视角和微观教学视角分别对教育过程公平的内涵与结构进行梳理，以更为全面和深入地理解教育过程公平；其次梳理了我国普通高中教育公平相关的政策文本，呈现了教育过程公平的政策演进脉络；最后缩小文献研究的范围，将研究

---

① 风笑天：《社会调查方法还是社会研究方法？——社会学方法问题探讨之一》，《社会学研究》1997年第2期。

② 仇立平：《社会研究方法》，重庆大学出版社2015年版，第239页。

聚焦于普通高中阶段的教育过程公平问题，采用知识图谱分析的方法，以了解和呈现当前教育过程公平的实然状态。通过以上四方面的文献分析，总结国内外已有研究的进展与不足之处，从而寻找本书的立足点与生长点。在理论分析部分，从公平的考量尺度和公平实践问题的分析视角出发，阅读相关的理论著作，筛选对本书具有较大启发意义的理论依据，结合研究问题进行具体分析。通过上述的文献研究工作，最终形成了本书的概念框架。

（二）问卷调查

美国社会学家艾尔·巴比称："问卷是社会调查的支柱。"问卷调查法是社会科学研究中最常用的大规模抽样调查的资料搜集和统计方法，它的主要特点是（1）以假设演绎为内在的逻辑思路；（2）以个人为调查对象的主要分析单位[①]；（3）使用结构化和标准化的调查方法搜集资料；（4）收集到的资料能够被精确地分类或转换为统一的数据形式并进行量化分析。[②]

在问卷的编制阶段，本书通过前期的文献分析对"教育过程公平"的概念进行了初步的维度分解和假设构想，然后在对研究对象的预访谈以及专家面对面论证和同领域学者的邮件咨询的基础上进行调查问卷的开发和设计，形成试测问卷，然后通过预调研数据的收集与分析，进行试测问卷的检验和修订，最终形成正式问卷。本书采用分层抽样、整群抽样和随机抽样相结合的抽样方法，抽取了我国 19 个省份的 90 多所学校的 15918 名学生参与调研；在问卷数据的统计分析阶段，采用了描述性统计、因素分析、回归分析等数据处理方法，对普通高中教育过程公平的现状、问题和影响因素进行了量化分析。

（三）访谈调查

访谈调查法是研究者通过口头谈话的方式，和被研究者进行研究

---

① 凤笑天：《方法论背景中的问卷调查法》，《社会学研究》1994 年第 3 期。
② 徐红：《教育科学研究方法》，华中科技大学出版社 2013 年版，第 96 页。

性的交谈,以收集和建构一手研究资料的方法。① 研究性的访谈区别于一般的谈话,是一种有目的、有计划、有准备的谈话,根据对话开放的程度,通常分为非结构性访谈、半结构性访谈和结构性访谈。其中,结构性访谈对访谈结构的控制程度最高,非结构性访谈则对访谈开放性的要求最高。在本书中,主要采用半结构性访谈,在事先制定访谈提纲,帮助被访谈者聚焦特定的研究问题的基础上保持访谈的开放性和生成性,避免研究者本人先入为主的偏见和干扰。②

(四) 比较研究

比较研究法是基于一定的标准,对不同时期、不同地点和不同情况下的某些教育现象进行比较分析,以寻找教育的普遍规律和特殊表现,从而形成与客观现实相符的研究结论的方法。比较研究法的运用需具备两个条件:(1) 须存在两种以上具有共同基础的事物;(2) 这些事物需存在不同的特征。③ 教育中的比较研究并非对不同教育现象之间的共性或差异的简单比较,而是遵循一定的标准,强调教育现象之间的因果关系。④ 通过比较分析,能把杂乱的感性材料分门别类,在联系中把握特定事物的属性。比较研究的分析形式包括共时性比较(也称为横向比较法)、历时性比较(也称为纵向比较法)数量比较分析、质量比较分析、原因比较分析、历史比较分析、功能比较分析等,比较研究可以存在于国与国之间、地区之间、学校之间和个人之间。在本书中主要采用的是共时性比较方法,即

---

① 陈向明:《质的研究方法与社会科学研究》,教育科学出版社 2000 年版,第 181 页。
② [英] 凯西·卡麦兹:《建构扎根理论:质性研究实践指南》,边国英译,重庆大学出版社 2009 年版,第 146 页。
③ 徐红:《教育科学研究方法》,华中科技大学出版社 2013 年版,第 262 页。
④ Bray T., Adamson B., Mason M., "Introduction to Comparative Education Research", *Comparative Education Research Approaches & Methods*, Vol. 11, No. 2, 2007, pp. 1 – 11.

将不同的具体社会现象在同一标准下进行比较分析。① 在前期的文献研究中，国外有关教育过程公平的相关理论和研究为本书提供了许多启示与借鉴，在实证研究部分，则根据问卷调查的数据对普通高中教育过程公平现状进行区域比较、城乡比较、不同类型的学校比较、不同类型的班级比较以及不同特征因子的个人情况比较，以此来较为全面地呈现我国普通高中教育过程公平的整体状况。

（五）案例研究

案例研究是一种定性研究方法，主要通过深入、全面的观察来描述和探索现象及事物。② 本书对案例研究法的运用主要体现在两个部分：一是在对研究问题的呈现和解释的过程中穿插相关案例，以补充研究资料，增加量化数据的说服力，促进对于研究问题的全面深入描述；二是在对促进普通高中教育过程公平的建议探讨部分，通过对于一些教育过程公平状况良好的学校案例的呈现和描述，归纳和总结这些优质案例对于促进教育过程公平的启示和借鉴意义，推进建议的科学性与可推广性。本书的案例选取采用典型性和可获得性相结合的原则，主要通过文献研究、访谈调查、参与式观察等方式，梳理和呈现不同区域和类型学校的典型案例材料，以丰富研究内容，深化研究结论。

四 研究的技术路线

总的来看，本书的研究路线分为理论研究和实证研究两个部分，在理论研究部分，主要采用文献研究法对教育过程公平的历史脉络、相关政策、相关理论以及研究的聚焦点进行了梳理和呈现；在实证研究部分，先采用文献法和专家论证进行问卷和访谈提纲的初步设

---

① 欧阳康、张明仓：《社会科学研究方法》，高等教育出版社2001年版，第210页。

② 陈薛萍、徐淑英、樊景立：《组织与管理研究的实证方法》，北京大学出版社2012年版，第241页。

计，然后通过预调研对问卷和访谈提纲进行修订，具体方法涉及因子分析和描述性统计；接着采用分层抽样与随机抽样相结合的方法进行问卷发放，并对回收样本进行再次验证，对合格样本进行差异性分析与回归分析，呈现普通高中教育过程公平的现状与影响因素；同时对 60 余名高中校长、教师和学生展开深度访谈，借助 Nvivo 软件进行访谈文本的整理与编码；最后结合问卷数据与访谈文本进一步分析普通高中教育过程公平的困境表现，剖析不公平背后的成因并提出对应的改善建议。如图 1-1 所示。

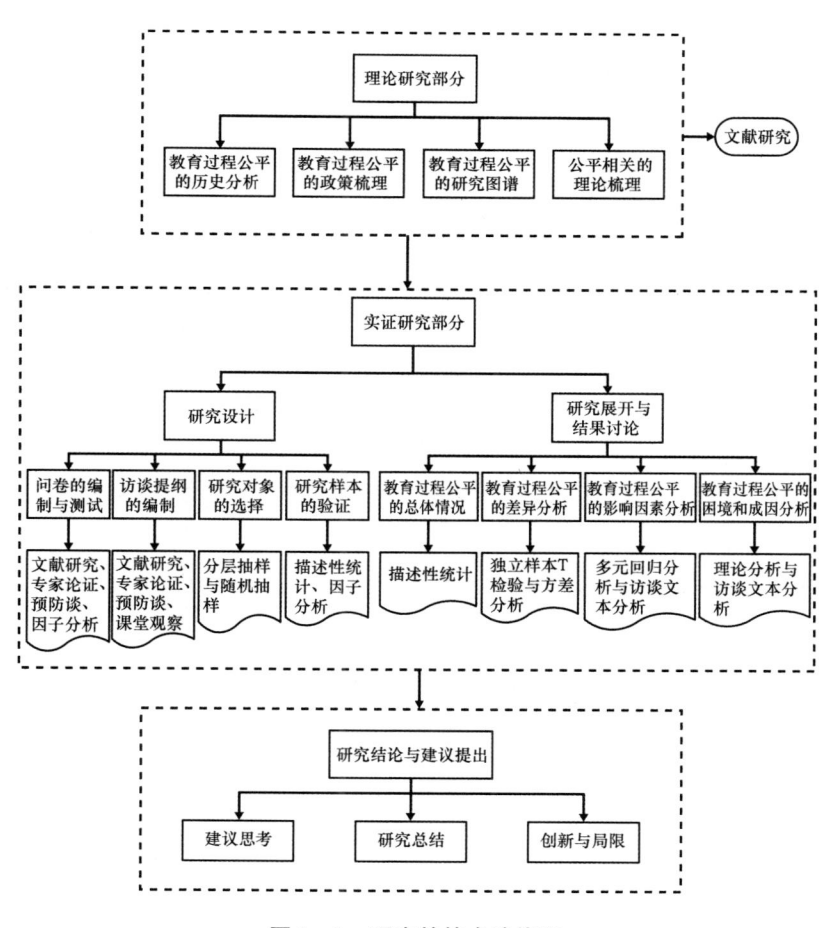

图 1-1 研究的技术路线图

第二章

研究爬梳：
教育过程公平研究的多重视域

在开展一项研究时，对于已有研究的梳理和述评必不可少，系统的研究综述能够帮助研究者明确研究开展的必要性，进一步地厘清研究问题。研究综述的思路和方法有很多种，大多数学者按照国别的不同，将已有研究分为国外与国内展开梳理，近些年来，采用文献计量法按照关键词词频分析和聚类对于文献进行综述的方法也越来越多地被研究者采用。笔者认为，好的研究综述须契合研究主题的风格，尽可能地保证综述本身的"内在逻辑"。因此，本书采用"问题导向式"的综述思路，围绕以下几个问题对国内外已有的相关研究进行梳理和分析。

1. 教育过程公平研究的源头在哪里？教育公平问题经历了怎样的发展脉络？
2. 怎样理解教育过程公平的内涵及结构？
3. 具体到普通高中领域，教育过程公平的现状、问题与影响因素如何？

第一节　历史回顾：教育公平的溯源与脉络研究

在人类发展的长河中，自物质需求得到基本满足之后便开始不断地寻求精神世界的满足，公平（equity）作为人类社会精神世界的底线追求，超越时间和空间的局限，是全人类的普遍的价值诉求。在我们论说公平时，常常也会提及平等（equality）、正义（justice）等词汇，甚至将它们作为具有相同意义的概念进行理解和表达。在现代汉语中，"平等"一词指人们在社会、政治、经济和法律等方面得到的相等待遇，表示一种无差别的结果或状态。虽然随着社会的发展，平等的概念内涵和外延不断延伸，但理解平等的关键仍在于"无差别的结果"，它的重点在于起点和结果。那么，如何促进社会平等？这时便出现了对"公平"和"正义"概念的思考，管子说："天公平而无私，故美恶莫不覆；地公平而无私，故小大莫不载。"寄托了古人对于公平最朴素的理解和渴望。在现代汉语中，公平指根据一定的社会标准（如法律、道德、政策等）和正当的秩序合理地待人处世，① 我国学者俞可平认为平等是一个侧重于状态和结果的概念，公平则是侧重于程序和过程的概念。平等具有"限制性"，限定于基本的人格和权利、重要的资源和必需的能力；而公平则具有"开放性"，适用于所有公共权利和社会资源的分配。② 正义是西方政治思想史上的重要概念，在现代汉语词典中的解释为"公正的、有利于人民的道理以及正当的或正确的意义"，柏拉图③、休谟④、

---

① 夏征农：《辞海》，上海辞书出版社1999年版，第338页。
② 俞可平：《重新思考平等、公平和正义》，《学术月刊》2017年第4期。
③ ［美］柏拉图：《理想国》，郭斌和等译，商务印书馆1986年版，第166页。
④ ［英］休谟：《人性论》，关文运译，商务印书馆1980年版，第538页。

西塞罗①、洛克②、罗尔斯③等学者均对正义展开了哲学探讨。从本质上来说，这些学者表达了一个统一的观点，即正义是一个应然的状态，是符合公共利益的"至善"，囊括了人格的平等、权力资源分配的公平以及法律的保障。④ 而本书重在解说"公平"这一概念，想要探讨的是一种教育系统内部的实然公平。要理解教育过程公平，首先要厘清这一概念的由来及发展脉络，它源自政治哲学视野中的机会平等概念，因循教育理念的发展轨迹沿着历史的长河不断发展。

一 阶级特权的式微与人权平等思想的启蒙

在教育实体形成之后，教育会经历一个从"非制度化"到"制度化"的过程，并随之产生教育的规范化、正式化、集权化、等级化乃至科层化的倾向，这个过程即教育的制度化过程。从前公共教育期向公共教育期的转型标志着教育从非制度化阶段走向制度化阶段。⑤ 在奴隶社会和封建社会时期，教育是属于少数人的专利，人们对于教育公平的思考是基于社会阶级身份和地位的"符号"划分，对于教育公平的追求集中体现为"入学机会的平等"。因此，在前公共教育期，无论是西方社会还是东方社会，在教育机会平等方面都同样被打上了深刻的社会阶级烙印，教育是只属于少数人的"特权"。

在西方，前公共教育期的发展根据其特征的不同可分为三个时期，即古希腊时期、封建社会时期和文艺复兴时期。在古希腊时期，

---

① ［古罗马］西塞罗：《西塞罗文集》（政治学卷），王焕生译，中央编译出版社2010年版，第169页。

② ［美］卡尔·弗里德里希：《超验正义——宪政的宗教之维》，周勇等译，生活·读书·新知三联书店1997年版，第3页。

③ ［美］罗尔斯：《正义论》，何怀宏等译，中国社会科学出版社1988年版，第56页。

④ 俞可平：《重新思考平等、公平和正义》，《学术月刊》2017年第4期。

⑤ 华桦：《教育公平新解：社会转型时期的教育公平理论和实践探究》，上海社会科学出版社2010年版，第55页。

能够享受教育机会的对象被严格限制为奴隶主和贵族的男性子弟，女性不允许进入学校，而要在家里跟着母亲学习刺绣和纺织等女工技能，这一时期学校的教育功能明显弱于其辅助和巩固奴隶主统治地位的政治功能。在封建社会时期，带有浓重宗教和神学色彩的教会学校成为中世纪学校教育的主要形式，并在一定程度上扩大了受教育对象的范围，但依旧严格地遵循等级制度，按照封建贵族、僧侣子弟和平民子弟将学校类别划分为大主教学校、僧院学校和教区学校。前两者的教育内容更为丰富，而郊区学校则只简单地教授识字和朗诵。这一时期的学校教育功能仍然体现为巩固既有的社会秩序，且带有过度的神学色彩。进入文艺复兴时期，教育对象和教育内容的范围都得到了扩充，开始不断出现批判封建主义教育的呼声，新兴资产阶级的子弟们，甚至少数平民子弟也获得了进入学校的机会，学校的数量大大增加，虽然这一时期的文艺复兴思潮、工业革命和宗教改革运动的主要获利者为新兴资产阶级，平民的受教育权利还未从根本上得到保护，鲜明的身份和等级特征依然是影响教育机会平等的最重要因素，但这一时期确实是前公共教育期向公共教育期过渡的历史性的重要时期，也初步实现了西方社会中教育机会平等的历史性转折。①

和西方类似，中国在进入公共教育期之前也是以身份和地位作为是否能够获取教育机会的筛选标签，在奴隶社会时期，学校的类型有国学和乡学，只有奴隶主和部分平民能够享受教育权利；而根据教育内容的不同，国学和乡学面向的也是不同的受教育群体：国学面向贵族子弟和极其优秀的平民子弟，教育计划相对稳定，教学人员也相对专业；而乡学则面向地方官员和贵族，教学内容为道德伦理、礼乐书数等。② 进入封建社会以后，学校数量不断增加，受教育的规模也逐渐扩大，但是教育机会仍然呈现严格的等级特征，

---

① 吴式颖：《外国教育史教程》，人民教育出版社2001年版，第234页。
② 孙培青：《中国教育史》（修订版），华东师范大学出版社2009年版，第19页。

和西方的封建社会时期的教育机会分配取向一致,这一时期的学校教育功能也是为了维护封建统治的利益,在这一时期,我国学生入学机会的情况如表2-1所示。从表2-1可以发现,从隋唐时期开始,关于入学资格的描述中出现了"庶人俊异者""庶人通其学者"等,教育机会的身份等级特征逐渐削弱。直到科举这一"取士"制度出现,少数平民家庭的优秀子弟通过科举获取了参与国家和社会建设的渠道,教育对于促进社会公平的价值才逐渐得到肯定,虽然科举制度背后的功能取向依然是为了维护和巩固既有统治阶级的利益,且能够有资格参加科举和登科高中的学生依旧在很大程度上受到既有身份和家庭地位的影响,但起码给平民子弟打开了一个相对平等的通道。

表2-1　　前公共教育期中国学校设置及入学资格一览表①

朝代	学校名称	入学资格
夏	东序:大学 西序:小学	奴隶主贵族子弟
商	大学、小学	奴隶主贵族子弟
西周	国学、乡学	贵族子弟或平民子弟之俊异者
西汉	太学、鸿都门学、宫邸学	京城和地方仪状端正者、公倾官宦子弟、皇室及贵族子弟与宫人
东汉	太学、鸿都门学、宫邸学	公卿等高级官僚子弟
魏蜀吴	太学	士族
晋	太学、国子学	官员子弟、官级五品以上子弟
南朝	国学	将佐子弟、大族子弟、文武豪姓
北朝	国子寺、太学	公卿子弟以及员外郎子弟、州官官员子弟

---

① 孙宵兵:《受教育权法理学——一种历史哲学的范式》,教育科学出版社2003年版,第206页。

续表

朝代	学校名称	入学资格
隋唐	国子学、太学、四门学、书学、算学、小学、医学、律学、广文馆	文武七品以上或庶人俊异者或八品以下及庶人通其学者
宋	国子学、太学、辟雍、四门学、广文馆及专科学校	文武七品以上或庶人俊异者或八品以下及庶人俊异者
元	国子学、蒙古、回回国子学	贵族子弟、依等级分类别
明	国子监、宗学、武学、儒学	荐举和科举
清	国学、算学、八旗官学、府学、州学、县学	科举

即使在前公共教育时期，教育机会呈现基于身份和等级符号的完全不平等状态，但先贤们还是提出了许多超前于社会发展阶段的进步思想，这些思想逐渐推动了教育阶级特权的式微和人权平等的启蒙。如我国古代先贤孔子倡导的"有教无类"和"因材施教"就传达了一种基于教育起点和过程的先进教育公平理念，这种人格平等的主张对中国教育发展产生了深远的影响；在西方，柏拉图认为教育是实现理想社会的根本途径，他主张把入学机会扩大到除了奴隶以外的所有自由民和奴隶主，还指出无论性别和出身，天赋和能力，都应该得到"适合的教育"。学校的作用在于选拔适合担当理想国中的"哲学家""军人""手工业者"和农民这几种不同角色的人才，但前提是学校为每个儿童开放参与选拔的机会和权利。与柏拉图的教育公平思想相似，亚里士多德也赞同每个儿童都需要接受同等的基础教育，并应通过"法律"的形式来保证所有"自由民"在相应的年纪接受教育的权利；同时，亚里士多德还提出了"比例平等"原则，即同等情况，同等对待；不同情况，不同对待，公平的分配制度应遵循的是"比例平等"原则而非"绝对平等"原则，这一理念直到今天仍启发着我们对于"公平"内涵的理解。到了西方的文艺复兴时期，捷克教育学家夸美纽斯提出"无例外地对每个人

实施教育"并开展了班级授课制的先河,提出了普及教育的主张①;法国启蒙思想家卢梭提出了"人生而平等"的主张,认为人应该接受适合其本身的教育,而不受他所处的等级、拥有的财富和从事的职业的影响。②虽然在前公共教育时期,先贤们的教育理念或是带有一定的封建等级主义色彩,或是过分地追求人人平等,带有一定的理想主义色彩,但这些宝贵的精神遗产对于促进教育机会一步步走向平等有着毋庸置疑的进步价值和意义。

二 公立学校的普及与平等受教育权的保障

从前公共教育期进入公共教育期之后,最为明显的转变即受教育从一种"特权"变成了一项"权利",在西方,这种转变体现在自19世纪起资本主义社会的教育实践中,以法律的颁布为保障,一步步地将始于1791年法国宪法提出的"人人都有平等的受教育的权利"③变为现实的行动。在中国,这种转变则迅速发展于中华人民共和国成立以后,尤其在1986年颁布《中华人民共和国义务教育法》和1993年颁布《中国教育改革和发展纲要》之后,我国以最快的速度普及九年制义务教育,扫除青壮年文盲。数据显示,我国在中华人民共和国成立以前文盲人口达到80%以上,学龄儿童的入学率只有20%左右,而到了2000年,我国文盲率下降到了9.5%,人口平均受教育年限从3.2年上升到7.6年。④公共教育期教育机会公平的显著特征即以权利为核心的入学机会公平,美国学者贺拉斯·曼(Horance Mann)曾用一段诗意的话语描述"免费公立学校"

---

① [美]夸美纽斯:《大教学论》,傅任敢译,人民教育出版社1984年版,第52页。
② [法]卢梭:《爱弥儿》,李平沤译,商务印书馆1978年版,第260页。
③ [英]安迪·格林著:《教育与国家形成:英、法、美教育体系起源之比较》,王春华译,教育科学出版社2004版,第9页。
④ 李实:《中国人类发展报告2005:追求公平的人类发展》,中国对外翻译出版公司2005年版,第44页。

（Common School），承载了对这种机会公平的美好理解："它不涉及贫穷与富有、奴隶与自由民的差别，无须讲价钱，它的大门向全州儿童敞开，它像太阳一样，不仅照耀着好人，也照耀着坏人，由此坏人将会变成好人；它像雨水一样，不仅赐福于公平、正直的人，同时也赐福于不公平、不正直的人，由此这种不公正会远离他们，从此再不为人知。"①

正是基于这样一种教育理想，公立学校制度在世界范围内建立起来。在我国，自中华人民共和国成立后，教育普及化取得了飞速进展，1985年以后开始实施九年制义务教育，到2000年基本普及九年义务教育；2005年，教育部颁布《关于进一步推进义务教育均衡发展的若干意见》，将推进教育公平的重点转向弱势群体，免除农村学生义务教育阶段的学杂费，对困难边远地区学生实行"两免一补"政策；2006年，新的《义务教育法》规定全面免除义务教育阶段学杂费，禁止划分重点校与非重点校，实行就近入学等政策。② 可以看出，中华人民共和国成立以后将教育公平放在了一个非常重要的发展位置上，国家不断推进与完善法律和政策来扩大受教育规模，提升教育机会公平，然而，受到社会经济水平发展不均衡带来的教育资源不均衡的影响，这一时期的教育机会公平仍存在着各种各样的问题，如基于家庭资本影响的"择校"现象，"唯分数论"导向下的重点班与非重点班、重点校与非重点校现象等，虽然国家政策已经敏锐地察觉到了这些突出的教育矛盾且较为及时地做出了如取消重点非重点校的划分、就近入学等政策举措，然而仅仅有法律和政策的约束是远远不够的，这一时期我国的教育发展呈现一种朴素的平均主义思想，对学生的个性需要和潜力发展的关注很少，学校更像是制造考生的"机器"，而非育人的摇篮。

---

① ［美］S. 鲍尔斯、H. 金蒂斯：《美国：经济生活与教育改革》，王佩雄等译，上海教育出版社1990年版，第250页。
② 宁波、王媛媛：《从1986年到2006年：我国义务教育法立法理念的变迁》，《现代教育论丛》2008年第5期。

西方也经历了相似的教育机会公平发展阶段。首先是普及义务阶段教育，据统计，1816 年德国普鲁士适龄儿童入学率为 60%，到了 19 世纪末，德国初等教育入学率已基本达到 100%。① 这一时期，以法律保障每个适龄儿童平等的受教育权是各个国家追求入学机会公平的主要举措，也是教育机会公平探索中的一个历史性进步。然而，这种基于权利的、受到法律保护的入学机会公平仅仅体现了教育的底线公平。在这一时期，教育机会不公平的问题依旧十分突出，如英国泾渭分明的"双规学制"就为劳动人民和上层与中产社会资产阶级的子女"定制"了两条受教育轨迹：按照《初等教育法》规定，劳动人民的子女享受免费义务教育，后进入公立的初等学校、综合中学和大学以外的高等教育机构学习；而上层和中产社会的子女则主要在家或预备学校中完成义务教育阶段的学习，然后进入公学和大学，成为国家统治者和高级管理人员的后备军。同时期的美国，种族歧视干扰着学生公平的受教育机会。② 为了解决这些不公正问题，保障每一位学生公平的受教育权，西方国家发起了综合化学校运动，美国在 1918 年发布的《中等教育基本原则》报告中首次提出"综合中学"的概念，指出"综合中学应将所有课程包容在一个统一的组织之中"③ 综合中学改革的出发点是整合学术课程、职业课程和公民课程，满足所有学生受教育的需要，促进教育公平。然而，坚守精英主义教育原则的学派认为，综合中学改革不顾学生潜能的差异而强调"一刀切"的"平等"，是一种不公平的教育资源浪费。综合中学逐渐成为"教育平庸"和"教育平均主义"的代名

---

① 吴式颖：《外国教育史教程》，人民教育出版社 1999 年版，第 234—236 页。

② 华桦：《教育公平新解：社会转型时期的教育公平理论和实践探究》，上海社会科学出版社 2010 年版，第 35 页。

③ 瞿葆奎：《教育学文集·美国教育改革》，人民教育出版社 1990 年版，第 33 页。

词，饱受质疑。① 值此，人们对于"公平"的认识越来越深入，对于"公平"的追求也越来越多元，仅仅基于权利的"底线公平"已无法满足人们的教育需求，学校逐渐开始关注学生自身的努力、抱负与能动性，能力导向的选拔考试制度逐渐普及。

三 考试制度的确立与能力为本理念的深入

入学机会的扩大推进了教育起点公平，代表着公共教育期教育公平实践发展的第一阶段，在这一阶段因循了政治和经济比例平等的原则，而由国家宏观调控的这种入学机会公平并非教育公平的全部。从社会发展的角度更进一步看，社会阶层的形成除了与客观的制度与经济因素有关，同时也与个人主观的天赋和努力有关。因此，在充分肯定个人受教育的基本权利之后，对于个体主观性的天赋和努力的肯定也不容忽视，这代表了公共教育阶段的第二阶段——基于教育结果公平取向的教育分流制度和选拔性考试的发展。

20世纪初，英国为了彻底改变由于社会经济地位差异导致的教育不公平现象，加强了教育选拔和分流制度，1997年，英国政府强调要提高所有学生的学业成就，使每位学生得到公平的成功率，获取较为体面的工作。《关注每个孩子》（*Every Child Matters*）法案认为学校应该并且能够弥补由家庭经济水平带来的教育不公平现象，最大限度地促进教育结果公平。② 相似地，美国的《不让一个孩子掉队》（*No Child Left Behind*）法案，基于宏观调控手段使各州实行

---

① 孔凡琴：《英国综合中学："后综合化"理念及其改革举措》，《外国教育研究》2013年第8期。
② 殷玉新、王德晓：《19世纪以来英国教育公平的嬗变轨迹探寻》，《外国中小学教育》2016年第1期。

绩效评价，加强对学生的学业质量检测以促进教育结果公平。① 在我国，中考和高考制度构成了学生培养和选拔的基本形态，中考既是检测义务教育阶段成果的综合评价机制，也是高中选拔学生的基本途径；② 而高考则是标准的选拔性考试，是我国高等教育人才选拔的孵化器。在改革开放初期，为了能在短时间内"快出人才、多出人才、出好人才"，历经曲折的高考制度得以恢复，"重点校"之间的相互赛跑的帷幕也由此拉开，这种结果导向的、着力于提高教育效率的发展战略是当时社会条件下的必然选择，同时也呼应了能力本位原则。③ 由此可以看出，各国促进教育结果公平的工具往往是基于宏观层面的学业成绩监测，而最终的目的则是指向选拔和分流。即根据一定的标准判断学生的能力倾向，将学生分流到对应等级的学校或者班级。④

虽然教育分流和选拔制度体现了以能力为核心的教育结果公平理念，但是在实际的操作中却饱受质疑，最大的矛盾点体现在教育资源的分配不均，正如道格拉斯·雷（Douglas Rae）的观点：一些人是由于缺乏展示和发展才能以及贡献智慧的机会才成为"才德较差、贡献较少"的享有较低的非基本权利的群体；而那些享有很多的权利，看起来才德兼具，对社会极具贡献的人往往获得了较为充分的发展才能和做出贡献的机会。在武士社会，习武之人有强大体力，这些人往往从富裕阶层中招募，假如平等主义改革者将招募原则改为面向社会各个阶层的平等竞争，结果仍然会是富裕的阶层占

---

① Kena, G., Musu-Gillette, L., &Robinson, J., et al., "The Condition of Education 2015", 2015, http://nces.ed.gov/pubs.
② 郑程月：《我国考试招生政策演进研究（1977—2017）》，博士学位论文，天津师范大学，2018年，第112页。
③ 张和生：《高考公平问题的伦理审视与实证研究》，博士学位论文，中南大学，2013年，第151页。
④ 夏惠贤：《教育公平视野下的新加坡教育分流制度研究》，《上海师范大学学报》（哲学社会科学版）2018年第5期。

据多数，这是由于其他贫穷的阶层由于营养不良而难以培养出体力强健的武士，他们缺乏发展为真正的武士的条件和机会。也就是说，所谓的平等主义改革只关注了形式上的机会平等，而不能深入实质上的发展平等。正如考试制度向所有人开放，每个人都有权利根据能力获取被选拔的机会，但这种看似公平的原则却仍是一种形式上的公平，难以企及更深层次的实质公平。① 类似地，国外学者萨托利（1993）将机会平等分解为平等进入和平等起点两个层面，他认为所谓"平等进入"指的是为培养平等的能力提供平等机会，即人们在进取或升迁时不受歧视；而"平等起点"关注的则是如何更加平等地发展个人潜力。② 基于此，哈耶克还提出了机会平等原则：社会所提供的非基本权利机会代表了每个人的平等的基本权利，这些机会包括发展才德、竞争职位和地位、为社会做出贡献以及权力和财富等。③ 从教育学的视角看，这种"发展个人潜力的公平"即以需要为核心的教育过程公平。

四　学生发展的需要与过程公平观的探索

2005 年，我国著名物理学家钱学森提出了"为什么我们的学校总是培养不出杰出人才？"这个著名的世纪之问，饱含对人才培养模式的反思和忧虑。进入公共教育期以来，教育公平的重点经历了从关注权利的起点公平到关注能力的结果公平的演变，对于特定阶段的社会发展和教育发展状态来说无疑是具有进步意义的，然而，随着教育事业的不断发展，教育的起点公平和结果公平逐渐成为教育公平的必要条件而非充分条件的特征，这两种教育机会公平都更多地关注程序和形式上的公平，并未真正触及教育公平最本质的要素："人"的要素。要想推进教育公平朝着更贴近人的需要，须从"应

---

① 王海明：《平等新论》，《中国社会科学》1998 年第 5 期。
② ［美］乔万尼·萨托利：《民主新论》，冯克利译，上海人民出版社 2015 年版，第 150 页。
③ 王海明：《平等新论》，《中国社会科学》1998 年第 5 期。

该为学生提供什么样的教育"转向对"学生需要什么教育"的思考，将学生置于思考教育公平问题的主体地位，关注与学生每时每刻的学习相关的过程公平。

在20世纪60年代的美国，教育机会均等关注的重点对象是那些没有机会进入大学的学生，联邦政策致力于支持处于边缘地位的优秀学生进入高等教育机构。然而，这种教育机会主要是基于能力的机会，体现了精英教育的理念。但在20世纪70年代，教育机会平等逐渐开始重视个人的发展机会，联邦政策开始为每个人，而不是仅限于贫困学生群体提供适当的教育机会。由此，联邦政府与学生群体的关系开始发生变化，即20世纪60年代教育公平的目标是让学生适应高等教育系统，而70年代教育公平的目标则是高等教育系统主动做出改变以适应学生。[①] 其中，这种公平转向最为突出的表现即国内外学者对课程内容、教学资源、教学策略和学生心理等方面的关注，英国教育社会学家麦克·杨（2002）认为所有知识都带有社会偏见，课程内容的选择、确定和组织的过程实际上促进了教育知识成层。[②] 因此，课程公平是学生教育过程公平的关键。除了从课程视角思考学习机会，科尔曼（1989）认为教育过程公平代表了教学条件公平，本质上是物质类学习资源的公平分配；[③]在OECD组织的PISA测试中，将旨在促进教育过程公平的"学习机会"理解为学习资源分配的公平和不受学生背景影响的学习公平。[④] 我国学者杨小微等对于教育过程公平指数和学生公正体验的研究，将学生的公平感作为一个重要的测量维度，

---

① 赵婷婷、王彤：《从入学机会平等到发展机会平等——20世纪中后期美国高等教育政策目标变迁研究》，《高等教育研究》2018年第2期。

② ［英］麦克·F. D. 杨：《知识与控制：教育社会学新探》，谢维和等译，华东师范大学出版社2002年版，第114页。

③ ［美］詹姆斯·科尔曼：《教育机会均等的观念》，张人杰译，华东师范大学出版社1989年版，第197页。

④ OECD, *PISA 2009, results: overcoming social background: equity in learning opportunities and outcomes*, Paris: OECD publishing, 2010, p.37.

则体现了关注学生内在心理的研究取向。① 总的来说，教育过程公平以学生的个性和需要为前提，包含了学生学习过程中的各种条件、资源、内容以及互动等机会，对于新时代推进更有质量的教育公平具有重要价值。

第二节 概念检视：教育过程公平的内涵与结构研究

从不同的视角看待教育过程公平会映射出不同的内涵，虽然教育过程公平是一种过程性的教育公平，但它不限于"课堂教学公平"的范畴，而是涵盖了学校为学生提供的各种各样的促进学习的条件、内容和互动机会。公平本身的复杂性构成了其研究视角的多样性，尤其在当前教育公平正处于从"规模"视角逐渐转向"质量"视角、从"外部"视角逐渐转向"内部"视角的发展阶段，国内外已有研究对于教育过程公平内涵的探讨恰恰勾勒出了教育过程公平的三种层次结构，这三种层次结构之间不是相互排斥和取代的，而是相互补充与互动，共同构成了对教育过程公平的理解基础。

一 基于宏观政策视角的观点

国家教育制度的核心是权利和教育资源的公平分配，相应地，从宏观的政策视角下来看，学习权利的保障和学习资源的补偿是促进教育过程公平的前提与基础。国外学者雅各布的新机会平等理论将机会公平划分为程序公平、背景公平和风险公平，程序公平指向以政策、法规和制度规则保障的平等主义公平，背景公平指向对待

---

① 李学良、杨小微：《义务教育阶段学生公正体验的实证研究——基于教育过程公平数据库的报告》，《华东师范大学学报》（教育科学版）2018 年第 4 期。

不同家庭背景和社会地位的个体的多元主义公平，风险公平指向以公平原则调控与评价结果，以减少结构性特权的补偿性公平。① 程序公平是背景公平和风险公平的基础，强调通过法律、制度和政策干预实现对学习活动中基本条件和资源的把控。与教育发展的阶段性有关，国内外对于学校教育公平的研究肇始于宏观层面的政策视角，关注每个人所应得到的平等的学习机会，如平等的入学机会和享有教育资源的机会。美国的《不让一个孩子掉队法》(*No Child Left Behind*) 以及我国的义务教育法、就近入学政策、贫困学生资助政策等均是从均衡视角去理解教育过程公平，以学习资源和条件的均衡配置与弱势补偿原则为准，保障每一个学生基本的受教育权和对教育资源的享有权。总的来说，政策视角下对教育过程公平的内涵探讨集中在两个方面：一是教育过程公平应为每个人提供平等的受教育权利；二是教育过程公平应为处境不利者补偿相应的教育资源。

（一）教育过程公平的前提是学生平等的受教育权得到保障

我国学者石中英主张从政策层面来探讨教育均等问题，他认为权利平等是教育机会均等的重要内核，即法律赋予每个人同等的受教育权，这种权利不受到任何生理、心理和社会性差异的影响。② 我国学者谢维和认为与教育公平相关的概念是"教育平等"和"教育机会均等"。其中，教育平等指每个人都能够在免受政治、经济、性别、民族、种族、信仰和社会地位限制的前提下平等地接受教育；教育机会均等关注的则是基于教育公平的政策具体目标，包括入学机会均等、接受教育的过程中机会均等和取得学业成功的机会均等。要实现教育机会均等，最主要的原则就是在经济、物质和社会文化

---

① Lesley A. Jacobs, *Pursuing Equal Opportunities: The Theory and Practice of Egalitarian Justice*, London: Cambridge University Press, 2004, p. 1.

② 石中英：《教育机会均等的内涵及其政策意义》，《北京大学教育评论》2007年第4期。

方面补偿处境不利者。① 我国学者吴康宁（2010）提出了教育机会公平的三个层次：第一层次是"温饱水平"的入学机会公平，体现学生享有的平等的受教育权；第二层次是"小康水平"的就读优质学校的机会公平，体现学生对优质教育资源的公平享有；第三层次是"发达水平"的学校教育过程参与机会公平，体现学生在校学习和发展的公平。② 国外学者胡森将"起点平等论"作为"过程平等论"和"结果平等论"的基础，认为教育机会的平等首先应当体现学生受教育权利的平等。③ 可以看出，无论公平的观念如何丰富和发展，学生平等的受教育权始终是教育公平的基石，只有这一基本权利得到保障，才有对于学生教育过程公平的后续探讨。

（二）教育过程公平意味着对弱势群体的补偿

教育过程公平应体现"同样情况，同样对待"和"不同情况，不同对待"的原则，如果说保障学生平等的受教育权是"给予相同者以相同的待遇"，那么对于处境不利者的资源补偿则体现"给予不同者不同的待遇"的公平原则。我国学者李春玲认为，中等教育的城乡不平等是教育分层的关键④，由于我国区域间教育发展不均衡的形势严峻，国家在补偿弱势地区方面出台了一系列政策，包括教师轮岗交流政策与免费师范生政策等对落后地区"师资资源"的补充；教育专项经费投入和贫困生补助政策等"经费资源"补充以及对随迁子女和农民工子女异地就学等"入学机会"的倾斜和补充等。《国家中长期教育改革和发展规划纲要（2010—2020年）》指出应加大对欠发达地区的转移支付和资源配置倾斜，开展教育对口帮扶，

---

① 谢维和：《教育公平与教育差别——兼谈教育改革与发展的深层次矛盾》，《人民教育》2006年第6期。
② 吴康宁：《教育机会公平的三个层次》，《中国教育报》2010年5月4日第4版。
③ ［瑞典］托尔斯顿·胡森：《平等：学校和社会政策的目标》，张人杰译，华东师范大学出版社1989年版，第196—197页。
④ 李春玲：《教育不平等的年代变化趋势（1940—2010）——对城乡教育机会不平等的再考察》，《社会学研究》2014年第2期。

2017年，《关于深化教育体制机制改革的意见》中提出教育经费向老少边穷岛地区、家庭经济困难学生、薄弱环节及关键领域倾斜。①这些政策措施均体现了我国宏观层面对于学生教育过程公平"补偿性"的理解。

同样地，在国外也有许多针对弱势群体的补偿政策，以保证学生的教育过程公平。法国政府早在1981年便制定了依据学校所处的地理位置、社会环境和家庭职业状况等划分的"教育优先区"政策，政府从各个方面支持教育优先区的教育发展，如减少班级人数、增加教师数量、鼓励2岁儿童能入校接受正规的学前教育，彰显给"匮乏者更多更好的教育资源"的观念，加速落后地区的教育发展。② 2010年，美国修订《不让一个孩子掉队法》，明确了关注残障儿童、移民儿童、农村学生等群体的政府责任。印度则以"全民教育"（Education for All）理念为指导，出台了一系列相关的法律法规，对处境不利儿童进行政策补偿。③

概言之，政策视角下的教育过程公平侧重以制度保障、政策调控和资源补偿来对受教育者的基本权利进行捍卫和保护，这是一种平等性公平，即强调教育权利与资源条件范畴的人人平等，在这种视角下，教育过程公平可看作为所有受教育者提供平等的教育基础。

二 基于课程与教学视角的观点

与起点公平和结果公平不同的是，教育过程公平更贴近学生的过程性学习活动，由于教育公平实现的最终场所并非行政机关，而是在学校之中，教育政策的价值追求，不仅仅是单纯的政策目标，

---

① 张和平、张赟、程丽：《教育均衡研究与政策的发展特征及未来走向——基于近三十年研究论文及政策文本的分析》，《现代教育管理》2018年第6期。

② 王晓辉：《教育优先区："给匮乏者更多"——法国探求教育平等的不平之路》，《全球教育展望》2005年第1期。

③ 杨思帆、杨晓良：《处境不利儿童教育补偿政策比较研究——以美国、印度、中国三国为例》，《现代教育管理》2016年第12期。

更是在定义教育自身的价值。所以学校内部的课程与教学视角构成了分析和理解教育过程公平问题的主要线索,而课程作为学校教育的主要载体,方方面面都关系着学生受教育过程的公平。透过课程这面镜子去追寻教育过程公平的内涵,国内外的研究者主要聚焦于课程及教材内容、教育效能的测量以及系统的课程传递过程这三个层面的过程公平。

(一) 关注预期课程的达成度

通常来说,教育目标自上而下的传递过程一般要经过三个系统:国家教育系统、学校系统和教学系统(通常表示为课堂)。这三个层次是相互嵌套的,因为学校在国家层面的教育系统中运作,而课堂则在学校内运作。在这个目标传递过程中,教育目标和标准,实际教学过程和学生成绩之间的一致性可以看作投入(例如国家标准)、过程(教学)和产出(学生成绩)的关系。预期课程的达成程度主要关注课程标准和课程实施之间的一致性,通俗来讲,课程达成视角下的判断教育过程公平与否的标准在于学校是否按照预期课程的要求给予了学生相应的学习机会。① 为了测试预期课程的达成度,教育过程公平已经渗透在数据收集、分析和报告等各个方面,特别是在国际大型数学和科学考试中,国际教育成就评估协会(IEA)组织了一系列关于学生学业成绩评估的国际差异的比较研究,涉及教育过程公平的测量,在教师问卷中设置了如下问题:"你在今年的数学课上用多少小时讲授下列主题?""你会在以后的教学中讨论这些话题吗?"通过对这两个问题的调查,我们可以获得两方面与教育过程公平性相关的信息:一是分配给学生学习具体内容的时间;二是学生学习的具体科目是否与课程标准相一致。国外学者皮尔格鲁姆提出了预期课程框架来解释预期课程、实施课程与测试内容之间的关系,预期课程框架将课程分为三个层次:(1)教育系统层次上的

---

① Scheerens, J., *Opportunity to Learn, Curriculum Alignment and Test Preparation*, Switzerland: Springer International Publishing, 2017, p.27.

"预期课程",是代表学校教学目标的,由国家或地方政府设计的课程体系;(2)课堂教学层面的"实施课程",是指教师实际教给学生的课程。"实施课程"应充分体现"预期课程"的目标;(3)考核评价的"达成课程",指参与学业评价的内容。考试内容必须属于预期课程的范围,才能有效地反映学生达到国家要求的学习程度。三种课程重合的部分面积越大,说明学校所提供给学生的学习机会越多,学生学习的过程也越公平。①

(二) 关注教材的内容公平

课程与教材是学生学习的两大要素,从课程标准的传递到教材的编写使用,再到课堂教学实践和考试评估构成了学校教育的全过程。我国学者熊和平认为教育过程公平比较直观的表现形式是课程公平。② 国外学者施密特(Schmidt,W. H.)认为应该首先从最直观的"学习内容"层面来理解教育过程公平。

课程与教材的内容是学生知识建构的来源,是学生教育过程公平的重要组成部分。我国学者傅建明以中国八套小学语文教材为文本,对语文教材中出现的儿童的外在形象和内在形象进行频率分析和内容分析,从儿童形象塑造的视角来分析小学语文教科书中的公平取向。他发现:教材中的人物形象塑造在性别取向上,女弱男强,从给男女生不同的取名方式上可以归纳;在民族取向上,以汉族为中心。对少数民族的儿童形象的塑造主要有三种:受助者、奉献者以及感恩者;在国别取向上,以发达国家和社会主义国家为主。在性格取向上,以外向型为主,人物形象表现为开朗、活泼、调皮的性格特征。③国外学者阿普尔认为,以课程和教材为传递载体的知识体系往往会接纳或排斥某些内容以达到服务于意识形态的目的,因

---

① Pelgrum,W. J.,*Educational Assessment. Monitoring,Evaluation and the Curriculum*,Enschede:Febo Printers,1989,p. 80.
② 熊和平:《区域内义务教育课程公平的学校文化视角》,《教育研究》2011 年第 5 期。
③ 傅建明:《内地、香港语文教科书的性别意识形态比较》,《湖南师范大学教育科学学报》2015 年第 2 期。

而正式的学校知识体系往往具有社会和经济控制的色彩，我们称为"合法的知识"。①但从公平的视角来看，这种"被控制"的知识在某种程度上剥夺了学生的学习机会。在学校教育中，教材和教育者概念的使用隐含了某种对于社会底层和学习能力不足学生的"阻碍机制"。国外学者麦克·杨曾指出，即使是在学校取得高分的学生，离开学校将要面对复杂的世界时只具备极少量的"真实知识"，学校有责任为学生提供一种"强有力的知识"，不仅仅是只对"精英阶层"开放的学术知识，也不同于"任何知识都能成为课程知识"的碎片化生活经验，而是经过鉴别的、尽可能价值中立的、相对稳定和系统的"更好的"知识，其核心在于为所有学生赋予知识权，使所有学生都能够习得这种知识，进而参与公平的社会分工。②

（三）关注学生受教育全过程中所得到的公平学习机会

瑞典教育学家胡森将教育公平的考察对象分为以下三类：第一是学生的家庭经济资本、学习上的花费、学校所处的位置以及上学的交通方式；第二是父母和教师的态度与期望等心理因素；第三是课程、教学时间、作业等教学资源和学习机会。③ 其中，学习机会侧重于从学校内部探讨学生的学习过程体验，是教育过程公平众多维度中最关键的一种。学习机会（opportunity to learn）是国外学者约翰·卡罗尔在20世纪60年代早期提出的一个术语，最初是作为解释学生学业成绩的学习时间变量使用，后来加入对"学习内容"的考量，如今逐渐作为一种教育政策工具，为绩效考核、教育问责和大规模测试提供依据。④ 对于学习机会的研究源自西方，最初是作为考察不同学校、班级和学生学业成就的差异的影响因素重要变量应

---

① Apple, M. W., *Ideology and Curriculum*, London: Routledge, 2004, p. 120.
② ［英］麦克·杨：《教育社会学中的知识与课程》，《华东师范大学学报》（教育科学版）2003年第3期。
③ 沈有禄：《教育机会分配及其公平性问题探析》，《上海教育科研》2017年第11期。
④ Schmidt, W. H., Maier, "Opportunity to Learn", in Sykes G., B. Schneider and D. N., Plank (eds.), New York: Routledge, 2009, p. 541.

用在各项研究中。如国外学者古德莱德所做的学校教育实验，考量了课堂教学时间作为一种重要的学习机会，对于不同学校教学质量产生的影响。① 逐渐地，学习机会开始被用来解释和弥补经济上处于不利地位和不同种族、民族学生之间的学业成就差异，学习机会的分配对于教育公平的重要意义不断增强。国外学者施密特（Schmidt, W. H.）等认为，学习机会分为狭义和广义两种理解，前者关注学生在校的学习内容，后者描述了学生在学校接受教育的方方面面。② 从西方的研究来看，学习机会公平代表了教育过程公平的状态。1996 年，施密特（Schmidt, W. H.）提出了"学习机会模型"，阐述了学习机会在教育顶层设计和学校课程与教学层面是如何存在的，体现学习机会是学生学习的基础，学习过程中的任何一个环节都应作为衡量教育过程公平与否的一个要素。这个模型为解释国际数学和科学评测（TIMSS）以及国际学生评估项目（PISA）的结果提供参照，阐释了从国家制定的预期课程目标到 TIMSS 测验结果或其他达成课程的过程中，教育系统层面的分流、分年级、学习内容等因素；学校层面的目标制定、课程及其他资源支持、教师特点（如背景、学科内容、教育信念）、教学活动等因素；学生层面的背景、家庭、态度、活动和期望等因素是如何作为一个系统的整体呈现学生学习机会的获得情况，从而影响最终的学业成就。③ "学习机会模型"如图 2-1 所示。

同样地，国外学者哈瑞斯（Harris）等也将教育过程公平作为一个系统性概念，描述了三种不同层次的教育过程公平概念。一是衡

---

① ［美］约翰·I. 古德莱德：《一个称作学校的地方》，苏智欣等译，华东师范大学出版社 2006 年版，第 34 页。
② Schmidt, W. H., Maier, "Opportunity to Learn", in Sykes G., B. Schneider and D. N., Plank (eds.), New York: Routledge, 2009, p. 559.
③ Schmidt, W. H., Cogan, L. S, "Development of the TIMSS Context Questionnaires" in M. O. Martin and D. L. Kelly (eds.), *Third International Mathematics and Science Study (TIMSS) Technical Report*, Volume I: Design and Development, Chestnut Hill, MA: Boston College, 1996.

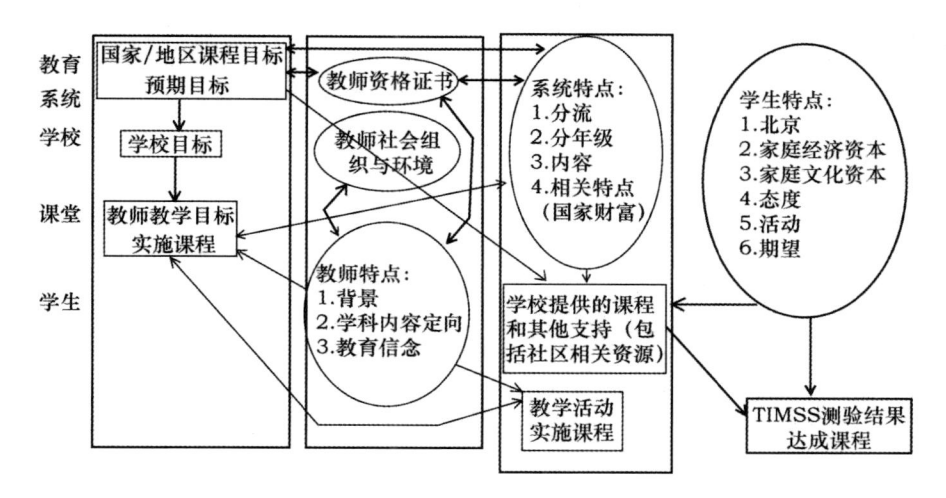

图 2-1 学习机会模型

量教学内容和测试之间的关系，根据这种观点，日常教学的内容与测试的内容重合度越高，学生所享有的学习机会就越公平。二是教育资源类学习机会，包括师资水平，课程多样性和硬件设施的完备性等。三是课堂教学过程中为个别学生或学生群体提供学习机会的频率越高就越公平。① 类似地，赫尔曼（Hermann）等研究者认为，教育过程公平包括以下三个方面：（1）教学资源的公平，指学校内部教学设备、教师的素质和态度以及教材和教辅设施等学习条件的公平；（2）课程的内容公平，指学生为了达到特定的学习标准而学习特定的学科和课题的机会公平；（3）教学策略的公平，是指学生接触教学和指导经验的类型和方法的公平。② 与赫尔曼的观点类似，国外学者克里斯姆（Chism）提出了"教育过程公平标准"领域，

---

① Harris, D. M., & Anderson, C. R, "Equity, Mathematics Reform and Policy: The Dilemma of 'Opportunity to Learn'. Equity in Discourse for Mathematics Education", *Springer Netherlands*, Vol. 55, No. 2, November 2011, p. 24.

② Herman J L, Klein D C D, *Assessing Opportunity to Learn: A California Example*, National Center for Research of Evaluation, Standards, and Student Testing (CRESST), Center for the Study of Evaluation (CSE), Graduate School of Education & Information Studies, University of California, 1997.

也是从整体性视角来理解教育过程公平，认为教师质量、学校质量、学区质量、教学方式、课程、教学设备和教学资源等都属于教育过程公平的范畴，如表 2-2 所示。①

表 2-2　　　　　　　　　　　教育过程公平标准

教育过程公平领域	解释
教师质量	教师的学科知识、教学策略、激励方式、课堂管理技能、专业发展空间、对学生和自我的期待
学校质量	班级规模、学校氛围、教职工质量、学术标准
学区质量	监督与评估、教科书选择、课程标准和教学时间固定、特殊教育和多语言教育
教学方式	教师课堂上选择的教学设计和干预措施、互动方式等
课程	课程的深度、严谨性和与学区课程标准的一致性
教学设备	学习空间、供冷供热和照明设备、娱乐和图书馆设施
教学资源	多媒体、网络、教科书、实验装备、体育器材和美术器材等

三　基于师生互动视角的观点

在学生日常的学习活动中，各种各样外显的教与学要素，如教师、课本、桌椅、多媒体设备、座位、成绩单等构成了学生学校生活的外在形态，而在这幅我们每个人都非常熟悉和习惯的学校生活"画面"之下还有另一幅隐性的由师生关系、同伴关系、课堂互动等给学生的学校生活带来不同的公平体验和感受的内隐"景观"。微观教学视角下的教育过程公平的核心便是对于这种隐含在教育过程之中的、由一系列多样化的互动和对待带来的学生公平感受的考察。

（一）课堂教学中的互动公平原则

国外学者吉（Gee）研究了课堂实践中学生获得学术语言训练的机会，他认为教育过程公平不仅涉及教学内容层面，更应该包括

---

① 曾家延、丁巧燕：《西方学习机会测评 50 年研究述评》，《全球教育展望》2018 年第 1 期。

为学生提供参与和实践的公平机会。因此，必须了解学生在课堂中的参与情况，以确定学生是否有机会充分地学习。国外学者格里诺（Greeno）认为教育过程公平即支持每一位学生参与指向个性化和多样化发展的课堂实践，使多样化的教学资源转化为课堂上因材施教的学习机会，为此，需在教师培训中开展对于课堂话语实践的训练，以便更好地调动学生的学习积极性和参与性。

我国学者冯建军认为课堂是学校教育的主阵地，课堂公平也是教育过程公平的关键所在，对课堂公平的研究应超越学生的外部身份，深入关注学生的个体生命，促进课堂公平从外而内地转变社会公平性特征，走向课堂本身的公平。因此，必须给予每个学生平等的参与权利和机会。其中，教师对每一个学生的公平对待，并不意味着对所有学生的"一刀切"对待，而是根据不同学生的个性特点和发展阶段，给予适合其发展要求的学习机会。因此，参照罗尔斯的正义理论，课堂互动公平应包括三个层次：第一层次，同等情况，同等对待；即平等性的资源分配和平等对待每一个人。按照罗尔斯的正义原则，课堂中的教育过程公平分配包括课堂学习权利的平等、平等享有基本的教育资源、对班级弱势群体和个人的学习补偿、消除身份的歧视。平等不仅意味着将资源进行平等分配，更意味着对每个人的平等对待。资源的平等分配体现了分配正义，关系中的平等对待测体现了承认正义。其中"不羞辱"是课堂承认正义的底线，基于尊严的承认表现在爱的关怀、平等的尊重、成就的赞许等方面。第二层次，不同情况，不同对待；要求尊重每个学生的个性、能力和学习状况的差异，在学习中赋予他们自由选择和表达的权利，以满足他们个性化发展的需要。第三层次，全面合格基础上的个性化发展；教育的最终目的是指向人的发展，结果公平是教育公平的根本目的。教育过程公平的目标在于使每个学生在达到全面合格的基础上，根据自己的潜能与需要选择恰切的发展方式以达成最好的自己。[①]

[①] 冯建军：《课堂公平的教育学视角》，《教育发展研究》2017年第10期。

我国学者黄向阳认为，基于课堂教学视角的教育过程公平首先需要教育者去思考和厘清所追求的应然状态是什么，"因材施教"不是指通过学生的聪明、特长来进行学习内容的区别对待，分配教育资源也不同于分苹果。① 而需符合"简单公平"原则：第一，同等对待原则，给相同的人以相同的对待；第二，区别对待原则，给不同的人以不同的对待；第三，优待原则，给处境最不利者以救济或补偿。我国学者张人和认为，当前许多课堂上学生很少有讲、问、议的权利，这是课堂学习机会不公平的体现。在班级授课制中，总有少数学生跟不上，需改变课堂教学设计的逻辑结构，让学生真正成为课堂的主人。他还提出了"后茶馆式"课堂教学模式，从以往的教师决定学科讲授体系，变成遵循学生的认知结构，让学生自己寻找课堂教与学的线索；强调学生独立学习、合作学习、异步学习，使学生个体和小组群体都可以按照自己的意愿进行学习。提倡"学生自己能学会的教师不讲"的课堂教学理念。在作业布置上，遵循"两个举手"原则，让学生和家长来决定作业布置量，形成了作业分层制：为学有余力的学生提供荣誉作业、为大部分学生提供整体作业、为学习进度较慢的学生提供基础作业。②

（二）学生的公平感知与体验

国外学者伊斯穆德（Ismoud）基于"位置身份"理论对教室里的过程公平问题进行研究，认为具有"正向"位置身份的学生通过获得"关系的公平"而在班集体更有可能拥有权威和能力，进而拥有更好的公平体验。③ 相似地，国外学者墨菲（Murphy）也关注了

---

① 黄向阳：《公平之道的探索：以排座位为例》，《全球教育展望》2017 年第 4 期。

② 张人利，龚程玉：《后"茶馆式"教学的发展研究》，《上海教育科研》2016 年第 7 期。

③ Esmonde I., "Mathematics Learning in Groups: Analyzing Equity in Two Cooperative Activity Structures", *The Journal of the Learning Sciences*, Vol. 19, No. 2, 2009, p. 247.

教室里学生的公平体验问题，认为学生在学习中会遇到消极的、不恰当的表现期望，这会影响到学生的公平体验，进而对学习行为和成绩造成不良影响。[1] 我国学者李学良、杨小微等通过对义务教育阶段学生公平体验的实证分析，发现学生的公平体验最能代表学校情境下的教育过程公平现状。在学生的公平体验中"是否被平等对待"的影响最大。[2] 我国学者杨九诠认为，学校内部犹如一个"比较圈"，是一个故事范畴。学校教育是一个"生态"包括"生态位"和"小生境"。"具身性"好比是公平感，公平体质包含体温、体感以及体态。人的体验通过时间和空间来构建，而公平与自己体验的相关，通过体验嵌入，不只是单向客观的"供给"和主观的"对待"，还有多向连接的"配置权"和"相遇相待"。因此，学生的公平体验受到主客体多重因素的影响，在促进学校内部教育过程公平的过程中值得优先关注。在一所学校的日常教学和活动中，没有平等就没有教育（即分配公平），没有爱心就没有教育（即关怀公平），没有参与就没有教育（即信任公平），没有选择就没有教育（即自主公平）。这四种公平共同构成了学校内部的"公平场域"和"比较圈"，影响着学生的公平体验。我国学者张萌（2018）的研究发现：初中生学习公平感的形成呈现"教育实践经历—学生个体认知加工—学生主观感受"的过程，主要表现在权利尊重、资源分配、机会享有、人际交往和制度保障几个方面，其中，制度保障和人际交往的影响最为显著，通过学生在校的各种实践经历、个人偏好以及学生自身的判断标准来形成最终的公平感受。[3]

---

[1] Murphy J., Hallinger P., "Equity as Access to Learning: Curricular and Instructional Treatment Differences", *Journal of Curriculum Studies*, Vol. 21, No. 2, 1989, p. 129.

[2] 李学良、杨小微：《义务教育阶段学生公正体验的实证研究——基于学校内部公平数据库的报告》，《华东师范大学学报》（教育科学版）2018年第4期。

[3] 张萌：《初中生教育公平感研究》，硕士学位论文，华东师范大学，2018年，第120页。

第三节　政策演进：普通高中教育公平的发展阶段研究

在我国教育发展的长河中，普通高中发展受到的关注一直少于其他教育阶段，许多政策议题都是将普通高中"裹挟于"基础教育或中等教育这两个概念中，笼统地提出普通高中阶段教育的发展目标。但普通高中教育阶段的改革探索却并未停滞，与此同时，普通高中教育背后的公平价值理念也经历着不断的转型发展。对于普通高中发展历程和背后的公平导向转型的梳理能够更好地使我们理解教育过程公平之于新时代的普通高中发展具有的重要价值意蕴。

1978 年我国的改革开放拉开了教育事业发展新的帷幕，在普及九年义务教育的背景下，普通高中也自此成为一个相对独立的教育学段。回顾普通高中教育在这 40 余年间的发展与改革历程可以发现，每一次发展改革实践的背后都隐含着对教育公平的价值追求，而普通高中教育公平的理念也随着普通高中教育事业的不断发展而逐渐深化与丰富。教育政策能够反映教育事业发展的状态与趋势，从国家层面到省市和学校层面，教育政策文本的形式和内容纷繁复杂，其中，教育部《工作要点》是教育部在每年年初出台的对当年教育发展工作进行部署的重要政策文件，虽然不属于具有法律效力的规定性文件，但属于广义上的教育政策。[①] 在本节中，笔者以教育部《工作要点》中的相关政策文本为研究索引，来搜索和梳理与之相关的政策文本，考察我国普通高中教育事业的发展轨迹和背后隐含的公平导向，主要是基于以下几点考虑：第一，政策发布的主体具有较强的权威性，代表了各级各类教育行政部门每一年度教育工

---

① 李文平：《我国政策话语对高等教育质量的关注及演变——基于 1987—2016 年〈教育部工作要点〉的文本分析》，《教育发展研究》2016 年第 11 期。

作的重点方向；第二，政策主题涵盖教育工作的方方面面，教育部《工作要点》的特点在于简明扼要地囊括了各级各类教育发展的各个方面，是教育事业规划的纲领性文件，对于《工作要点》的分析能够帮助笔者从全局的视角看待普通高中在整个教育系统中的位置与发展方向；第三，政策发布的时间以年份为单位，有利于梳理和分析普通高中教育发展的阶段性趋势；第四，研究资料的可获取性，教育部《工作要点》是教育部官方网站公布的开放性信息，便于获取和查找，大大提高了研究的便利性（见表2-3）。

表 2-3　近三十年来《教育部工作要点》对普通高中发展任务的论述[①]

年份	相关表述
1989	·进一步明确普通高中的性质、任务、培养目标，修订教学计划方案 ·研究普通高中的布局和事业规划，提出进一步办好一批具有较高水平的普通高中的意见
1990	·对中小学超计划招收"议价生"、举办复读班和高中过早文理分科等现象，坚决进行整顿 ·各地要高度重视，克服无能为力的消极思想，切实抓好各项改革试点，通过高考招生指标到县、招收保送生以及逐步推广会考制度等一系列措施，进一步端正中小学的办学指导思想，纠正片面追求升学率的倾向
1991	·积极完善并推行高中毕业会考制度 ·继续指导各地对初中布局和高中阶段教育结构进行调整 ·总结高中两年后实行分流和在普通初中与高中引入职教因素的改革经验
1992	·大力推广沈阳等地初中招生改革的经验和有关省高中招生改革的经验，完善并全面推行高中毕业会考制度 ·进一步加强和完善对内地西藏班的管理，做好西藏班首届毕业生分配和首届高中毕业生升学工作 ·深入研究提出加强重点中学生思想政治教育的意见。 ·加强重点高中的工作，研究重点高中端正办学指导思想，全面贯彻教育方针，提高教育质量等有关问题
1993	改革高中阶段教育，完善高中毕业会考制度，召开高中工作会议
1995	研究高中教育改革与发展方针和办学模式
1996	拟定建设示范性普通高中的实施意见和推进办学模式多样化的改革

---

① 表格根据相关的政策文本整理而成。

续表

年份	相关表述
1997	进一步完善义务教育阶段办学体制，深化高中阶段办学体制的改革
1999	推进基础教育评价制度、中考和高中毕业会考制度的改革；加快农村初中课程、高中综合课程改革，积极扩大综合高中办学模式的试点
2000	·坚持各级各类教育的协调发展，以多种形式积极发展高中阶段教育和高等教育，满足广大群众日益增长的教育需求 ·城市和经济发达的地区要加快高中阶段教育的发展，充分利用现有教育资源，通过学校布局调整、适当分离初高中办学、办好薄弱学校、发展民办教育等多种形式 ·扩大包括普通高中和中等职业教育在内的高中阶段的招生规模，提高普及教育的整体水平 ·继续办好实验性、示范性高中和骨干职业学校
2001	·加快高中阶段教育的发展，努力创造条件，积极扩大普通高中规模 ·因地制宜地发展普通高中和中等职业教育，保持合理比例 ·大中城市和经济发达地区要适时普及高中阶段教育，逐步提高教育的设置标准和质量水平，促使我国基础教育迈上新台阶
2002	·加快发展普通高中，扩大现有教育资源，鼓励有条件的地区和学校实行完全中学的初、高中分离，并通过布局调整、资源重组，扩大优质高中的覆盖面 ·完善相关政策，鼓励发展民办高中
2003	贯彻全国高中发展和建设工作经验交流会精神，加快高中教育发展步伐，扩大优质高中办学规模，鼓励有条件的地区普及高中阶段教育，支持发展民办高中，加强县城示范性高中建设
2004	·继续推动高中阶段教育快速发展，认真做好高中阶段教育事业发展规划，促进普通教育与职业教育协调发展 ·推动中西部农村地区县中建设，多种形式地扩大优质教育资源 ·启动普通高中新课程实验工作，切实加强围绕新课程的校本教研制度建设
2006	着力提高普通高中教育质量，巩固普通高中教育发展成果
2007	·逐步推广将普通高中招生指标均衡分配到初中的招生制度；深入推进高校招生考试制度改革，将重点放在考试内容改革 ·做好首批高中课改实验省（区）高考命题工作，推动高中课改与高考改革的有机衔接
2008	大力推进高中课程改革实验
2009	·扩大普通高中新课程改革实验范围。建立和完善教学常规制度，加强教学管理；深化教育教学改革，切实减轻中小学生过重的课业负担 ·均衡配置教师资源，逐步推进校长和教师定期交流；推广把示范性高中大部分招生指标均衡分配到区域内初中的办法 ·进一步完善普通高中家庭经济困难学生资助制度 ·加强"双语"教师和民族文字教材建设；办好西藏班、新疆高中班和高校民族班、预科班；完善教育对口支援机制，做好支援西藏、新疆等西部地区教育工作

续表

年份	相关表述
2010	·加快普及高中阶段教育；按照统筹规划、分类指导的原则，研究制定普及高中阶段教育实施方案 ·加强普通高中教育指导意见，以深化人才培养模式改革为重点，促进普通高中内涵发展 ·探索在普通高中建立学生发展指导制度 ·鼓励举办特色高中、新型综合高中，推动普通高中多样化、特色化发展 ·完善家庭经济困难学生资助政策，将普通高中纳入国家助学体系
2011	·组织实施好普通高中国家助学金政策；积极推动各地落实高校学费补偿和贷款代偿政策；进一步规范助学金发放行为 ·制定普通高中学生发展指导纲要，开展普通高中改革试点，促进多样化发展 ·全面实施普通高中学业水平考试制度，深入推进学生综合素质评价
2012	·推动普通高中多样化发展；加快普及高中阶段教育，保持高中阶段教育普职比大体相当 ·鼓励普通高中学校办出特色，探索区域高中多样化发展和学校特色发展的模式与办法 ·加快建立和实施普通高中学生发展指导制度 ·启动普通高中课程方案和各学科课程标准的修订，进一步提高教材的质量和水平 ·办好内地西藏班、新疆高中班和西藏、新疆中职班，抓好民族地区教育基础薄弱县普通高中建设项目 ·落实普通高中国家助学金政策
2013	·组织修订普通高中德育课程标准，探索语文、历史等骨干学科渗透德育的途径 ·实施针对14个集中连片特困地区的教育扶贫工程。加大对中西部集中连片特困地区普通高中教育的扶持力度 ·扩大普通高中家庭经济困难学生资助范围
2014	·推进普通高中考试招生制度改革 ·推动普通高中多样化发展；加快普及高中阶段教育，确保中等职业教育招生规模与普通高中大体相当 ·印发普通高中学生发展指导纲要和普通高中教育专题规划，指导各地推动普通高中多样化发展，加强高中学校特色建设 ·修订普通高中课程方案（实验）及课程标准 ·实施好普通高中改造计划、民族地区教育基础薄弱县普通高中建设等项目
2015	·研究出台《关于深化高中阶段学生考试招生制度改革的指导意见》，全面实施普通高中学业水平考试和综合素质评价 ·指导和督促各地大幅减少高考加分项目，取消体育、艺术等特长生加分项目 ·完善自主招生，做好全国统一高考后开展自主招生的组织工作。继续推进研究生招生制度改革 ·全面提高高中阶段教育普及水平 ·继续实施好普通高中改造计划和民族地区教育基础薄弱县普通高中建设项目。支持集中连片特困地区改善高中学校办学条件 ·指导地方推动普通高中多样化发展，研究制定普通高中工作规程 ·全面推进普通高中课程标准修订，开展高中创新实验室建设和创新活动平台建设

续表

年份	相关表述
2016	·加快推进普通高中课程方案、课程标准修订工作 ·加快普及高中阶段教育，做好普及高中阶段教育顶层设计，研究制订普及高中阶段教育攻坚计划 ·制定支持中西部贫困地区普通高中发展倾斜政策 ·推动普通高中多样化有特色发展；继续实施普通高中改造计划 ·加强普通高中教学管理和学生综合素质评价工作指导 ·率先从建档立卡的家庭经济困难学生实施普通高中免除学杂费等相关政策
2017	·加快普及高中阶段教育 ·启动实施高中阶段教育普及攻坚计划，会同有关部门组织实施教育基础薄弱县普通高中建设项目和普通高中改造计划，推动普通高中多样化有特色发展 ·密切跟踪指导高考综合改革试点工作，进一步指导上海、浙江完善录取工作方案和相关措施，确保2017年上海、浙江探索基于"两依据、一参考"的录取模式顺利实施；指导2017年启动高考综合改革的北京、天津、山东、海南制定高考综合改革方案 ·切实加强课程教材建设。继续完善基础教育课程体系，完成普通高中课程修订 ·普通高中建档立卡家庭经济困难学生免除学杂费、中职免学费和普通高中、中职学校、高等学校国家资助政策 ·鼓励各地探索建立学前教育和普通高中生均拨款制度
2018	·出台《关于深化普通高中育人方式改革的指导意见》 ·结合高考综合改革，统筹实施和推进修订后的普通高中课程方案和语文等学科20个课程标准
2019	·推进高中阶段教育普及攻坚目标任务：进一步提高高中阶段教育普及水平，继续实施教育基础薄弱县普通高中建设项目，加大普通高中改造计划实施力度，推动中西部省份提高普及水平 ·各省（区、市）全面建立普通高中生均拨款制度；制定全国普通高中生均公用经费拨款最低标准，指导各省（区、市）建立生均拨款标准和学费标准动态调整机制 ·普通高中"大班额"比例进一步降低，部署各地制定普通高中消除"大班额"专项规划 ·稳步推进普通高中实施新课程、使用新教材
2020	·全面提高高中阶段教育普及水平；推动各地普职招生大体相当 ·实施好普通高中改造计划和民族地区教育基础薄弱县普通高中建设项目；支持集中连片特困地区改善高中学校办学条件 ·指导地方推动普通高中多样化发展，研究制定普通高中工作规程，全面推进普通高中课程标准修订；开展高中创新实验室建设和创新活动平台建设 ·公平配置教育资源、继续大力推进入学机会公平

续表

年份	相关表述
2021	·制订出台《县域普通高中振兴行动计划》；继续支持普通高中建设，加快消除普通高中大班额，着力提高"县中"办学水平 ·推进新课程新教材实施，力争到2021年全国绝大多数省份均实施新课程新教材；加强普通高中新课程新教材实施国家级示范区示范校建设；继续组织开展统编三科教材国家级示范网络培训，继续举办中西部新课程专项培训 ·高考综合改革稳妥推进；高考内容改革不断深化，艺术体育等特殊类型招生进一步规范；中考招生录取综合改革试点落地省份在省域范围全面推进招生录取综合改革
2022	·加强精准资助，推进资助育人，全面落实各项学生资助政策 ·指导各地落实高中阶段学科类培训严格参照义务教育阶段执行的政策要求 ·加强县域普通高中建设，实施"十四五"县域普通高中发展提升行动计划，启动实施县中托管帮扶工程 ·加快推动普通高中特色多样发展，全面实施新课程新教材，以强化特色引领高中学校健康发展，严格落实公办民办普通高中同步招生和属地招生政策 ·深化高考综合改革，稳妥启动第五批高考综合改革，指导有关省份因地制宜出台改革方案并抓好组织实施；深化考试内容改革，健全德智体美劳全面考察的内容体系，加强对学生关键能力的考察 ·研究开展高中教育质量监测试点

一 结果至上的功利主义公平阶段

功利主义公平观的核心理念在于追求结果的公平，使有限的资源发挥最大化的效用，旨在追寻一种整体利益的最大化，而很少考虑利益的分配过程。虽然功利主义公平也和自由主义公平观一样呼吁人们追求快乐、幸福和利益的平等权利，但对于行为正当性的判断却是以社会的最大化利益为准则，允许部分群体为了社会目的的实现而做出牺牲。① 改革开放初期至20世纪末，我国普通高中的发展脉络因循效率优先的功利主义公平观，最为突出的表现即重点高中制度的确立和发展，国家将有限的教育资源投放于少数重点发展的优质学校，在这样的情况下，只有极少数的精英学生能享受到优质教育

---

① ［美］迈克尔·弗雷泽：《同情的启蒙：18世纪与当代的正义和道德情感》，胡靖译，译林出版社2016年版，第42页。

资源，而这些学生肩上担负的是社会主义现代化建设的历史使命。以结果公平为目标的重点高中制度时期是我国普通高中教育发展历程中的必经阶段，也是当时社会和教育发展阶段下的最优选择。

中华人民共和国成立初期，我国教育的整体布局处于混沌状态，教育资源十分薄弱。为了在资源有限的情况下快速发展教育事业，多出人才、快出人才，基础教育的核心目标为"集中力量办一批重点学校"。1977年，邓小平同志再次强调："要办重点小学、重点中学、重点大学，经过严格考试，把最优秀的人集中在重点中学和大学。"① 1978年，教育部颁布《关于办好一批重点中小学试行方案》提出要切实办好一批重点中小学，在经费、师资、硬件和生源等方面向重点学校倾斜。1980年，教育部在《关于分期分批办好重点中学的决定》中再次指出："办好重点中学是迅速提高中学教育质量的战略措施，对于适应社会主义现代化的迫切需要具有重要意义。"从教育部《工作报告》来看，这一时期普通高中教育的发展目标主要在于确立方向、定位以及提高效率，在表2-3梳理的关于普通高中教育的相关表述中，这一时期普通高中多被间接地捆绑于"基础教育"和"中小学教育"的表述之下，对其作为一个独立的教育阶段的关注较少。仅有的几次有关普通高中的独立表述都与重点高中制度的推进息息相关，1989年的教育部《工作报告》提出进一步办好一批具有较高水平的普通高中的意见；1992年的教育部《工作报告》中再次提出加强重点高中的工作，研究重点高中端正办学指导思想的要求。基于以上政策文本的要求，普通高中展开了一系列"重点优先""效率至上"的发展实践，尤其是自1980年《关于中等教育结构改革的报告》提出中等教育结构"调整、改革、整顿、提高"八字方针的要求之后，为了使教学力量相对集中，学校布局符合当时社会主义现代化建设的需要，中等教育结构开始向职业技

---

① 人民教育出版社：《教育改革重要文献选编》第2版，人民教育出版社1988年版，第142页。

术教育方向转型，普通高中学校的数量被大大压缩。据统计，1981年全国普通高中学校数相比 1977 年减少了 40456 所，普通高中学生人数减少了 1085.03 万人。①

在普通高中办学经费的筹措层面，按照我国基础教育分级办学和分级管理的体制，普通高中的办学经费主要由地方人民政府负责，然而，考虑到这一时期地方政府经济水平发展的限制，除了上级和本级人民政府的预算内拨款，普通高中还采取了多渠道筹措经费的模式。随着重点中学制度的不断发展，1993 年《中国教育改革和发展纲要》中提出每个县都要"办好一两所重点中学"的优先发展要求，地方政府进一步加大了对重点高中的投入，随着社会对优质高中教育资源的需求日益扩大，地方政府开始鼓励高中凭借自身办学实力自主筹措经费，"借读费""赞助费""择校费"在这一时期成为默认的筹资渠道之一，而非重点高中受到政府的支持不足与缺乏市场竞争力的双重"挤压"，而变得越来越薄弱，县域内普通高中校与校的竞争陷入严重的马太效应中。

如此一来，在改革开放初期至 20 世纪末，我国普通高中的发展裹挟于基础教育和职业教育之中，少数重点高中在夹缝中生存，对高升学率的追逐蔚然成风，对普通高中独立的育人价值关注甚少。效率优先的功利主义公平观对这一时期普通高中的发展产生了很大影响，由于优质资源的匮乏性，要满足所有人的偏好是不可能的，只能采取效用最大化的行为。从教育公平的角度来看，这一时期的普通高中学习机会偏向性明显，仅有少数优秀学生或能够承担重点高中择校费的学生才能获取享受高中优质教育资源的机会。虽然 1990 年的教育部《工作要点》提出了纠正片面追求升学率的倾向和坚决整顿中小学超计划招收"议价生"、举办复读班和高中过早文理分科等现象的工作要求，但在当时的情境下收效甚微。

---

① 中国教育年鉴编辑部：《中国教育年鉴 1949—1981》，中国大百科全书出版社 1894 年版，第 153—174 页。

二 规模扩充的数量公平阶段

重点高中制度的发展加快了我国在改革开放初期至 20 世纪末人才培养的进程,然而,愈演愈烈的高中办学对于高升学率的追逐、学生学业负担的加重、择校乱象的丛生使重点高中制度逐渐受到大众的质疑。

1994 年,国务院出台的《关于"中国教育改革和发展纲要"的实施意见》中首次用"示范(性)高中"取代了"重点高中"的提法,提出要在全国重点建设一千所实验性、示范性高中,大城市市区和有条件的沿海经济发展程度较高的地区应在九年义务教育普及的基础上积极普及高中阶段教育,到 2000 年普通高中在校生要达到 850 万人左右。[①] 在次年的验收中,还提出了"对薄弱高中扶持改进"的要求,自此,普通高中的办学价值取向开始逐渐从重点导向的效率优先转向规模扩充与兼顾公平,1996 年的教育部《工作要点》提出了"拟定建设示范性普通高中的实施意见",正式将"重点高中"的提法转变为"示范性高中",虽然在之后的很长一段时间内,普通高中的发展呈现"换汤不换药"的状态,"示范性高中"从本质上依然扮演着"重点高中"的角色,但这一提法的转变强调了示范性高中的社会责任,所谓示范性高中,即对普通和薄弱学校具有"示范"作用,应以自身的优质发展带动更多的学校走向优质。这体现了普通高中发展背后隐含的公平取向的深化,从效率优先的结果公平观逐渐转向规模扩充的起点公平观,数量的普及与入学机会的扩大逐渐成为普通高中教育发展的目标。

2000 年的教育部《工作要点》指出,城市和经济发达地区要加快发展高中教育,充分利用现有的教育资源,扩大普通高中和中等

[①] 国务院:《关于〈中国教育改革和发展纲要〉的实施意见》,http://old.moe.gov.cn/publicfiles/business/htmlfiles/moe/moe_177/200407/2483.html,1994 年 7 月 3 日。

职业教育的招生规模，通过学校布局调整、中小学合理分流、薄弱学校办学、发展民办教育等多种形式，提高普及教育整体水平。2001年，《国务院关于基础教育改革与发展的决定》中提出"'十五'期间高中阶段入学率应达到60%左右，大力发展高中阶段教育，有步骤地在大中城市和经济发达地区普及高中阶段教育"的政策要求，这一文件成为了21世纪第一个十年我国普通高中教育发展方向的纲领与指南。从这一时期至今，高中"普及率""毛入学率""在校生规模"等指标成为我国普通高中教育发展不变的旋律，如图2-2所示，我国普通高中在校生数量由1990年的717.3万人迅速发展到2010年的2427.3万人，其中从1997年到2007年的增长幅度最大。① 以数量和规模为衡量尺度，普通高中教育沿着少数重点发展—部分普及—基本普及—全面普及的方向不断向前发展。

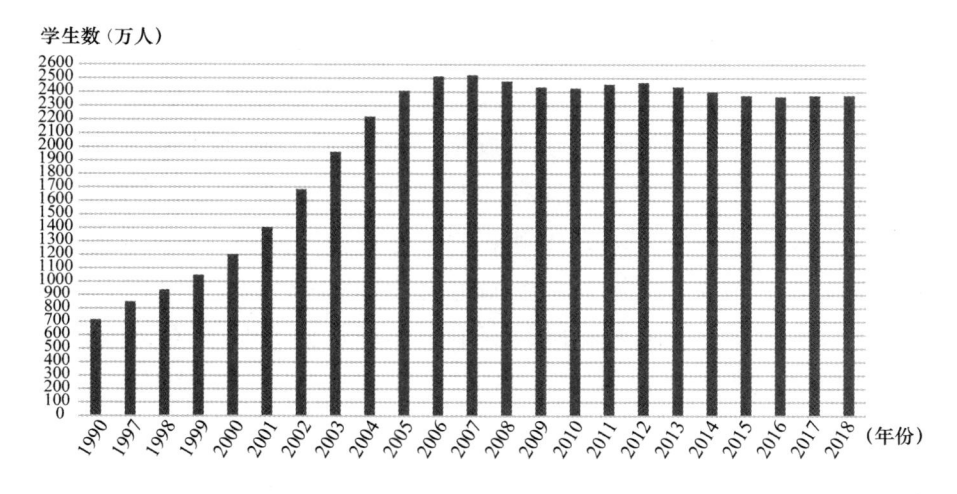

图2-2 普通高中在校学生数（1990—2018）

数量增加和规模扩充的背后隐含的是一种规模扩充的起点公平

---

① 数据整理自中华人民共和国教育部发展规划司1990—2018年统计数据，其中1990—1997年数据不详，详见http://www.moe.gov.cn/s78/A03/ghs_left/s182/。

导向，2004年的教育部《工作要点》指出"推动中西部农村地区县中建设，多种形式地扩大优质教育资源"；2009年的《工作要点》指出"办好西藏班、新疆高中班和高校民族班、预科班""进一步完善普通高中家庭经济困难学生资助制度""完善教育对口支援机制，做好支援西藏、新疆等西部地区教育工作"。这些教育工作举措均传递了均衡发展的教育理念，这种公平观对于这一时期我国普通高中教育的发展和改革来说是十分恰切和必要的，因为在"多出人才、出好人才"号召下诞生的一批重点高中对于有限教育资源的集聚使得"有学上"成为一个棘手的难题，而公平的入学机会理应是教育公平中最为基础的关键的部分，在这样的情况下要想使更多的适龄学生"有学上"，就必须得加快规模扩充，把"蛋糕"做大，以提供更多的入学机会。2007年，教育部《工作要点》逐步推广将普通高中招生指标均衡分配到初中的招生制度，虽然该政策在落实的过程中遭到了很多争议，但它是政策干预入学机会以促进教育均衡的一个尝试，体现了普通高中教育在这一时期逐渐萌芽的均衡发展导向。同年，《国家教育事业发展"十一五"规划纲要》出台，指出在"十一五"期间高中教育的发展目标是在校生规模达到4510万人，毛入学率80%左右，中等职业教育与普通高中规模基本相当，并且强调了"城乡、区域教育更加协调"，缩小欠发达地区和全国教育平均水平的差距，高中阶段教育毛入学率达到80%左右，发达地区达到85%以上的要求。[①]

然而，长久以来的重点中学制度引发的对于升学率的片面追求现象并未消解，加之这一时期我国城镇化进程的加快，人们对优质教育资源的需求不断增强，以高额择校费来扩大学校规模的现象越演越烈。由于普通高中的办学行为主体是地方政府，所以普通高中的办学经费是否充足受制于地方经济发展的水平。在经济欠发达地

---

① 中华人民共和国教育部：《国家教育事业发展"十一五"规划纲要》，人民教育出版社2007年版，第108页。

区，普通高中主要依靠收取择校费或向银行举债来扩大办学，由此，即使示范性普通高中的办学规模不断扩大，吸纳的学生人数不断增多，但普通高中总体的学校数量增长幅度不大，呈现"强校大班额"和"弱校空心化"的现象，同时，为了吸纳民间资本以扩大办学，示范性公办高中开始探索民办公助、公办民助等混合式办学模式，从一定程度上加剧了择校现象，影响着教育公平的实现。为了改善这种现象，从 2006 年开始，中央政府将普通高中择校生的比例限制在 30% 以下，并制定了择校费金额限制，同时也逐渐加大了对普通高中办学的财政投入。

"数量平等"理念下的普通高中教育公平主要关注学生进入高中的机会平等以及经费、师资等资源配置的平等。我国学者冯建军（2010）认为高中阶段尤其是普通高中教育资源匮乏严重，无法满足大众的教育需求，因此现阶段我国高中教育公平的核心在于教育资源的公平配置。普通高中的资源配置应遵循政府主导、市场参与、"有限均衡"和弱势补偿原则，保证办学基准的平等，确保公平底线。[①] 类似地，国际社会教育资源公平配置的原则分别为（1）平等原则，即无论学生的能力如何都获得均等的资助。（2）财政中立原则，即学生个体的生均经费差异不受该学区经济程度的影响。（3）特殊需要调整原则，即对少数民族（种族）、偏远地区、贫困学生、非母语学生、居住地分散的学生、身心发展有障碍的学生给予更多的财政支持。（4）成本分担和补偿原则。[②] 1967 年，美国的《初等和中等教育法案》也是基于"数量均衡"的公平思维，以消除贫困为目标，搭建起联邦、州和学区三级分担的财政格局，通过经济援助的形式缩小不同经济水平的家庭在教育起点上的差距。[③]

---

① 冯建军：《高中教育资源公平配置：取向与原则》，《教育科学研究》2010 年第 9 期。
② 袁振国：《论中国教育政策的转变》，广东教育出版社 1999 年版，第 109 页。
③ 段俊吉：《美国基础教育改革的公平演进及现实反思——基于"二战"后联邦教育政策的考察》，《外国中小学教育》2019 年第 2 期。

除了经济上的支持外，入学机会的分配也体现了"数量平等"的公平思维。2010年7月，《国家中长期教育改革和发展规划纲要（2010—2020年）》指出应"改进高中阶段学校考试招生方式，发挥优质普通高中和中职学校招生名额合理分配的导向作用"。一时间，旨在给学生提供平等的学习机会的"指标到校"政策在全国范围内开始得到大力开展。① 虽然关于这项政策的效果还具有很多争议，但政策背后的价值逻辑是基于对"数量平等"的教育过程公平理解，旨在平衡不同地区学生的入学机会，促进教育公平。师资的均衡也是基于"数量平等"理念的普通高中教育过程公平实践逻辑，在国外，韩国的教师轮岗制度要求中等学校教师以五年为一个轮换周期进行轮岗，同时限定教师向特区回流、限定偏远地区的轮岗频次，采取强制性轮岗与激励性加分相结合的制度以促进师资配置的均衡。② 我国的教师轮岗政策目前还主要在义务教育阶段推行，突出教师"公共性人力资源"的角色特征，强化教师承担国家使命和公共教育服务的职责。③

概言之，这一阶段的普通高中教育公平以"数量平等"理念为主导，主要关注学生进入高中学习的机会公平以及获取的生均经费和师资等资源公平，是普通高中教育过程公平的"底线"和"根基"。

三 聚焦过程的比值公平阶段

亚里士多德指出：所谓平等，同时包含了"数量相等"和"比值相等"两种含义，数量相等指所有人在相同事物上都得到相同的

---

① 王世岳、文东茅:《高中招生"指标到校"政策是否更公平》，《北京大学教育评论》2019年第1期。

② 赵允德:《韩国中等学校教师轮岗制度及其特点》，《教师教育研究》2014年第3期。

③ 操太圣:《轮岗教师作为具有公共性的人力资源》，《教育发展研究》2018年第4期。

数量，比值相等指根据不同人的"真价值"，按照比例分配与之相符的事物。① 因循普通高中改革与转型的轨迹，国内外相关学者研究聚焦点也逐渐从起点公平转向过程公平，从关注资源的补给、机会的分配转向学生的多样化发展。

在普通高中数量和规模不断扩大，"有学上"的问题已经得到基本解决的时代背景下，对"上好学"这一质量提升的要求便成为新时代普通高中发展的方向和目标。在普通高中发展的长河中，追求结果和效率的重点高中发展时期以及追求起点与规模的数量扩充时期都是普通高中发展历程的必经阶段，但都忽略了普通高中作为一个独立的人才培养阶段的"育人性"特征。普通高中的"育人性"要求高中教育的公平价值导向应该是一种注重过程的、面向个体的、能够为每个人提供恰切的学习机会，以使得每个人获得与其相适宜教育的实然公平。"比值平等"的公平理念意味着在教育过程中根据学生不同的个性、需要与能力匹配相应比例的学习机会，即对不同的人进行有差别的"对待"。我国 2010 年的《规划纲要》中阐明了高中阶段教育对于学生的个性形成和自主发展的关键作用，指出高中阶段教育对于我国国民素质的提升和创新人才的培养具有特殊意义。将高中教育改革和发展的目标具体阐释为两点，第一是为学生开设丰富多彩的选修课，提升高中生的综合素质，扩大学生的选择机会，促进学生全面而有个性地发展；第二是鼓励普通高中学校办出特色，推动普通高中多样化发展。2017 年发布的《普通高中课程方案和 14 门课程标准》提出以"促进学生全面而有个性地发展"为中心任务，帮助学生适应社会、适应生活、适应高等教育、适应未来的职业发展，为学生的终身发展奠定基础。② 同样地，2014 年开

---

① ［美］阿瑟·奥肯：《平等与效率》，王奔洲等译，华夏出版社 1999 年版，第 8 页。
② 中华人民共和国教育部：《为学生的终身发展奠定基础——解读普通高中课程方案和课程标准》（2017 年版），2018 年 1 月 17 日，http：//www.pep.com.cn/rjqk/sjtx/ptgzb/ pg2004_ 1z1/ 201101/t20110106_ 1008042. htm，2019 年 10 月 27 日。

始推行的新高考改革，取消文理分科，让学生自主选择选修科目，也是基于对普通高中"促进学生全面而有个性地发展"的人才培养定位，以普通高中办学多样化、课程多样化、选择多样化来促进人的发展多样化，实现学习机会分配的"比值平等"。我国教育部副部长刘利民提出普及高中阶段教育必须坚持"规模与质量并重，实现高水平普及"，① 规模与质量是同等重要的，因此，在扩大中西部贫困地区高中教育资源、健全经费投入机制、做好家庭经济困难学生建档立卡工作的同时也应落实好高中课程改革，关注学生的个性化需要，给予学生更丰富多样的学习机会。以上都是我国从政策层面上对于普通高中学习机会"比值平等"的理解，即关注学生在学校内部的学习过程中的个性需要与选择权利。"数量平等"理念下的程序公正是学生教育过程公平的必要条件但非充分条件，不同于义务教育阶段的全面均衡，普通高中阶段教育需考虑到人的才能与选择，使不同的学生得其所应得，正如国外学者麦金泰尔所说"正义是给每个人应得的本分"，② 尤为适切于对普通高中教育过程公平的理解。

在这一时期，我国普通高中教育公平事业有以下两个着力点。

第一，基于质量提升的多样化发展；2010年的教育部《工作要点》指出"加强普通高中教育指导意见，以深化人才培养模式改革为重点，促进普通高中内涵发展"和"鼓励举办特色高中、新型综合高中，推动普通高中多样化、特色化发展"。同年出台的《国家中长期教育改革与发展规划纲要（2010—2020年）》也第一次将"高中阶段教育"定位于一个独立的单元展开论述，提出了加快普及高中阶段教育、全面提高普通高中学生综合素质、推动

---

① 刘利民：《普及高中教育首先应该做什么?》，《基础教育论坛》（文摘版）2015年第12期。

② [美] 阿拉斯戴尔·麦金太尔：《谁之正义？何种合理性》，万俊人译，当代中国出版社1996年版，第56页。

普通高中多样化发展等多项要求，普通高中逐渐从外延式的规模扩张型发展道路转向内涵式的优质均衡和质量提升道路。这种发展路径转向的背后体现了基于学生个体发展的差异公平观，这种差异化公平是与普通高中内涵发展相辅相成的公平价值理念，旨在探讨一种适切于不同学生发展特点和需要的教育过程公平，落脚于学生本位的教育内涵发展，其实践逻辑则指向普通高中的多样化、特色化发展。截至 2010 年，我国普通高中数量已达到 14058 所，在校生人数达到 2427.34 万人，高中阶段教育毛入学率已经达到了 82.5%，普通高中逐渐从精英化阶段转向大众化阶段。① 普通高中不应只作为高等教育的"预科"发挥升学考试功能，而应该尽可能地凸显独立的育人价值。而普通高中的多样化发展为普通高中的转型提供了可操作的路径，在政策制定和执行方面，不同于以往国家大包大揽进行自上而下的政策实施的方式，而是给予了地方政府一定的灵活自主权，提出"组织开展普通高中改革试点，支持和鼓励地方和学校大胆探索试验，创新体制机制，增强学校办学活力和特色"。因循这种"由点及面"的改革方式，在上海、天津和黑龙江等地提出了通过培育一批特色普通高中来助推普通高中多样化发展格局的形成。②

在这一阶段，能够体现普通高中教育转型的最显著标志即 2014 年开始推行的高考改革方案，这次高考改革建立在普通高中课程改革与课程价值观转型的基础上，2014 年 9 月，《国务院关于深化考试招生制度改革的实施意见》提出了"到 2020 年基本建立中国特色现代教育考试招生制度，形成分类考试、综合评价、多元录取的考

---

① 中华人民共和国教育部：《2010 年全国教育事业发展统计》，2012 年 3 月 21 日，http://www.moe.gov.cn/srcsite/A03/s180/moe_633/201203/t20120321_132634.html，2019 年 11 月 2 日。

② 冯晓敏、张新平：《我国普通高中多样化改革的政策解读与反思》，《苏州大学学报》（教育科学版）2016 年第 2 期。

试招生模式，健全促进公平、科学选才、监督有力的体制机制，构建衔接沟通各级各类教育、认可多种学习成果的终身学习"立交桥"。① 这次高考改革再一次明确了新时代普通高中的育人特征，淡化普通高中"为升学考试而教"的功利主义倾向，强调了为每位高中生提供符合自身兴趣和发展需要的高质量教育的要求。选课、选考、综合素质评价等词汇成为普通高中教育的研究热点。"选择性"和"发展性"成为新时代普通高中教育的重要特征。虽然在现实的操作中还存在许多不成熟和不完善的地方，但内涵导向下的普通高中多样化发展正在不断成为现实。为了推进高考改革，教育部相继出台了《高中学生发展指导纲要》《关于深化高中阶段学生考试招生制度改革的指导意见》等文件，从学生发展指导、学业水平考试和综合素质评价多个方面助推新高考的顺利推行，不断完善促进普通高中走向多样化的政策设计。

第二，基于优质均衡的弱势补偿：差异发展的过程公平观并不意味着效率和均衡被否定，相反地，我国普通高中提高效率与促进均衡还有很长的路要走，但单一的讲求效率和均衡无法满足教育不断发展的需要。教育公平需强调效率与内涵的并举②，一方面扩大规模，将"蛋糕"做大；另一方面要提高质量，将"蛋糕"做好，让所有学生共享教育发展的硕果。差异公平观不仅仅指向高位均衡，关注不同学生的不同需要，强调根据不同学生的选择和发展特点供给适切的教育，同时还指向弱势补偿，关注对于处境不利群体的资源和机会倾斜。2010 年至今，我国在致力于推动将"蛋糕"做好的普通高中内涵公平的同时也加强了将蛋糕"做大的补偿性公平的力度"。教育部《工作要点》自 2010 年起连续提出"弱势补偿"的相关要求，2010 年的《工作要点》指出"完善家庭经济困难学生资助

---

① 中华人民共和国中央人民政府：《国务院印发关于深化考试招生制度改革的实施意见》，2014 年 9 月 4 日，http：//www.gov.cn/xinwen/2014-09/04/content_2745653.htm，2019 年 11 月 2 日。

② 谢维和：《中国教育公平发展的阶段性分析》，《基础教育》2015 年第 3 期。

政策，将普通高中纳入国家助学体系"；2011 年的《工作要点》对普通高中国家助学金政策的实施做了相应部署，指出要"积极推动高校学费补偿和贷款代偿政策的落实，规范助学金发放行为"；2012 年的《工作要点》指出"办好内地西藏班、新疆高中班和西藏、新疆中职班，抓好民族地区教育基础薄弱县普通高中建设项目"；2013 年的《工作要点》指出"实施针对 14 个集中连片特困地区的教育扶贫工程，加大对中西部集中连片特困地区普通高中教育的扶持力度，扩大普通高中家庭经济困难学生资助范围"；2015 年的《工作要点》指出"继续实施好普通高中改造计划和民族地区教育基础薄弱县普通高中建设项目，支持集中连片特困地区改善高中学校办学条件"；2016 年的《工作要点》指出"制定支持中西部贫困地区普通高中发展倾斜政策，率先从建档立卡的家庭经济困难学生实施普通高中免除学杂费等相关政策"；2017 年的《工作要点》指出"普通高中建档立卡家庭经济困难学生免除学杂费、中职免学费和普通高中、中职学校、高等学校国家资助政策"。这些政策要点均体现了新时代我国普通高中教育对于差异公平视角下的补偿性公平理念的重视与贯彻。

在国外，高中阶段教育十分注重课程层面的差异公平，德国、美国等为成绩优异的学生制定了特殊的课程政策，许多国家对具有特殊需要的学生提供额外支持，如印度规定的最低学习标准，为普通学校的残疾儿童修改课程。[①] 美国还专门对有志向和潜能从事 STEM 行业的女生开设专门的课程，鼓励和引导女生群体进入科学领域研究。[②] 同时，多样化和选择性也是国外高中课程的显著特征，如芬兰课程中将"必修"和"选修"融合起来，使"必修"中体现选

[①] 钱丽霞：《普通学校促进不同学习需要学生有效参与的策略——可持续发展教育事业下的全纳教育实践研究》，教育科学出版社 2008 年版，第 36 页。

[②] Bystydzienski J. M., Eisenhart M., Bruning M., "High School Is Not Too Late: Developing Girls' Interest and Engagement in Engineering Careers", *Career Development Quarterly*, Vol. 63, No. 1, 2015, p. 88.

择性，"选择"中体现规范和质量。① 除了课程层面的差异公平以外，国外高中阶段教育过程公平的重点表现在较为完善的普职融合体系，体现高中办学理念的普职兼顾性、自主选择性、适应发展性、模式多样性。② 其中，基于"普职融通"理念的高中建设分为三种类型，其一是单轨制的课程统整，主要代表为美国，特征是在综合高中内统整职业教育和学术教育课程和学习项目；其二是双轨制的普职双向转换模式，以德国为代表，来自不同学校的学生都可选择进入双轨制模式中学习，特征是校企合作，理论知识与实践技能的互通与结合；其三是职业教育分流或补偿模式，以芬兰为代表，分别在初中毕业和普通高中二年级结束后进行分流，其特征是给予学生充分的选择空间和机会。③ 综上，无论是课程层面的个性支持还是普职融通的学校改革，都体现了对高中阶段学生不同个性与能力的关注和对基于"比值平等"理念的教育过程公平的思考。

基于以上对普通高中教育公平相关政策和改革实践的脉络梳理，发现我国普通高中教育公平理念的变迁经历了从追求效率的功利主义公平观到追求平均的起点公平观，再逐步走向追求质量提升的过程公平观的转变，然而，教育公平观的不断发展和丰富并不意味着对于前一阶段公平观的全盘否定，相反地，教育是"慢"的事业，教育公平的结果论、起点论和过程论也是一个循序渐进、相互补充的动态发展过程，这三种公平观代表了理解教育公平的不同视角，本身并没有孰优孰劣。因此，教育规模与效率和教育过程并非对立的概念，普通高中教育公平不能从一端走向另一端，而应以一种综

---

① 陈时见、王芳：《21 世纪以来国外高中课程改革的经验与发展趋势》，《比较教育研究》2010 年第 12 期。

② 刘茂祥：《20 世纪 90 年代以来国外高中阶段"普职沟通"研究的十个视域》，《现代基础教育研究》2015 年第 4 期。

③ Borders L. D., Drury S. M., " Comprehensive School Counseling Programs: A Review for Policymakers and Practitioners", *Journal of Counseling & Development*, Vol. 70, No. 4, 2014, p. 487.

合的、系统的多维视角去发展公平。尤其在我国，教育发展的不平衡和不充分问题依然严峻，不同区域间的教育公平发展阶段也不尽相同，如何用一种系统的视角去理解和发展普通高中教育公平，是促进新时代普通高中教育公平的关键问题。

第四节　实践聚焦：普通高中教育过程公平相关问题研究

普通高中是承接基础教育和高等教育的中间阶段，承担着人才培养的"承上启下"作用。一方面，普通高中教育要体现基础教育的公共性特点，充分保证底线均衡；另一方面，普通高中教育又不可避免地带有一定的选拔性和发展性特征，体现学生培养的优质与质量观。因此，普通高中教育过程公平导向相较义务教育阶段的全面均衡与高等教育阶段的优质一流来说具有一定的复杂性，既注重底线公平，又注重发展性公平。正如我国学界对于普通高中定位的争论，摇摆于作为"大学预科"角色和作为"义务教育的延伸"角色之间，普通高中的基础性和发展性同样重要，普通高中教育过程公平中的问题也具有一定的复杂性，基于以上的思考对相关文献进行阅读和梳理，在这一节中梳理了国内外学者对于普通高中教育过程公平实践问题的相关理解。

一　我国普通高中教育过程公平的问题探讨

通过前文对于教育过程公平研究的系统性梳理可知，教育过程公平问题存在于教学资源投入、课程内容传递以及教学实践互动等各种教育活动中，国内外对于教育过程公平的研究虽未明确以"教育过程公平"为研究主题，但关注的内容也聚焦于教学资源投入、课程内容传递及考试政策、教学改革等与学生学习息息相关的机会公平问题。另外，由于国内外教育的国情不同，普通高中不公平问题的呈现样态也不尽相同。我国的普通高中教育过程公平多关注较为宏观层面的区域或城乡间由于经济水平发展的不平衡带来的学习资源差距以及高考改革带来的不公平风险，而国外的研究则多聚焦于因种族、性别、先天资质（如特殊学生）的不同带来的学校微观层面上的学习机会不公平问题。

由于公平问题存在于普通高中教育的方方面面，因此笔者在对这一部分的具体文献进行分析之前先利用文献计量工具对普通高中教育过程公平问题的研究总貌做概览，从已有的研究主题来看，教育过程公平似乎尚属一个较新的概念，但实质上许多学者的研究都关注到了教育过程公平的问题，只是没有以"教育过程公平"命名研究主题，因此，在中国知网中以关键词检索的方式键入"普通高中"并含"公平"，能够获得更为全面的研究资料，在进一步文献的阅读中再筛选出与"过程公平"密切相关的研究主题。按照上述的关键词进行主题检索，共得到文献402篇，删除与本研究不相关的文献后共得到文献355篇，运用关键词共词聚类分析法和社会网络分析法，先使用SATI 3.2软件进行关键词词频统计、高频关键词筛选和共词矩阵生成，呈现我国普通高中教育过程公平问题的研究聚焦点，再运用相关算法，将高频关键词共词矩阵转化为高频关键词共词矩阵，使用社会网络分析软件UCINET绘制我国普通高中教育过程公平问题的社会网络图谱，以可视化的形式呈现研究领域的热点及薄弱点（见表2-4和图2-2）。

表 2-4　　　　我国普通高中教育过程公平研究高频关键词

关键词	频次	关键词	频次
教育政策	12	综合素质评价	6
重点高中	12	资助体系	5
资源配置	10	示范性高中	5
高中学业水平考试	9	指标分配	5
择校	8	随迁子女	5
入学机会	8	家庭	4

第二章　研究爬梳：教育过程公平研究的多重视域　79

续表

关键词	频次	关键词	频次
校际间	7	课程	3
高等教育	6	特色化	2

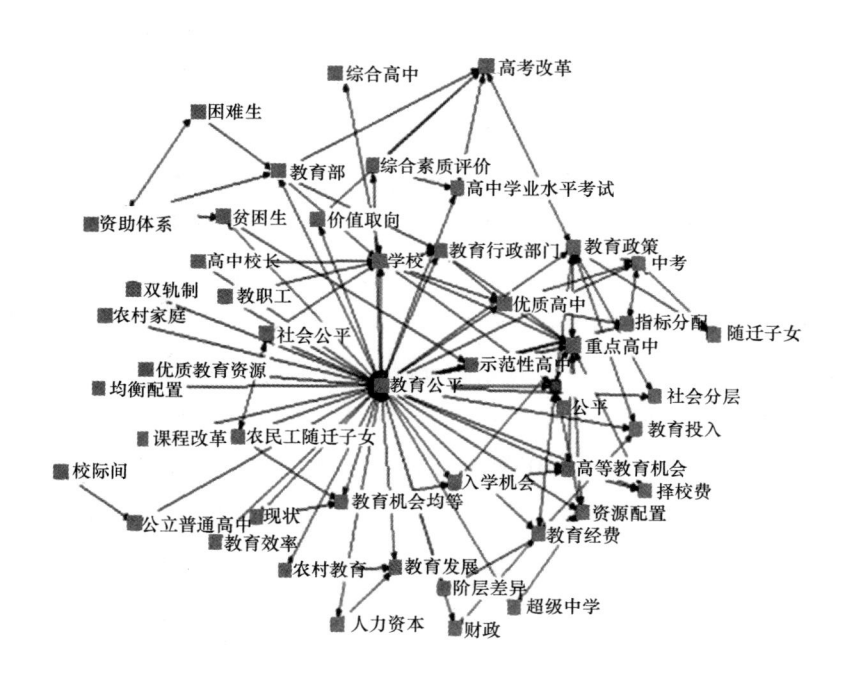

图 2-3　我国普通高中教育过程公平研究图谱

通过文献计量分析可以看出，我国普通高中公平研究的高频关键词为教育政策、重点高中、资源配置、高中学业水平考试、择校、入学机会、校际间等，通过社会网络分析对这些研究关键词进行聚类分析可以看出，普通高中教育过程公平研究网络中比较稠密的节点是示范性高中、教育政策、资源配置、教育经费、高等教育机会、中考和随迁子女等，这些节点附近的研究网络代表了普通高中教育过程公平问题研究的中心地带，处于网络边缘的节点有高考改革、综合高中、课程改革、均衡配置、人力资本，说明相关的研究目前较为薄弱，但从某种程度上代表了未来的研究趋势。综上，结合对相关文献的分析，可知我国学者对于普通高中教育过程公平现状及问题的研究仍主要聚焦于区域或城乡间的资源投入差异，对于学生受教育过程中的公平问题关注较少，近几年才有部分学者关注到学校内部的课堂和教学中学生的公平感问题。

第一，教育资源分配问题。以经费、师资、硬件设施、信息技术等为代表的教育资源投入的多少影响着学生受教育过程的公平程度。我国学者王良健等通过对全国 30 个省农村地区的义务教育阶段和普通高中学校数、生师比、固定资产值以及专任教师职称获得率等指标做了数据分析，结果发现我国农村学校的办学质量存在显著的省际差异，经费配置、专任教师和教学设施等资源配置基本上向义务教育倾斜，农村普通高中教育投资主体的政府角色缺位，财政性投入不足，公平性面临着极大的瓶颈。[①] 其中，区域间经费投入的不均衡是普通高中学习机会不公平的主要表征，2006 年我国东部地区的预算内生均经费为 4038.5 元，到 2014 年增长至 16939.06 元，中部地区 2006 年的生均经费为 1707.73 元，到 2014 年增长到 7617.89 元，且 2012 年以后出现了下降，西部地区 2006 年的生均经费仅为 2216.52 元，到 2014 年增长到 9511.64 元，东部地区的增长趋势高于中西部地区。由此可见，我国东、中西部地区之间的高中生均经费差距很大，且"中部塌陷"的现象显著。除了经济区划之间的经费投入差距外，高中教育经费的城乡差异也十分显著且呈扩大趋势，极大地危害着普通高中在城乡之间的公平。[②] 还有学者关注了我国东中西部高中教师的学历，发现在青海和甘肃等地的高中教师中学历仅仅为专科的比例为 7% 左右，远远高于东部地区。与此相对应的是，研究生学历的教师比例在甘肃仅为 4.659%，在青海仅为 4.3%。而在北京和上海等地，高中教师中拥有研究生学历的比例分

[①] 王良健、罗璇：《我国省际农村教育资源配置的公平性》，《教育科学》2011 年第 6 期。

[②] 薛海平、唐一鹏：《我国普通高中教育经费投入：现状、问题与建议》，《教育学报》2016 年第 4 期。

布在20%左右,① 师资力量的严重不均衡体现了区域之间学生教育过程不公平。由于优质教育资源的有限性，普通高中的大班额现象成为阻碍教育过程公平的一大难题，在经济欠发达地区，尤其是在"县中模式"中，超过66人的超大班额现象十分普遍。为了分配有限的教育资源，超大班额的班级在座位编排、活动资格等方面的成绩导向鲜明，"优等生"的学习机会远远多于"差生"，不公平的现象显著。

随着互联网与教育的融合越来越深入，信息技术作为一种教育资源，逐渐对教育公平起着越来越重要的作用。持"功能论"的学者认为互联网与教育的融合能有助于缩小教育差距，促进教育公平。但持"冲突论"的学者则认为，信息资本作为一种特殊的文化资本，实质上是社会阶层再生产的"帮凶"，进一步加剧"信息富有者"和"信息匮乏者"的差距，成为削弱公平的另一个"刽子手"。② 比如，我国学者陈纯槿等的研究发现，普通高中教育信息资源在区域之间和省之间的差距显著，其中，我国中部地区基础教育信息化发展水平和均衡水平均较低，城乡之间的数字鸿沟很大，加剧了教育资源的不均衡，影响着学生公平的学习体验。③

第二，学生的公平感问题。除了资源公平的问题以外，还有部分学者关注到了普通高中课堂教学过程中的互动公平问题。课堂提问是促进课堂教学目标实现的有效途径，也是一种重要的课堂学习机会，相关的研究结果显示在教师提问时往往带有一定的倾向性，对于成绩优异、表现积极和担任某种班级职务的学生教师

---

① 草珺：《社会主义教育公平观及其实践对策研究——以我国西北地区基础教育为例》，博士学位论文，兰州大学，2017年，第183页。
② 张济洲、黄书光：《隐蔽的再生产：教育公平的影响机制——基于城乡不同阶层学生互联网使用偏好的实证研究》，《中国电化教育》2018年第11期。
③ 陈纯槿、郅庭瑾：《我国基础教育信息化均衡发展态势与走向》，《教育研究》2018年第8期。

会不自觉地给予更多的回答问题的机会。① 还有学者将高中课堂上的小组合作学习作为一种学习机会进行研究，发现小组学习更适合成绩较好的学生，形成了不同学习程度学生之间的学习过程不公平，小组成员之间的程度差异应被控制在一定范围内，才能更好地实现同伴之间的平等互动。② 还有学者关注了课堂教学中的"边缘人"群体，认为那些学习能力不足、成绩较差的学生易受到学校和教师负向期望的影响，被排斥于主流教育之外，沦为学校教学中的"边缘人"，失去公平的学习机会。③ 我国学者余保华认为，教师观念上的误区和相关教学技能的缺乏是阻碍课堂教学公平的主要因素，由于同一个班学生学习能力和成绩的参差不齐，教师往往会从观念上认为课堂教学无法实现公平，只能照顾到"大部分群体"，同时，在大部分的课堂教学中，教师依然是权威和主导的角色，将教学任务的完成和教学内容高效率地传递作为课堂教学的核心目标，对学生的需要和感受关注甚少，并且，目前教师们所秉持的"因材施教"理念往往会通过在课堂上对不同群体的学生施以负载不同教育期望的教育行为来实现，比如使不同程度的学生进行分组学习，看似是实践了个性化教学的理念，实质上仅仅是一种表面上的课堂组织方法，而并非一种深层次的教学方法，从某种程度上更加加剧了不同学生之间的学业差距，增加了学业不良群体的学生对于课堂公平的负面感受。④

---

① 郝亚迪：《教育过程公平视角下的课堂提问研究述评》，《课程教学研究》2016 年第 8 期。

② 马洁：《高中课堂小组合作学习作为一种学习机会的质性研究》，硕士学位论文，华东师范大学，2018 年，第 102 页。

③ 李社亮：《课堂教学中"边缘人"的生成机制与转化路向》，《教育研究与实验》2017 年第 6 期。

④ 余保华：《学校课堂中教育机会平等的文化分析》，教育科学出版社 2012 年版，第 5 页。

二 国外普通高中教育过程公平的问题探讨

与我国相比，国外侧重于从较为微观的层面关注普通高中学习过程不公平问题，并多以性别和种族为切入点，探究不同群体之间的教育过程公平问题。

第一，信息技术领域的学习过程不公平。有学者研究了高中生的信息技术使用情况，发现性别和家庭是影响高中生信息技术素养的重要因素，在性别方面，男生比女生使用多媒体技术进行学习的时间更长也更为专业，男生倾向于选择信息与技术行业作为未来发展的职业意向；在家庭方面，87%的学生表示相比学校更习惯于在家里使用多媒体技术进行学习，这对"信息技术可达性"不足的家庭来说是不公平的。① 有研究者分析了伊利诺伊州的高中就业和技术教育（CTE）入学率，发现了这一领域性别和种族的不公平现象，具体表现为 STEM 领域的课程入学率男性比女性更多（男性为 64.1%，女性为 35.9%）；在种族方面，除了白人学生外，其他群体在 CTE 课程中的代表性都不足。②

第二，不同种族之间的学习过程不公平。种族问题一直是国外教育过程公平研究中的一个突出问题，由于历史文化传统的影响，美国从 19 世纪末至 20 世纪中叶一直采用"隔离而平等"的教育政策，将"教育上的黑白隔离"合法化，剥夺有色人种享有均等的学习机会的权利。③ 学者威廉姆（Williams）关注了美国一所高中数学课程中有色人种的参与比例问题和教师对弱势群体的期望

---

① Nachmias R., Mioduser D., Shemla A., "Information and Communication Technologies Usage by Students in an Israeli High School: Equity, Gender, and Inside/Outside School Learning Issues", *Education and Information Technologies*, Vol. 6, No. 1, 2001, p. 43.

② Hamilton A. F., Malin J., Hackmann D., "Racial/Ethnic and Gender Equity Patterns in Illinois High School Career and Technical Education Coursework", *Journal of Career & Technical Education*, Vol. 31, No. 1, 2016, p. 24.

③ 滕大春：《外国教育史和外国教育》，河北大学出版社1998年版，第47页。

问题，通过个案调查发现，教师对于有色人种的目标课程上的期望值较低，且限制了有色人种参与到高阶数学学习的机会，剥夺了这些群体的学生接触高阶数学内容甚至从事数学和科学类专业、职业的机会。[1] 还有学者关注了高中学校内部的"纪律差异"（discipline gap）现象与不同群体学生的公平感知，结果表明在学校内部针对黑人和白人群体的纪律管理措施的差异明显，具体表现在对于同等的错误，黑人学生可能会受到更为频繁和严重的惩罚，甚至被停课和退学，黑人学生感知到的学校氛围不佳，对学校公平氛围的评价更为负面。[2]

还有学者研究了墨西哥移民子女双语教学中的教育过程公平，研究结果显示移民子女的考试成绩和毕业率均落后于母语为英语的本地白人学生，这与教师自身的语言背景以及课程、互动中的语言隔离有关。[3]

第三，特殊儿童群体的学习过程不公平。高中阶段的课程学习是造成学习过程差异并最终导致教育分层的关键因素，通过高中阶段的学习，一部分学生群体被认为只需要完成高中的基本课程，而其他学生则需要更高级的课程为大学做准备。学习障碍（learning disabilities）学生群体跨越种族、社会阶层和性别的界限，是教育过程公平应关注的一个重要群体。在国外的一些学校，为学习障碍的学生贴上了"LD"的标签旨在为这些群体提供特殊的生活帮助和学

---

[1] Buckley, Lecretia A., "Unfulfilled Hopes in Education for Equity: Redesigning the Mathematics Curriculum in a US High School", *Journal of Curriculum Studies*, Vol. 42, No. 1, 2010, p. 71.

[2] Bottiani J. H., Bradshaw C. P., Mendelson T., "A Multilevel Examination of Racial Disparities in High School Discipline: Black and White Adolescents'Perceived Equity, School Belonging, and Adjustment Problems", *Journal of Educational Psychology*, Vol. 23, No. 2, 2017, p. 109.

[3] Eldridge E., "The Quest for Educational Equity with Developing Bilinguals at a Majority Mexican Immigrant Urban high School: Opportunities and Obstacles", *Dissertations & Theses-Gradworks*, Vol. 23, No. 4, 2010, p. 23.

习帮助，以展开差异化、适应性的学校教育。然而，有学者的研究表明，标有"LD"的学生在学校课程安排过程中会经历微妙的"学术分层"，比如被安排数学课程中最基础的部分、参加更多的非学术核心课程（如职业、技术类选修课程），即使有部分学生能参与到学术课程的学习，在教学过程中也处于边缘化地位。被贴上"标签"的学生与学习能力相似但没有被明确贴上"标签"的学生相比最终的学业成绩要差得多，很少有人能进入大学继续学习，这说明，学习障碍标签本身通过某种边缘化机制限制了学生公平的学习机会，同时也影响了学生自身的学习信念和态度，应着力于改善学习障碍群体的学习机会，而不是将这一群体框定在特定的框架下，限制他们有可能的发展机会。[①]

第四，学校中的教育分层与学习机会不公平。还有一些学者关注学校内部课堂教学层面的学习机会不公平问题。国外学者墨菲（Murphy）等发现学习成绩较差的学生在接触课程的数量和内容的丰富程度方面都处于弱势地位，他们较多地被教授与生存技能有关的工具性知识，很少有机会接触思维训练和有意义的课程内容。[②] 教师往往倾向于把有意义的教学活动、较多的期望与热情、学习时间等分配给能力较强的学生，这说明，不管是课程类别、课程内容还是学习支持环境（如教师的情感、态度等）均有利于学习能力较强的学生，学生日常学习知识的课堂上的学习机会并不公平。类似地，国外学者古德莱德（Goodlad）在一项大型的学校教育调查中发现在学校内部日常的教与学活动中存在着若干"获取知识的机会不公平"问题。这些不公平体现在学生在学习准备上的差异、在教室里接受

[①] Shifrer D., Callahan R. M., Muller C., "Equity or Marginalization? The High School Course-Taking of Students Labeled With a Learning Disability", *American Educational Research Journal*, Vol. 50, No. 4, 2013, p. 656.

[②] Murphy J., Hallinger P. "Equity as Access to Learning: Curricular and Instructional Treatment Differences", *Journal of Curriculum Studies*, Vol. 21, No. 2, 1989, p. 139.

教育的差异以及为毕业后进一步深造或就业所做的准备的差异，这些差异将最终影响着他们的职业选择和社会流动。这些差异最显著地表现为两点，一是职业教育和学术教育的分离；二是按成绩分高低班。尤其是在高中，根据学生的成绩和能力进行"高班"与"低班"划分十分普遍，而进入不同班级则意味着他们将获取不同的学习机会。拿英语教学来说，低班更强调使用英语的应用性技能，而高班除了教会学生如何使用英语外，还侧重于强调分析、评价和判断等"理解英语"的知识，常通过阅读经典名著作品来进行学习，高班的学生往往拥有更多的自信，久而久之，即使一些学校推进了旨在为每个人的发展提供机会的多样化和可选择性的学习项目，但自信的学生往往能从中获益最多，弱势群体依然弱势，为此他提出学校需要准确地了解弱势学生的数据并推行一些项目来帮助知识获取机会较少的学生群体发展自信并学会利用学校提供的教学资源和条件。①

第五，学校之间的资源分配不公平。国外学者赫尔曼（Herman J L,）等的研究表明，学校之间的教师质量存在很大差异，在农村学校仅有四分之一的教师持有教师资格证书和参加过职前培训，这直接影响了不同学校的学生学习的质量；除此之外，不同学校之间的学习资源配备也存在一定差距，城市学校为学生提供了更多的学习支持设备，如数学学习中的计算器等，而农村学校的学生则缺乏这种教学资源支持。② 还有学者关注了学校规模和高中生教育过程公平之间的关系，认为随着学校规模的扩大，每个学生所获得的教育资源越来越匮乏，尤其是在贫困地区，财政紧缩约束着学校的公平

---

① ［美］约翰·I. 古德莱德：《一个称作学校的地方》，苏智欣等译，华东师范大学出版社2006版，第124页。

② Herman J. L., Klein D. C. D., "Evaluating Equity in Alternative Assessment: An Illustration of Opportunity-to-Learn Issues", *The Journal of Educational Research*, Vol. 89, No. 4, 1996, p. 246.

和质量，应从区域资源配置和年级跨度配置的角度考虑缩小学校规模，提升公平和效能。①

三 影响普通高中教育过程公平的因素梳理

学生的教育过程公平受到多方面的因素影响。基于对教育过程公平领域关注视角的不同，国内外学者从不同的视角分析和理解影响普通高中学生教育过程公平的多重因素及作用机制。

（一）教育政策与制度

教育政策与制度作为一种刚性因素影响着教育资源和机会在不同社会群体中的分配，同时，受到社会经济发展和结构不平衡的影响，微观层面上的个体获得教育资源的机会和能力也在某种程度上受到刚性的教育制度的影响，比如，我国的划片入学规定、分地区招生制度、城乡户籍制度等均是通过制度性设置而限制了不同群体的教育机会，且对于个体来说，很难能动性地突破这一限制。② 我国学者冯建军认为高中教育公平的问题主要表现为资源配置的不公平，因此，通过制定和调整相应的教育政策与制度来进行教育资源的合理调配，是促进高中教育资源供给与需求相对公平的主要举措。③ 类似地，我国学者王善迈也指出应建立公平、充足且高效的教育财政制度，为实现教育公平提供根本保障。④ 英国社会学家拉尔夫·H.特纳认为宏观上的教育制度影响着学生的教育过程公平，在教育制度中存在着竞争性流动和赞助性流动两种形式，前者有利于避免早期的分流，更有利于为学生提供公平的教育机会，而后者则具有一

---

① Williams, Tony, "High School Size, Achievement Equity, and Cost: Robust Interaction Effects and Tentative Results", *Academic Achievement*, Vol. 46, No. 1, p. 49.

② 焦开山、李灵春、孙占淑：《摆脱教育不平等的最后机会——研究生教育机会的不平等及其影响因素》，《社会发展研究》2018年第1期。

③ 冯建军：《高中教育资源公平配置：取向与原则》，《教育科学研究》2010年第9期。

④ 王善迈：《构建促进教育公平的教育财政制度》，《中国教育报》2007年2月10日第3版。

定的排他性，导致学习机会和过程的不公平。① 评价和考试政策也是影响普通高中学生教育过程公平的关键因素，高中教师必须花费很多时间用于学生标准化测试的练习，为了让学生为考试做好准备，用于帮助学生解决高阶问题的教学活动的时间严重减少。从教育过程公平的角度来看，教师面临着强制性和标准化考试成绩的巨大压力，只能压缩用以发展学生思维和能力的时间，将更多的时间投入到应试准备中，现有的评价考试制度制约着学生个性发展的可能，对学生来说是不公平的。综上，可以看出教育资源作为教育过程公平的基础性要素，包括学生的学习经费、教师配置、硬件条件建设、课程资源建设以及评价考试导向等无一不受到国家教育政策和制度的影响，唯有一个国家或地区教育制度发生变迁时，不同社会群体的教育过程公平情况才会发生显著变化。然而，从另一个方面来说，国家出台的与公平相关的法律法规等政策制度也保障了学生教育过程公平的底线，对教育公平有着无可取代的支撑作用。

（二）家庭经济资本与文化资本

一直以来，对于教育公平的解释都无法回避来自社会学视角中家庭资本的影响。其中，家庭的经济资本和文化资本对学生教育过程公平的影响最为显著。我国学者刘精明认为，影响学生受教育过程公平的先赋性结构因素是多方面的，可归类为家庭资源和非家庭的先赋条件，在家庭资源中，又分为内生性资源和外依性资源两类：内生性资源指内化于家庭之中的知性与情感体系，如家庭的人口结构和文化资本，在众多影响要素中，家庭的文化资本对儿童的影响更为持久和深刻；外依性资源指家庭的社会经济地位及与之相关的社会资源等，主要通过理性选择和资源交换等方式对个体的教育过程产生影响，根据雷蒙·布东（R. Boudon）关于首属效应和次属效应的探讨，家庭的先赋条件通过各种家庭

---

① 张人杰：《国外教育社会学基本书选》，华东师范大学出版社2009年版，第181页。

资源的影响和教育选择的过程形成教育的不平等机制。① 在经济资本的影响中，学者较多地关注不同的家庭经济背景在子女入学、择校及课外补习等教育机会中所起的作用（李春玲，2010；② 刘精明，2006；③ 薛海平，2016④）。美国《科尔曼报告》对美国教育产生了极大影响，使人们开始认识到家庭可能对儿童教育产生的巨大影响，科尔曼的研究主要关注学校教育的"效益"，将学生的学业成就这一要素引入教育机会均等的研究范畴中，他认为此前对于教育机会的研究多关注孤立于学生自身之外的教育资源的分配不均，认为平等地分配资源即为学生提供了平等的机会；但他的调查表明，教育机会不均等的主要表现在于学生与学生之间的差距，而非学校与学校的差距，学生的家庭背景对其学业成绩的影响大于学校教育资源的影响。基于此，他认为教育机会均等，也即教育公平的关键目标在于当学生完成学校教育时能够消除由不同的社会阶层和家庭背景带来的能力差异，平等地迎接社会的挑战，这需要政府加大对处境不利儿童的补偿力度，学校充分利用家庭和社区的资源，给予学生平等的"成功机会"。⑤ 不久，布劳和邓肯提出了"地位获得模型"，使人们不断关注到在现代社会中，一个人所接受的教育对于地位获得的持续作用，"谁"能获得的优质的教育成为社会各界十分关注的问题。大量研究表明，教育的社会分层现象在几乎所有社会中普遍存在，这意味着子女所

---

① R. Boudon, Education, *Opportunity*, *and Social Inequality*: *Changing Prospects in Western Society*, New York: John Wiley&Sons Inc, 1974, p. 29.
② 李春玲:《高等教育扩张与教育机会不平等——高校扩招的平等化效应考察》,《社会学研究》2010 年第 3 期。
③ 刘精明:《高等教育扩展与入学机会差异：1978—2003》,《社会》2006 年第 3 期。
④ 薛海平:《课外补习、学习成绩与社会再生产》,《教育与经济》2016 年第 2 期。
⑤ [美] 詹姆斯·科尔曼:《教育机会均等的观念》，张人杰译，华东师范大学出版社 1989 年版，第 185 页。

接受的教育水平和父母的社会经济地位呈正相关，家庭经济资本影响着子女的教育获得。那么家庭资本对于教育的影响机制是怎样的呢？西方学者布东将其概括为首属效应和次属效应。前者指家庭社会经济地位对学生学业成绩和表现的影响，后者指家庭社会经济地位对学生的教育选择或决策的影响。一系列的后续研究大多表明，学业表现良好的学生大多来自社会经济地位较高的家庭，这进一步呼应了科尔曼报告的主要结论。简言之，社会经济地位较高的家庭带给学生的学业成绩上的优势主要有以下几个方面：（1）家庭条件好的学生能够享受到更多的营养品和生活用品，具有更好的营养与健康状况，为智力发展奠定了基础；（2）社会经济地位较高的家庭往往具有更多的社会资本，也就意味着他们的子女有更多进入优质学校和班级的机会；（3）学生、家长和教师的密切来往与互动会形成以"代际闭合"为代表的新的社会资本，这种资本能对学生良好学习习惯和学习能力的加强产生直接影响；（4）对于出身于文化资本较高的家庭的学生来说，他们享有"先天的"良好学习习惯与态度，能从家庭中汲取更多的知识、爱好和技术，对于学校课程、教学与考试具备更好的适应性，同时也有更多参加课外培训的机会与资源。

  如果说家庭的经济资本主要影响着学生入学机会的公平，那对于教育过程公平产生最深层次的影响则是家庭的文化资本。国外学者布迪厄指出，在一定的情况下，文化资本可以转化为经济资本，文化资本影响着一个人的行为习惯、性格特征、言谈举止等，[①] 在看似平等的学校中，不同学生背后的文化资本各不相同，分别以学习习惯和行为方式的形式表现出来，而学校作为一个崇尚良好的文化资本的"场域"，往往在不知不觉中参与了文化资本的复制和再生产，这种文化资本的差异从一开始就造就了学生学习机会的不公平。国内外对于家庭文化资本对子女在校教育所产生的影响，主要从资

---

① 包亚明：《文化资本与社会炼金术》，上海人民出版社1997年版，第90页。

源转化机制和文化再生产机制两个方面来研究。① 资源转化机制是指将其社会经济资本转化为子女教育成就的优势，本质上还是以文化资本传递为中介。文化再生产机制的观点认为，文化资本能够有助于学生取得更好的学业成就，这是由于学校中的教育活动从本质上来看属于一种"符号暴力"行为，主要由教师这一本身就属于精英阶层代表的群体根据精英文化的标准评价学生；而这一套"精英"的考核标准对那些出身于精英家庭，从小在与学校要求的文化相契合的氛围中熏陶和训练，并在日后的教学、日常活动和师生交流过程中表现出来，从而得到来自教师和学校更高的评价，这就是家庭文化资本在学校教育中施展影响的模式。② 对于这一观点，文化抵制理论和文化流动理论都提出了怀疑，主要批判文化再生产所具有的"宿命论"色彩，过分地强调学校外部的社会结构对学校内部再生产的决定性作用。而文化抵制理论从研究"反学校"文化入手，主要的研究群体是工人阶层子女，强调了这一群体的消极能动性，且对学校文化的抵制从另一个方面更加巩固了精英阶层的再生产③；文化流动理论的研究则认为，文化资本的习得不仅仅局限于封闭的家庭场域中，学校作为学生社会交往的重要场所，可以为家庭文化资本匮乏的学生提供习得文化资本的资源和机会，④ 换句话说即学校教育也可以成为社会流动的通道。虽然文化流动理论关注到了学校教育在学生系的文化资本，实现社会向上流动的作用，但仍和文化再生产理论持有共同的前提，即文化资本对于教育成就的获得有积

---

① 李煜：《制度变迁与教育不平等的产生机制——中国城市子女的教育获得（1966—2003）》，《中国社会科学》2006年第4期。

② ［法］皮埃尔·布尔迪厄，J. C. 帕斯隆，《再生产：一种教育系统理论的要点》，刑克超译，商务印书馆2002年版，第120页。

③ ［英］保罗·威利斯：《学做工：工人阶级子弟为何继承父业》，秘舒等译，译林出版社2013年版，第87页。

④ Dimaggio P., Mohr J., "Cultural Capital, Educational Attainment, and Marital Selection", *American Journal of Sociology*, Vol. 90, No. 6, 1985, p. 1250.

极影响。①

（三）教师的关注与期望

教师是影响学生学习机会的重要因素，教师的公平观念、专业素养与教学技能能够在很大程度上弥合由物质资源带来的学习机会匮乏。然而，相关研究表明，在教师促进学生教育过程公平的众多要素中，教师对学生的关注与期望是最为关键的，可以从某种程度上直接化为一种无形的教育资源，影响着学生的学习状态。美国心理学家罗森塔尔（Rosenthal, R.）和雅各布森（Jacobson, L.）曾提出"课堂中的皮格马利翁效应"，认为教师即课堂中的"皮格马利翁"通过对学生赋予不同的教育期望影响学生的学业成就。这种期望可能会无意中成为一种较为准确的预示——从这个角度来看，教师期望无疑是一种重要的学习资源，在师生互动的过程中，教师对不同学生形成的不同期望使得其对待不同学生的行为方式和交往模式存在差异，而这种差异会直接影响学生学习受教育过程的公平。② 类似地，期待效应理论认为，在师生交往的过程中，教师总会不自觉地对学生产生预先的"经验性期望"，如果这种期望是正向的，就会在后续的交往过程中对学生产生积极影响，提升学生的学习参与倾向；相反地，如果这种期望是负向的，就会对学生的学习和课堂参与产生消极影响。教师的个人情感会对其公平实践产生深刻影响，尤其表现在教师对于班级里学习成绩不良的学生的态度上，教师的关注、期望、怜悯和理解等情感会给予弱势地位的学生更多的学习机会，促进学生的学习。③

---

① 朱斌：《文化再生产还是文化流动？——中国大学生的教育成就获得不平等研究》，《社会学研究》2018年第1期。

② ［美］罗森塔尔·雅各布森：《课堂中的皮格马利翁：教师期望与学生智力发展》，唐晓杰等译，人民教育出版社1998年版，第45页。

③ 殷玉新：《学习机会公平研究》，博士学位论文，华东师范大学，2018年，第228页。

（四）学生自身的学习态度及投入程度

国外学者帕森斯认为影响班级中教育过程公平的主要因素有教育制度、个人能力和动机、家庭背景以及同辈群体，他强调教师的公正期望与学生自身的主观能动性，认为虽然家庭资本可能会对学生的教育过程公平产生一定的影响，但学生是否能够取得学业成功的关键还在于个人的努力。① 师生关系作为一种基本上不涉及经济交换的社会交换活动，则主要是以师生双方付出的情感为交换介质。在学生获得由教师给予的学习机会的过程中，教师同时也在获得来自学生的"情感回馈"，这种回馈可能是取得进步的考试成绩、对教师的关心也可能只是一句礼貌的称呼，表现在具体的课堂实践上，则反映了学生学习的参与和投入状态。这种对于教师付出的劳动的尊重和回馈使得教师在接下来的教学互动中会更愿意给予这部分学生更多的学习机会。因此，学生学习参与度作为个人能动性的一种体现，也无时无刻不影响着教育过程公平。正如社会认知理论的观点，班杜拉（Bandura）指出虽然外界环境会影响我们的判断和行为，但是个体对外在环境和自身生活施行控制的能力也是不能被忽略的。②

（五）学校领导及管理文化氛围

国外学者墨菲认为学校中的文化氛围和领导风格是影响学生教育过程公平的重要因素，校长对学校目标的规划和学校文化的建设影响着教师的愿景和学校的公平氛围。③ 教育过程公平与学校文化存在深刻的内在关联，硬件设施和经费保障不能取代学校的文化特质和氛围，尤其是学校文化对学校隐性课程产生的影响，往往通过校园的文化环境和心理愿景表现出来，与校长对一所学校师资品格、

---

① 余保华：《学校课堂中教育机会平等的文化分析》，教育科学出版社2012年版，第59页。

② Bandura, Albert, "Human Agency The Rhetoric and the Reality", *American Psychologist*, Vol. 46, No. 2, 1991, p. 157.

③ Murphy J., "Equity as Student Opportunity to Learn", *Theory into Practice*, Vol. 27, No. 2, 1988, p. 145.

教研习俗、课程微观制度和内在环境建设等隐性的文化因素息息相关，校长铸就了什么样的学校文化从侧面反映了这所学校为学生提供的教育过程公平程度。① 由于高考导向的影响，普通高中阶段的学校文化往往会受到功利主义和实用主义的制约，"接受高中教育就是为了考取好大学"的观念深入人心，基于此，学校对于学生个性、潜能等发展性机会的关注和给予影响着学生的教育过程公平，而这些看似与高考成绩无关的学习机会很大程度上要依靠一所学校的文化建设来丰富和完善。从另一方面来看，学校对于弱势群体的态度也反映了一所学校的公平文化导向。21 世纪初，英国教育部国务大臣大卫·布伦基特发表题为《建基于成功之上的学校》的演讲，核心要义为使政府帮助处境不利的学校走出困境，让每所学校成功；强调包容的学校文化，对于处境不利的学生、少数民族学生和低成就学生提供特殊包装，让每一个学生成功。② 这表明了学校文化对于学生教育过程公平的重要影响。

第五节　已有研究进展与局限

在研究综述部分，笔者先从历史回顾中溯源教育过程公平的源头与发展脉络，发现要理解教育过程公平，需从国内外前公共教育期的教育公平理念开始追溯，探究人们理解和实践教育公平的基本思路和趋势——从注重等级、权利发展为注重能力和需要，接着从相关研究对教育过程公平的内涵和结构探讨中检视教育过程公平的概念框架，发现已有研究对于教育过程公平的理解主要基于三种研究视角：一是宏观政策视角，将教育过程公平的重点聚焦于学生受

---

① 熊和平：《区域内义务教育课程公平的学校文化视角》，《教育研究》2011 年第 5 期。
② 马忠虎：《"第三条道路"对当前英国教育改革的影响》，《比较教育研究》2001 年第 7 期。

教育权利的保障和对弱势群体的资源补偿;二是中观的课程教学视角,将教育过程公平的重点聚焦于课程实施和教学公平层面;三是微观的人际互动视角,将教育过程公平的重点聚焦于师生互动中的平等对待和差别对待,包括学生的公平感知和体验。最后,基于对以上教育过程公平的历史溯源与概念检视,研究者将文献梳理的范围聚焦于本书所关注的现实问题,即普通高中教育过程公平的政策演进、现状问题及影响因素探讨,在这一部分中,发现国内外研究者对于普通高中教育公平的理解正在从关注资源分配的"数量平等"转向关注学生发展的"比值平等"。因循这两种思路,梳理了国内外已有研究对普通高中教育过程公平现状和问题的研究,发现国内更多地关注较为宏观层面的区域或城乡间由于经济水平发展的不平衡带来的学习资源差距及由当前新高考改革带来的不公平风险,而国外的研究则多聚焦于因种族、性别、先天资质(如特殊学生)的不同带来的学校微观层面上的学习机会不公平问题。而教育政策与制度、家庭经济资本与文化资本、教师的关注与期望、学生自身的学习态度及投入程度以及学校领导和管理文化氛围是影响教育过程公平的主要因素。综上,从对已有研究的梳理中总结普通高中教育过程公平领域已取得的研究进展和待完善的研究局限以寻找本书的研究空间和生长点。

一 国内外已有研究的进展

通过对前述文献的梳理,将国内外普通高中教育过程公平研究的已有进展总结为以下几个方面。

(一)对教育过程公平的理解不断系统和深化

从上述国内外学者对教育过程公平内涵的研究来看,国外对于教育过程公平的研究侧重于客观向度上对课程标准传递和学生学业成就的测量,将教育过程公平作为一套绩效考核指标体系,为教育问责和大型评估提供依据。在国内,则更侧重于对价值向度上的弱势补偿、师生互动等涉及人的主观公平感受的研究。

概言之，国内外研究对于教育过程公平的理解呈现不断系统和深化的趋势，宏观政策视角主要关注教育过程公平的基础与保障条件，即学生受教育权利的保障和资源的补偿；中观课程教学视角下的教育过程公平指向课程实施过程和课程内容设计的公平；微观人际互动视角下的教育过程公平指向师生互动中的平等对待和差别对待，三者在实践中不是相互独立的，而是相互重合与补充，共同描述了教育过程公平内涵的多层次结构（见图2-4）。这也启示了本书对于教育过程公平内涵的全面理解，不仅包括制度和资源等保障性条件，也包括与教学质量息息相关的课程实施公平和测评公平，更包括基于学生差异和公平体验的微观互动公平。

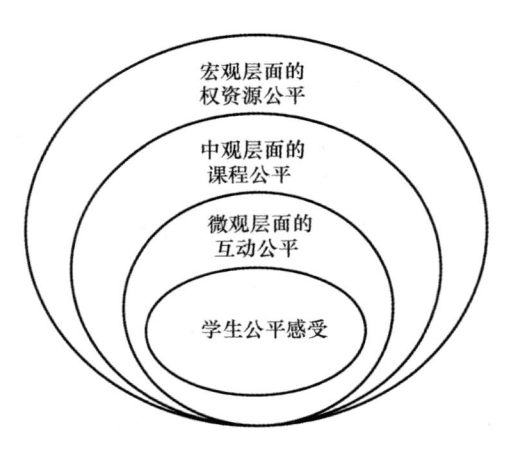

图 2-4 教育过程公平内涵的多层次结构

（二）对于教育过程公平的测量已有可供借鉴的框架

在国外，PISA 测试和 TIMSS 测试中均有以学习机会测量为代表用指标测评的方法探讨教育过程公平的案例，主要是以定量研究的方法，从课程层面观测学校是否给学生提供了充足的学习机会[1]；在

---

[1] 曾家延、丁巧燕：《西方学习机会测评 50 年研究述评》，《全球教育展望》2018 年第 1 期。

国内，杨小微等对于教育过程公平指数的研究也是以指标测量的方式，观测学校内部与学生公平感相关的各项指标①，殷玉新、王建军②等则采用质性研究的方法③，呈现教师视角下的教育过程公平与课堂教学视角下的教育过程公平。这些研究均提供了可供参考的测量教育过程公平的要素与指标。

（三）已初步关注到普通高中育人方式改革与教育过程公平的内在关系

不同于义务教育阶段的全面均衡和高等教育阶段的优胜劣汰，普通高中教育过程公平有着一定的特殊性，尤其是在普通高中育人方式改革的背景下，普通高中多样化和特色化发展已成为高中教育转型的必然趋势，而这种"多样化"应基于教育过程公平对每个学生发展的可能性的关怀与尊重，普通高中育人方式改革的时代背景与教育过程公平有着紧密的内在关系，已有研究已初步关注到这种内在的关联，探讨了在育人方式改革背景下普通高中过程公平的重要价值。

二　待完善的研究局限与对本书的生长点

虽然国内外已有研究对于教育公平的关注度很高，对于教育过程公平领域的问题也有着多视角的理解，但总体来说还存在以下待完善的研究局限，基于对这些研究局限的探讨，反思对本书的启示。

（一）缺乏对"教育过程公平"的系统性理解

对于教育公平领域的问题，人们往往会有一种错觉，认为起点公平、过程公平和结果公平是层层递进、此消彼长的传承与排斥的

---

① 杨小微、李学良：《关注学校内部公平的指数研究》，《教育科学研究》2016年第11期。

② 王建军等：《初中课堂教学中的学习机会：表现与差异》，《全球教育展望》2016年第9期。

③ 殷玉新：《学习机会公平研究》，博士学位论文，华东师范大学，2018年，第80页。

关系。而梳理已有的研究文献发现，无论是贯穿教育纵向过程的起点、过程和结果，还是构成教育横向风貌的教育资源、课程内容、互动与评价等教育活动，都不存在非此即彼的"相斥"关系，而是共同存在于教育系统中，相互补充，共同发展。这也构成了我们理解教育过程公平的基本前提：它既包括对影响学生学习过程的各种学习条件与资源，如班额、师资、生均经费、硬件设施等的公平考量；也包括对学生在整个学习过程中所接触的课程内容和参与的各类教与学互动等的公平考量，这些要素共同描绘了学生教育过程公平的概念框架。国外对于教育过程公平的研究大多是基于课程一致性的角度，认为将预期的课程完整地教给学生即代表给予了学生公平学习过程；国内对于教育过程公平的研究则大多停留在经费投入和资源补偿的视角，认为给予学生充分的学习名额和资源也即促进了教育过程公平。两种视角皆为教育过程公平的组成部分，而非教育过程公平的全貌，已有研究缺乏对于教育过程公平的系统性、全面性考量。

　　前文提到，普通高中阶段的教育过程公平具有特殊性，兼顾均衡和发展的特点，而在已有研究中不少研究者将"发展"作为"均衡"的后置概念，认为只有实现了"均衡"才能走向"发展"，这是对教育过程公平的认识误区。我国学者杨九诠（2018）认为，"公平有质量的教育"包含两类不同的公平—质量范型，一类是均等化公平，通过政府财政供给和社会资源投入，扩大教育规模；另一类是多样化公平，从人的全面发展出发，对资源供给、制度供给和文化供给提出公平要求。均等化公平是多样化公平的基础和保障，当均等化公平发展到一定程度，多样化公平发展的机会就大一些，这两种公平范型不是相互替代的关系，而是相互重叠、相互供给和对话的关系，因此，即使当前对于指向"因人而异、各尽其美"的多样化公平的关注越来越多，但指向"有教无类""你有我有大家有"的均等化公平的任务也依然艰巨。① 也就是说，在普通高中教育过程公平的研究中，对均等化公平和多样化公平的审视同样重要。

（二）对教育过程公平的研究多集中于义务教育阶段

梳理已有研究发现，国内外对于教育过程公平的研究多集中于义务教育阶段学校内部的课堂互动层面，对于高中阶段的教育过程公平探讨较少。对于普通高中阶段的公平问题，已有研究大多聚焦于区域和城乡间的资源投入，而普通高中育人方式的改革对普通高中教育公平提出了更高的要求，一系列与学生教育过程公平有关的问题将会以不同的形式呈现在普通高中教育的不同环节，不仅存在于资源投入这个层面，还存在于普通高中课程与教学的各个方面，需要展开相关的系统性研究。

（三）鲜有对于教育过程公平的混合研究设计

国内外对于教育过程公平的研究或是从定量研究的角度，将教育过程公平划分为不同的维度，进行大规模的问卷调查以呈现现状；或是从定性研究的角度，对相关研究对象展开深度访谈，鲜有将两种研究方法相结合，采用混合研究的方式呈现完整的研究过程。混合研究的目的不在于强制性的混合边界清晰的定量研究和定性研究之间的"鸿沟"，而是为了"混合"不同的数据采集和分析方法，以更为全面、系统、深度地呈现研究问题，丰富研究结论。② 对于普通高中教育过程公平的研究应考虑采用混合研究的方式，以更为系统地呈现研究过程和结论。

（四）对学生视角下的教育过程公平关注不足

公平不仅仅是一种客观状态，更是一种主观感受。教育过程公平不同于教起点公平和结果公平的最关键特点在于对学生公平感受

---

① 杨九诠：《"公平而有质量的教育"的双重结构及政策重心转移》，《教育研究》2018年第11期。

② Goetz A. R., Vowles T. M., "Tierney S. Bridging the Qualitative-Quantitative Divide in Transport Geography", *Professional Geographer*, Vol. 61, No. 3, 2009, p. 324.

的关注，教育过程公平的出发点和落脚点都是为了学生更好的发展，因此，教育过程公平的研究也应主要基于学生的视角。而已有研究多从政策或教师视角关注公平问题，虽然这两者皆为影响学生教育过程公平的关键因素，但却不能替代学生对于受教育过程公平与否的体验与感知。因此，在普通高中教育过程公平的研究中应凸显学生对于"公平"的话语权，呈现学生视角下的教育过程公平的真实状态，并探求学生个体的主观能动性对于教育过程公平的影响。

第 三 章

研究设计：
透视教育过程公平问题的行动指南

一项研究的开展离不开恰切的理论基础，发展比较成熟的理论能够赋予研究资料和研究数据深层次的意义，帮助研究者更为客观地解读研究现象；同时，研究的开展过程和结果也能够验证、补充和发展相关理论，研究实践与理论两者相得益彰，共同发展。[①] 我国学者袁振国认为，理论是实证的构架，实证是理论的砖瓦，缺乏理论的数据不可能变成"证据"，缺乏数据的理论也只能是一种主观上的"臆断"。[②] 理论为研究者理解和阐释研究现象提供了较为成熟的视角和方法，研究思路的形成应基于对相关理论基础的适切性分析，寻找已有的理论和将要开展的研究实践之间的融合点。

第一节 公平的考量尺度

国外学者罗纳德·德沃金认为，任何一种看似合理的政治理论

[①] ［美］威廉·维尔斯马、斯蒂芬·G. 于尔斯：《教育研究方法导论》（第9版），袁振国等译，教育科学出版社2010年版，第21页。

[②] 袁振国：《实证研究是教育学走向科学的必要途径》，《华东师范大学学报》（教育科学版）2017年第3期。

都传递了同一种终极价值——平等,所以任何政治哲学领域的理论探讨都从不同的层面反映了公平的价值追求。① 按照不同的理论流派,对于公平的探讨可划分为功利主义、自由主义、自由至上主义、马克思主义、社群主义、多元文化主义和女权主义等②,其中,对于教育领域相关公平问题的研究借鉴自由主义流派和多元文化主义流派的理论居多,本书也从自由主义流派的公平思想入手,试图从资源的分配与补偿、权利的平等持有、选择的自由与保障以及个性的承认与关怀四个层面的公平理论来探寻考量教育过程公平的理论尺度。

一 约翰·罗尔斯:资源的分配与补偿

有学者指出,如果我们不理解约翰·罗尔斯(John Bordley Rawls)的公平理论,我们就无法理解其他后续的公平理论,③ 罗尔斯的公平理论对于后续公平理论的不断发展具有重要的奠基作用。罗尔斯所论述的公平是指使人们获得公平的"人生机会",他认为这些机会应该摒弃出身背景的影响,由一个人的先天才智和后天努力决定。具有相同能力和抱负的人的成功机会不应受到他们所处的社会阶级背景的影响。④ 基于这样的目标,罗尔斯认为由"自由与机会""收入与财富"和"自尊"等构成的"社会基本善"(social primary goods)应该在遵从补偿弱势的情况下被平等分配,这些"社会基本善"的分配应遵循两个层次的原则:一级原则是平等原则,即人人享有与所有人一致的最广泛、最平等的基本自由权利,即平

---

① [美] 罗纳德·德沃金:《身披法袍的正义》,周林刚等译,北京大学出版社2010年版,第45页。
② [加] 威尔·金里卡:《当代政治哲学》,刘莘译,上海译文出版社2015年版,第3页。
③ [加] 威尔·金里卡:《当代政治哲学》,刘莘译,上海译文出版社2015年版,第69页。
④ [美] 约瑟夫·费西金:《瓶颈:新的机会平等理论》,徐曦白译,社会科学文献出版社2015年版,第43页。

等的分配权;二级原则是差异原则,这意味着首先应在平等原则的基础上将社会基本益品对弱势群体做出倾斜;其次是社会的工作机会和职务应当向所有人平等开放,是对社会和经济领域中的收入、地位、财富和机会等不平等的调控。这两个原则依照"词典式序列"(lexical order)设定优先性,其中,平等的诸自由是机会平等的基础,机会平等是资源平等的基础。①

由此,理解罗尔斯公平理论的关键在于"差别原则",这种"差别"在罗尔斯的论述中主要指向两个领域:其一是对自然不平等的差别对待,如天赋的差别。对于这种自然的不平等,罗尔斯认为:"没有人天生就应该拥有较高的自然天赋然后享有比较有利的起点,社会基本机构的安排应该使这些偶然因素有利于天赋较低者的利益。"也就是说,社会应对天赋较低者进行适当的补偿以消除自然资质对这一群体社会地位的影响。② 其二是对社会的不平等的差别对待,这种论证是在诉求一种"社会契约",即无论身份、背景和阶层,所有人在面临选择时都有着平等的"原初地位",生来就处于弱势阶层或少数种族的人们不应被剥夺公平享有社会利益的权利,且有权要求补偿自己的弱势。③

概言之,罗尔斯的公平理论主要关注资源的分配过程,他将机会也作为一种重要的资源,提出了不受个人自然资质和社会背景影响,只考量个人能力和努力因素的竞争机会公平,这符合教育领域对公平最基本的价值追求,即所有的教育机会平等地对所有人开放;同时,他坚持"只有当某一种不平等有利于最少受惠者,这种不平等才能够被接受"的观点,重视资源对于处境不利者的针对性补偿。

---

① 在罗尔斯的论述中,"诸自由"指在自由主义的民主国家里普遍得到承认的一些标准的公民权利和政治权利,如投票权、选举权、自由言论权等。
② [美]约翰·罗尔斯:《正义论》,何怀宏等译,中国社会科学出版社1988年版,第52页。
③ [加]威尔·金里卡:《当代政治哲学》,刘莘译,上海译文出版社2015年版,第28页。

然而，在罗尔斯的公平观中缺乏对于个人选择的充分考量，即使罗尔斯声称自己的公平观支持"为自己的选择负责任"这种观点，不干涉源于人们不同选择造成的不平等，只旨在调节影响人们生活机会的客观资源的不平等，差别原则却无法对人的主观选择和客观资源做出明显的区分，削弱了个人选择和努力对于所获利益的正当效果。从经济领域来看，如果"低收入"和"高收入"皆是由相应群体的选择造成的，那按照差别原则用由选择和努力带来的"高收入"群体的获利去弥补低收入群体的不足，这种做法是否真的公平呢？基于对罗尔斯公平理论的局限性，产生了对于权利和选择公平的讨论。

二 罗伯特·诺齐克：平等的初始所有权

前文中罗尔斯的资源平等论实质上是基于结果平等的导向，类似于一种社会福利政策，旨在使资源分配的结果符合公平的要求；而在我们讨论公平时，不仅要讨论资源分配公平，更要讨论程序过程公平，程序公平是指分配的制度、规则以及执行过程符合公平的要求，而这种公平不仅仅指向简单平均，而是要将个体的权利置于公平的核心。

与罗尔斯更强调社会对于资源和机会的分配不同，罗伯特·诺齐克（Robert Nozick）的公平理论要旨在于"社会应尊重个人持有的权利"，他的观点反映了康德式的原则：即个体本身就是目标，而并非达到某种目标的手段，不能在未经个体同意的情况下牺牲他们的利益以达到其他目的。他反对罗尔斯的分配正义对于他人权利的侵犯，诺齐克所理解的公平在于承认、尊重和保护个人的权利不受侵犯，而不在于分配和再分配以达到"平均主义"。诺齐克认为个人只要拥有对某物的权利和资格，他占有某物就是正义的。在诺齐克看来，一个保护人们权利自由的社会不应把个人当作资源或工具，而当作"拥有充分权利和尊严的个体"。从一定程度上来说，他的观点是对罗尔斯观点的延续，他们同样反对功利主义的公平，认为要实现公平就需要尊重每个人的权利，然而，他们的关键分歧在于，基于人本身就是目的这种前提，人的哪些权利和自由是最重要的？在罗尔斯看来，显然是一定份额的社会资源最为重要，而在诺齐克看来，最重要的则是"自我所有权"。因此，他认为假如我拥有一定的天赋，那我便拥有了因这种天赋而产出的任何资源或权利，罗尔斯所论述的要求天赋高者将产出的资源分配给天赋较低者以促进社会公平的观点，对于天赋高者来说是侵犯了这一群体的"自我所有权"。

诺齐克批判和反对罗尔斯的差别原则，认为"初始所有权"的公平代表了程序的公平，而程序公平是实现一切公正的先在条件。只要根据初始的平等程序获得资源，无论资源分配的结果差异有多大，都是公平而合理的，以任何名义重新分配、剥夺个人本应拥有的资源都是不公平的。① 诺齐克的观点既追求形式上的自我所有权（权利）的持有，也追求实质上的自我所有权（资源）的持有，他认为个人的形式自我所有权能够促进实质自我所有权，比如当我能够自我决定自己的人生观，那我便拥有了依据这种人生观去行动和生活的能力和条件。然而，他忽略了在自由至上主义的社会中，并非任何人都能够将自己的形式自我所有权转化为实质自我所有权。对于弱势群体来说，即使拥有"形式的自我所有权"，也会囿于诸多生存条件的限制而失去实质的自我所有权。②

三　罗纳德·德沃金：选择的自由与保障

罗尔斯的公平理论和诺齐克的公平理论代表了"平等"与"自由"的两个极端，而罗纳德·德沃金（Ronald Dworkin）的公平理论则开辟了处于二者之间的"第三条道路"，总的来看，德沃金依然坚

---

① ［美］罗伯特·诺奇克：《无政府、国家和乌托邦》，姚大志译，中国社会科学出版社2008年版，第37页。
② ［加］威尔·金里卡：《当代政治哲学》，刘莘译，上海译文出版社2015年版，第124页。

持"平等优先"的原则，他认为如果在"自由"和"平等"之间做出选择，"自由"一定会成为牺牲品，因为政府的立场是必须平等地对待每一个人以提高人们的整体生活水平。基于此，他认为，对于公平的考量应该遵循两个基本原则，第一是重要性平等的原则，即人生而平等，拥有相同的基本权利，政府应尊重和保障这种权利；第二是个人的具体责任原则，即个人的生活应由个人具体负责，这是由于个人大大小小的选择才组成了他最终的生活面貌。在德沃金看来，大多数的公平理论都忽略了对第二个原则的探讨，罗尔斯的理论本质上是一种结果平等论，要求国家或社会忽略造成不平等结果的原因，只关注采用什么样的差别原则或补偿措施来促进结果的均等化。而诺齐克的持有正义从本质上来说是一种起点平等论，对整个人生过程中持续性的资源平等未加探讨。德沃金的公平理论核心可以用"敏于志向，钝于禀赋"来概括，体现了促进公平过程中的两个关键要素：选择的自由和风险的保障。

第一，德沃金提出了"敏于志向"的"拍卖"原则。这种原则旨在说明每个人都应有自由选择的权利，在选择之后也应承担相应的代价。德沃金假设社会的所有资源都被拍卖，每个人手中都有着同等程度的购买力，假如拍卖成功那就表明个人对自己所拥有的"拍卖品"是充分满意的，实现了基于个人自主意愿和选择的公平，"拍卖"的目的是保障资源分配的公平合理。① 第二，"钝于禀赋"的"保险"方案。德沃金的"拍卖"原则是假定在每个人都拥有相同的自然禀赋且社会的所有资源都被展出的理想情况下，然而，在真实的世界里人们早在做出选择之前就已经陷入了某种不平等的境况中。针对由残障、天赋或运气等客观的因素造成的不平等，德沃金提出了"保险"方案，这听起来与罗尔斯的差别补偿原则有相似之处，但罗尔斯的方式在于使资源获得较多者去补贴资源获得较少

---

① ［美］罗纳德·德沃金：《至上的美德》，冯克利译，江苏人民出版社2003年版，第71页。

者，而德沃金的方式则是运用类似于"保险"的市场机制来对劣势者进行补贴。在这里，他特别对两种自然劣势进行了区分，一是自然的残障，这一群体生来所拥有的资源就比别人少，处于不平等的境地中，因此应在拍卖之前由国家采取强制性政策对他们进行特殊关照和补偿；二是不平等的自然天赋，天赋是每个人与生俱来的，与个人的具体责任无关，对于这种自然的不平等的弥补，德沃金认为仍要依靠虚拟的保险市场，天赋较低者可选择适合自己的保险种类来规避风险，但做出恰当选择的前提在于对自我能力的充分了解和掌握。因此"虚拟保险方案"一方面是为了在拍卖前尽可能地补偿和保障个体所持有的资源差距，以使每个人都能有相同的能力来选择和追求有价值的生活；另一方面是为了在拍卖后调节由自然禀赋等因素造成的再次不平等。"拍卖"和"保险"都是为了建立一种分配制度，使社会资源在人们之中不断地分配和转移，直到再也无法使人们所持有的总体资源份额更加平等。[1] 针对德沃金的资源公平理论提出的虚拟的"拍卖"和"保险"方案，有一些理论家做出了相应的政策构想：如勒默尔提出的补偿教育政策，为来自贫困地区和家庭的孩子提供教育补偿投资，他认为，即使对每个孩子投入同等的公共教育经费，也不意味着能够产生平等的教育机会，由于所处地域或家庭经济情况的差异，弱势群体的孩子与生俱来就是资源匮乏者，因此政府应对弱势阶层的学生予以加倍的资助来保障教育机会平等。而对于如何确定个人的劣势在多大程度上源于他的选择或自然境况，勒默尔认为可以尝试从社会层面上对环境和个人选择的因素进行划分，以此将社会不同群体分类，使每个人得到的结果都最大限度地取决于自己的选择而非自然的境况。[2]

---

[1] ［美］罗纳德·德沃金：《至上的美德》，冯克利译，江苏人民出版社 2003 年版，第 4 页。

[2] Browne, D. Book Review Charles E., "Larmore, Patterns of Moral Complexity", *Political Science*, Vol. 41, No. 1, 1989, p. 98.

四 阿克塞尔·霍耐特：个性的承认与关怀

20世纪末，多元文化主义流派的公平理论逐渐发展起来，人们对公平的讨论从物质资源的平等分配转向人的心理、情感、尊严和荣誉的平等承认。法兰克福学派第三代核心人物阿克塞尔·霍耐特（Axel Honneth）是承认正义的代表人物。霍耐特认为实现公平的目标不在于消除资源分配的不平等，而是尽可能地避免羞辱或蔑视，承认人的尊严平等。① 他认为，资源分配的不平等本质上是一种错误的承认关系的制度性表达，人们对于资源分配的争论也是为了达成社会的承认，所以要解决资源分配的不平等，其根本还在于消除对人的尊严"承认"的不平等。如果社会一直存在"一等"或"二等"公民的阶层划分，则不可能实现真正的资源分配平等。② 以尊严为核心，霍耐特将爱的承认、法权承认和成就承认阐释为承认的三种形式。这三种承认形式的消极表现是强暴、剥夺权利和侮辱；积极的表现形式则为爱的关怀、平等的尊重和成就的赞许。③ 他认为爱是最基础的一种承认形式，也是人的一种基本需要，承认正义所追求的目标即满足人的情感需要，因此爱的承认应以人际关系中的需要为原则，对关系进行维护和滋润。法权的承认强调人所拥有的基本权利在法律上的平等，应遵循平等原则，赋予每个人相同的资格和权利；成就的赞许强调对于个体成就和贡献的承认，由于每个人都有自己的个性与特长，需考虑个人在共同体中的成就与贡献，对个体的特殊成就和贡献给予其相应的承认。④

---

① ［德］阿克塞尔·霍耐特：《承认与正义——多元正义理论纲要》，胡大平等译，《学海》2009年第3期。
② 冯建军：《承认正义：正派社会教育制度的价值基础》，《南京社会科学》2015年第11期。
③ ［德］阿克塞尔·霍耐特：《承认与正义——多元正义理论纲要》，胡大平等译，《学海》2009年第3期。
④ 王凤才：《蔑视与反抗：霍耐特承认理论与法兰克福学派批判理论的"政治伦理转向"》，重庆出版社2008年版，第45页。

与霍耐特的承认观点类似，美国社会学家南茜·弗雷泽认为承认人的"参与平等"权利既是公平的手段又是目的，是起点也是终点，参与平等需要一定的条件作为前提：（1）保证参与者对客观物质资源分配的发言权，在客观条件范畴遵循经济领域的再分配的原则；（2）主体间制度化的文化价值应对所有参与者一视同仁，符合文化领域的承认正义原则；（3）以政治领域的程序正义保障个体的代表权。① 美国学者马瑞恩·扬（Marion Young）的关系正义理论也属于承认正义的范畴，她认为社会关系的本质和排序问题是比简单的程序与分配领域的问题更重要的公平问题，因循这样的思路，她总结了社会不公的五种主要形式：剥削、边缘化、无权、文化帝国主义、暴力。其中，剥削与边缘化侧重于分析弱势群体是如何从结构和制度层面被限制了资源享有的权利；无权、文化帝国主义和暴力则更倾向于描述"压迫"行为在文化和身体层面的表现。扬的关系正义理论可以很好地应用于探讨教育领域的不公平问题。根据扬提出的五种非正义形式，教育中的不公平现象主要表现为：（1）剥削，学生在教育过程中受到不同的对待；（2）边缘化，弱势群体的学生在互动过程中被边缘化；（3）无权，弱势群体的学生父母难以给予他们在教育过程中很多支持；（4）文化帝国主义，强势群体的"附属"特征在教育系统中占"统治"地位；（5）暴力，弱势群体的学生经常成为（教师和学生）欺辱的对象。为了解决这种非正义问题，扬认为既要鼓励学生大胆表达自身的感受，不断地激发他的潜力，也要充分给予他们选择的权利和自由，鼓励他们为自己的发展路径做出决策。就教育领域的公平正义而言，既要发展和激发学生的能力，鼓励他们表达自己的感受，也要让学生有选择自己学习内容、学习方式以及学习需要的权利。②

---

① ［美］南希·弗雷泽：《正义的尺度——全球化世界中政治空间的再认识》，欧阳英译，上海人民出版社 2009 年版，第 17 页。

② Iris Marion Young, *Justice and the Politics of Difference*, Princeton: Princeton University Press, 1990, p. 187.

五　上述公平理论对本书的启示

在探讨教育过程公平的问题时，资源的分配是最为基础的环节，因为学生在校的受教育过程无法脱离学习资源的获取而孤立存在，仅仅只探讨狭义的"学习过程"的公平不足以阐释教育过程公平的真实样态。罗尔斯、诺齐克、德沃金和霍耐特的相关观点都为本书提供了若干启发。其中，罗尔斯的"分配公平"的思想为本书理解普通高中教育过程公平的内涵提供了以下思路：第一，分配过程公平应包括弥合不同区域和学校间的教育资源差距；第二，分配过程公平还应体现对处境不利者进行资源补偿（如特殊学生、少数民族和贫困学生）。然而，仅仅只有结果导向的分配公平不足以触及教育过程公平的核心，关注制度、规则以及个人自主权的程序公平能够帮助我们进一步地理解公平问题。

诺齐克对于个人所有权的论述体现了在程序公平中个体"持有"权，也即机会公平的重要性，在思考普通高中教育中的程序过程公平时，要分两种情况来考虑：第一，学生个体的视角。由于普通高中的公平追求要求遵循学生的差异性，资源分配公平的简单平均和补偿无法适应高中阶段公平的复杂性需要，对于不同天赋和特点的学生，他们有权利根据自己的需要获得相应的教育资源，也有权利选择自己的专业和未来的人生道路，这符合诺齐克持有正义的观点；第二，社会背景的视角，教育领域与社会经济领域有着本质的区别，教育的公益性特点要求对弱势的补偿在任何情况下都理应是公平的应有之义，这种补偿主要是基于资源和条件等背景性因素，在我国，普通高中质量的区域差距悬殊，很大程度上是由于教育资源的差距导致的，相对薄弱地区的学生从一开始就缺乏对优质教育资源和机会的持有权利，即使再多的选择自由也无法弥补实质持有资源的不足，由此，出现了德沃金的"第三条道路"。

在德沃金"敏于志向、钝于禀赋"的理论视域下，普通高中学校过程公平应着重关注学生的选择权利、选择过程以及选择的风险补偿，具体来说，这意味着在进行学习资源的"拍卖"之前，应尽可能地补偿教育资源或个体先天条件的不足，如政府对区域差距、家庭条件差异、民族或种族差异等的改善，使个体拥有公平的选择机会；在对教育资源的"拍卖"过程中，应充分尊重学生的自主选择权，并鼓励学校为具有不同学习特点和需要的学生提供差别的学习机会，帮助他们实现"敏于志向"的选择，优化程序公平；在对学习资源的"拍卖"之后，仍应不断地对处于自然劣势的学生进行补偿，并对不同的选择提供不同类别的教育"保险"[1]，也就是说，在高中教育阶段，既不能主张完全平等的均等化教育，也不能提倡完全竞争的精英化教育，而应该持续地调配作为"资源"的学习机会，以学生的选择为核心，发展基于底线均衡的差异化公平，同时，国家和学校也应为学生的不同选择提供"保险"方案，即为学生提供多样化发展的道路，为学生的选择保驾护航。

  关注人与人之间的互动和情感交流的"承认正义"派别的公平理论关注对人的个性承认及差异引领。它强调物质层面的教育资源分配之外的人的主观情感和感受，属于狭义的"过程公平"的范畴，对于理解普通高中学校过程公平问题有很大启发。从学生的视角来看，公平不仅是和别人坐在同一间教室、享受同等的教育资源、学习同样的知识，更是在校园生活中得到公平的对待。承认正义的观点使我们必须正视学生的公平感知和体验，以需要原则、平等原则和成就原则来审视学生在受教育过程中的公平对待：是否得到了情感上所需的教师关爱和同伴友爱、是否获得了平等的参与教育生活的资格和权利、是否得到了对自身独特优势和成就的认可与引领。这三种承认形式（即爱、权利尊重和价值尊重）构成了学生公平感的主要来源，是教育过程公平的核心要义，是否得到了这三种公平的"承认"决定了学生能否有尊严地生活在教育共同体之中。[2]

---

[1] 曹红峰：《当代政治哲学视域下教育机会均等的再思考——基于德沃金平等资源论研究》，《当代教育论坛》2018年第4期。
[2] 冯建军：《后均衡化时代的教育正义：从关注"分配"到关注"承认"》，《教育研究》2016年第4期。

上述四种公平理论从不同维度阐释了公平的考量尺度，罗尔斯认为公平的关键在于资源的平等分配和补偿，诺齐克认为公平的关键在于保障人的持有权利和公正程序，德沃金认为公平的关键在于使个体拥有平等的选择权的同时对选择的风险进行调控，霍耐特等的观点认为对人独特的尊严、价值和情感需要的承认和引领。在本书中，笔者认为这四种公平观对于理解普通高中教育过程公平的研究均有一定的启发意义，教育中的资源分配过程、程序制定和执行过程以及人际互动过程，都影响着学生对于公平的感受，同时构成了教育过程公平的真实状态，虽然普通高中的办学目标正在从"量的积累"逐渐转向"质的提升"，新时代高中阶段的教育过程公平本质上是对学习机会的"恰切分配"，使每个人获得适切的教育，实现个体发展的公平。① 但这种公平聚焦点的转向不代表"量的积累"已达到完全公平的状态，在分析普通高中教育过程公平问题时，应厘清公平的多维性，从更为系统、全面和多元化的视角来审视教育过程公平，不仅要考虑到资源分配，也要考虑到学生内心的公平感受；不仅要关注学生学习的程序公平和背景补偿，也要重视学生个性选择的权利，在为每个学生提供平等的机会的基础上关注学生自身的公平体验和差异化需求，以最终促进学生的个性发展，实现优质公平。

第二节　公平问题的分析视角

如果抛开对人的公平感受的关注，那么公平的价值便无处可寻，我们在判断一件事情是否公平时，除了依据这件事呈现的客观状态，更是依据自己内心的主观感受。在教育领域，无论是教育资源的公

---

① 冯建军：《论高中教育机会的差异性公平》，《华中师范大学学报》（人文社会科学版）2010年第5期。

平分配还是教育互动中的尊重与引领,最终都落脚于学生所感受到的公平感与获得感。尤其是对教育过程公平问题的研究,无法如教育起点公平和教育结果公平一样用简单的入学率和升学率等数字来判断,学生对于公平的感受构成了理解教育过程公平的关键视角。因此,基于前文对罗尔斯、诺齐克、德沃金和霍耐特等学者所提出的公平观的探讨,以组织公平感理论中提出的分配公平、程序公平和互动公平三维度作为探讨教育过程公平问题的视角。而教育公平问题之所以棘手,是由于影响和干扰它的因素及相互之间的作用机制错综复杂,其中不仅包括教育领域内部的因素,更包括教育领域之外的社会性因素。在上一章对于教育过程公平影响因素的国内外研究梳理中发现,教育政策与制度、家庭经济资本与文化资本、教师的关注与期望、学校领导及管理文化氛围以及学生自身的学习态度和投入程度都可能对教育过程公平产生或多或少的影响。在本节中,还试图找寻可能的理论视角将公平问题的成因、影响因素和作用机制加以整合与分类。

一 组织公平感理论

1965年,亚当斯(Adams)提出了组织公正理论,首次引起了人们对组织公平感的关注,自此之后,经过相关学者的广泛研究,将组织公平划分为分配公平、程序公平和互动公平三个维度。其中,分配公正(distributive justice)指个体根据某种标准对分配的最终结果进行评价,代表了个人对于所获得分配结果的公平感知,亚当斯认为,分配公平影响着个体后续的工作投入,因为个人会不断对比产出和投入的比率以产生不同的分配公平感,如果个人感受到分配不公,则会减少自身的投入。[①] 而有学者认为,人们对于公平的认知和感受不仅来源于分配的结果,更来源于分配的过程,这种过程中

[①] Greenberg, J., "Organizational Justice: Yesterday, Today, and Tomorrow", *Journal of Management*, Vol. 16, No. 2, 1990, p. 399.

的"选择权"和"发言权"相当重要，构成了程序公平（procedural justice）的关键要义。① 国外学者莱文斯指出，要满足程序公平需保证以下标准：（1）一致性，即程序标准应保持相对稳定性；（2）无偏见，对所有人一视同仁；（3）信息准确，指管理者应在掌握足够准确和充分的信息的基础上做决策；（4）可质疑，即在程序执行过程中允许被决策者对结果提出异议；（5）代表性，决策程序需反映不同群体的差异化需求和特点；（6）符合道德标准。② 基于分配公平和程序公平的研究基础，相关研究进一步发现，除了程序和分配外，个体的公平感还会受到人际关系因素的影响。互动公平（interactive justice）指人们对规则和程序实施过程中所体现的人际关系的公平性的理解。国外学者格林伯格（Greenberg）提出互动公平有两种：一种是人际公平，指对于对方尊严、人格和需要的尊重，避免欺骗、隐私侵犯和诽谤等行为；另一种是"信息公平"，指对于决策过程的解释和相关背景信息的公开与指导。③

国外学者乔瑞将组织公平感的框架应用到对于课堂公平的研究中，他认为在教育领域中，分配公平是指学生对学习资源分配和学习评价给予方面是否公平的感受，例如，学生可以感觉到自己获取的学习资源和机会以及学习评价等与其同伴相比，多于或少于他们的期望，进而影响他们的公平感；程序公平考察学习者对学习过程中的方式与方法公平性的认识，包括对教师的课堂教学方法，作业评分方式（例如，依靠客观或主观标准）以及对学生行为的约束等方面的公平感受。互动公正是指个人在执行政策和程序时所受到的人际待遇的公平性。在课堂上，互动公正包括评估教师在人际关系

---

① Shari Seidman Diamond & Hans Zeisel, "Procedural Justice: A PsychologicalAnalysis", *Duke Law Journal*, 1977, p.1290.
② 陈忠卫、潘莎：《组织公正感的理论研究进展与发展脉络述评》，《现代财经》（天津财经大学学报）2012年第7期。
③ 周鸿敏、方光宝：《教育公平测量的路径演变和典型方法》，《教育研究》2019年第6期。

处理和与学生沟通方面的公正程度。① 上述对于学生公平感三维度的划分为进一步理解教育过程公平提供了可操作的视角。根据上一节对罗尔斯、诺齐克、德沃金和霍耐特等学者公平思想的分析，在探讨普通高中教育过程公平时，不仅应关注微观的人际互动公平，也应关注资源的分配与补偿过程和程序的制定与实施过程，这与组织公平感理论的观点相契合，能够指导本书对于"教育过程公平"这一概念的维度解构，因此，本书以组织公平理论为基础，在后文中展开对教育分配过程公平、程序过程公平和互动过程公平问题的探讨。

二 新制度主义理论

一般来说，制度对于行为具有控制和制约的作用，通过界定法律、道德与文化的边界从而严格地制约和区分个体或群体的行动，虽然看起来制度的刚性作用"占据上风"，但在制度的实践过程中也会产生对个体的行动的支持和能动作用，为个体的行为提供引导或资源。② 新制度主义理论是发源于20世纪70年代的跨学科理论流派，其研究取向和范式体现了经济学、政治学和社会学等不同社会科学领域的特点。③ 对于新制度主义研究流派的划分主要有三种模式，第一是依据不同的学科视角划分，分为新制度主义经济学流派、新制度主义政治学流派和新制度主义组织社会学流派；第二是依据不同的研究主题和方法论进行划分，这也是应用最广泛的一种划分方式，基于这种划分原则，新制度主义可分为理性选择制度主义、历史学制度主义和社会学制度主义，其中，理性选择制度主义以个体的行

---

① Chory, Rebecca M., "Enhancing Student Perceptions of Fairness: The Relationship between Instructor Credibility and Classroom", *Justice Communication Education*, Vol. 56, No. 1, 2007, p. 96.

② ［美］W. 理查德·斯科特：《制度与组织——思想观念与物质利益》，姚伟、王黎芳译，中国人民大学出版社2010年版，第58页。

③ ［美］B. 盖伊·彼得斯：《政治科学中的制度理论："新制度主义"》，王向民、段红伟译，上海世纪出版社2011年版，第71页。

为作为分析对象，假设每个行为者的行为都是以实现自身利益最大化为目标的理性选择行为，这种研究取向多应用于制度经济学中；社会学制度主义则主要采取文化取向，重视文化意义的建构和相关的社会价值。历史制度主义以政策制度的历史流变和国际比较为研究对象，多用于梳理和解释一项政策或制度的形成及演变规律，探求未来的发展方向；① 历史制度主义的分析框架在教育领域的应用较多，它将理性制度主义的"行动者"与社会学制度主义的"深层结构"有机结合，以"宏观结构—中观制度—微观行动者"作为核心分析框架，② 包括三个关键步骤，第一是分析影响制度的宏观性因素，将各类影响制度的背景因素概念化为政治、经济和文化结构；第二是分析制度演进的路径依赖现象，这是指在制度演变过程中遇到的"锁定"现象，一般产生于制度变迁中的关键行动者的期望、惯习以及文化认知形成的强大内隐性阻滞力量和制度本身"工具理性"的博弈，导致制度变迁囿于无效率路径中难以自拔，为了克服这种"路径依赖"，历史制度主义分析的第三步即寻找制度变迁的动力机制，重视制度变迁中的核心行动者和关键节点，打破路径依赖，推动制度的有效变迁。③

第三种研究流派的划分是依据不同的制度要素的特点，这种划分的依据是美国学者理查德·斯科特（Scott）对于制度的定义：制度包括为社会生活提供意义和稳定性的规制性（regulative）、规范性（normative）和文化—认知性（culture-cognitive）要素，以及与这三种要素相关的各种活动和资源。④ 这种划分方式重新整合了

---

① Hall P., Taylor R., "Political Science and the Three New Institutionalisms", *Political Studies*, Vol44, No.5, 1996, p.940.
② ［美］道格拉斯·C. 诺思：《制度、制度变迁与经济绩效》，刘守英译，格致出版社 2008 年版，第 126 页。
③ 姚松、曹远航：《70 年来中国教育扶贫政策的历史变迁与未来展望——基于历史制度主义的分析视角》，《教育与经济》2019 年第 4 期。
④ ［美］W. 理查德·斯科特：《制度与组织——思想观念与物质利益》姚伟、王黎芳译，中国人民大学出版社 2010 版，第 56 页。

早期制度主义研究中，因制度要素过于庞杂和散乱导致的"似乎什么都是制度"的模糊边界，构成了一个相对清晰和严密的制度分析框架（见表3-1）。①

表3-1　　　　　　　　制度的三大基础要素②

	规制性要素	规范性要素	文化—认知性要素
遵守基础	权宜性应对	社会责任	视若当然、共同理解
秩序基础	规制性规则	约束性期待	建构性图式
扩散机制	强制	规范	模仿
逻辑类型	工具性	适当性	正统性
系列指标	规则、法律、奖惩	合格证明 资格承认	共同信念 行动逻辑
情感反应	内疚或清白	羞耻或荣誉	确定或惶惑
合法性基础	法律制裁	道德支配	可理解的文化支持

教育公平问题涉及宏观的政策、中观的规则规范以及微观的文化和期望等方方面面的因素，按照吉登斯的观点，影响公平的先赋性因素一般指作为规则与资源的结构性因素，这些因素往往通过配置资源或改变机会结构的方式产生不平等③，除了以家庭资源为代表的先赋性因素外，由一系列制度性区隔带来的家庭以外的其他社会结构条件的不同，如区域的发展水平、城市和农村、优质学校与薄弱学校、重点班级与普通班级、学生的个体性别、民族等也构成了影响学生教育过程公平的先赋性因素。④ 这些因素由自然环境、经济、制度和文化发展等客观条件建构和强化，并逐渐被转换成了一

---

① 姜超：《大学教师发展制度创新研究——基于新制度主义的视角》，博士学位论文，华东师范大学，2019年，第44页。
② ［美］W. 理查德·斯科特：《制度与组织——思想观念与物质利益》姚伟、王黎芳译，中国人民大学出版社2010版，第59页。
③ ［英］安东尼·吉登斯：《社会的构成》，李康、李猛译，生活·读书·新知三联出版社1998年版，第102页。
④ 刘精明：《中国基础教育领域中的机会不平等及其变化》，《中国社会科学》2008年第5期。

种资源和机会的差异结构，从新制度主义理论的视角来看，这种建构与转化的过程也是一种制度变迁的过程，公平的"难题"也表现出了制度变迁中的"路径依赖"现象，而其中的影响因素可以根据规制性、规范性和文化认知性予以分类，因此，本书采用新制度主义的分析框架，在后文中对普通高中教育过程公平的问题及成因进行分析。

三 社会交往理论

作为实证主义科学的创始人，法国社会学家迪尔凯姆（Émile Durkheim，旧译为涂尔干）的社会事实方法论为社会科学领域的研究提供了一种科学的视角。[①] 他认为，社会事实是一种融合了个体复杂性的"物"，既是带有强制性的，不受个体操控的"物"，又是融合与渗透了个体意向、情感等意识形态的"物"，因此研究者在进行研究时应既以实证的手段客观地呈现实施特点，也应以推理和解释等主观阐释来构建基于社会事实本性的各个对象与要素之间的关系，[②] 普通高中的教育过程公平属于一个复杂的社会事实集合，以"社会分类"的视角整合这些要素，影响学生受教育过程公平的因素不仅包括外在的先赋性因素，也包括学生这一主体所产生的自致性因素。[③] 自致性因素包括学生的学习成绩、态度、特长等个人努力和学业表现的考量因素，通过微观的师生教学互动来影响学生受教育过程的公平。

国外学者杰罗姆·布鲁纳（Jerome Seymour Bruner）特别强调知识学习的内部动机层面，他认为学习过程中"相互关系"的发展是

---

① 李英飞：《现代政治的社会基础——迪尔凯姆论政治社会的历史与现实》，《社会学研究》2018年第4期。
② ［法］爱弥尔·迪尔凯姆：《实用主义与社会学》，渠东译，上海人民出版社2005年版，第161页。
③ 周秀平：《学生群体的政策分类与教育治理》，《清华大学教育研究》2019年第3期。

促进学习者动机增强的重要途径①,美国社会学家彼得·布劳(Peter Michael Blau)提出了社会交往的微观结构,以社会交换理论阐释了人在社会交往过程中的行为互动及背后的原理,为我们提供了理解自致性因素对学生教育过程公平影响机制的微观视角。根据布劳的观点,社会交换过程遵循理性原则、互惠原则、公正原则、边际效用原则和不均衡原则。② 其中,理性原则和人们对"报酬"的预期有关,依据自身行动与报酬的价值权衡自己的行为;互惠原则指人在特定的交往中对"交换"所带来的"报酬"的期待,这种期待受制于公正原则,假如无法满足交换关系中的互惠原则,违背了公平规范,就会有一方产生被剥夺感,影响进一步的社会交换;边际效用原理指人们在采取某一特定行为时产生的期望越多,则该行为的价值越小;不均衡原则指社会生活中的两难困境造成的社会交换关系中的不稳定与不均衡。③ 布劳认为,社会交换是一种被期望和回报所激励的自愿行为。从严格的意义上来说,社会交换不同于经济交换,经济交换往往依靠一份正式的合同或文件,规定了双方交换的具体数量,而社会交换则主要指向未加规定的义务。个体的义务感、信任感与感激之情能够通过社会交换被唤醒,而纯粹的经济交换则不能。在社会交换中存在着"全面给予"的概念,法国人类学家马塞尔·莫斯(Marcel Mauss)认为,社会交换中的"礼物"意味着两个重要的义务:给予馈赠的义务和接收馈赠的义务,拒绝给予或者拒绝接收都表示着对友谊和交往的拒绝,会损害社会交换关系。④ 在社会交换中,最明显的直接成本是一种尊敬或服从的从属

---

① Bruner J. S., Olver R. R., Greenfield P M E A, "Studies in Cognitive Growth", *Journal of Philosophy*, Vol. 23, No. 2, 1968, p. 78.

② [美]彼得·M. 布劳:《社会生活中的交换与权力》,李国武译,商务印书馆 2008 年版,第 45 页。

③ [美]乔纳森·H. 特纳:《社会学理论的结构》,邱泽奇译,北京大学出版社 2004 年版。

④ [美]彼得·M. 布劳:《社会生活中的交换与权力》,李国武译,商务印书馆 2008 年版,第 166 页。

性，即用声望和权力作为给对方的报酬。通过向别人提供所需要的服务，一个人建立了对于他们的权力。在社会交换理论的视野中，教师和学生作为一对交往关系，教师用极大的热情、耐心和专注将知识传递给学生，学生的学习行为表现作为对教师体力劳动和情感劳动的回应，不仅影响着自身的学业成就水平，也通过社会交换的"尊敬、信任和肯定"情绪影响着教师对该学生的评价，进而影响着教育过程中的公平对待。

虽然不能排除纯粹的自致性因素对于过程公平的关键作用，但自致性因素本身会在很大程度上受到先赋性因素的影响。虽然罗尔斯对公平的理解在于使具有相似能力和抱负的人获得相似的成功机会，而不考虑他们所处的社会阶层的不同，但是一个人的能力、抱负和后天努力却无法真正从所处社会背景和阶层带来的优势中分离出来。[1] 因此，促进教育过程公平的关键在于减弱先赋性因素对学生发展的影响，增加学生依靠自致性因素获得学业成功的机会。

第三节　本书的分析框架

一　教育过程公平的维度分析

公平本身是一个多层次的复杂概念，尤其是在普通高中教育阶段，在分析教育过程公平问题时，不仅要考虑到外部的资源分配，也要考虑到学生内心的公平感受；不仅要关注学生学习的程序公平和背景补偿，也要重视学生个性选择的权利，在为每个学生提供平等的机会的基础上关注学生自身的公平体验和差异化需求，促进学生的个性发展，体现差异性公平；同时，由于普通高中阶段的教育对于学生进入高等教育阶段和走上未来人生道路具有独特的"预备"

---

[1] ［美］约瑟夫·费西金：《瓶颈：新的机会平等理论》，徐曦白译，社会科学文献出版社2015年版，第48页。

和"引导"作用，因此在对普通高中学生的教育过程公平进行思考时不可忽视高中教育的发展性特征，强调对于学生自主选择和发展权利的"承认"，对于学生所取得成就的公正评价和反馈，以及对学生未来学业和人生发展道路上的成就引领。

基于上述思考，本书将"教育过程公平"划分为分配公平、程序公平和互动公平三个维度，其中，分配公平关注教育资源与教育评价结果的分配与反馈过程是否符合公平原则，程序公平关注教育制度与规则的具体实施过程，尤其是学生自主选择权利的行使过程是否能够得到保障，互动公平关注在学校内部师生交往和互动过程中教师对学生个性的尊重、承认与差异的引领。在理解教育过程公平的三个维度之间的关系时，本书认为分配公平、程序公平和互动公平三者之间是相互包含、相互供给和促进的关系，而非此消彼长和相互替代的互斥关系，三者对于促进教育过程公平来说有着同样重要的作用，并非先达到哪一个公平的维度才能继续达到另一个公平的维度，在一所学校中，可能同时存在分配过程、程序过程和互动过程方面的公平问题，也可能某一维度的公平程度较高，另外两种公平维度程度较低。一般来说，分配公平对于政府财政供给和社会资源投入的依赖性更高，程序公平对于制度供给的要求更高，互动公平则主要从人的全面个性发展出发，对文化供给提出更高要求。[①]

二 教育过程公平的程度分析

前文对于西方经典的公平相关理论的梳理呈现了"公平"这一概念本身的复杂性，在教育领域中，"一视同仁"是公平、"因材施教"是公平、"弱势补偿"也是公平，因此，在探讨教育过程公平时，不能以一元的视角去判断公平的程度，而要从多元化和阶梯式的角度去考量每个维度的公平程度。一般而言，对于公平

---

① 杨九诠：《"公平而有质量的教育"的双重结构及政策重心转移》，《教育研究》2018年第11期。

的理解包括"平等、补偿和差异"三种思路,在本书中,对于教育过程公平每一个维度的考量也同时依据"平等对待、弱势补偿和差异引领"这三种不同的公平程度,平等对待是最为基础的公平,弱势补偿是平等基础上的延伸,平等对待和弱势补偿符合罗尔斯的分配主义公平观,是基于一种外部资源的"分配"与"给予"的视角来促进公平。差异引领是符合教育过程公平导向和普通高中育人价值的最为根本的公平,也是相对高阶的公平。

教育过程公平的三种层次,平等对待、弱势补偿和差异引领之间存在层层递进的关系,平等对待是具有第一优先性的最为基础的公平层次,弱势补偿要在平等对待的基础上进行,是更高层次的平等,而"平等"基础上的"差异"才是公平导向下的差异,差异引领是教育过程公平的核心追求,也是普通高中教育发挥育人性背后的公平价值所在。平等对待是弱势补偿和差异发展的基础和保障,平等对待的公平程度越高,补偿性公平和差异性公平实现的可能性就大一些,在当前逐渐从对平等的关注转向对差异的关注的过程中,也不能忽略了"平等"对于公平的基础性作用,对某一层次的公平越来越多的关注并不意味着忽视或削减了另一种公平层次的重要性。

如表3-2所示,结合前文对于教育过程要素和学生公平感的内容梳理,从横向的教育过程公平的维度来看,分配公平应包括教育资源、教育评价等过程要素;程序公平应包括学生的参与权与选择权等过程要素;互动公平则应主要关注互动中的个性关怀与差别对待等过程要素。同时,从纵向的教育过程公平的程度来看,在每一个过程公平维度中都存在平等对待、弱势补偿和差异引领的相关要求。在平等对待层次,分配公平中的平等对待要求在教育资源分配的过程中和教育评价的反馈中做到一视同仁,程序公平中的平等对待要求学生参与学习活动和自主选择学习路径的权利是平等的,互动公平中的平等对待要求在师生互动的过程中,教师能够不带个人感情色彩和不受其他因素影响的对待不同个性特点的学生。在弱势补偿层次，分配公平中的弱势补偿指在资源投入和评价反馈中对于弱势群体的倾斜与激励，如我国出台的家庭贫困学生资助政策，学校里为学业不良学生设立的"进步榜"等，都属于这一范畴；程序公平中的弱势补偿指在一定限度内对于弱势群体的规则优待与特权，比如在高中学校内对于少数民族学生在学习和生活上的特殊照顾等，但这种优待与特权需在不影响其他学生的前提下，是有限度的补偿；互动公平中的弱势补偿指教师对于具有生理性或心理性缺陷，或少数群体等弱势学生的特别关注与引领。在差异引领层次，分配公平中的差异引领指资源的差异化配置和评价，如差异化的课程资源、多元的评价标准等；程序公平中的差异引领指对于学生行使差异化参与权和选择权的保障机制；互动公平中的差异引领指教师对学生不同个性的尊重与关怀以及对学生差异发展的可能性的引导。

表 3-2　基于"维度—程度"的教育过程公平分析框架

	分配公平	程序公平	互动公平
平等对待	教育资源与教育评价的平等分配与反馈	学习活动和自主选择权利的平等参与与享有	师生交往互动中的一视同仁
弱势补偿	对弱势群体的资源补偿与评价激励	在一定限度内对弱势群体的规则优待与特权	人际交往中对弱势群体的特别关注
差异引领	基于学生差异化发展的资源配置与评价反馈	学生进行差异化选择的权利与机会	交往中的个性尊重、关怀与引领

第四节　研究工具开发与检验

教育过程公平是一个既包含客观事实也包括主观感受的研究问题，基于以上理论的启示和研究框架的阐释，本书采用实证主义的研究范式，根据研究问题的具体需要采取多元化的研究方法。通常来说，研究遵循何种范式反映了研究者所持有的"知识观"，从而决定着研究者认识世界所运用的方法论。实证主义的开拓者和发扬者迪尔凯姆（Émile Durkheim）认为，对于社会事实的研究应遵循三条原则：（1）摆脱脑海中的一切臆断，尊重客观事实；（2）对于社会事实的本质认识应首先基于对感性材料的研究；（3）在研究中应逐步剔除感性材料中的主观成分，追求价值中立。① 实证研究的原则在于价值中立与事实尊重，价值中立要求实证研究者保持客观理性的研究态度，对事实的尊重要求实证研究应体现研究流程的规则性和研究方法的多元化。我国学者袁振国将实证研究阐释为根据研究对象的性质和目的选择恰切的方法的研究过程，在这个过程中应体现实证精神、遵循实证原则，将实证的精神、规则和方法有机结合。② 实证研究的步骤③如图3-1所示。

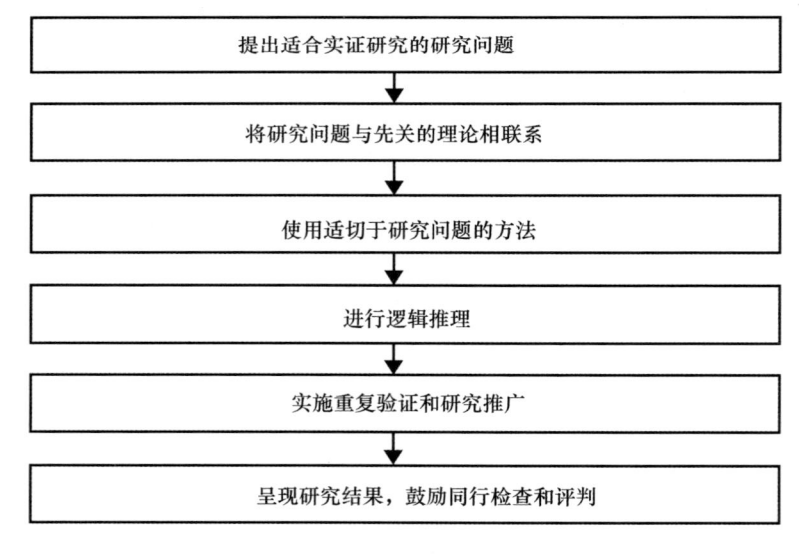

```
┌──────────────────────────────┐
│   提出适合实证研究的研究问题     │
└──────────────┬───────────────┘
               ↓
┌──────────────────────────────┐
│   将研究问题与先关的理论相联系   │
└──────────────┬───────────────┘
               ↓
┌──────────────────────────────┐
│    使用适切于研究问题的方法      │
└──────────────┬───────────────┘
               ↓
┌──────────────────────────────┐
│         进行逻辑推理            │
└──────────────┬───────────────┘
               ↓
┌──────────────────────────────┐
│    实施重复验证和研究推广        │
└──────────────┬───────────────┘
               ↓
┌──────────────────────────────┐
│  呈现研究结果，鼓励同行检查和评判 │
└──────────────────────────────┘
```

图 3-1 实证研究的步骤

---

① ［法］E. 迪尔凯姆：《社会学方法的准则》，狄玉明译，商务印书馆 2009 年，第 53 页。

② 袁振国：《实证研究是教育学走向科学的必要途径》，《华东师范大学学报》（教育科学版）2017 年第 3 期。

③ ［美］理查德·沙沃森、丽萨·汤：《教育的科学研究》，教育科学出版社 2006 年版，第 66 页。

因循实证研究范式，本书使用的主要研究工具为问卷和半结构式访谈提纲。其中，学生问卷是本书数据的主要来源，用以呈现我国普通高中教育过程公平的现实状态，半结构式访谈的调查对象主要为教师、学生、学校行政人员和学生家长，用以验证、解释和说明学生问卷的数据，并进一步展开对教育过程公平影响因素和提升建议的探讨。在本章中，将对本书采用的具体研究方法和方案设计进行探讨。

一　问卷编制的步骤

问卷调查是本书所使用的主要研究方法之一，本书的问卷编制过程包含以下步骤。

第一步，文献梳理。根据已有的研究框架，借鉴和梳理国内外与"普通高中学生教育过程公平"研究关联性较强的问卷中的量表维度，如国外PISA测试中有关学习机会的测量内容；我国学者杨小微、童星等对于教育过程公平指数的测量内容，结合本书的理论背景与研究的具体内容初步确定测量维度和要素，形成包含60余道题目的初始题库。

第二步，预访谈。通过对4名普通高中教师和5名普通高中学生的预访谈修订问卷的维度和题项数量；这次预访谈在2018年12月23日进行，访谈的教师为上海市某普通高中的一位校长、两位高一年级班主任教师和一位高二年级任课教师，学生为该学校的高一和高二年级学生。在对教师的访谈中，研究者为他们呈现了初步设想的问卷维度和具体题项，他们结合自身从事普通高中教学的实际情况对这些维度提出了许多宝贵意见，根据他们的意见，对不同维度和题项的对应关系做出了调整，且删减了意义重复的3道题目；在对学生的访谈中，研究者请他们帮助填写了初始问卷，记录了填写的时间，观察他们在填写每一道题项时的情绪反应，以"填答者"视角来修订题项数量的基本范围和表述，形成了本书的初始问卷。

第三步，专家论证。本书于 2019 年 1 月 7 日开展了第一次专家论证，邀请的专家有三名本专业方向的博士生导师，两名上海市示范性高中校长以及五名本专业博士生。专家和博士生从本书的研究问题出发，对于初始问卷维度划分的逻辑性、每个维度下的具体内容的适切性、题项语言表述的精确性和规范性以及后续数据分析过程中可能出现的问题等都做了充分的讨论，提出了具体可行的修订建议。

第四步，邮件咨询。在基于上述步骤对于调查问卷进行修订之后，研究者将修改后的调查问卷通过电子邮件的形式发送给研究方向与"教育过程公平"相关的一位国内教授和两名国内博士生，由于他们在"教育过程公平"这一研究领域已经积累了许多研究经验，具备较为深厚的研究基础，因此他们的意见对调查问卷的修订有着极大的意义和帮助。

基于以上三个步骤，对研究的初始问卷主要做出了以下改动：（1）将原来的 60 道题目删减为 53 道，主要删除内容为学生背景信息部分的重复意义的题项和主观性较强的题项；（2）调整了公平三维度下的问题结构；（3）对问卷中部分题目的表述进行了修改，使之能更加接近高中学生的话语体系，帮助填答者理解问题。经过上述讨论与修改，形成了本书的预测问卷。

二 测量指标的选取

通过文献梳理、理论研究、专家论证和初步访谈等步骤，选取了以下三部分的测量指标。

第一，学生的背景信息。在这一部分中，选取了学生个人基本信息、学校背景信息和家庭背景信息三个方面的若干指标，在学生个人基本信息中，选取了性别、年级、民族和学习成绩四个特征因子，考虑到高中生已经具备了感知自己学业成就的能力，且已有研究表明学生对自己学业成就的感知与实际成绩之间有极其密切的关系，学生对自我学业成就的评定能够为研究提供有效信息。[①] 所以采取学生自评的方法对学生学业成绩进行测量，要求学生自我评定在语数英三门主要科目中的学业表现，采用五级评分，很不好、不太好、中等、比较好、很好；在学校背景信息中，选取了学校所在的区域、学校层次、班级规模和教师学历及教龄等指标，这些指标构成了每位学生所持有的学校资本，在后续的影响因素研究中将进行分析和探究；在家庭背景信息中，选取了父母受教育水平、家庭年收入和父母教育期望等指标，构成了学生所持有的家庭经济资本和文化资本。

第二，教育过程公平现状。在这一部分中，分别从分配公平、程序公平和互动公平的视角选取相应的测量指标，具体涵盖了学习资源的配置、学习活动的参与、选择权利的行使、学习评价的反馈、人际互动中的个性关怀与差别对待等教育过程要素，在指标的设计中突出平等对待、弱势补偿和差异引领三种层层递进的公平价值导向。在分配公平维度中，根据组织公平感理论和罗尔斯分配正义相关理论的启发，在指标选取中不仅关注物质性资源的配置程度，也关注了教师在教育过程中对学生的评价和反馈这一心理性资源的配置程度；在程序公平维度中，主要围绕学生的权利这一要素，重点考察在普通高中育人方式改革背景下的学校对于学生自主选择权的落实程度；在互动公平维度中，以承认理论为指导，根据访谈中学生所谈到的对"不公平"的理解，将学生感知到的教师关怀与对学校对学生个性化学习需要的回应与特长的肯定纳入测量的范围。

第三，学生的学习参与。通过前文的理论分析，本书认为学生的"学习参与"可能对教育过程公平产生一定的影响，因此在问卷中对学生的学习参与相关指标进行测量。关于学习参与的测量，

[①] 胡婷婷：《中学生心理韧性与学业成就的关系》，《中国健康心理学杂志》2013年第11期。

已有研究主要采用学生填写问卷的自我报告法，辅之以课堂观察法、成长档案袋记录法等。其中，国内使用较为广泛的测量量表是 Schaufeli 团队开发的 UWES—S 量表（学生版），该量表关注学生是否能以一种持续的、充满积极情感的饱满状态投入学习中，将学生学习参与的测量维度分为活力、奉献和专注；① 《罗切斯特学校评估包》是测量学生学习参与度的常用工具，在这个评估包中，学生需要从"我学习努力""我上课开小差"等方面评价自己的学习行为。我国学者孙蔚雯编制的高中生学习投入问卷具有良好的信效度，测量维度包括学生的行为投入、情感投入和认知投入，涉及努力、专注、坚持等行为要素；兴趣、价值等情感要素和策略及元认知等认知要素。② 考虑到本书中学习参与是作为教育过程公平的影响因素进行研究，应重点关注学生的行为参与和情感参与，且研究对象是高中生，因此研究筛选并修订了孙蔚雯所编制的量表中的部分题目，主要从学习信念、课堂投入和师生互动三个方面考察学生的学习参与状况。

在初步形成的预测问卷中，除第一部分影响因素中的个人基本信息、学校背景和家庭背景信息采用填空选择的形式外，其余题项均采用 Likert5 点计分的方式。为了适应大多数人的表达习惯，量表未设置反向计分题，每道量表题均采用正向问答的方式，其中，完全不符合、比较不符合、一般符合、比较符合、完全符合分别对应 1~5 分，得分越高表示该生的学习投入状况越好或教育过程公平程度越高；反之则相反。

三 问卷的试测和修正

本书于 2019 年 3 月上旬开始进行预调研，由于该问卷的题项

---

① 方来坛、时勘、张风华：《中文版学习投入量表的信效度研究》，《中国临床心理学杂志》2008 年第 6 期。

② 孙蔚雯：《高中生日常性学业复原力、学业投入对学习成绩的影响》，硕士学位论文，东北师范大学，2009 年，第 25 页。

大部分为自行开发，因此需要根据相应的因子分析来确定问卷的效度，而在进行因素分析时，通常来说，规模更大的样本得出的结果要比规模较小的样本得出的结果更为稳定。因此，本次问卷试测也应尽可能地收集样本，扩大样本规模。经过前期的联系和筹备，调研分别选取来自上海、贵州和河南的三所公办普通高中的 600 名高一和高二年级的学生作为调研对象，其中，上海和河南的问卷填写由研究者本人现场指导、发放并回收后录入问卷星，贵州地区的问卷填写则以问卷星的形式开展，在调查之前，研究者与贵州当地学校的校长进行了充分的沟通交流以确保其在学生填写问卷之前能准确转述研究者的研究目的和需求，保证问卷填写的质量。本次预调查发放问卷共 600 份，回收问卷 589 份，回收率为 98.2%，其中，筛选了答案重复率较高或填写不完整的问卷，最终得到有效问卷 571 份，有效率为 96.9%，样本的基本信息如表 3-3 所示。

表 3-3　　问卷预调研对象基本信息表（N=571）

变量	样本分布及比例
性别	男，43%；女，57%
所在年级	高一年级，55.1%；高二年级，44.9%
民族	汉族，61.4%；少数民族，38.6%
所在省份（直辖市）	上海，24.3%；河南，18.4%；贵州，56.8%
学校所在区域	直辖市或省会城市，31%；地级市，41%；县城，22.8%；乡镇，5.2%
学校层次	省级示范性学校（或实验性、重点校等），20.2%；市级示范性学校（或实验性、重点校等），23.2%；县/区级示范性学校（或实验性、重点校等），8.5%；普通学校，48.1%

（一）项目分析

预测问卷在完成施测之后应该进行问卷的项目分析和信效度检验，以形成正式问卷。项目分析能够检测出预测具体题项的适切及可靠程度，它与信度检验的差异在于信度检验是检核整份量表或包含数个题项的层面的可靠程度。①

本书主要运用项目的区分度分析来实现对于问卷题项有效性的检验，通常来说会使用独立样本 t 检验和相关系数法来鉴别区分度较低的题项，其中，独立样本 t 检验法是通过对题项进行两两比较，鉴别出差异不显著的题项，一般采用 27% 分组法，即先计算出每个被试所得的总分，然后进行排序，分别取前 27% 和后 27% 的被试分数组成高分组和低分组，进行独立样本 t 检验，对于检验结果中未达到 0.05（P 值小于 0.05）显著性水平的题项应予以修改或删除来提升量表整体的区分度。在应用相关系数法时，各个题项与总分的相关系数越大，表明该题项和整体量表的同质性越高，所要测量的心理特质或潜在行为更接近。两者之间的相关系数大于 0.4 即表明该题项与整体量表的同质性较高，题目优良；如果在 0.2—0.4 则表明题目良好，但尚有修改的空间，如果在 0.2 以下则应考虑删除该题项。②

根据独立样本 t 检验和相关系数法的检验结果，学习参与分量表和教育过程公平分量表的所有题项的 t 检验结果均达到显著性水平，每道题项与总分之间的相关系数均高于 0.4，故在这一步骤中暂时对题项进行全部保留（独立样本 t 检验及相关系数数据表见附录）。

（二）信度检验

信度系数代表着量表的一致性和稳定性，是量表同质性检验的重要指标之一。在社会科学领域，一般采用克隆巴赫（Cronbach α）系数的高低来判断量表的内部一致性，较为理想的量表的 α 系数应该达到 0.8 以上，α 系数越高代表量表的信度越高，测量的误差越小。在信度检验的结果中，应主要参考"修正后的项与总计相关性"

---

① 吴明隆：《问卷统计分析实务》，重庆大学出版社 2010 年版，第 158 页。
② 吴明隆：《问卷统计分析实务》，重庆大学出版社 2010 年版，第 110 页

和"删除项后的α系数"这两项数据，若修正后的项与总计相关性系数低于0.4，则表明该题项与其余题项的相关为低度关系，同时参考删除该项后的α系数，如果该数值高于量表整体的α系数，则表明删除该题项后量表的内部一致性α系数会变大，量表的内部一致性提高，该题项可以考虑删除。①

根据信度分析的结果显示，学习参与分量表的克隆巴赫系数为0.883，说明量表的信度很高，且量表中的7个题项与其余题项总相关系数均在0.4以上，删除项后的α系数也均小于0.883，因此题项予以全部保留（见表3-4）。教育过程公平分量表的克隆巴赫系数为0.959，说明量表的信度极佳，具有很强的内部一致性（见表3-5）。且量表中31个题项总分的相关系数均大于0.4，所以对题项予以全部保留。

表3-4   学习参与分量表的可靠性统计

可靠性统计	
克隆巴赫 Alpha	项数
0.883	7

表3-5   教育过程公平分量表的可靠性统计

可靠性统计	
克隆巴赫 Alpha	项数
0.959	31

（三）效度检验

通过项目分析和信度检验删除并修正量表中的不良题项后，将剩下的题目进行因子分析以检验效度。一般认为，效度在量表修订中是重要的参考因素，它是指特定测验结果的推论的适当的、有意义的及有用的情况。② 其中，建构效度是指量表能够测量到理论上所建构的

---

① 吴明隆：《问卷统计分析实务》，重庆大学出版社2010年版，第191页
② 美国心理学协会：《教育与心理测试标准》，沈阳出版社2003年版，第78页。

程度或测量出心理特质的程度。一般来说，在没有明确的理论建构以及成熟量表的支撑的情况下，自编量表在预调研问卷中所要建构的效度大都为探索性因子分析（exploratory factor analysis，EFA），即对被试者填答的量表进行统计分析，以建构合适的因素层面。①

1. 第一次探索性因子分析

由于本书在前期的问卷编制中，已根据理论探究结果和"专家效度"的检验，划分了问卷整体的层次结构，明确了量表部分的题项可分为"学生学习参与分量表"和"普通高中教育过程公平分量表"两个部分，因此分别将两个分量表部分的题项纳入，采用主成分分析的提取方法，以最大方差法进行正交旋转，有学者认为，在使用因素分析时，应根据研究的实际所需与统计分析的适切性选取共同因素。② 因此，以陡坡图检验结果和研究已有的概念框架为依据，限定各量表的因子个数进行因子分析。根据得出的因子载荷量和因子结构，进一步筛除不良题项。如表3-6和表3-7所示，学习参与量表的 KMO 值为 $0.890 > 0.8$，Bartlett 球形检验近似卡方值 1646.564，且达到了 0.05 的显著性水平；教育过程公平量表的 KMO 值为 $0.961 > 0.9$，Bartlett 球形检验近似卡方值 14469.939，同样达到了 0.05 的显著性水平，表明两个分量表的各个题项之间有共同因素存在，非常适合做因素分析。

表3-6　　　　学习参与量表的 KMO 值和 Bartlett 球形检验结果

KMO 和巴特利特检验		
KMO 取样适切性量数		0.890
巴特利特球形度检验	近似卡方	1646.564
	自由度	21
	显著性	0.000

---

① 吴明隆：《问卷统计分析实务》，重庆大学出版社2010年版，第270页。
② 林清山：《多变项分析统计法》（第五版），东华书局2003年版，第102页。

表 3-7　　教育过程公平量表的 KMO 值和 Bartlett 球形检验结果

KMO 和巴特利特检验		
KMO 取样适切性量数		0.961
巴特利特球形度检验	近似卡方	14469.939
	自由度	465
	显著性	0.000

在因子分析的过程中，按照以下步骤筛选题项：第一步，根据解释变异量报表确定保留的因素数量，通过每个因素解释方差的比重和包含的题目是否大于等于 3 道来决定该因素是否应该保留；第二步，观察各个变量的因子载荷量，筛除因子载荷小于 0.4 的变量；第三步，筛除双负荷因子变量，即同时在两个或两个以上的因素中具有 0.4 以上的因子载荷，且两个因子的负荷量之差小于 0.2，说明该题项的归类不明确[1]，可以考虑删除。

如表 3-8 所示，在解释变异量报表中共萃取了 3 个因素，特征值分别占总特征值的 38.422%、21.276% 和 16.355%，共解释了总方差的 76.053%，通常认为提取的因子累计方差贡献率在 50% 以上都是可以接受的，超过 70% 则表明该量表具有很好的结构效度[2]，因此学习参与分量表的结构效度良好。在旋转后的成分矩阵中（见表 3-9），因素 1 对应 19、21 和 23 三个变量，因素 2 对应 22 和 25 两个变量，因素 3 对应 20 和 24 两个变量，各个变量的因子载荷均大于 0.5，说明题项无须删除，根据前文的文献和理论分析以及具体题项表述的内容，将因素 1 命名为"课堂投入"，将因素 2 命名为"学习信念"，将因素 3 命名为"师生互动"。

---

[1]　王青、彭雅楠：《大学生正念主体性量表编制研究》，《华东师范大学学报》（教育科学版）2017 年第 5 期。

[2]　罗胜强、姜嫌：《管理学问卷调查研究方制》，重庆大学出版社 2014 年版，第 156 页。

表 3-8　　　　　　　　　学习参与量表的解释变异量报表

成分	总方差解释成分								
	初始特征值			提取载荷平方和			旋转载荷平方和		
	累积%	总计	方差百分比	累积%	总计	方差百分比	累积%	总计	方差百分比
1	3.917	55.956	55.956	3.917	55.956	55.956	2.690	38.422	38.422
2	0.760	10.851	66.807	0.760	10.851	66.807	1.489	21.276	59.698
3	0.647	9.246	76.053	0.647	9.246	76.053	1.145	16.355	76.053
4	0.532	7.598	83.651						
5	0.462	6.593	90.244						
6	0.369	5.269	95.513						
7	0.314	4.487	100.000						

注：提取方法：主成分分析法。

表 3-9　　　　　　　　　学习参与量表的成分矩阵表

旋转后的成分矩阵[a]			
	成分		
	1	2	3
19. 我在课堂上能全神贯注	0.773	0.281	0.043
23. 我喜欢不断地在课堂上学习新知识	0.728	0.304	0.281
21. 我在学习上花费了很多精力	0.765	0.246	0.304
25. 我认为学校的学习能够帮助我实现目标	0.221	0.951	0.043
22. 学习上遇到难题时我不会轻易放弃	0.203	0.824	0.235
24. 我经常参与班级讨论	0.442	0.270	0.907
20. 我很愿意向老师请教问题	0.202	0.163	0.616

注：提取方法：主成分分析法。旋转方法：凯撒正态化最大方差法。

a. 旋转在 4 次迭代后已收敛。

"教育过程公平分量表"的解释变异量报表的结果表明共萃取了 6 个因素（见表 3-10），特征值分别占总特征值的 17.424、14.160、11.323、11.319、10.913 和 6.984，共解释了总方差的 72.122%，说明教育过程公平分量表的结构效度良好。在旋转后的成分矩阵中（见表 3-11），因素 1 对应 51—56 题这 6 个变量，因素 2 对应 30—35 题这 6 个变量，因素 3 对应 46—50 这 5 个变量，因素 4 对应 36—40 这 5 个变量，因素 5 对应 26、27、28、29、45 这 5 个变量，因素

6 对应 41—44 这 4 个变量，各个变量的因子载荷均大于 0.4，但 45 题出现了双负荷因子，通常认为，当两个因素上的载荷之差小于 0.2 时，该项目可以被删除，结合量表题项的设计，决定暂时删除这一变量，进行第二次探索性因子分析。

表 3-10　　　　　　　教育过程公平量表的解释变异量报表

成分	初始特征值			提取载荷平方和			旋转载荷平方和		
	总计	方差百分比	累积%	总计	方差百分比	累积%	总计	方差百分比	累积%
1	15.443	49.817	49.817	15.443	49.817	49.817	5.401	17.424	17.424
2	2.032	6.554	56.371	2.032	6.554	56.371	4.389	14.160	31.584
3	1.953	6.299	62.670	1.953	6.299	62.670	3.510	11.323	42.907
4	1.107	3.570	66.240	1.107	3.570	66.240	3.509	11.319	54.226
5	1.037	3.346	69.585	1.037	3.346	69.585	3.383	10.913	65.138
6	0.786	2.537	72.122	0.786	2.537	72.122	2.165	6.984	72.122
7	0.723	2.331	74.453						
8	0.712	2.297	76.751						
9	0.582	1.876	78.627						
10	0.565	1.823	80.450						
11	0.498	1.606	82.056						
12	0.482	1.554	83.610						
13	0.445	1.434	85.044						
14	0.408	1.317	86.361						
15	0.405	1.307	87.667						
16	0.393	1.269	88.936						
17	0.361	1.166	90.102						
18	0.343	1.107	91.208						
19	0.334	1.076	92.285						
20	0.298	.961	93.246						
21	0.284	0.917	94.163						
22	0.266	0.859	95.023						
23	0.243	0.782	95.805						
24	0.218	0.704	96.509						
25	0.201	0.650	97.159						

续表

总方差解释

成分	初始特征值			提取载荷平方和			旋转载荷平方和		
	总计	方差百分比	累积%	总计	方差百分比	累积%	总计	方差百分比	累积%
26	0.188	0.607	97.766						
27	0.183	0.591	98.357						
28	0.157	0.507	98.864						
29	0.140	0.453	99.317						
30	0.119	0.382	99.700						
31	0.093	0.300	100.000						

注：提取方法：主成分分析法。

表 3-11 **普通高中教育过程公平量表的成分矩阵表**

旋转后的成分矩阵[a]						
	成分					
	1	2	3	4	5	6
52. 我觉得老师对待我很公平	0.803	0.186	0.236	0.168	0.233	.121
55. 我认为老师对我的评价合理公正	0.781	0.181	0.277	0.242	0.255	0.136
54. 我认为老师比较重视我的感受和需要	0.763	0.198	0.193	0.314	0.202	0.212
51. 我认为老师对成绩好和成绩差的学生能做到一视同仁	0.761	0.222	0.224	0.222	0.126	0.200
53. 我认为老师在日常教学中考虑到了不同学生的学习兴趣和需要	0.698	0.224	0.348	0.320	0.153	0.178
56. 在学校生活中，我的特长和优势能得到肯定	0.683	0.227	0.187	0.294	0.283	0.196
32. 学校的图书馆能够满足我日常阅读需要	0.162	0.844	0.132	0.173	0.090	0.123
31. 学校里的场馆（图书馆、体育场、多媒体中心等）都向我开放	0.142	0.762	0.261	0.134	0.243	0.022
33. 我可以利用学校的多媒体设备查阅我需要的资料	0.227	0.753	0.061	0.287	0.089	0.155
34. 学校设置了对学生开放的心理咨询或生涯指导部门	0.156	0.684	0.262	0.165	0.210	0.154
30. 学校向每位同学开放参与社会实践或社团活动的机会	0.268	0.661	0.228	-0.025	0.310	0.077

续表

旋转后的成分矩阵^a	成分					
	1	2	3	4	5	6
35. 我所在的班级是按照身高和视力情况排座位	0.122	0.475	0.035	0.332	0.078	0.257
50. 学校（或老师）为我们提供了一些人生目标和职业发展方面的指导	0.332	0.292	0.712	0.215	0.156	0.160
49. 学校（或老师）为我们提供了一些未来进入大学选专业的指导	0.353	0.267	0.706	0.259	0.132	0.185
48. 学校（或老师）为我们提供了一些选科和选考指导	0.269	0.345	0.672	0.230	0.226	0.186
47. 在考试过后，老师会帮助我分析试卷查漏补缺	0.363	0.154	0.551	0.334	0.306	0.195
46. 通常来说考试和测验的内容与平时学习的内容基本一致	0.409	0.140	0.493	0.114	0.400	0.185
39. 老师在课堂上会根据我的学习情况对我进行针对性的提问或指导	0.317	0.144	0.284	0.731	0.159	0.188
38. 学校会提供不同难易程度的教材或教辅供不同的学生群体学习	0.230	0.181	0.199	0.723	0.026	0.144
37. 老师会根据我的学习情况给我布置相应的学习任务或提供建议	0.388	0.253	0.194	0.703	0.108	0.166
36. 我认为老师比较了解我的兴趣特长及学习风格	0.459	0.300	0.053	0.632	0.164	0.120
40. 学校提供了面向不同兴趣特长的选修科目	0.056	0.452	0.361	0.472	0.040	0.339
26. 我可以得到课堂发言的机会	0.156	0.106	0.119	0.225	0.795	0.125
27. 我可以得到竞选班干部或学校干部的机会	0.249	0.178	−0.023	0.209	0.724	0.210
28. 我能够和其他同学一样参加日常的测验或考试	0.092	0.230	0.346	−0.069	0.676	−0.169
29. 我不会因为学习成绩不理想而被取消某些课程学习或实践活动资格	0.306	0.337	0.201	−0.190	0.545	0.079
45. 当我取得不错的成绩时能够得到学校和老师相应的认可	0.373	0.162	0.463	0.111	0.470	0.257
43. 在参加学校安排的一些活动时我有"说不"的权利	0.229	0.266	0.255	0.200	−0.002	0.717
42. 我可以在上课之余自主安排学习时间	0.325	0.142	0.087	0.265	0.324	0.552

续表

旋转后的成分矩阵^a						
	成分					
	1	2	3	4	5	6
44. 学校对我的评价会考虑综合素质而不仅仅是以考试分数为标准	0.373	0.224	0.344	0.217	0.156	0.510
41. 老师允许我在课堂上提出不同意见	0.276	0.182	0.261	0.217	0.446	0.471

注：提取方法：主成分分析法。旋转方法：凯撒正态化最大方差法。

a. 旋转在 8 次迭代后已收敛。

2. 第二次探索性因子分析

为了求出最佳的建构效度，可经过多次探索性因子分析，逐一删除或修改不适切的题项。① 在第一次探索性因子分析中，学习参与分量表的建构效度较好，无须进行再次的探索，而教育过程公平分量表出现了因素载荷的非单极化现象，因此需要调整后进行再次的探索性因子分析。第二次探索性因子分析的结果如表 3 – 12 所示，修改后量表的 KMO 值为 0.959 > 0.9，Bartlett 球形检验近似卡方值 13931.061，达到了 0.05 的显著性水平，表明两个分量表的各个题项之间有共同因素存在，非常适合做因素分析。

表 3 – 12　　教育过程公平量表的 KMO 值和 Bartlett 球形检验结果

KMO 和巴特利特检验		
KMO 取样适切性量数。		0.959
巴特利特球形度检验	近似卡方	13931.061
	自由度	435
	显著性	0.000

"教育过程公平分量表"的解释变异量报表的结果表明在经过上一次因素分析删除了一个变量之后，这次共萃取了 6 个因素，特征值分别占总特征值的 17.990、14.541、11.580、10.854 和 10.389 和

---

① 吴明隆：《问卷统计分析实务》，重庆大学出版社 2010 年版，第 208 页。

7.108，共解释了总方差的72.463%，可以看出修改之后的教育过程公平分量表结构效度良好，各个因素的贡献量较为均衡（见表3-13）。

表3-13　　　　　　教育过程公平量表的总方差解释表

成分	总方差解释								
	初始特征值			提取载荷平方和			旋转载荷平方和		
	总计	方差百分比	累积%	总计	方差百分比	累积%	总计	方差百分比	累积%
1	14.919	49.729	49.729	14.919	49.729	49.729	5.397	17.990	17.990
2	2.019	6.730	56.460	2.019	6.730	56.460	4.362	14.541	32.531
3	1.888	6.294	62.754	1.888	6.294	62.754	3.474	11.580	44.112
4	1.098	3.662	66.416	1.098	3.662	66.416	3.256	10.854	54.966
5	1.029	3.429	69.845	1.029	3.429	69.845	3.117	10.389	65.355
6	0.785	2.618	72.463	0.785	2.618	72.463	2.132	7.108	72.463
7	0.717	2.390	74.853						
8	0.712	2.374	77.227						
9	0.576	1.919	79.146						
10	0.529	1.763	80.908						
11	0.497	1.658	82.566						
12	0.452	1.508	84.074						
13	0.443	1.478	85.552						
14	0.408	1.361	86.913						
15	0.404	1.346	88.259						
16	0.393	1.311	89.570						
17	0.355	1.183	90.754						
18	0.341	1.137	91.890						
19	0.322	1.073	92.964						
20	0.292	0.975	93.938						
21	0.266	0.888	94.826						
22	0.243	0.810	95.637						
23	0.218	0.728	96.364						
24	0.207	0.690	97.054						
25	0.191	0.636	97.690						
26	0.183	0.611	98.301						
27	0.157	0.525	98.826						

续表

成分	初始特征值			提取载荷平方和			旋转载荷平方和		
	总计	方差百分比	累积%	总计	方差百分比	累积%	总计	方差百分比	累积%
28	0.140	0.468	99.294						
29	0.119	0.395	99.689						
30	0.093	0.311	100.000						

注：提取方法：主成分分析法。

在旋转后的成分矩阵中，因素1对应51—56题这6个变量，因素2对应30—35题这6个变量，因素3对应36—40这5个变量，因素4对应46—50这5个变量，因素5对应26—29这4个变量，因素6对应41—44这4个变量，各个变量的因子载荷均大于0.4且无双负荷因子，累计解释总方差的72.463%，具有较好的结构效度，因此接受此次因素分析的结果，结合前文对相关文献和理论的梳理，综合专家论证会的建议和前期访谈资料以及具体题项表述的内容对教育过程公平量表的五个因素进行命名。

表3-14　普通高中教育过程公平量表的成分矩阵表

旋转后的成分矩阵[a]	成分					
	1	2	3	4	5	6
52. 我觉得老师对待我很公平	0.807	0.183	0.165	0.230	0.230	0.124
55. 我认为老师对我的评价合理公正	0.787	0.182	0.241	0.266	0.248	0.137
54. 我认为老师比较重视我的感受和需要	0.768	0.201	0.314	0.181	0.192	0.211
51. 我认为老师对成绩好和成绩差的学生能做到一视同仁	0.763	0.218	0.216	0.221	0.123	0.207
53. 我认为老师在日常教学中考虑到了不同学生的学习兴趣和需要	0.704	0.226	0.319	0.338	0.144	0.179
56. 在学校生活中，我的特长和优势能得到肯定	0.689	0.230	0.295	0.174	0.272	0.196
32. 学校的图书馆能够满足我日常阅读需要	0.163	0.844	0.172	0.132	0.086	0.125

续表

旋转后的成分矩阵[a]	成分					
	1	2	3	4	5	6
31. 学校里的场馆（图书馆、体育场、多媒体中心等）都向我开放	0.147	0.763	0.136	0.260	0.240	0.020
33. 我可以利用学校的多媒体设备查阅我需要的资料	0.225	0.752	0.283	0.063	0.086	0.163
34. 学校设置了对学生开放的心理咨询或生涯指导部门	0.162	0.687	0.167	0.256	0.203	0.151
30. 学校向每位同学开放参与社会实践或社团活动的机会	0.271	0.657	-0.029	0.231	0.313	0.083
35. 我所在的班级是按照身高和视力情况排座位	0.126	0.482	0.343	0.028	0.069	0.236
39. 老师在课堂上会根据我的学习情况对我进行针对性的提问或指导	0.322	0.143	0.730	0.284	0.154	0.191
38. 学校会提供不同难易程度的教材或教辅供不同的学生群体学习	0.231	0.179	0.721	0.204	0.024	0.147
37. 老师会根据我的学习情况给我布置相应的学习任务或提供建议	0.391	0.254	0.704	0.190	0.100	0.165
36. 我认为老师比较了解我的兴趣特长及学习风格	0.463	0.306	0.639	0.042	0.150	0.113
40. 学校提供了面向不同兴趣特长的选修科目	0.060	0.441	0.466	0.366	0.040	0.345
50. 学校（或老师）为我们提供了一些人生目标和职业发展方面的指导	0.342	0.287	0.207	0.712	0.157	0.170
49. 学校（或老师）为我们提供了一些未来进入大学选专业的指导	0.363	0.262	0.249	0.708	0.134	0.198
48. 学校（或老师）为我们提供了一些选科和选考指导	0.280	0.339	0.221	0.675	0.230	0.198
47. 在考试过后，老师会帮助我分析试卷查漏补缺	0.375	0.155	0.332	0.543	0.300	0.199
46. 通常来说考试和测验的内容与平时学习的内容基本一致	0.424	0.146	0.118	0.476	0.389	0.179
26. 我可以得到课堂发言的机会	0.164	0.102	0.219	0.121	0.797	0.144
27. 我可以得到竞选班干部或学校干部的机会	0.254	0.174	0.204	-0.022	0.724	0.226
28. 我能够和其他同学一样参加日常的测验或考试	0.103	0.227	-0.068	0.345	0.680	-0.165

续表

旋转后的成分矩阵a						
	成分					
	1	2	3	4	5	6
29. 我不会因为学习成绩不理想而被取消某些课程学习或实践活动资格	0.315	0.339	-0.184	0.193	0.543	0.072
43. 在参加学校安排的一些活动时我有"说不"的权利	0.234	0.265	0.193	0.254	-0.007	0.722
42. 我可以在上课之余自主安排学习时间	0.329	0.140	0.259	0.086	0.320	0.562
44. 学校对我的评价会考虑综合素质而不仅仅是以考试分数为标准	0.383	0.230	0.220	0.331	0.144	0.501
41. 老师允许我在课堂上提出不同意见	0.286	0.184	0.215	0.253	0.451	.474

注：提取方法：主成分分析法。旋转方法：凯撒正态化最大方差法。

a. 旋转在 8 次迭代后已收敛。

（1）将因素1命名为"个性关怀"，表示对学生内心感受的关注和引导；

（2）将因素2命名为"资源配置"，表示学校各种学习资源的配置情况；

（3）将因素3命名为"差异引领"，表示学校对不同学习需求和风格学生的差异化支持；

（4）将因素4命名为"评价反馈"，表示学校对学生学习结果的公正反馈与发展性引领；

（5）将因素5命名为"平等参与"，表示学校对学生参与各项学习活动的基本权利保障；

（6）将因素6命名为"权利自主"，表示在学生的学习过程中的自主权与发言权。

结合研究的概念框架，（1）和（3）强调对于学生个性的尊重包容与差异化的引领，属于互动公平的范畴；（2）和（4）强调教育资源的配置与学生学习结果的反馈，属于分配公平的范畴；（5）和（6）强调教育过程中学生享有的参与权与发言权，属于程序公平的范畴。

（四）修改后的量表信度检验

将修改后的"教育过程公平"分量表26个题项再次进行信度分析，结果显示该量表的克隆巴赫系数为0.958，且每一项与其余题项的总分相关系数均大于0.4，说明量表的信度极佳，具有很强的内部一致性（见表3-15）。

表3-15　　　　　　　　　修订后的问卷结构

可靠性统计		
克隆巴赫 Alpha	基于标准化项的克隆巴赫 Alpha	项数
0.963	0.964	30

经过预测、检验和修订后的问卷与初始问卷相比做了以下调整（见表3-16）。

表3-16　　　　　　　　　修订后的问卷结构

问卷结构			原有题目数量	现有题目数量
一、普通高中教育过程公平的影响因素	个人基本信息	性别、年级、民族、学业成绩	4	5
	学校背景	学校所在区域 学校层次及类型 班级规模 师资水平 教师期望	7	8
	家庭背景	父母受教育水平 家庭年收入 父母教育期望	6	5
	学习参与	课堂投入 师生互动 学习信念	8	7
二、普通高中教育过程公平现状	分配公平	资源配置 评价反馈	12	10
	程序公平	平等参与 权利自主	5	5
	互动公平	个性关怀 差异引领	12	10

四 访谈提纲的编写与资料编码

在本书中，访谈提纲根据研究的概念框架编制而成，分为教师访谈提纲和学生访谈提纲，其中，教师访谈提纲考察学校行政人员和教师对于教育过程中的分配公平、程序公平和互动公平的理解以及在具体情境中的实践，提问的范围包括学校教育日常中的课程设置、教学方式、座位编排以及新高考带来的一系列高中教学组织形式和学生考试方式变革中的公平问题。学生访谈提纲主要探讨学生对于学校教育公平的感受以及自身在面对"不公平"境遇时的考虑与选择，考虑到"教育过程公平"的概念对于不同受访者来说会有差异化的理解，因此在访谈的开头，研究者先引导受访者说出自己对于公平的理解并具体举例，逐渐进入研究情境。由于不同受访者的教学经历和感受不同，因此在对每一个问题进行交流时，研究者都会根据受访者的具体情况延伸2—3个子问题，以丰富研究资料，每位受访者的访谈时间约为30—60分钟。

在访谈过程中，研究者在征求受访者意见的前提下对访谈内容进行录音或速记，并保证在访谈的当天将内容整理成文字稿，最终形成8万余字的文字访谈资料。对于访谈资料的整理和分析，研究者使用质性研究软件Nvivo 11，Nvivo软件能够帮助存储、搜索和分析文本资料，它所具有的编码功能可以将琐碎繁杂的文本资料归纳、统整和概念化。研究者首先赋予每个研究对象的文本资料以受访者编号，其中"M"代表学校管理者，"T"代表教师，"S"代表学生，然后按照不同的主题关键词进行具体的分类和编码。[1] 编码的过程分为以下几个步骤：第一步是开放编码，即在阅读原始访谈材料的过程中概括每句话的含义，建立编码系统，为之后研究过程中的资料调取和运用提供方便；第二步是类属分析（也称为主轴编码），即将上一步中编码相近的资料整合，形成庞大的文字资料之间的内

---

[1] 刘良华：《教育研究方法》，华东师范大学出版社2014年版，第111页。

在联系,类属分析是质性研究内容分析中的核心步骤,需在资料中不断寻找反复出现的语句和现象,以呈现数据的观点和主题。① 经过反复的比较和修正类属体系,最终将教师访谈资料分为三类主题节点:一是教师教育过程公平中的理念和实践,具体包括对学习资源的分配、教学互动中的平等对待与差别对待、教学评价的形成性与发展性等的理解和做法;二是教师对教育过程公平影响因素的理解和看法,主要包括教师对政策制度因素、学生的家庭因素和学生个体因素在其教育过程公平体验中所起到的影响作用;三是教师对于提升教育过程公平的建议与思考,这一部分主要体现了教师对于改善教育过程公平问题的思考,也为研究者理解学习内部公平问题的成因、现实需要和解决思路提供了基于教师视角的思考(见表3-17)。

表 3-17　　　　　　　　　　访谈资料分析步骤

步骤	任务	
第一步	录入访谈文稿	将访谈资料和收集到的文本材料录入,检查语意不明的字句和错别字
第二步	开放式编码	反复阅读和甄别访谈材料中的意义单元,编码为自由节点
第三步	主轴编码	根据分析框架,将自有节点编入理论矩阵(资源分配过程、程序执行过程和师生互动过程)的各个节点,梳理、归纳与合并自由节点,形成二级维度的树节点
第四步	选择性编码	验证和补充各核心类属与树节点之间的关系

五　正式样本的描述及检验

本研究共发放问卷 18689 份,问卷发放以线上问卷星的形式为主,在向相关学校的校长发送问卷链接之前通过面谈、电话和邮件等形式详细阐述了此次调研的目的和思路,说明了问卷填答的要求。最终,得益于校方的配合与支持,共回收问卷 15918 份,得

---

① 陈向明:《质的研究方法与社会科学研究》,教育科学出版社 2000 年版,第 332 页。

到有效问卷 11535 份，问卷回收率为 85.2%，有效率为 72.5%，有效率不高的原因是对回收的问卷经过了较为严格的筛选，对空白答卷、答案重复率较高的答卷以及作答时间小于 2 分钟标记了无效（见表 3-18）。

表 3-18　　　　　　参与调研学生的基本信息

		频率	比例
性别	男	5232	45.4%
	女	6303	54.6%
民族	汉族	10762	93.3%
	少数民族	773	6.7%
年级	高一	1937	16.8%
	高二	6746	58.5%
	高三	2852	24.7%
学校类型	示范性学校	8725	75.9%
	一般学校	2777	24.1%
学校所处区域	直辖市或省会	3715	32.2
	县城	7081	61.4%
	乡镇或农村	739	6.4%
班级类型	实验班、创新班、国际班、语言班	3434	29.8%
	普通班	7974	69.1%
	少数民族班	127	1.1%
班级规模	20—35 人	650	5.6%
	35—55 人	6394	55.4%
	55—70 人	3321	28.8%
	70 人以上	1170	10.1%

（一）信度检验

在取得正式的问卷样本数据后，再次借助 SPSS 软件对于量表的信度进行检验，检验结果如表 3-19 所示。

表 3-19　　　　　　　　　问卷的可靠性统计量

量表	CronbachsAlpha	基于标准化项的Cronbachs Alpha	项数
学生参与分量表	0.878	0.880	7
教育过程公平状况分量表	0.951	0.952	25

如表 3-19 所示，本问卷的各部分 α 系数值均在 0.85 以上，信度系数极佳，说明各量表具有较强的内在一致性。

(二) 效度检验

在量表的开发过程中，通常需要多次探索性因素分析，以求建立量表的建构效度，然后求证这些因素的划分是否与研究构想相一致。在本书中，预调研阶段已对量表的建构效度进行了多次探索，在正式样本回收之后，将借助 AMOS21.0 软件对样本进行验证性因素分析（Confirmatory Factor Analysis，CFA）。验证性因子分析的结果一般从拟合度指标和因子载荷两个方面来判断，其中，拟合度指标能够帮助研究者评判所生成的数据模型与样本数据的适配程度，因素负荷值则能反映观察变量在各潜在因素的相对重要性，因素负荷量值为 0.5—0.95，表示模型的基本适配度良好，因素负荷量值越大，表示指标变量能被构念解释的变异越大，指标变量能有效反映其要测得的构念特质。[①] 本书参照的拟合度指标范围见表 3-20[②]，其中，卡方检验受样本量的影响较大，当样本量 N 很大时，即使数据拟合程度较好，模型也会在卡方检验时被拒绝[③]，鉴于本书的样本量较大（N=11535），因此在分析模型适配结果时仅将 CMIN/DF 指

[①] 吴明隆：《结构方程模型：AMOS 的操作与应用》，重庆大学出版社 2010 年版，第 255 页。
[②] 吴明隆：《结构方程模型：AMOS 的操作与应用》，重庆大学出版社 2010 年版，第 40 页。
[③] Siu Loon HOE, "Issues and Procedures in Adopting Structural Equation Modeling Technique", *Journal of Applied Quantitative Methods*, Vol. 3, No. 1, 2008, p. 76.

标作为参考。①

表 3-20　　　　　　　　模型拟合指标参照标准

拟合度	指标	有效拟合判断标准
绝对指数	CMIN/DF	1—5
	GFI	$0.9 < GFI < 1$
	RMSEA	< 0.1
	AGFI	$0.9 < AGFI < 1$
相对指数	CFI	$0.9 < CFI < 1$

分析结果如图 3-2—图 3-5 所示②。

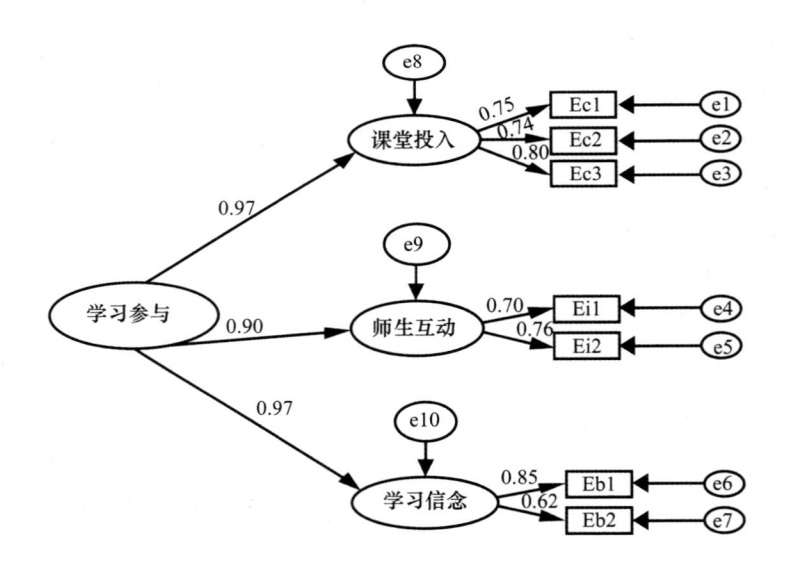

图 3-2　学生参与量表验证性因子分析

---

① Iacobucci）D.，"Structural Equations ModelingFit Indices, Sample size, and Advanced）Topics"，*Journal of Consumer Psychology*，Vol. 20. No. 1，2010，p. 91.

② 为了更为突出地显示各个因子的影响效应，未将残差值系数加入路径图中。

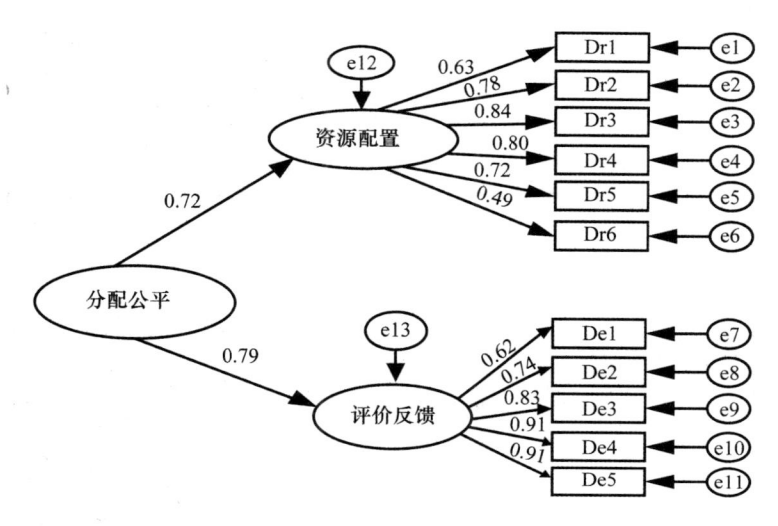

图 3-3　分配公平维度验证性因子分析

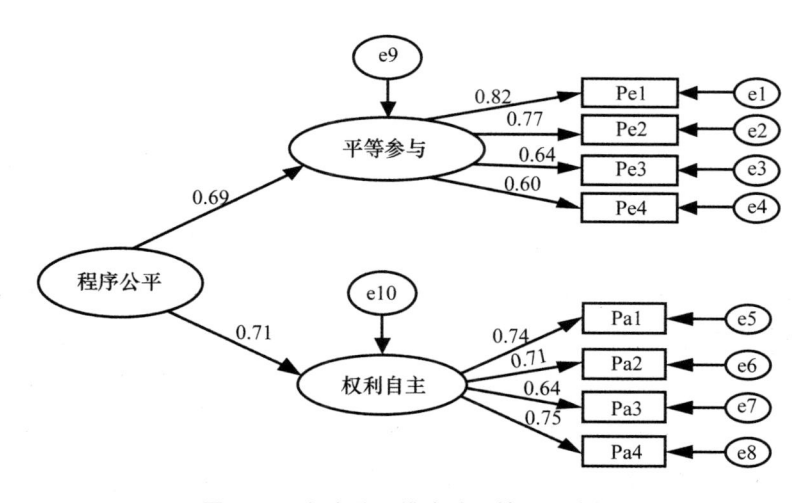

图 3-4　程序公平维度验证性因子分析

如图 3-5 所示，学习参与分量表各个标准化因素负荷值的范围是：课堂投入（0.74—0.80），师生互动（0.70—0.76），学习信念（0.62—0.85），各个题项对应的因素负荷值均大于 0.5，同时，各拟合度指标也基本满足要求：CMIN/DF ＝4.65＜5；RMSEA ＝0.072＜0.1；GFI ＝0.984＞0.9；AGFI ＝0.958＞0.9；CFI ＝0.982 ＞0.9；表

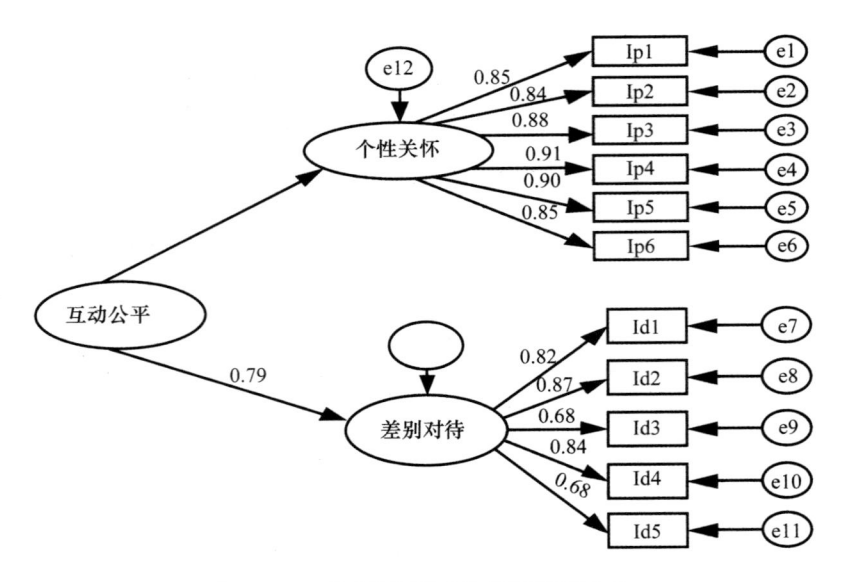

图 3-5　互动公平维度验证性因子分析

明学习参与分量表的结构效度良好。

在分配公平维度中，各个标准化因素负荷值的范围是：资源配置（0.49—0.84），评价反馈（0.62—0.91），除了 Dr 6 题项（我所在班级座位的排放主要考虑身高和视力因素）的因素负荷值稍低以外，其他题项的因素负荷值均大于 0.5，考虑到 Dr 6 题项主要考察教室空间这一学习资源的分配是否平等，属于分配公平中的考量要素，因此予以保留。同时，分配公平维度量表的各拟合度指标也基本满足要求：CMIN/DF = 4.1 < 5；RMSEA = 0.097 < 0.1；GFI = 0.91 > 0.9；AGFI = 0.931 > 0.9；CFI = 0.902 > 0.9；表明分配公平维度的结构效度较好。

在程序公平维度中，各个标准化因素负荷值的范围是：平等参与（0.6—0.82），权利自主（0.69—0.75），各个题项对应的因素负荷值均大于 0.5。同时，程序公平维度量表的各拟合度指标也基本满足要求：CMIN/DF = 6.9 > 5（考虑到样本规模对卡方检验产生的影响，因此仅作为参考）；RMSEA = 0.089 < 0.1；GFI = 0.923 > 0.9；

AGFI = 0.91 > 0.9；CFI = 0.914 > 0.9；表明程序公平维度的结构效度较好。

在互动公平维度中，各个标准化因素负荷值的范围是：个性关怀（0.84—0.91），差别对待（0.68—0.87），各个题项对应的因素负荷值均大于 0.5。同时，互动公平维度量表的各拟合度指标也基本满足要求：CMIN/DF = 3.9 > 5；RMSEA = 0.092 < 0.1；GFI = 0.945 > 0.9；AGFI = 0.931 > 0.9；CFI = 0.925 > 0.9；表明互动公平维度的结构效度较好。

基于上述检验，可知本书量表的信度及效度均较为理想，可以遵循量表的结构设计进入数据分析部分。

小　结　研究框架的形成与阐释

"公平"是本书的出发点与落脚点，在本章中，首先对四种经典的公平理论进行了梳理和探讨，其中，罗尔斯的公平理论促进了本书对"平等"和"补偿"的理解，因循罗尔斯的公平观，在进行普通高中教育过程公平的研究时，首先应考量学习资源的底线均衡，将资源的均衡与补偿作为研究过程公平的基础性视角；诺齐克的公平理论追求由形式上的自我所有权（权利）所带来的实质上的自我所有权（资源）的持有，启发了本书对不同天赋和特点的学生"持有权利"的差异性公平的理解，给不同的人以不同对待，使不同的个性与需要能够"各得其所"，体现了"比例平等"的理念，是实然公平的核心追求；德沃金提出的"拍卖"与"保险"原则同样注重对人的选择权的保障，强调"选择正义"，他所提出的公平的两原则之一的"具体责任原则"表明个体的选择对于自身生活轨迹的重要影响，个体有权选择发展道路，也对自身的选择负有责任；这一原则体现了"敏于志向"的公平观；"重要性平等"原则与罗尔斯提出的平等原则相一致，意味着国家和政府对于个体平等权利的尊重和保护，在德沃金的"保险"理论中则进一步具体化为对个体选择风险的补偿和保障，体现"钝于禀赋"的公平观，在普通高中教育的具体情境中即对于学生自主选择权利的保障和选择风险的调控，尤其是在倡导"选择"的高考改革趋势下，学生是否拥有基于个人天赋和需要的选择的自由与权利，以及是否能够获取足够的生涯发展指导类机会，以减小自主选择的风险，是衡量教育过程是否公平的关键要素。以上三种公平理论的探讨涉及资源分配和程序实施过程，而公平不仅意味着分配与程序，更意味着内心的公平感受。霍耐特的承认正义理论启发了本书对于互动公平的理解，对于学生个性的尊重、关怀和差异化的引领是互动公平的应有之义。

那么，"公平"这一考量尺度所框定的"内容"是哪些呢？只有明确了"公平"所追求的内容，才能完整对于公平价值和意义的理解。基于此，在文献梳理中对宏观教育过程和微观学习过程的要素进行了分析，发现对于教育过程要素的分类通常包括经费、师资、硬件设施、课程教材等资源要素；学生参与学习活动和选择学习路径等资格及权利要素以及师生交往过程中的个性关怀与差异引领等情感要素。同时，公平是一种基于客观事实的价值判断，而在公平或不公平现象的背后则存在着复杂交错的影响因素。教育过程公平的影响因素是本书的核心问题之一。受到新制度主义和社会交往理论的启发，关注学生受教育过程中的制度性和文化性要素对于公平的"状态"及"困境"产生的影响和作用机制。

综上，根据前文对教育过程要素的探讨，结合公平三层次的内涵与要求与在预调研中对试测问卷进行的探索性因子分析的结果，将分配公平初步划分为资源配置和评价反馈两个子维度，将程序公平初步划分为平等参与和权利自主两个维度，将互动公平初步划分为个性关怀和差别对待两个维度，进行后续的分析与探讨（见图3-6）。

第三章 研究设计：透视教育过程公平问题的行动指南

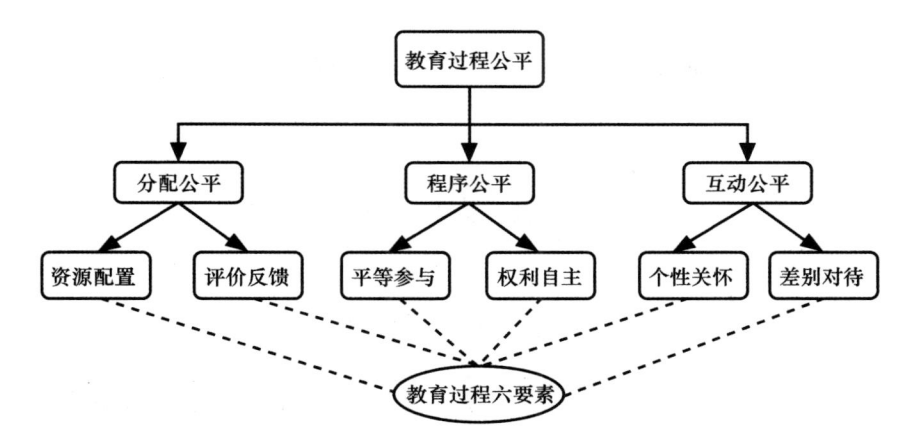

```
                    ┌─────────────┐
                    │ 教育过程公平 │
                    └──────┬──────┘
          ┌────────────────┼────────────────┐
          ▼                ▼                ▼
     ┌────────┐       ┌────────┐       ┌────────┐
     │ 分配公平 │       │ 程序公平 │       │ 互动公平 │
     └───┬────┘       └───┬────┘       └───┬────┘
       ┌─┴─┐            ┌─┴─┐            ┌─┴─┐
       ▼   ▼            ▼   ▼            ▼   ▼
    资源  评价         平等  权利        个性  差别
    配置  反馈         参与  自主        关怀  对待
         ╲    ╲        ╲   ╱        ╱    ╱
          ╲    ╲        ╲ ╱        ╱    ╱
           ╲    ╲    ┌───┴───┐    ╱    ╱
            ╲───────│教育过程六要素│───────╱
                    └───────┘
```

图 3-6 教育过程公平的维度划分

第 四 章

公平之境：
普通高中教育过程公平的实然状态

新公共行政学派的代表人物乔治·弗雷德里克森提出了"社会复合公平"的理念，认为社会公平不仅包括人与人之间的公平，还包括群体与群体之间、领域与领域之间的公平。具体而言，社会公平的类型有三种：第一，个体之间的公平，即一对一的公平关系；第二，分部化的公平，即同类人同等对待、不同类人不同对待的公平；第三，集团公平，即群体或次级群体之间的公平。他认为，公共行政在制定决策和实施决策的过程中应综合考虑多层次多领域的复合公平，避免"一刀切"的理解来解决公平问题。① 我国学者王善迈（2008）认为，由于先天或后天的因素，在受教育者中存在着不同类别的群体，这些群体具有性别、民族、贫困程度、残疾与否等特征的差异，对于教育公平问题的分析和理解应基于不同类别的差异，关注不同区域、城乡、校际和群体间的公平状况，特别是弱势群体间的教育公平状况。② 可见，考察不同地域、学校、班级、成

---

① ［美］乔治·弗雷德里克森：《公共行政的精神》，张成福等译，中国人民大学出版社 2003 年版，第 106—115 页。
② 王善迈：《教育公平的分析框架和评价指标》，《北京师范大学学报》（社会科学版）2008 年第 3 期。

绩水平的高中生在教育过程公平各个维度上的感受,分析普通高中教育过程公平的群体间差异是呈现普通高中教育过程公平的实然状态的主要方法,不同群体间的差异能够帮助我们更为系统和全面地了解教育过程公平的不同方面在不同群体中的表现,以更为真实地展现普通高中教育过程公平的影响因素和"不公平"的问题样态。

第一节 普通高中教育过程公平的总体情况

一 教育过程公平的分维度表现

本书主要从分配公平、程序公平和互动公平三个方面考量教育过程公平状况,其中,分配公平从资源配置和评价反馈两个层面考察学校给予学生的学习资源及学习评价是否公正;程序公平从平等参与和权利自主两个层面考察在学生日常的学习活动中的参与权与自主权;互动公平从个性关怀和差别对待两个层面来考察学校场域内微观互动中对学生个性、需要和不同发展路径的关注。量表采用 Likert 5 点计分法,依据填写者的回答情况赋值如下:"非常不符合"赋值为 1 分、"比较不符合"赋值为 2 分、"一般符合"赋值为 3 分、"比较符合"赋值为 4 分、"非常符合"赋值为 5 分。"教育过程公平"量表的得分情况如表 4-1 所示。

表 4-1　　**教育过程公平三维度的总体情况**

描述统计					
	个案数	最小值	最大值	平均值	标准差
分配公平	11535	1.00	5.00	3.7970	0.82654
程序公平	11535	1.00	5.00	3.9568	0.71907
互动公平	11535	1.00	5.00	3.6649	0.87977
有效个案数(成列)	11535				

如表 4-1 所示,从整体上看,三个维度的公平得分平均分均在

3—4分，略高于理论上的平均值，说明教育过程公平的整体状况处于中等偏上的水平，其中，程序公平的状况在教育过程公平整体状况中最好，互动公平的得分较低，代表学生对这一层面的公平体验较差。进一步对子维度进行分析的结果表明，互动公平中的"差别对待"维度的得分最低，程序公平中的"平等参与"得分最高。这初步说明了普通高中阶段的教育公平的重点已经从底线均衡的"平等性公平"转向质量和内涵发展的"差异性公平"，而从数据上来看，资源配置维度的得分与平等参与维度相比还有一定差距，这说明学生平等参与学习活动的机会和权利并不意味着在学习过程中公平的资源获得与配置，公平的起点并不能与公平的过程画上等号，致力于促进教育公平的资源供给依然十分关键。同时，个性关怀维度的整体得分较高，但标准差较大，说明在这一维度的得分个体间差异较大，结合访谈的资料发现，在学生对于学校生活的期许中，"希望老师更多地关注我的需求与声音"的诉求比较强烈，说明在教育过程公平中，对学生的个性关怀十分关键，也从很大程度上影响着学生的公平感（见表4-2和图4-1）。

表4-2 教育过程公平六维度的总体情况

	子维度划分	个案数	最小值	最大值	平均值	标准差
分配公平	资源配置	11535	1.00	5.00	3.7355	0.92543
	评价反馈	11535	1.00	5.00	3.8707	0.86380
程序公平	平等参与	11535	1.00	5.00	4.1401	0.76334
	权利自主	11535	1.00	5.00	3.7735	0.86667
互动公平	差别对待	11535	1.00	5.00	3.3924	0.97962
	个性关怀	11535	1.00	5.00	3.8919	0.91293

从教育过程公平不同子维度的具体题项来看，在平等参与维度，学生对于干部竞选机会的公平感受相对较差，对于考试资格、活动资格以及课堂发言机会的公平感受较好；在权利自主维度，学生对学校安排的活动"说不"的权利评分较低，大部分情况下还是会服

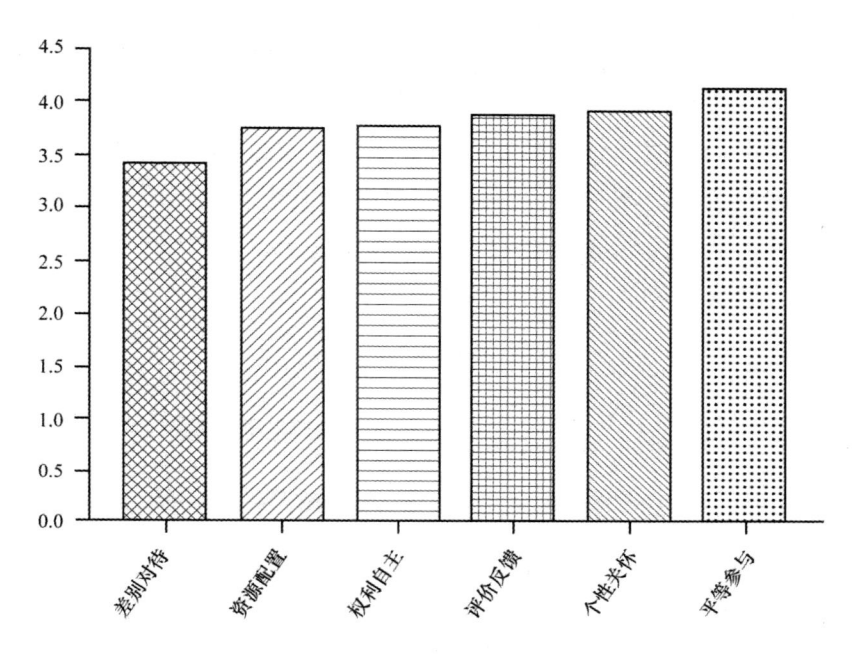

图 4-1 教育过程公平六维度得分

从权威，而在课堂上自由表达和发言的评分较高，说明高中的课堂正在逐渐从教师为主体转向以学生为主体，重视学生在教学过程中的提问、表达和质疑的权利；在资源配置维度，对于班级排座位的方式是否按照身高和视力这一相对公平的衡量依据来进行，学生的公平感受较差，且不同样本得分间的标准差较大，从笔者走访调查的结果来看，在一些欠发达地区，尤其是大班额现象严重的学校，按照成绩高低进行依次选座是普遍应用的座位编排方式，而在发达地区和班额较小的学校很少依据学生的成绩来进行编排，大多是依据学生的身高和视力情况这一相对公平的方式；在评价反馈维度，各个题项之间的得分较为均衡，"学校提供了未来大学选专业的指导"这一题项的得分稍低，而"学校提供了选科选考指导"的得分较高，说明当前高中阶段的生涯教育呈现"学涯性"特征，窄化了生涯教育的边界，忽略对学生未来发展的考虑，对于学生的个性化、差异化发展来说是不公平的；在差别对待维度，提供难易程度不同的教材、不同的选修科目等题项的得分相较于教师教学中的因材施教得分更低,且标准差较大,说明要从简单的平等性公平走向差异性公平,理念到位和资源到位同样关键,分层化课程和教材的资源匮乏是难点所在;在个性关怀维度,"老师重视我的感受和需要"的题项得分稍低,说明教师在日常的教学活动中对学生的个性化支持和关怀不足(见图4-2—图4-7)。

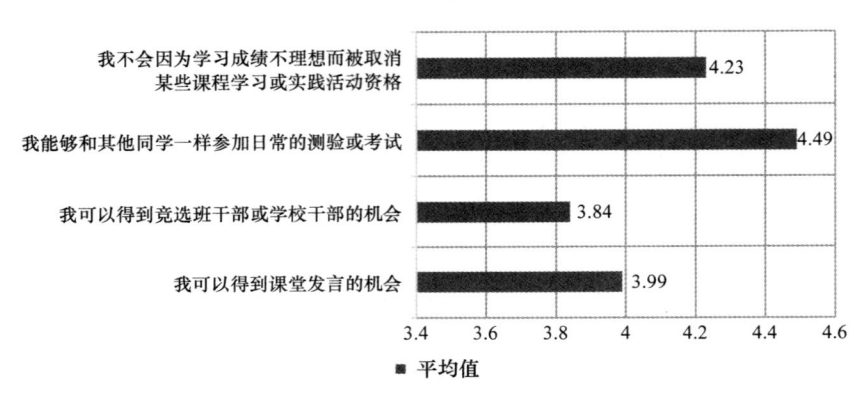

平等参与

题项	平均值
我不会因为学习成绩不理想而被取消某些课程学习或实践活动资格	4.23
我能够和其他同学一样参加日常的测验或考试	4.49
我可以得到竞选班干部或学校干部的机会	3.84
我可以得到课堂发言的机会	3.99

图4-2 平等参与维度的各个题项得分

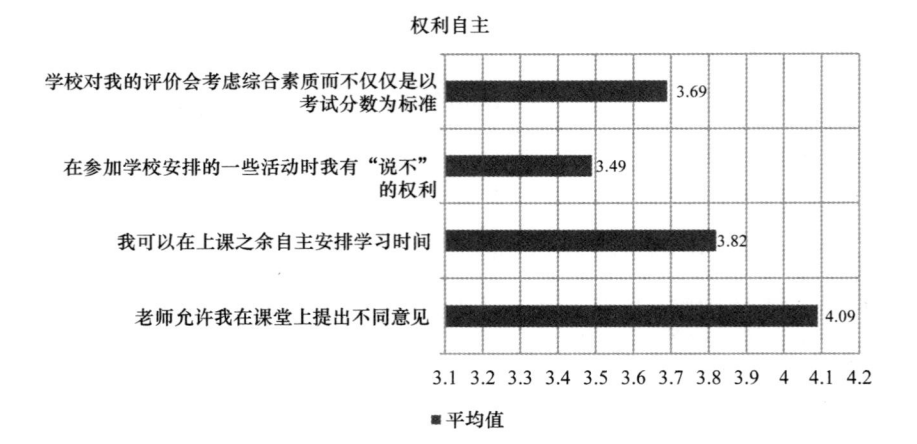

权利自主

题项	平均值
学校对我的评价会考虑综合素质而不仅仅是以考试分数为标准	3.69
在参加学校安排的一些活动时我有"说不"的权利	3.49
我可以在上课之余自主安排学习时间	3.82
老师允许我在课堂上提出不同意见	4.09

图4-3 权利自主维度的各个题项得分

第四章 公平之境：普通高中教育过程公平的实然状态

资源配置

- 我所在的班级是按照身高和视力情况排座位 3.23
- 学校设置了对学生开放的心理咨询或生涯指导部门 3.7
- 我可以利用学校的多媒体设备查阅我需要的资料 3.45
- 学校的图书馆能够满足我日常阅读需要 3.7
- 学校里的场馆（图书馆、体育场、多媒体中心等）都向我开放 4.1
- 学校向每位同学开放参与社会实践或社团活动的机会 4.24

■ 平均值

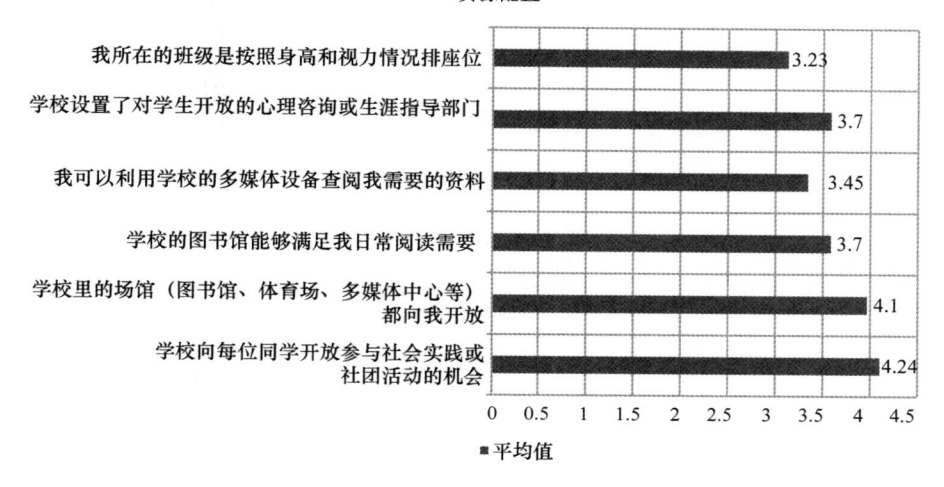

图 4-4 资源配置维度的各个题项得分

评价反馈

- 学校（或老师）为我们提供了一些人生目标和职业发展方面的指导 3.83
- 学校（或老师）为我们提供了一些未来进入大学选专业的指导 3.77
- 学校（或老师）为我们提供了一些选科和选考指导 3.83
- 在考试过后，老师会帮助我分析试卷查漏补缺 3.93
- 通常来说考试和测验的内容与平时学习的内容基本一致 3.99

■ 平均值

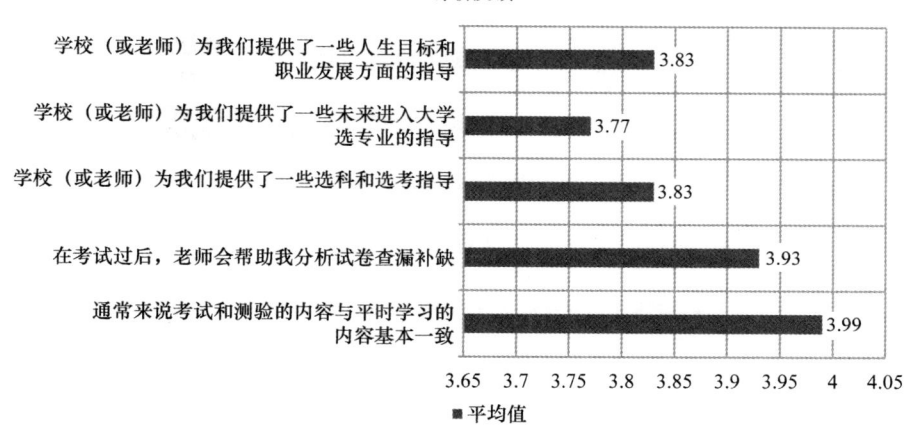

图 4-5 评价反馈维度的各个题项得分

差别对待

- 学校提供了面向不同兴趣特长的选修科目 3.37
- 老师在课堂上会根据我的学习情况对我进行针对性的提问或指导 3.48
- 学校会提供不同难易程度的教材或教辅供不同的学生群体学习 3.2
- 老师会根据我的学习情况给我布置相应的学习任务或提供建议 3.49
- 我认为老师比较了解我的兴趣特长及学习风格 3.44

■平均值

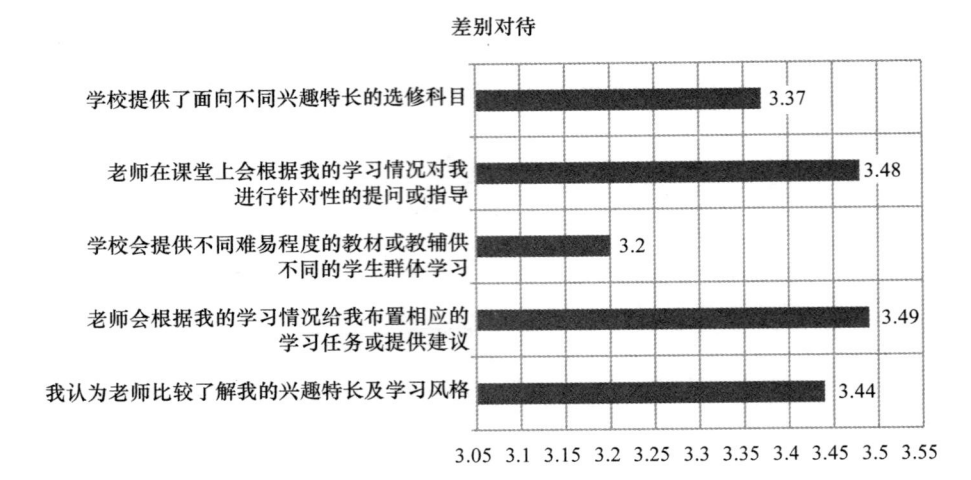

图 4-6 差别对待维度的各个题项得分

个性关怀

- 在学校生活中，我的特长和优势能得到肯定 3.83
- 我认为老师对我的评价合理公正 3.98
- 我认为老师比较重视我的感受和需要 3.76
- 我认为老师在日常教学中考虑到了不同学生的学习兴趣和需要 3.81
- 我觉得老师对待我很公平 4.07
- 我认为老师对成绩好和成绩差的学生能做到一视同仁 3.89

■平均值

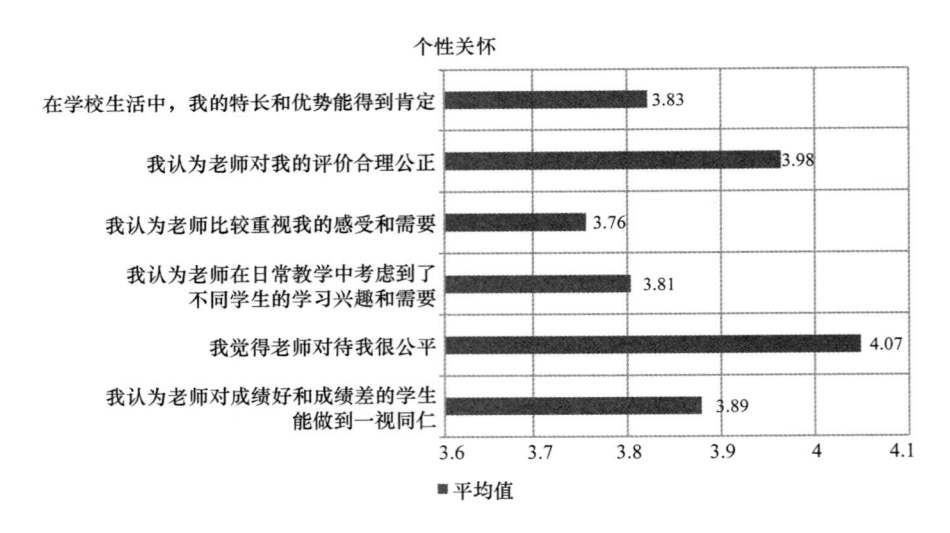

图 4-7 个性关怀维度的各个题项得分

二 学生的公平需求情况

学生对于公平的需求是研究公平问题的重要前提，研究者在问卷中设计了一道综合排序题，以调查学生对于教育过程公平的需求，题目依照分配公平、程序公平和互动公平的内涵设置,得到的结果如表4-3和图4-8所示。

表4-3　　　　　　　学生对于教育过程公平的需求情况

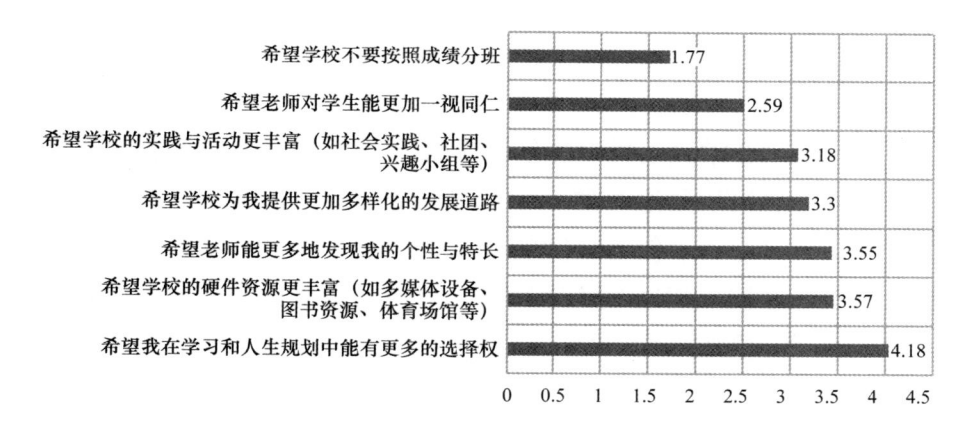

选项	平均分	标准差
希望我在学习和人生规划中能有更多的选择权	4.18	2.397
希望学校的硬件资源更丰富（如多媒体设备、图书资源、体育场馆等）	3.57	2.783
希望老师能更多地发现我的个性与特长	3.55	2.810
希望学校为我提供更加多样化的发展道路	3.3	2.844
希望学校的实践与活动更丰富（如社会实践、社团、兴趣小组等）	3.18	2.783
希望老师对学生能更加一视同仁	2.59	3.330
希望学校不要按照成绩分班	1.77	3.892

图4-8　学生的公平需求排序（平均分）

如表4-3所示,在学生对于教育过程公平的需求中,"希望我在学习和人生规划中能有更多的选择权"的平均分远远高于其他,说明学生认为"拥有选择的权利"是衡量公平与否的重要条件,这与目前高中改革的方向十分契合,同时也说明了在目前普通高中学校内部,对学生选择权和自主权这一程序公平范畴的关注还远远不够;"希望学校的硬件资源更丰富"是排名第二的需求,说明虽然一直以来我国对于教育公平的投入都十分强调资源的投入,但目前学校内部的学习资源依旧处于供不应求的状态中,对于分配公平的关注还应持续加大力度;"希望老师能更多地发现我的个性与特长"和"希望学校为我提供更加多样化的发展道路"属于互动公平的范畴,学生对于这两个方面的需求平均值也达到了一般偏上水平,说明在高中阶段的教育过程公平应更多地从平等的"一刀切"走向有差别的关怀和引领,"希望学校的实践与活动更丰富"这一维度的得分处于中等水平,考虑到目前高中兴趣小组、综合实践活动等日益丰富,大部分学生这方面的需求基本达到饱和;"希望老师对学生能更加一视同仁"和"希望学校不要按照成绩分班"说明学生对于程序公平中"平等参与"这一维度的需求较低,这说明在教育过程公平的六个维度中,学生对于"平等参与"的公平感受良好,所以未产生强烈的改变诉求。

三 学生在教育过程中的参与情况

根据社会交换理论的观点,在学校情境中,教师向学生提供教育服务,同时建立了作为教师的权威,而学生积极或消极地参与学校生活中,这种"积极的参与"或"消极的参与"对教师来说便是一种基于互惠原则的"报酬"交换,如果学生能够积极参与学习活动中,教师便获得了积极的反馈,进而给予学生更多的学习机会和关注;相反地,如果学生表现出消极和倦怠,教师也会感觉受到了"不公平对待",进而调整对于该生的互动行为,这种调整会受到边际效用原则和不均衡原则的影响,产生师生关系的整合或对立倾向。[①] 因此,学生是否能够积极地参与学校活动是影响其对教育过程公平认识的关键因素,在本书中,基于文献的梳理和量表的验证,将学生的学习参与分为课堂投入、师生互动和学习信念三个维度,采用 Likert 5 点计分法,依据填写者的回答情况赋值如下:"非常不

[①] 江淑玲等:《师徒互动对师范实习生专业观念的影响——交换理论的视角》,《华东师范大学学报》(教育科学版)2017年第6期。

符合”赋值为 1 分、“比较不符合”赋值为 2 分、“一般符合”赋值为 3 分、“比较符合”赋值为 4 分、“非常符合”赋值为 5 分。“学习参与”分量表的得分情况如表 4 -4 和图 4 -9 所示。

表 4 -4　　学习参与三维度的描述性统计

描述统计					
	个案数	最小值	最大值	平均值	标准差
师生互动	11535	1.00	5.00	3.3986	0.86170
学习信念	11535	1.00	5.00	3.7991	0.75721
课堂投入	11535	1.00	5.00	3.6926	0.72148
有效个案数（成列）	11535				

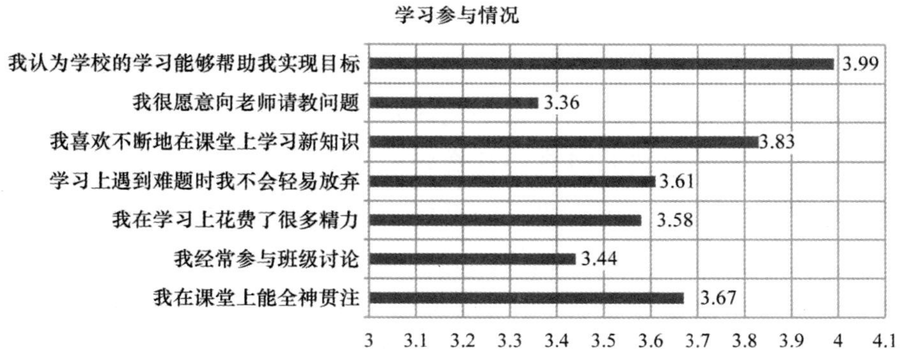
学习参与情况
我认为学校的学习能够帮助我实现目标
3.99
我很愿意向老师请教问题
3.36
我喜欢不断地在课堂上学习新知识
3.83
学习上遇到难题时我不会轻易放弃
3.61
我在学习上花费了很多精力
3.58
我经常参与班级讨论
3.44
我在课堂上能全神贯注
3.67
3
3.1
3.2
3.3
3.4
3.5
3.6
3.7
3.8
3.9
4
4.1

图 4 -9　学习参与各个题项得分

统计表的数据显示，在学生学习参与的三个维度中，学习信念的得分较高，师生互动维度的得分较低，结合具体题项的得分，发现课堂投入维度中的“我在课堂上能全神贯注”和师生互动维度的“我经常参与班级讨论”两个题项的得分相对较低，得分较高的为学习信念维度的“我认为学校的学习能够帮助我实现目标”和“我很愿意向老师请教问题”，这说明大部分高中生对学校和老师有着比较充分的信任感，但在课堂这个学习场域中的投入度和互动性较差，因此，应把注意力更多地投向学校微观的学习场域中，课堂公平是教育过程公平研究应关注的关键所在。

第二节 普通高中教育过程公平的群体间差异

尽管本书对"普通高中教育过程公平量表"的编制和测量过程进行了严格的信效度检验，量表得分能够大致勾勒出学生视角下的普通高中教育过程公平的状况，但由于公平问题本身的复杂性，以及我国不同区域和不同层次的普通高中学校办学之间的差异，不能仅依据对量表得分的描述性统计来判断普通高中教育过程公平的实然状态，需通过不同样本组之间的对比和讨论来丰富研究数据所能为我们呈现的事实情况，这也是笔者在选择样本时考量的一个重要因素。虽然所处地域的经济和社会资源可能在很大程度上影响着普通高中的办学质量，而这些不同高中教育过程公平情况更有可能完全迥异，但对于"差距"和"差异"本身的讨论也是研究公平问题的应有之义。按照"区域"（包括省份与城乡）、"学校层次""班级类别""班级规模""年级"和"性别"六个变量对普通高中教育过程公平状况进行差异性分析，能够更为全面地展现当前我国普通高中教育过程公平的基本情况。通常来说，对于样本组别超过两组的数据差异性分析应在对样本数据进行单因素方差分析，确定分析结果的显著性之后再进行进一步的事后多重比较检验，以对比两两组别之间的差异性。事后多重比较的方法主要有LSD、Scheffe、Tukey、Bonferroni校正、Tamhane T2 五种，分别适应的情况如表4-5[①]

[①] 张文彤、董伟主编：《SPSS统计分析高级教程》，高等教育出版社2013年版，第129页。

所示。

表4-5　　　　　　　　五种多重比较方法的使用情况说明

多重比较方法	适用情况
LSD	适用性广泛，检验效能高，对比组别较少时使用，对差异敏感
Scheffe	各个组别的样本数量不相同时使用，检验效能高
Tukey	各组别的样本数量相同时使用
Bonferroni 校正	对比组别数量较少时使用，较为保守
Tamhane T2	假设方差不齐，但希望进行多重比较时使用

在本书中，由于各样本组之间的数量不完全相同，且组别较少，因此选用 LSD（Least-significant difference）最小显著性法进行样本组之间的多重比较。

一　区域层面的差异

一般来说，一所学校所处的区域应从地域和行政区划两个方面来考虑，在本书中，为了便于数据的整理和分析，将参与调研的来自19个直辖市、省、自治区的80余所学校分为东部学校、中部学校和西部学校三类；将地处不同行政区划的学校分为省会学校、县域学校和农村学校三类来进行差异性分析。

（一）不同省份的普通高中教育过程公平差异

以省份为变量（为了便于数据梳理，将东部省份统一赋值为"1"；中部省份统一赋值为"2"；西部省份统一赋值为"3"），以教育过程公平六维度得分为检验变量进行方差分析和 LSD 事后检验，得到结果如表4-6—表4-8所示。

表4-6　不同省份普通高中教育过程公平六维度得分的描述性统计

		描述							
		个案数	平均值	标准差	标准误差	平均值的95%置信区间		最小值	最大值
						下限	上限		
资源配置	东	2896	4.0721	0.73709	0.01370	4.0452	4.0989	1.00	5.00
	中	7187	3.6286	0.95571	0.01127	3.6065	3.6507	1.00	5.00
	西	1452	3.5935	0.94728	0.02486	3.5448	3.6423	1.00	5.00
	总计	11535	3.7355	0.92543	0.00862	3.7186	3.7524	1.00	5.00
评价反馈	东	2896	3.9931	0.78554	0.01460	3.9645	4.0217	1.00	5.00
	中	7187	3.8446	0.88415	0.01043	3.8241	3.8650	1.00	5.00
	西	1452	3.7561	0.88440	0.02321	3.7105	3.8016	1.00	5.00
	总计	11535	3.8707	0.86380	0.00804	3.8550	3.8865	1.00	5.00
平等参与	东	2896	4.1732	0.72177	0.01341	4.1469	4.1995	1.00	5.00
	中	7187	4.1499	0.76405	0.00901	4.1323	4.1676	1.00	5.00
	西	1452	4.0253	0.82794	0.02173	3.9827	4.0679	1.00	5.00
	总计	11535	4.1401	0.76334	0.00711	4.1261	4.1540	1.00	5.00
权利自主	东	2896	3.8483	0.79394	0.01475	3.8194	3.8773	1.00	5.00
	中	7187	3.7686	0.88457	0.01043	3.7481	3.7890	1.00	5.00
	西	1452	3.6484	0.90056	0.02363	3.6021	3.6948	1.00	5.00
	总计	11535	3.7735	0.86667	0.00807	3.7577	3.7893	1.00	5.00
个性关怀	东	2896	3.8996	0.84180	0.01564	3.8690	3.9303	1.00	5.00
	中	7187	3.9235	0.92711	0.01094	3.9021	3.9450	1.00	5.00
	西	1452	3.7198	0.95901	0.02517	3.6704	3.7692	1.00	5.00
	总计	11535	3.8919	0.91293	0.00850	3.8752	3.9085	1.00	5.00
差别对待	东	2896	3.4936	0.87132	0.01619	3.4619	3.5254	1.00	5.00
	中	7187	3.3756	1.01924	0.01202	3.3521	3.3992	1.00	5.00
	西	1452	3.2738	0.96580	0.02535	3.2241	3.3235	1.00	5.00
	总计	11535	3.3924	0.97962	0.00912	3.3746	3.4103	1.00	5.00

表4-7　　不同省份间普通高中教育过程公平的方差分析

		平方和	自由度	均方	F	显著性
资源配置	组间	439.430	2	219.715	268.450	0.000
	组内	9438.476	11532	0.818		
	总计	9877.906	11534			
评价反馈	组间	67.369	2	33.684	45.492	0.000
	组内	8538.735	11532	0.740		
	总计	8606.103	11534			
平等参与	组间	22.993	2	11.497	19.795	0.000
	组内	6697.745	11532	0.581		
	总计	6720.738	11534			
权利自主	组间	39.107	2	19.553	26.146	0.000
	组内	8624.351	11532	0.748		
	总计	8663.457	11534			
个性关怀	组间	50.359	2	25.179	30.365	0.000
	组内	9562.603	11532	0.829		
	总计	9612.962	11534			
差别对待	组间	52.123	2	26.062	27.281	0.000
	组内	11016.498	11532	0.955		
	总计	11068.621	11534			

表4-8　　不同省份间普通高中教育过程公平的多重比较结果

因变量		(I)东中西	(J)东中西	平均值差值(I-J)	标准误差	显著性	95%置信区间	
							下限	上限
资源配置	LSD	1	2	0.44346*	0.01991	0.000	0.4044	0.4825
			3	0.47850*	0.02909	0.000	0.4215	0.5355
		2	1	-0.44346*	0.01991	0.000	-0.4825	-0.4044
			3	0.03504	0.02603	0.178	-0.0160	0.0861
		3	1	-0.47850*	0.02909	0.000	-0.5355	-0.4215
			2	-0.03504	0.02603	0.178	-0.0861	0.0160

续表

多重比较								
因变量		(I)东中西	(J)东中西	平均值差值(I-J)	标准误差	显著性	95% 置信区间	
							下限	上限
评价反馈	LSD	1	2	0.14851*	0.01894	0.000	0.1114	0.1856
			3	0.23703*	0.02767	0.000	0.1828	0.2913
		2	1	-0.14851*	0.01894	0.000	-0.1856	-0.1114
			3	0.08852*	0.02476	0.000	0.0400	0.1371
		3	1	-0.23703*	0.02767	0.000	-0.2913	-0.1828
			2	-0.08852*	0.02476	0.000	-0.1371	-0.0400
平等参与	LSD	1	2	0.02325	0.01677	0.166	-0.0096	0.0561
			3	0.14786*	0.02451	0.000	0.0998	0.1959
		2	1	-0.02325	0.01677	0.166	-0.0561	0.0096
			3	0.12461*	0.02193	0.000	0.0816	0.1676
		3	1	-0.14786*	0.02451	0.000	-0.1959	-0.0998
			2	-0.12461*	0.02193	0.000	-0.1676	-0.0816
权利自主	LSD	1	2	0.07975*	0.01903	0.000	0.0424	0.1171
			3	0.19991*	0.02781	0.000	0.1454	0.2544
		2	1	-0.07975*	0.01903	0.000	-0.1171	-0.0424
			3	0.12016*	0.02488	0.000	0.0714	0.1689
		3	1	-0.19991*	0.02781	0.000	-0.2544	-0.1454
			2	-0.12016*	0.02488	0.000	-0.1689	-0.0714
个性关怀	LSD	1	2	-0.02389	0.02004	0.233	-0.0632	0.0154
			3	0.17982*	0.02928	0.000	0.1224	0.2372
		2	1	0.02389	0.02004	0.233	-0.0154	0.0632
			3	0.20371*	0.02620	0.000	0.1524	0.2551
		3	1	-0.17982*	0.02928	0.000	-0.2372	-0.1224
			2	-0.20371*	0.02620	0.000	-0.2551	-0.1524
差别对待	LSD	1	2	0.11802*	0.02151	0.000	0.0759	0.1602
			3	0.21982*	0.03143	0.000	0.1582	0.2814
		2	1	-0.11802*	0.02151	0.000	-0.1602	-0.0759
			3	0.10179*	0.02812	0.000	0.0467	0.1569
		3	1	-0.21982*	0.03143	0.000	-0.2814	-0.1582
			2	-0.10179*	0.02812	0.000	-0.1569	-0.0467

由表 4-6—表 4-8 可知，普通高中教育过程公平六维度在省份类型这一变量上的差异均达到了 0.000 的显著性水平，因此可以拒绝"不同省份间的教育过程公平现状没有显著差异"这一原假设，认为不同省份间的教育过程公平现状具有显著性差异。通过描述性统计和事后多重比较的结果可以发现，除了"个性关怀"维度在中部地区的学校中得分最高以外，其余五个维度的得分均按照东、中、西的地域不同而依次递减，其中，"差别对待"维度在东部、中部和西部地区学校的得分中均比较低，"平等参与"维度在三个地域的学校中的平均分均高于4.0，说明这一维度下的普通高中教育过程公平达到了比较理想的水平。通过对下面六个维度的平均值图的分析（见图 4-10），可以发现在资源配置维度，东部和中部之间的差距远远大于中部和西部之间的差距；在评价反馈维度，三者间的差距相当；在平等参与维度，中部与西部之间的差距远远大于东部和中部之间的差距，在权利自主维度，三者间差距相当，在个性关怀维度，东部与中部的差距较小，而中部与西部之间的差距悬殊，在差别对待维度，三者间的差距可看作一条直线，说明这一维度上的东中西差距显著。以上表明，中部与西部地区学校学生对于学习资源的需求度较高，东部和中部地区学校在"平等参与"这一程序公平维度上表现较好。总之，无论是从分配公平、程序公平还是互动公平层面来说，西部地区的学校均处于落后状态。

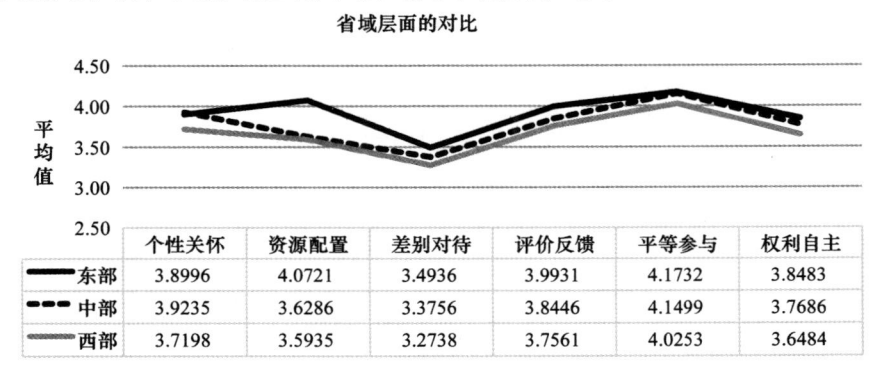

省域层面的对比

	个性关怀	资源配置	差别对待	评价反馈	平等参与	权利自主
东部	3.8996	4.0721	3.4936	3.9931	4.1732	3.8483
中部	3.9235	3.6286	3.3756	3.8446	4.1499	3.7686
西部	3.7198	3.5935	3.2738	3.7561	4.0253	3.6484

图 4-10　不同省份普通高中教育过程公平六维度的平均值图

（二）城乡层面上的普通高中教育过程公平差异

以学校所在行政区划为变量（为了便于进行数据梳理，将直辖市和省会城市学校统一赋值为"1"；将县城学校统一赋值为"2"；将农村学校统一赋值为"3"），以教育过程公平六维度得分为检验变量进行方差分析和 LSD 事后检验，得到结果如表 4-9—表 4-11 所示。

表 4-9　城乡间普通高中教育过程公平六维度得分的描述性统计

		描述							
		个案数	平均值	标准差	标准误差	平均值的 95% 置信区间		最小值	最大值
						下限	上限		
资源配置	1	3715	3.8267	0.89288	0.01465	3.7980	3.8554	1.00	5.00
	2	7081	3.6850	0.94047	0.01118	3.6630	3.7069	1.00	5.00
	3	739	3.7616	0.90569	0.03332	3.6962	3.8270	1.00	5.00
	总计	11535	3.7355	0.92543	0.00862	3.7186	3.7524	1.00	5.00
评价反馈	1	3715	3.9275	0.85635	0.01405	3.8999	3.9550	1.00	5.00
	2	7081	3.8428	0.86691	0.01030	3.8226	3.8630	1.00	5.00
	3	739	3.8528	0.85848	0.03158	3.7908	3.9148	1.00	5.00
	总计	11535	3.8707	0.86380	0.00804	3.8550	3.8865	1.00	5.00
平等参与	1	3715	4.1480	0.77304	0.01268	4.1231	4.1728	1.00	5.00
	2	7081	4.1434	0.75815	0.00901	4.1258	4.1611	1.00	5.00
	3	739	4.0683	0.76125	0.02800	4.0134	4.1233	1.00	5.00
	总计	11535	4.1401	0.76334	0.00711	4.1261	4.1540	1.00	5.00
权利自主	1	3715	3.8172	0.86455	0.01418	3.7894	3.8450	1.00	5.00
	2	7081	3.7570	0.86760	0.01031	3.7368	3.7772	1.00	5.00
	3	739	3.7114	0.86036	0.03165	3.6493	3.7736	1.00	5.00
	总计	11535	3.7735	0.86667	0.00807	3.7577	3.7893	1.00	5.00

续表

		个案数	平均值	标准差	标准误差	平均值的95%置信区间		最小值	最大值
						下限	上限		
个性关怀	1	3715	3.9554	0.89444	0.01467	3.9266	3.9842	1.00	5.00
	2	7081	3.8741	0.92397	0.01098	3.8525	3.8956	1.00	5.00
	3	739	3.7433	0.87406	0.03215	3.6802	3.8065	1.00	5.00
	总计	11535	3.8919	0.91293	0.00850	3.8752	3.9085	1.00	5.00
差别对待	1	3715	3.4627	0.94551	0.01551	3.4323	3.4931	1.00	5.00
	2	7081	3.3636	0.99928	0.01188	3.3403	3.3869	1.00	5.00
	3	739	3.3158	0.93843	0.03452	3.2481	3.3836	1.00	5.00
	总计	11535	3.3924	0.97962	0.00912	3.3746	3.4103	1.00	5.00

表 4-10　**城乡间普通高中教育过程公平的方差分析**

		平方和	自由度	均方	F	显著性
资源配置	组间	49.489	2	24.745	29.034	0.000
	组内	9828.417	11532	0.852		
	总计	9877.906	11534			
评价反馈	组间	17.720	2	8.860	11.897	0.000
	组内	8588.383	11532	0.745		
	总计	8606.103	11534			
平等参与	组间	4.114	2	2.057	3.532	0.029
	组内	6716.624	11532	0.582		
	总计	6720.738	11534			
权利自主	组间	11.880	2	5.940	7.918	0.000
	组内	8651.577	11532	0.750		
	总计	8663.457	11534			
个性关怀	组间	33.546	2	16.773	20.192	0.000
	组内	9579.415	11532	0.831		
	总计	9612.962	11534			
差别对待	组间	28.550	2	14.275	14.911	0.000
	组内	11040.071	11532	0.957		
	总计	11068.621	11534			

表 4-11　　城乡间普通高中教育过程公平的多重比较结果

因变量		(I) 你的学校位于	(J) 你的学校位于	平均值差值 (I-J)	标准误差	显著性	95% 置信区间	
							下限	上限
资源配置	LSD	1	2	0.14174*	0.01870	0.000	0.1051	0.1784
		1	3	0.06508	0.03718	0.080	-0.0078	0.1380
		2	1	-0.14174*	0.01870	0.000	-0.1784	-0.1051
		2	3	-0.07666*	0.03569	0.032	-0.1466	-0.0067
		3	1	-0.06508	0.03718	0.080	-0.1380	0.0078
		3	2	0.07666*	0.03569	0.032	0.0067	0.1466
评价反馈	LSD	1	2	0.08466*	0.01748	0.000	0.0504	0.1189
		1	3	0.07471*	0.03476	0.032	0.0066	0.1428
		2	1	-0.08466*	0.01748	0.000	-0.1189	-0.0504
		2	3	-0.00996	0.03336	0.765	-0.0753	0.0554
		3	1	-0.07471*	0.03476	0.032	-0.1428	-0.0066
		3	2	0.00996	0.03336	0.765	-0.0554	0.0753
平等参与	LSD	1	2	0.00457	0.01546	0.768	-0.0257	0.0349
		1	3	0.07965*	0.03074	0.010	0.0194	0.1399
		2	1	-0.00457	0.01546	0.768	-0.0349	0.0257
		2	3	0.07508*	0.02950	0.011	0.0172	0.1329
		3	1	-0.07965*	0.03074	0.010	-0.1399	-0.0194
		3	2	-0.07508*	0.02950	0.011	-0.1329	-0.0172
权利自主	LSD	1	2	0.06024*	0.01755	0.001	0.0258	0.0946
		1	3	0.10579*	0.03489	0.002	0.0374	0.1742
		2	1	-0.06024*	0.01755	0.001	-0.0946	-0.0258
		2	3	0.04556	0.03348	0.174	-0.0201	0.1112
		3	1	-0.10579*	0.03489	0.002	-0.1742	-0.0374
		3	2	-0.04556	0.03348	0.174	-0.1112	0.0201
个性关怀	LSD	1	2	0.08135*	0.01846	0.000	0.0452	0.1175
		1	3	0.21206*	0.03671	0.000	0.1401	0.2840
		2	1	-0.08135*	0.01846	0.000	-0.1175	-0.0452
		2	3	0.13071*	0.03523	0.000	0.0616	0.1998
		3	1	-0.21206*	0.03671	0.000	-0.2840	-0.1401
		3	2	-0.13071*	0.03523	0.000	-0.1998	-0.0616

续表

因变量		(I) 你的学校位于	(J) 你的学校位于	平均值差值 (I-J)	标准误差	显著性	95% 置信区间	
							下限	上限
差别对待	LSD	1	2	0.09907*	0.01982	0.000	0.0602	0.1379
			3	0.14683*	0.03941	0.000	0.0696	0.2241
		2	1	-0.09907*	0.01982	0.000	-0.1379	-0.0602
			3	0.04776	0.03782	0.207	-0.0264	0.1219
		3	1	-0.14683*	0.03941	0.000	-0.2241	-0.0696
			2	-0.04776	0.03782	0.207	-0.1219	0.0264

注：*表示平均值差值的显著性水平为 0.05。

由表 4-9—表 4-11 可知，普通高中教育过程公平六维度在城乡类型这一变量上的差异均达到了 0.000 的显著性水平，因此可以拒绝"城乡之间的教育过程公平现状没有显著差异"这一原假设，认为城乡间的教育过程公平现状具有显著性差异。从描述性统计和事后多重比较的结果中可以看出，在分配公平的"资源配置"和"评价反馈"两个维度上，县城高中的得分低于农村高中的得分，其他四个维度上的得分情况为省会学校＞县城学校＞农村学校；通过对六个维度的平均值图分析（见图 4-11），可以发现在资源配置维度，省会学校和县城学校之间与县城和农村之间的差距均比较显著；在评价反馈维度，省会学校和县城学校之间的差距远远大于县城和农村之间的差距；在平等参与维度，省会学校与县域学校之间的差距较小，而县域学校与农村学校之间的差距较大；在权利自主维度，三者间的差距均较为悬殊；在个性关怀维度中，省会与县城学校之间的差距小于县城和农村学校之间的差距；在差别对待维度中，省会与县城学校之间的差距大于县城和农村学校之间的差距。以上的数据分析结果说明，县城学校在资源配置方面的公平程度最低，在涉及学校内部的评价反馈这一维度的公平情况时，县城和农村的公平程度相似，悬殊体现于这两者与省会学校之间；而作为程序公平的基础，平等参与情况在农村学校的表现相对较差，省会学校和县城学校差距不大；相反地，在差别对待这一维度中，县城高中和农村高中的差距不大，主要的差距体现在两者与省会高中的对比中。总体来看，无论是从分配公平、程序公平还是互动公平层面来说，农村地区的学校均处于落后状态，而县城高中在资源配置维度上的公平难题也值得进一步关注。

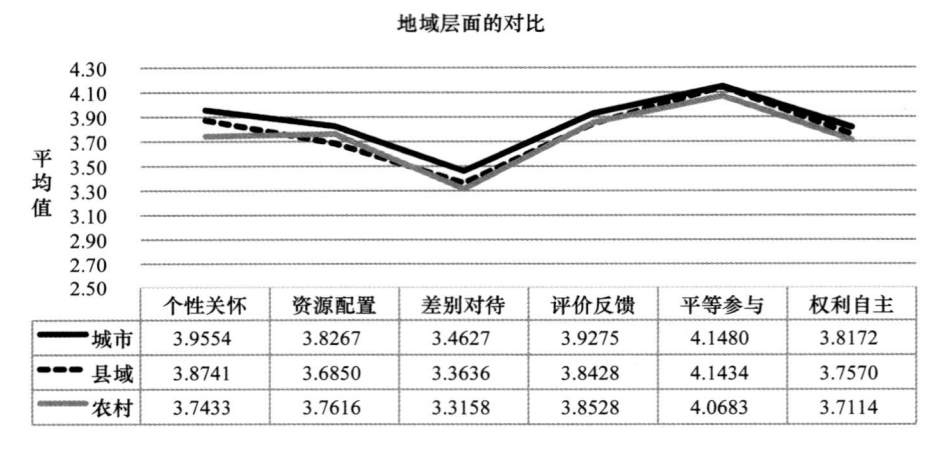

地域层面的对比

	个性关怀	资源配置	差别对待	评价反馈	平等参与	权利自主
城市	3.9554	3.8267	3.4627	3.9275	4.1480	3.8172
县城	3.8741	3.6850	3.3636	3.8428	4.1434	3.7570
农村	3.7433	3.7616	3.3158	3.8528	4.0683	3.7114

图 4-11　城乡间普通高中教育过程公平六维度的平均值图

二　校际层面的差异

我国在改革开放初期曾大力发展重点高中制度，后来为了削弱高中的应试取向，缓解重点高中"择校热"的乱象，重点高中的提法逐渐被示范性高中所取代，但高中办学质量之间的参差不齐依然长久的存在。在本书中，对于普通高中学校的分类依据由办学质量所形成的社会声望，划分为示范性学校和一般学校两个类别（为了便于进行数据梳理，将示范性学校统一赋值为"1"；将一般学校统一赋值为"2"），由于样本分组不超过两组，因此以教育过程公平六维度得分为检验变量进行独立样本 t 检验，得到结果如表4-12—表4-13所示。

表4-12　校际间教育过程公平六维度得分的描述性统计

组统计

	从办学情况看，你所在的学校属于	个案数	平均值	标准差	标准误差平均值
资源配置	1	8758	3.8416	0.88300	0.00944
	2	2777	3.4011	0.97539	0.01851
评价反馈	1	8758	3.9457	0.83954	0.00897
	2	2777	3.6344	0.89621	0.01701
平等参与	1	8758	4.2033	0.73507	0.00785
	2	2777	3.9408	0.81497	0.01547
权利自主	1	8758	3.8405	0.85008	0.00908
	2	2777	3.5621	0.88453	0.01679
个性关怀	1	8758	3.9775	0.88042	0.00941
	2	2777	3.6218	0.96001	0.01822
差别对待	1	8758	3.4771	0.95567	0.01021
	2	2777	3.1255	1.00611	0.01909

表4-13　校际间教育过程公平的方差分析

独立样本检验

		莱文方差等同性检验		平均值等同性 t 检验						
		F	显著性	t	自由度	显著性（双尾）	平均值差值	标准误差差值	差值95%置信区间	
									下限	上限
资源配置	假定等方差	51.897	0.000	22.321	11533	0.000	0.44046	0.01973	0.40178	0.47914
	不假定等方差			21.201	4313.849	0.000	0.44046	0.02078	0.39973	0.48119
评价反馈	假定等方差	32.083	0.000	16.748	11533	0.000	0.31132	0.01859	0.27488	0.34775
	不假定等方差			16.191	4427.107	0.000	0.31132	0.01923	0.27362	0.34901
平等参与	假定等方差	39.699	0.000	15.964	11533	0.000	0.26251	0.01644	0.23027	0.29474
	不假定等方差			15.134	4302.150	0.000	0.26251	0.01735	0.22850	0.29651
权利自主	假定等方差	7.015	0.008	14.889	11533	0.000	0.27837	0.01870	0.24172	0.31502
	不假定等方差			14.586	4517.277	0.000	0.27837	0.01909	0.24095	0.31579
个性关怀	假定等方差	55.142	0.000	18.142	11533	0.000	0.35567	0.01960	0.31724	0.39410
	不假定等方差			17.347	4355.867	0.000	0.35567	0.02050	0.31548	0.39587
差别对待	假定等方差	1.913	0.167	16.679	11533	0.000	0.35164	0.02108	0.31031	0.39296
	不假定等方差			16.240	4475.429	0.000	0.35164	0.02165	0.30919	0.39408

如表4-12—表4-13所示，普通高中教育过程公平六维度在学校类型这一变量上的差异均达到了0.000的显著性水平，因此可以拒绝"不同学校间教育过程公平现状没有显著差异"这一原假设，认为不同学校间的过程公平程度存在显著性差异。在学校类型变量上具体的描述性统计中，可以看出示范性高中六个维度上的得分均大于一般高中，且每个维度的平均值均相差0.3以上，说明校与校之间的教育过程公平差距已经逐渐取代地域和城乡层面上的差距，成为当前教育公平应关注的核心问题。在六个维度中，得分表现最差的依然是"差别对待"维度，一般高中在这一维度上的平均分仅为3.1255，与整体数据的平均值相比处于较低水平。除此之外，在"资源配置"和"权利自主"维度，一般高中的平均得分也比较低，说明分配公平中的资源配置维度、程序公平中的权利自主和互动公平中的差异发展维度是当前教育过程公平的痛点和难点所在。

三 年级层面的差异

参与调研的学生涵盖了高一至高三三个年级，为了便于数据处理，将高一年级统一赋值为"1"；高二年级统一赋值为"2"；高三年级统一赋值为"3"，同样以教育过程公平六维度得分为检验变量进行方差分析和LSD事后检验，得到的结果如表4-14—表4-16所示。

表4-14　不同年级教育过程公平六维度得分的描述性统计

						描述			
		个案数	平均值	标准差	标准误差	平均值的95%置信区间		最小值	最大值
						下限	上限		
资源配置	1	1937	4.0920	0.78142	0.01775	4.0572	4.1268	1.00	5.00
	2	6746	3.6450	0.94051	0.01145	3.6226	3.6675	1.00	5.00
	3	2852	3.7075	0.92241	0.01727	3.6736	3.7413	1.00	5.00
	总计	11535	3.7355	0.92543	0.00862	3.7186	3.7524	1.00	5.00

续表

描述		个案数	平均值	标准差	标准误差	平均值的95%置信区间		最小值	最大值
						下限	上限		
评价反馈	1	1937	4.1213	0.79104	0.01797	4.0861	4.1566	1.00	5.00
	2	6746	3.8185	0.86816	0.01057	3.7977	3.8392	1.00	5.00
	3	2852	3.8241	0.87136	0.01632	3.7921	3.8561	1.00	5.00
	总计	11535	3.8707	0.86380	0.00804	3.8550	3.8865	1.00	5.00
平等参与	1	1937	4.2761	0.71579	0.01626	4.2442	4.3080	1.00	5.00
	2	6746	4.1132	0.77055	0.00938	4.0948	4.1316	1.00	5.00
	3	2852	4.1112	0.76784	0.01438	4.0830	4.1394	1.00	5.00
	总计	11535	4.1401	0.76334	0.00711	4.1261	4.1540	1.00	5.00
权利自主	1	1937	3.9836	0.82020	0.01864	3.9471	4.0202	1.00	5.00
	2	6746	3.7372	0.86438	0.01052	3.7165	3.7578	1.00	5.00
	3	2852	3.7166	0.88200	0.01652	3.6842	3.7490	1.00	5.00
	总计	11535	3.7735	0.86667	0.00807	3.7577	3.7893	1.00	5.00
个性关怀	1	1937	4.1287	0.83311	0.01893	4.0916	4.1658	1.00	5.00
	2	6746	3.8423	0.92002	0.01120	3.8203	3.8642	1.00	5.00
	3	2852	3.8484	0.92308	0.01728	3.8145	3.8823	1.00	5.00
	总计	11535	3.8919	0.91293	0.00850	3.8752	3.9085	1.00	5.00
差别对待	1	1937	3.7177	0.89474	0.02033	3.6778	3.7576	1.00	5.00
	2	6746	3.3069	0.99425	0.01211	3.2832	3.3306	1.00	5.00
	3	2852	3.3738	0.95419	0.01787	3.3388	3.4089	1.00	5.00
	总计	11535	3.3924	0.97962	0.00912	3.3746	3.4103	1.00	5.00

表 4-15　　　　　不同年级教育过程公平的方差分析

ANOVA						
		平方和	自由度	均方	F	显著性
资源配置	组间	303.616	2	151.808	182.849	0.000
	组内	9574.290	11532	0.830		
	总计	9877.906	11534			
评价反馈	组间	146.255	2	73.128	99.683	0.000
	组内	8459.848	11532	0.734		
	总计	8606.103	11534			

续表

ANOVA						
		平方和	自由度	均方	F	显著性
平等参与	组间	43.063	2	21.532	37.184	0.000
	组内	6677.675	11532	0.579		
	总计	6720.738	11534			
权利自主	组间	103.643	2	51.822	69.815	0.000
	组内	8559.814	11532	0.742		
	总计	8663.457	11534			
个性关怀	组间	130.658	2	65.329	79.450	0.000
	组内	9482.304	11532	0.822		
	总计	9612.962	11534			
差别对待	组间	255.271	2	127.636	136.118	0.000
	组内	10813.349	11532	0.938		
	总计	11068.621	11534			

表 4-16 不同年级教育过程公平的多重比较结果

多重比较								
因变量		(I) 你所在的年级	(J) 你所在的年级	平均值差值 (I-J)	标准误差	显著性	95%置信区间	
							下限	上限
资源配置	LSD	1	2	0.44696*	0.02349	0.000	0.4009	0.4930
			3	0.38452*	0.02683	0.000	0.3319	0.4371
		2	1	-0.44696*	0.02349	0.000	-0.4930	-0.4009
			3	-0.06243*	0.02035	0.002	-0.1023	-0.0225
		3	1	-0.38452*	0.02683	0.000	-0.4371	-0.3319
			2	0.06243*	0.02035	0.002	0.0225	0.1023
评价反馈	LSD	1	2	0.30285*	0.02208	0.000	0.2596	0.3461
			3	0.29720*	0.02522	0.000	0.2478	0.3466
		2	1	-0.30285*	0.02208	0.000	-0.3461	-0.2596
			3	-0.00565	0.01913	0.768	-0.0432	0.0318
		3	1	-0.29720*	0.02522	0.000	-0.3466	-0.2478
			2	0.00565	0.01913	0.768	-0.0318	0.0432

续表

因变量		(I)你所在的年级	(J)你所在的年级	平均值差值(I-J)	标准误差	显著性	95%置信区间	
							下限	上限
平等参与	LSD	1	2	0.16286*	0.01962	0.000	0.1244	0.2013
			3	0.16483*	0.02240	0.000	0.1209	0.2088
		2	1	-0.16286*	0.01962	0.000	-0.2013	-0.1244
			3	0.00198	0.01700	0.907	-0.0313	0.0353
		3	1	-0.16483*	0.02240	0.000	-0.2088	-0.1209
			2	-0.00198	0.01700	0.907	-0.0353	0.0313
权利自主	LSD	1	2	0.24643*	0.02221	0.000	0.2029	0.2900
			3	0.26701*	0.02537	0.000	0.2173	0.3167
		2	1	-0.24643*	0.02221	0.000	-0.2900	-0.2029
			3	0.02058	0.01924	0.285	-0.0171	0.0583
		3	1	-0.26701*	0.02537	0.000	-0.3167	-0.2173
			2	-0.02058	0.01924	0.285	-0.0583	0.0171
个性关怀	LSD	1	2	0.28647*	0.02337	0.000	0.2407	0.3323
			3	0.28031*	0.02670	0.000	0.2280	0.3326
		2	1	-0.28647*	0.02337	0.000	-0.3323	-0.2407
			3	-0.00616	0.02025	0.761	-0.0459	0.0335
		3	1	-0.28031*	0.02670	0.000	-0.3326	-0.2280
			2	0.00616	0.02025	0.761	-0.0335	0.0459
差别对待	LSD	1	2	0.41080*	0.02496	0.000	0.3619	0.4597
			3	0.34386*	0.02851	0.000	0.2880	0.3998
		2	1	-0.41080*	0.02496	0.000	-0.4597	-0.3619
			3	-0.06694*	0.02163	0.002	-0.1093	-0.0245
		3	1	-0.34386*	0.02851	0.000	-0.3998	-0.2880
			2	0.06694*	0.02163	0.002	0.0245	0.1093

注：*表示平均值差值的显著性水平为0.05。

由方差检验的结果可知，普通高中教育过程公平六维度在年级这一变量上的差异均达到了0.000的显著性水平，因此可以拒绝"不同年级间的教育过程公平现状没有显著差异"这一原假设，认为教育过程公平在不同年级之间存在显著差异。通过描述性统计分析结果和平均值图，我们可以看出高一年级在分配公平、程序公平和互动公平的六个子维度中的得分均显著高于高二年级和高三年级，由于笔者问卷发放的时间在开学后一个月左右，高一年级对于高中生活的适应才刚刚开始，因此较高的得分可能存在些许误差，但同时也体现了他们对于高中生活的初步公平体验良好，然而进入高二和高三，相应的公平体验却不断下降，尤其是高二年级，在资源配置、个性关怀和差异发展三个维度的得分均较低，而就目前新高考改革的情况来看，高二年级恰恰是学生面临选择与挑战的最重要的一年，相关的教育过程公平问题值得进一步聚焦与讨论（见图4-12）。

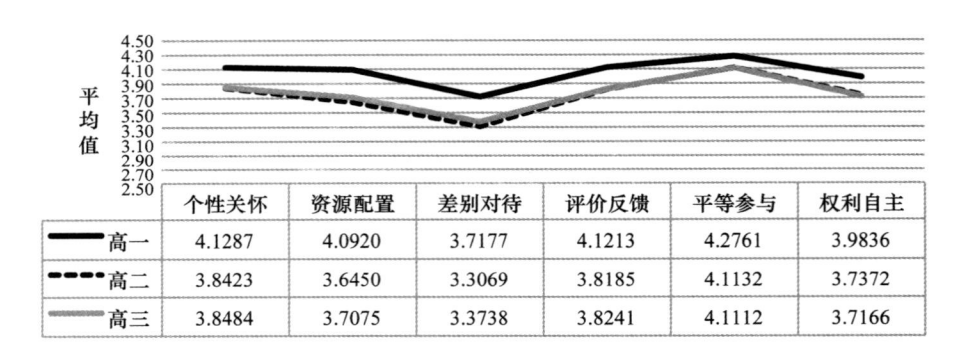

	个性关怀	资源配置	差别对待	评价反馈	平等参与	权利自主
高一	4.1287	4.0920	3.7177	4.1213	4.2761	3.9836
高二	3.8423	3.6450	3.3069	3.8185	4.1132	3.7372
高三	3.8484	3.7075	3.3738	3.8241	4.1112	3.7166

图4-12 不同年级间教育过程公平六维度的平均值图

四 班级层面的差异

（一）不同班级类型之间的差异

在"比值平等"的公平理念之下，公平不是平等的"一刀切"，而是使不同特长和需要的学生"各得其所，各美其美"。因此，普通高中的分班制度从按成绩"分层"走向按特长"分类"已成为必然的趋势，在本书前期的访谈调查中发现目前许多普通高中都设置了门类丰富的班级，以适应学生不同的发展需要。然而，受到学校所制定的育人方向和高中固有的应试化取向的影响，学校对不同类型班级学生的投入和关注很难"一视同仁"，我国学者冯建军（2010）

指出，高中教育的机会公平应是一种以才能为核心的差异性公平。①在高中教育的实践中，分班教学是其不同于义务教育阶段的重要特征。在本书中，对于普通高中学校的分类依据前期的实地走访考察，发现在多数普通高中一般将班级分为三种类型：第一类是通常意义上的"尖子班"，但划分依据不是单一的考试成绩，而是综合了学生的特长和发展方向，在不同学校，对于这类班级的命名有实验班、创新班、国际班和语言班等，在数据分析的过程中，将这类班级统一赋值为"1"；第二类是少数民族班，在本书的调研过程中发现，有些学校并未专门开设少数民族班，而是将少数民族的学生分布在普通班级中，但考虑到这类班级的特殊性，本书还是将其作为班级的一种类型进行分析，赋值为"2"；第三类班级是通常意义上的普通班，也称为平行班，将这类班级统一赋值为"3"。以教育过程公平六维度得分为检验变量进行方差分析和 LSD 事后检验，得到的结果如表 4-17—表 4-19 所示。

表 4-17　　不同班级间教育过程公平六维度得分的描述性统计

						描述			
		个案数	平均值	标准差	标准误差	平均值的95%置信区间		最小值	最大值
						下限	上限		
资源配置	1	3434	3.6985	0.93697	0.01599	3.6671	3.7298	1.00	5.00
	2	127	3.4948	0.79597	0.07063	3.3550	3.6345	1.67	5.00
	3	7974	3.7553	0.92141	0.01032	3.7351	3.7755	1.00	5.00
	总计	11535	3.7355	0.92543	0.00862	3.7186	3.7524	1.00	5.00
评价反馈	1	3434	3.8472	0.85104	0.01452	3.8187	3.8756	1.00	5.00
	2	127	3.5276	0.80185	0.07115	3.3867	3.6684	1.60	5.00
	3	7974	3.8863	0.86892	0.00973	3.8673	3.9054	1.00	5.00
	总计	11535	3.8707	0.86380	0.00804	3.8550	3.8865	1.00	5.00

---

① 冯建军：《论高中教育机会的差异性公平》，《华中师范大学学报》（人文社会科学版）2010 年第 5 期。

续表

描述

		个案数	平均值	标准差	标准误差	平均值的95%置信区间		最小值	最大值
						下限	上限		
平等参与	1	3434	4.1810	0.74778	0.01276	4.1560	4.2060	1.00	5.00
	2	127	3.7776	0.76391	0.06779	3.6434	3.9117	1.00	5.00
	3	7974	4.1282	0.76811	0.00860	4.1114	4.1451	1.00	5.00
	总计	11535	4.1401	0.76334	0.00711	4.1261	4.1540	1.00	5.00
权力自主	1	3434	3.7543	0.85035	0.01451	3.7258	3.7827	1.00	5.00
	2	127	3.5433	0.77158	0.06847	3.4078	3.6788	1.50	5.00
	3	7974	3.7854	0.87447	0.00979	3.7662	3.8046	1.00	5.00
	总计	11535	3.7735	0.86667	0.00807	3.7577	3.7893	1.00	5.00
个性关怀	1	3434	3.8468	0.89516	0.01528	3.8169	3.8768	1.00	5.00
	2	127	3.4029	0.84030	0.07456	3.2553	3.5504	1.50	5.00
	3	7974	3.9191	0.91874	0.01029	3.8989	3.9392	1.00	5.00
	总计	11535	3.8919	0.91293	0.00850	3.8752	3.9085	1.00	5.00
差别对待	1	3434	3.3076	0.98612	0.01683	3.2746	3.3406	1.00	5.00
	2	127	3.0315	0.86462	0.07672	2.8797	3.1833	1.00	5.00
	3	7974	3.4347	0.97508	0.01092	3.4133	3.4561	1.00	5.00
	总计	11535	3.3924	0.97962	0.00912	3.3746	3.4103	1.00	5.00

表4-18 不同班级间教育过程公平六维度方差分析

ANOVA

		平方和	自由度	均方	F	显著性
资源配置	组间	15.202	2	7.601	8.888	0.000
	组内	9862.704	11532	0.855		
	总计	9877.906	11534			
评价反馈	组间	18.802	2	9.401	12.625	0.000
	组内	8587.301	11532	0.745		
	总计	8606.103	11534			
平等参与	组间	23.556	2	11.778	20.281	0.000
	组内	6697.182	11532	0.581		
	总计	6720.738	11534			

续表

ANOVA		平方和	自由度	均方	F	显著性
权力自主	组间	9.125	2	4.562	6.079	0.002
	组内	8654.333	11532	0.750		
	总计	8663.457	11534			
个性关怀	组间	43.233	2	21.617	26.049	0.000
	组内	9569.728	11532	0.830		
	总计	9612.962	11534			
差别对待	组间	55.495	2	27.748	29.055	0.000
	组内	11013.126	11532	0.955		
	总计	11068.621	11534			

表4-19　不同班级间教育过程公平六维度多重比较结果

多重比较								
因变量		(I)你所在的班级类型为	(J)你所在的班级类型为	平均值差值(I-J)	标准误差	显著性	95%置信区间	
							下限	上限
资源配置	LSD	1	2	0.20371*	0.08357	0.015	0.0399	0.3675
			3	-0.05685*	0.01888	0.003	-0.0939	-0.0199
		2	1	-0.20371*	0.08357	0.015	-0.3675	-0.0399
			3	-0.26056*	0.08271	0.002	-0.4227	-0.0984
		3	1	0.05685*	0.01888	0.003	0.0199	0.0939
			2	0.26056*	0.08271	0.002	0.0984	0.4227
评价反馈	LSD	1	2	0.31962*	0.07798	0.000	0.1668	0.4725
			3	-0.03916*	0.01761	0.026	-0.0737	-0.0046
		2	1	-0.31962*	0.07798	0.000	-0.4725	-0.1668
			3	-0.35877*	0.07718	0.000	-0.5101	-0.2075
		3	1	0.03916*	0.01761	0.026	0.0046	0.0737
			2	0.35877*	0.07718	0.000	0.2075	0.5101

续表

因变量		(I)你所在的班级类型为	(J)你所在的班级类型为	平均值差值(I-J)	标准误差	显著性	95%置信区间	
							下限	上限
平等参与	LSD	1	2	0.40343*	0.06886	0.000	0.2684	0.5384
			3	0.05276*	0.01555	0.001	0.0223	0.0832
		2	1	-0.40343*	0.06886	0.000	-0.5384	-0.2684
			3	-0.35067*	0.06816	0.000	-0.4843	-0.2171
		3	1	-0.05276*	0.01555	0.001	-0.0832	-0.0223
			2	0.35067*	0.06816	0.000	0.2171	0.4843
权利自主	LSD	1	2	0.21099*	0.07828	0.007	0.0575	0.3644
			3	-0.03110	0.01768	0.079	-0.0658	0.0036
		2	1	-0.21099*	0.07828	0.007	-0.3644	-0.0575
			3	-0.24209*	0.07748	0.002	-0.3940	-0.0902
		3	1	0.03110	0.01768	0.079	-0.0036	0.0658
			2	0.24209*	0.07748	0.002	0.0902	0.3940
个性关怀	LSD	1	2	0.44394*	0.08232	0.000	0.2826	0.6053
			3	-0.07224*	0.01859	0.000	-0.1087	-0.0358
		2	1	-0.44394*	0.08232	0.000	-0.6053	-0.2826
			3	-0.51618*	0.08148	0.000	-0.6759	-0.3565
		3	1	0.07224*	0.01859	0.000	0.0358	0.1087
			2	0.51618*	0.08148	0.000	0.3565	0.6759
差别对待	LSD	1	2	0.27613*	0.08831	0.002	0.1030	0.4492
			3	-0.12708*	0.01995	0.000	-0.1662	-0.0880
		2	1	-0.27613*	0.08831	0.002	-0.4492	-0.1030
			3	-0.40322*	0.08740	0.000	-0.5745	-0.2319
		3	1	0.12708*	0.01995	0.000	0.0880	0.1662
			2	0.40322*	0.08740	0.000	0.2319	0.5745

注：*表示平均值差值的显著性水平为0.05。

由表4-17—表4-19可知，普通高中教育过程公平六维度在班级类型这一变量上的差异均达到了0.000的显著性水平，因此可以拒绝"不同班级间的教育过程公平现状没有显著差异"这一原假设，认为教育过程公平在不同班级之间存在显著差异。结合描述性统计、LSD 事后多重比较和平均值图的结果中可以看出（见图 4 - 13），少数民族班在教育过程公平的六个维度上得分均为最低，在"平等参与"和"个性关怀"维度上与得分较高的普通班平均值差在 0.4 左右，公平状况悬殊说明在现实情境中，公平的"弱势补偿"理念并未很好地落实；另外，除了"平等参与"维度外，普通班在其他 5 个公平维度上的得分均高于实验班和少数民族班，这与我们对实验班、创新班等是获得"资源"较多的班级的预设不符，也说明学生对于教育过程公平状况的感知与体验与班级层次的"好坏"没有绝对的直接关系。

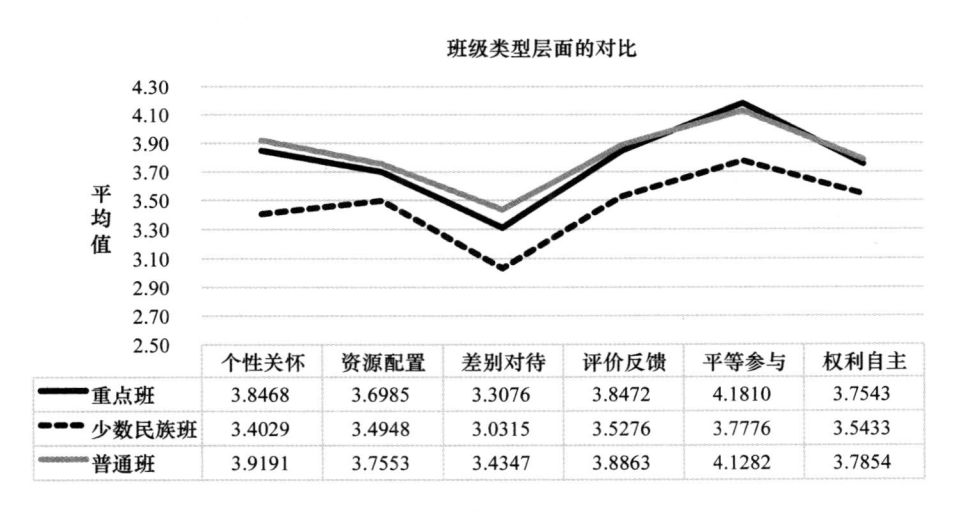

班级类型层面的对比

	个性关怀	资源配置	差别对待	评价反馈	平等参与	权利自主
重点班	3.8468	3.6985	3.3076	3.8472	4.1810	3.7543
少数民族班	3.4029	3.4948	3.0315	3.5276	3.7776	3.5433
普通班	3.9191	3.7553	3.4347	3.8863	4.1282	3.7854

图 4 - 13 班级间教育过程公平六维度的平均值图

（二）不同班额之间的差异

李克强总理在 2018 年的政府工作报告中指出，应抓紧消除城镇"大班额"现象，班级规模一直被视为影响学生受教育质量的重要因素，我国《教育部关于进一步加强中小学校校舍建设与管理工作的通知》中规定高中的班级人数不应超过 50 人，浙江省在示范性学校的评比中要求示范性高中将班级规模控制在 40 人以下,[①] 这些都说明班级规模对于学校教育的重要影响。因此,本书也将参与调研学生所在的班级人数作为测量教育过程公平的背景因素之一,根据前期实地走访和多方访谈的情况,将班级人数这一变量分为 20—35 人(赋值为"1")、35—55 人(赋值为"2")、55—70 人(赋值为"3")以及 70 人以上(赋值为"4")四个层次,其中 20—35 人的班级属于小班,35—55 人的班级属于标准班,55—70 人的班级属于较大班额,70 人以上则属于超大班额。以教育过程公平六维度得分为检验变量进行方差分析和 LSD 事后检验,得到的结果如表 4 - 20—表 4 - 22 所示。

表 4 - 20　　不同班级规模的教育过程公平六维度得分的描述性统计

		描述						
		个案数	平均值	标准差	标准误差	平均值的 95% 置信区间		最小值	最大值
						下限	上限		
资源配置	1	650	3.8292	0.88641	0.03477	3.7610	3.8975	1.00	5.00
	2	6394	3.8491	0.88201	0.01103	3.8275	3.8707	1.00	5.00
	3	3321	3.7127	0.93089	0.01615	3.6811	3.7444	1.00	5.00
	4	1170	3.1274	0.92259	0.02697	3.0744	3.1803	1.00	5.00
	总计	11535	3.7355	0.92543	0.00862	3.7186	3.7524	1.00	5.00
评价反馈	1	650	4.0074	0.84646	0.03320	3.9422	4.0726	1.00	5.00
	2	6394	3.9439	0.84371	0.01055	3.9233	3.9646	1.00	5.00
	3	3321	3.8515	0.86104	0.01494	3.8222	3.8808	1.00	5.00
	4	1170	3.4492	0.86433	0.02527	3.3997	3.4988	1.00	5.00
	总计	11535	3.8707	0.86380	0.00804	3.8550	3.8865	1.00	5.00
平等参与	1	650	4.1688	0.74881	0.02937	4.1112	4.2265	1.00	5.00
	2	6394	4.1582	0.75436	0.00943	4.1397	4.1767	1.00	5.00
	3	3321	4.1461	0.76548	0.01328	4.1201	4.1722	1.00	5.00
	4	1170	4.0079	0.80111	0.02342	3.9620	4.0539	1.00	5.00
	总计	11535	4.1401	0.76334	0.00711	4.1261	4.1540	1.00	5.00

[①] 郑琦等:《班级规模与学生学业成绩——基于 2015 年 PISA 数据的研究》,《北京大学教育评论》2018 年第 4 期。

续表

		描述						
		个案数	平均值	标准差	标准误差	平均值的95%置信区间		最小值	最大值
						下限	上限		
权利自主	1	650	3.8996	0.85934	0.03371	3.8334	3.9658	1.00	5.00
	2	6394	3.8254	0.84982	0.01063	3.8045	3.8462	1.00	5.00
	3	3321	3.7671	0.87096	0.01511	3.7375	3.7967	1.00	5.00
	4	1170	3.4378	0.87213	0.02550	3.3878	3.4878	1.00	5.00
	总计	11535	3.7735	0.86667	0.00807	3.7577	3.7893	1.00	5.00
个性关怀	1	650	4.0221	0.90265	0.03541	3.9525	4.0916	1.00	5.00
	2	6394	3.9762	0.88741	0.01110	3.9545	3.9980	1.00	5.00
	3	3321	3.8756	0.90790	0.01575	3.8447	3.9065	1.00	5.00
	4	1170	3.4048	0.91473	0.02674	3.3524	3.4573	1.00	5.00
	总计	11535	3.8919	0.91293	0.00850	3.8752	3.9085	1.00	5.00
差别对待	1	650	3.6369	0.91176	0.03576	3.5667	3.7071	1.00	5.00
	2	6394	3.5094	0.93767	0.01173	3.4864	3.5323	1.00	5.00
	3	3321	3.3468	0.98903	0.01716	3.3131	3.3804	1.00	5.00
	4	1170	2.7474	0.94348	0.02758	2.6932	2.8015	1.00	5.00
	总计	11535	3.3924	0.97962	0.00912	3.3746	3.4103	1.00	5.00

表4-21 不同班级规模的教育过程公平的方差分析

		ANOVA				
		平方和	自由度	均方	F	显著性
资源配置	组间	522.670	3	174.223	214.743	0.000
	组内	9355.236	11531	0.811		
	总计	9877.906	11534			
评价反馈	组间	255.509	3	85.170	117.607	0.000
	组内	8350.595	11531	0.724		
	总计	8606.103	11534			
平等参与	组间	23.197	3	7.732	13.313	0.000
	组内	6697.541	11531	0.581		
	总计	6720.738	11534			

续表

ANOVA		平方和	自由度	均方	F	显著性
权利自主	组间	159.523	3	53.174	72.102	0.000
	组内	8503.934	11531	0.737		
	总计	8663.457	11534			
个性关怀	组间	334.915	3	111.638	138.747	0.000
	组内	9278.046	11531	0.805		
	总计	9612.962	11534			
差别对待	组间	620.062	3	206.687	228.099	0.000
	组内	10448.559	11531	0.906		
	总计	11068.621	11534			

表 4-22　不同班级规模的教育过程公平的多重比较结果

多重比较								
因变量		(I) 你所在的班级人数	(J) 你所在的班级人数	平均值差值 (I-J)	标准误差	显著性	95%置信区间	
							下限	上限
资源配置	LSD	1	2	-0.01987	0.03708	0.592	-0.0926	0.0528
			3	0.11649*	0.03863	0.003	0.0408	0.1922
			4	0.70188*	0.04406	0.000	0.6155	0.7883
		2	1	0.01987	0.03708	0.592	-0.0528	0.0926
			3	0.13637*	0.01927	0.000	0.0986	0.1741
			4	0.72175*	0.02864	0.000	0.6656	0.7779
		3	1	-0.11649*	0.03863	0.003	-0.1922	-0.0408
			2	-0.13637*	0.01927	0.000	-0.1741	-0.0986
			4	0.58539*	0.03062	0.000	0.5254	0.6454
		4	1	-0.70188*	0.04406	0.000	-0.7883	-0.6155
			2	-0.72175*	0.02864	0.000	-0.7779	-0.6656
			3	-0.58539*	0.03062	0.000	-0.6454	-0.5254

续表

多重比较								
因变量		(I)你所在的班级人数	(J)你所在的班级人数	平均值差值(I−J)	标准误差	显著性	95%置信区间	
							下限	上限
评价反馈	LSD	1	2	0.06344	0.03503	0.070	−0.0052	0.1321
			3	0.15589*	0.03650	0.000	0.0843	0.2274
			4	0.55815*	0.04163	0.000	0.4766	0.6398
		2	1	−0.06344	0.03503	0.070	−0.1321	0.0052
			3	0.09246*	0.01820	0.000	0.0568	0.1281
			4	0.49472*	0.02706	0.000	0.4417	0.5478
		3	1	−0.15589*	0.03650	0.000	−0.2274	−0.0843
			2	−0.09246*	0.01820	0.000	−0.1281	−0.0568
			4	0.40226*	0.02893	0.000	0.3455	0.4590
		4	1	−0.55815*	0.04163	0.000	−0.6398	−0.4766
			2	−0.49472*	0.02706	0.000	−0.5478	−0.4417
			3	−0.40226*	0.02893	0.000	−0.4590	−0.3455
平等参与	LSD	1	2	0.01065	0.03138	0.734	−0.0509	0.0722
			3	0.02273	0.03269	0.487	−0.0413	0.0868
			4	0.16094*	0.03728	0.000	0.0879	0.2340
		2	1	−0.01065	0.03138	0.734	−0.0722	0.0509
			3	0.01208	0.01630	0.459	−0.0199	0.0440
			4	0.15029*	0.02423	0.000	0.1028	0.1978
		3	1	−0.02273	0.03269	0.487	−0.0868	0.0413
			2	−0.01208	0.01630	0.459	−0.0440	0.0199
			4	0.13821*	0.02591	0.000	0.0874	0.1890
		4	1	−0.16094*	0.03728	0.000	−0.2340	−0.0879
			2	−0.15029*	0.02423	0.000	−0.1978	−0.1028
			3	−0.13821*	0.02591	0.000	−0.0.1890	−0.0874

续表

因变量		（I）你所在的班级人数	（J）你所在的班级人数	平均值差值（I−J）	标准误差	显著性	95%置信区间	
							下限	上限
权利自主	LSD	1	2	0.07423*	0.03535	0.036	0.0049	0.1435
			3	0.13253*	0.03683	0.000	0.0603	0.2047
			4	0.46179*	0.04201	0.000	0.3794	0.5441
		2	1	−0.07423*	0.03535	0.036	−0.1435	−0.0049
			3	0.05829*	0.01837	0.002	0.0223	0.0943
			4	0.38756*	0.02731	0.000	0.3340	0.4411
		3	1	−0.13253*	0.03683	0.000	−0.2047	−0.0603
			2	−0.05829*	0.01837	0.002	−0.0943	−0.0223
			4	0.32927*	0.02920	0.000	0.2720	0.3865
		4	1	−0.46179*	0.04201	0.000	−0.5441	−0.3794
			2	−0.38756*	0.02731	0.000	−0.4411	−0.3340
			3	−0.32927*	0.02920	0.000	−0.3865	−0.2720
个性关怀	LSD	1	2	0.04582	0.03693	0.215	−0.0266	0.1182
			3	0.14646*	0.03847	0.000	0.0710	0.2219
			4	0.61721*	0.04388	0.000	0.5312	0.7032
		2	1	−0.04582	0.03693	0.215	−0.1182	0.0266
			3	0.10064*	0.01919	0.000	0.0630	0.1382
			4	0.57138*	0.02852	0.000	0.5155	0.6273
		3	1	−0.14646*	0.03847	0.000	−0.2219	−0.0710
			2	−0.10064*	0.01919	0.000	−0.1382	−0.0630
			4	0.47075*	0.03050	0.000	0.4110	0.5305
		4	1	−0.61721*	0.04388	0.000	−0.7032	−0.5312
			2	−0.57138*	0.02852	0.000	−0.6273	−0.5155
			3	−0.47075*	0.03050	0.000	−0.5305	−0.4110

续表

因变量		(I)你所在的班级人数	(J)你所在的班级人数	平均值差值(I-J)	标准误差	显著性	95%置信区间	
							下限	上限
差别对待	LSD	1	2	0.12757*	0.03919	0.001	0.0508	0.2044
			3	0.29016*	0.04083	0.000	0.2101	0.3702
			4	0.88957*	0.04657	0.000	0.7983	0.9809
		2	1	−0.12757*	0.03919	0.001	−0.2044	−0.0508
			3	0.16259*	0.02036	0.000	0.1227	0.2025
			4	0.76200*	0.03027	0.000	0.7027	0.8213
		3	1	−0.29016*	0.04083	0.000	−0.3702	−0.2101
			2	−0.16259*	0.02036	0.000	−0.2025	−0.1227
			4	0.59941*	0.03236	0.000	0.5360	0.6628
		4	1	−0.88957*	0.04657	0.000	−0.9809	−0.7983
			2	−0.76200*	0.03027	0.000	−0.8213	−0.7027
			3	−0.59941*	0.03236	0.000	−0.6628	−0.5360

注：*表示平均值差值的显著性水平为0.05。

由方差检验的结果可知，普通高中教育过程公平六维度在班额这一变量上的差异均达到了0.000的显著性水平，因此可以拒绝"不同班级规模间的教育过程公平现状没有显著差异"这一原假设，认为教育过程公平在不同班级规模之间存在显著差异。通过描述性统计表、LSD事后检验和平均值图的结果我们可以看出（见图4-14），教育过程公平的六个维度得分随班级人数的增多而依次递减，尤其在差别对待和资源配置维度，小班的平均分与超大班额的平均分差值达到0.9。同时，班级规模在20人到55人的教育过程公平状况差距较小，55人以上的大班额班级学生感受到的教育过程公平状况与小班学生感受到的公平状况之间差距悬殊，这证实了班级规模对于教育过程公平的负向影响，根据数据分析的结果来看，这种负向影响主要是通过差别对待过程和资源配置过程作用于学生个体的学习体验中，尤其是在学生数量超标的超大班额，基于学生个性和需要的"差别对待"对于学生来说是极少发生的,学生很少感受到来自教师的关注和学校对于学生自身特长的肯定与引导。

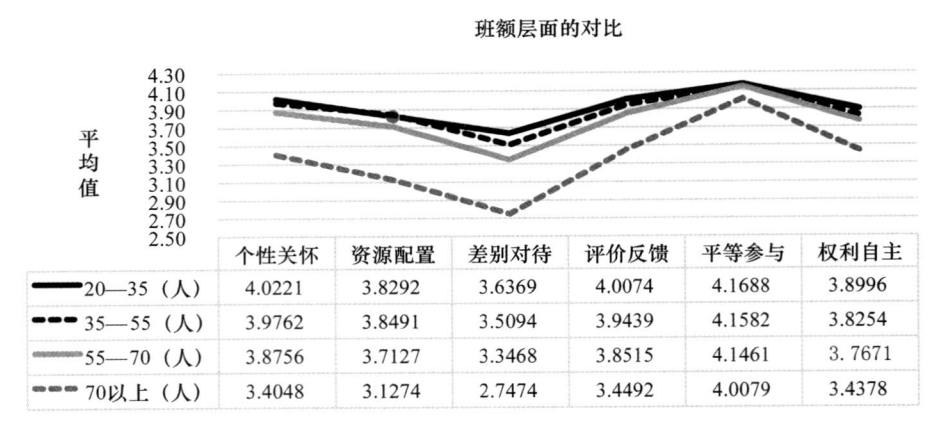

班额层面的对比

	个性关怀	资源配置	差别对待	评价反馈	平等参与	权利自主
20—35（人）	4.0221	3.8292	3.6369	4.0074	4.1688	3.8996
35—55（人）	3.9762	3.8491	3.5094	3.9439	4.1582	3.8254
55—70（人）	3.8756	3.7127	3.3468	3.8515	4.1461	3.7671
70以上（人）	3.4048	3.1274	2.7474	3.4492	4.0079	3.4378

图 4-14 不同班级规模的普通高中教育过程公平六维度的平均值图

五 个体层面的差异

（一）民族间的教育过程公平差异高于不同性别之间

由于本书是基于学生公平感的视角展开的,因此学生个体差异也可能会造成对教育过程公平状况的不同判断。研究选取了性别和民族两个维度来分析,其中,在性别维度,将男生统一赋值为"1",将女生统一赋值为"2";在民族维度,将汉族学生统一赋值为"1",将少数民族学生统一赋值为"2",将数据录入 SPSS 分别进行独立样本 t 检验,得到结果如表 4-23 和表 4-22 所示。

表 4-23　　　　以性别为分组变量的描述性统计结果

	你的性别	个案数	平均值	标准差
资源配置	1	5232	3.7220	0.94046
	2	6303	3.7467	0.91268
评价反馈	1	5232	3.8772	0.86092
	2	6303	3.8654	0.86622

续表

	你的性别	个案数	平均值	标准差
平等参与	1	5232	4.1038	0.77745
	2	6303	4.1702	0.75016
权利自主	1	5232	3.7543	0.86972
	2	6303	3.7894	0.86388
个性关怀	1	5232	3.9104	0.90506
	2	6303	3.8765	0.91921
差别对待	1	5232	3.4534	0.96610
	2	6303	3.3418	0.98792

表 4-24　　不同性别教育过程公平得分的独立样本 t 检验

独立样本检验

		莱文方差等同性检验		平均值等同性 t 检验						
		F	显著性	t	自由度	显著性（双尾）	平均值差值	标准误差差值	差值95%置信区间	
									下限	上限
资源配置	假定等方差	3.909	0.048	-1.429	11533	0.153	-0.02474	0.01731	-0.05866	0.00919
	不假定等方差			-1.425	11017.612	0.154	-0.02474	0.01736	-0.05875	0.00928
评价反馈	假定等方差	1.552	0.213	0.731	11533	0.465	0.01181	0.01616	-0.01985	0.04348
	不假定等方差			0.732	11169.477	0.464	0.01181	0.01615	-0.01984	0.04346
平等参与	假定等方差	5.193	0.023	-4.650	11533	0.000	-0.06632	0.01426	-0.09428	-0.03837
	不假定等方差			-4.635	10991.459	0.000	-0.06632	0.01431	-0.09438	-0.03827
权利自主	假定等方差	0.005	0.942	-2.165	11533	0.030	-0.03509	0.01621	-0.06685	-0.00332
	不假定等方差			-2.164	11117.947	0.031	-0.03509	0.01622	-0.06687	-0.00330
个性关怀	假定等方差	5.948	0.015	1.984	11533	0.047	0.03388	0.01707	0.00041	0.06734
	不假定等方差			1.987	11205.165	0.047	0.03388	0.01705	0.00046	0.06729
差别对待	假定等方差	2.643	0.104	6.103	11533	0.000	0.11163	0.01829	0.07578	0.14749
	不假定等方差			6.115	11230.082	0.000	0.11163	0.01825	0.07585	0.14742

由上述的独立样本 t 检验结果可以看出，除了在平等参与和差别对待两个维度上的 p 值小于 0.05 以外，其余维度的 p 值均大于 0.05，说明原假设仅仅在平等参与和差别对待这两个维度上被拒绝，

也就是说，除了这两个维度以外，不同性别对教育过程公平现状的感受没有显著性差异。观察男女生得分的平均值可以发现，从总体上来看，男生对于教育过程公平状态的感知优于女生（见表 4-25 和表 4-26）。

表 4-25　　　　　　以民族为分组变量的描述性统计

	民族	个案数	平均值	标准差
资源配置	1	10762	3.7439	0.92215
	2	773	3.6190	0.96301
评价反馈	1	10762	3.8756	0.86267
	2	773	3.8023	0.87714
平等参与	1	10762	4.1518	0.75738
	2	773	3.9767	0.82530
权利自主	1	10762	3.7772	0.86490
	2	773	3.7209	0.88998
个性关怀	1	10762	3.8997	0.91009
	2	773	3.7833	0.94564
差别对待	1	10762	3.3931	0.98172
	2	773	3.3832	0.95047

表 4-26　　　　不同民族教育过程公平得分的独立样本 t 检验

		独立样本检验								
		莱文方差等同性检验		平均值等同性 t 检验						
		F	显著性	t	自由度	显著性（双尾）	平均值差值	标准误差差值	差值95%置信区间	
									下限	上限
资源配置	假定等方差	3.434	0.064	3.625	11533	0.000	0.12487	0.03444	0.05735	0.19238
	不假定等方差			3.492	876.766	0.001	0.12487	0.03576	0.05468	0.19505
评价反馈	假定等方差	2.653	0.103	2.280	11533	0.023	0.07331	0.03216	0.01027	0.13635
	不假定等方差			2.247	882.692	0.025	0.07331	0.03263	0.00927	0.13734
平等参与	假定等方差	8.795	0.003	6.170	11533	0.000	0.17509	0.02838	0.11947	0.23072
	不假定等方差			5.728	867.994	0.000	0.17509	0.03057	0.11510	0.23509
权利自主	假定等方差	4.189	0.041	1.746	11533	0.081	0.05636	0.03227	-0.00690	0.11961
	不假定等方差			1.704	880.000	0.089	0.05636	0.03308	-0.00857	0.12128

续表

		独立样本检验								
		莱文方差等同性检验		平均值等同性 t 检验						
		F	显著性	t	自由度	显著性（双尾）	平均值差值	标准误差差值	差值95%置信区间	
									下限	上限
个性关怀	假定等方差	5.880	0.015	3.425	11533	0.001	0.11637	0.03398	0.04976	0.18297
	不假定等方差			3.313	877.857	0.001	0.11637	0.03513	0.04743	0.18531
差别对待	假定等方差	2.571	0.109	0.272	11533	0.786	0.00992	0.03648	-0.06158	0.08143
	不假定等方差			0.280	894.468	0.780	0.00992	0.03547	-0.05969	0.07954

由描述性统计和独立样本 t 检验的结果可知，在教育过程公平六维度上，汉族的得分均高于少数民族，但仅在资源配置、平等参与和个性关怀维度上达到显著（$p<0.05$），说明学生个体对于教育过程公平感受的差异体现在民族这一维度上，应主要关注分配公平中的资源配置、程序公平中的平等参与和互动公平中的个性关怀。

（二）不同成绩学生感知到的教育过程公平差异悬殊

学生的学业成绩表现是衡量其在校表现的重要指标，也是学生学校生活中不可或缺的重要部分。在访谈中发现，学业成绩表现不同的学生对于教育过程公平的理解、困惑和需求都不尽相同，因此，对不同成绩分组的学生进行教育过程公平得分的差异分析是必要的。在量表的设计中，主要以学生自评的方式，将学生过去一年在班级内的学习成绩划分为"很差、较差、中等、良好和优秀"五个等级，分别赋值为"1""2""3""4""5"，将数据录入 SPSS 进行描述性统计、方差分析和 LSD 事后检验，并提出原假设为：不同成绩学生感受到的教育过程公平现状没有显著差异，得到的结果如表 4-27—表 4-29 所示。

表 4-27　不同成绩学生教育过程公平六维度得分的描述性统计

		描述							
		个案数	平均值	标准差	标准误差	平均值的95%置信区间		最小值	最大值
						下限	上限		
资源配置	1	524	3.3012	1.08536	0.04741	3.2081	3.3944	1.00	5.00
	2	1677	3.5343	0.95370	0.02329	3.4886	3.5800	1.00	5.00
	3	5005	3.6895	0.92969	0.01314	3.6637	3.7152	1.00	5.00
	4	3154	3.8880	0.84338	0.01502	3.8586	3.9175	1.00	5.00
	5	1175	4.0031	0.84323	0.02460	3.9549	4.0514	1.00	5.00
	总计	11535	3.7355	0.92543	0.00862	3.7186	3.7524	1.00	5.00
评价反馈	1	524	3.4718	1.01922	0.04453	3.3843	3.5592	1.00	5.00
	2	1677	3.6601	0.87714	0.02142	3.6181	3.7021	1.00	5.00
	3	5005	3.8159	0.87149	0.01232	3.7917	3.8400	1.00	5.00
	4	3154	4.0205	0.77162	0.01374	3.9936	4.0475	1.00	5.00
	5	1175	4.1808	0.79333	0.02314	4.1354	4.2262	1.00	5.00
	总计	11535	3.8707	0.86380	0.00804	3.8550	3.8865	1.00	5.00
平等参与	1	524	3.7772	0.95469	0.04171	3.6953	3.8591	1.00	5.00
	2	1677	3.9047	0.81174	0.01982	3.8659	3.9436	1.00	5.00
	3	5005	4.0543	0.76866	0.01087	4.0330	4.0756	1.25	5.00
	4	3154	4.3120	0.63743	0.01135	4.2897	4.3342	1.00	5.00
	5	1175	4.5417	0.59854	0.01746	4.5074	4.5760	1.00	5.00
	总计	11535	4.1401	0.76334	0.00711	4.1261	4.1540	1.00	5.00
权利自主	1	524	3.3268	1.02744	0.04488	3.2386	3.4150	1.00	5.00
	2	1677	3.5556	0.86826	0.02120	3.5140	3.5972	1.00	5.00
	3	5005	3.7325	0.86630	0.01225	3.7085	3.7565	1.00	5.00
	4	3154	3.9211	0.79187	0.01410	3.8934	3.9487	1.00	5.00
	5	1175	4.0619	0.80270	0.02342	4.0160	4.1079	1.00	5.00
	总计	11535	3.7735	0.86667	0.00807	3.7577	3.7893	1.00	5.00
个性关怀	1	524	3.4113	1.11302	0.04862	3.3157	3.5068	1.00	5.00
	2	1677	3.6212	0.96510	0.02357	3.5750	3.6675	1.00	5.00
	3	5005	3.8312	0.91263	0.01290	3.8059	3.8565	1.00	5.00
	4	3154	4.0623	0.79421	0.01414	4.0346	4.0900	1.00	5.00
	5	1175	4.2935	0.77437	0.02259	4.2492	4.3378	1.00	5.00
	总计	11535	3.8919	0.91293	0.00850	3.8752	3.9085	1.00	5.00

续表

描述		个案数	平均值	标准差	标准误差	平均值的95%置信区间		最小值	最大值
						下限	上限		
差别对待	1	524	2.8370	1.11122	0.04854	2.7417	2.9324	1.00	5.00
	2	1677	3.1363	0.99265	0.02424	3.0888	3.1839	1.00	5.00
	3	5005	3.3435	0.96480	0.01364	3.3168	3.3702	1.00	5.00
	4	3154	3.5608	0.91053	0.01621	3.5290	3.5926	1.00	5.00
	5	1175	3.7622	0.90695	0.02646	3.7103	3.8141	1.00	5.00
	总计	11535	3.3924	0.97962	0.00912	3.3746	3.4103	1.00	5.00

表4-28　不同成绩学生教育过程公平的方差分析

		平方和	自由度	均方	F	显著性
资源配置	组间	334.857	4	83.714	101.144	0.000
	组内	9543.049	11530	0.828		
	总计	9877.906	11534			
评价反馈	组间	356.606	4	89.151	124.604	0.000
	组内	8249.498	11530	0.715		
	总计	8606.103	11534			
平等参与	组间	481.447	4	120.362	222.425	0.000
	组内	6239.291	11530	0.541		
	总计	6720.738	11534			
权利自主	组间	358.989	4	89.747	124.606	0.000
	组内	8304.469	11530	0.720		
	总计	8663.457	11534			
个性关怀	组间	543.401	4	135.850	172.705	0.000
	组内	9069.560	11530	0.787		
	总计	9612.962	11534			
差别对待	组间	533.721	4	133.430	146.034	0.000
	组内	10534.900	11530	0.914		
	总计	11068.621	11534			

表 4-29　　　　不同成绩学生教育过程公平的多重比较结果

因变量			(I) 总体来看，过去一年你的学习成绩在班上属于	(J) 总体来看，过去一年你的学习成绩在班上属于	平均值差值 (I-J)	标准误差	显著性	95% 置信区间	
								下限	上限
资源配置	LSD	1		2	-0.23308*	0.04553	0.000	-0.3223	-0.1438
				3	-0.38827*	0.04177	0.000	-0.4701	-0.3064
				4	-0.58682*	0.04292	0.000	-0.6709	-0.5027
				5	-0.70191*	0.04779	0.000	-0.7956	-0.6082
		2		1	0.23308*	0.04553	0.000	0.1438	0.3223
				3	-0.15519*	0.02567	0.000	-0.2055	-0.1049
				4	-0.35374*	0.02749	0.000	-0.4076	-0.2998
				5	-0.46883*	0.03461	0.000	-0.5367	-0.4010
		3		1	0.38827*	0.04177	0.000	0.3064	0.4701
				2	0.15519*	0.02567	0.000	0.1049	0.2055
				4	-0.19855*	0.02068	0.000	-0.2391	-0.1580
				5	-0.31364*	0.02949	0.000	-0.3715	-0.2558
		4		1	0.58682*	0.04292	0.000	0.5027	0.6709
				2	0.35374*	0.02749	0.000	0.2998	0.4076
				3	0.19855*	0.02068	0.000	0.1580	0.2391
				5	-0.11509*	0.03109	0.000	-0.1760	-0.0541
		5		1	0.70191*	0.04779	0.000	0.6082	0.7956
				2	0.46883*	0.03461	0.000	0.4010	0.5367
				3	0.31364*	0.02949	0.000	0.2558	0.3715
				4	0.11509*	0.03109	0.000	0.0541	0.1760

续表

因变量		(I)总体来看,过去一年你的学习成绩在班上属于	(J)总体来看,过去一年你的学习成绩在班上属于	平均值差值(I-J)	标准误差	显著性	95%置信区间	
							下限	上限
评价反馈	LSD	1	2	-0.18835*	0.04233	0.000	-0.2713	-0.1054
			3	-0.34411*	0.03884	0.000	-0.4202	-0.2680
			4	-0.54879*	0.03990	0.000	-0.6270	-0.4706
			5	-0.70901*	0.04443	0.000	-0.7961	-0.6219
		2	1	0.18835*	0.04233	0.000	0.1054	0.2713
			3	-0.15576*	0.02387	0.000	-0.2025	-0.1090
			4	-0.36044*	0.02556	0.000	-0.4105	-0.3103
			5	-0.52066*	0.03218	0.000	-0.5837	-0.4576
		3	1	0.34411*	0.03884	0.000	0.2680	0.4202
			2	0.15576*	0.02387	0.000	0.1090	0.2025
			4	-0.20468*	0.01923	0.000	-0.2424	-0.1670
			5	-0.36490*	0.02742	0.000	-0.4187	-0.3112
		4	1	0.54879*	0.03990	0.000	0.4706	0.6270
			2	0.36044*	0.02556	0.000	0.3103	0.4105
			3	0.20468*	0.01923	0.000	0.1670	0.2424
			5	-0.16022*	0.02891	0.000	-0.2169	-0.1036
		5	1	0.70901*	0.04443	0.000	0.6219	0.7961
			2	0.52066*	0.03218	0.000	0.4576	0.5837
			3	0.36490*	0.02742	0.000	0.3112	0.4187
			4	0.16022*	0.02891	0.000	0.1036	0.2169

续表

多重比较

因变量		(I)总体来看，过去一年你的学习成绩在班上属于	(J)总体来看，过去一年你的学习成绩在班上属于	平均值差值(I-J)	标准误差	显著性	95%置信区间	
							下限	上限
平等参与	LSD	1	2	-0.12755*	0.03682	0.001	-0.1997	-0.0554
			3	-0.27710*	0.03378	0.000	-0.3433	-0.2109
			4	-0.53479*	0.03470	0.000	-0.6028	-0.4668
			5	-0.76451*	0.03864	0.000	-0.8403	-0.6888
		2	1	0.12755*	0.03682	0.001	0.0554	0.1997
			3	-0.14956*	0.02076	0.000	-0.1902	-0.1089
			4	-0.40724*	0.02223	0.000	-0.4508	-0.3637
			5	-0.63696*	0.02799	0.000	-0.6918	-0.5821
		3	1	0.27710*	0.03378	0.000	0.2109	0.3433
			2	0.14956*	0.02076	0.000	0.1089	0.1902
			4	-0.25769*	0.01672	0.000	-0.2905	-0.2249
			5	-0.48741*	0.02385	0.000	-0.5341	-0.4407
		4	1	0.53479*	0.03470	0.000	0.4668	0.6028
			2	0.40724*	0.02223	0.000	0.3637	0.4508
			3	0.25769*	0.01672	0.000	0.2249	0.2905
			5	-0.22972*	0.02514	0.000	-0.2790	-0.1804
		5	1	0.76451*	0.03864	0.000	0.6888	0.8403
			2	0.63696*	0.02799	0.000	0.5821	0.6918
			3	0.48741*	0.02385	0.000	0.4407	0.5341
			4	0.22972*	0.02514	0.000	0.1804	0.2790

续表

				多重比较				
因变量		(I) 总体来看,过去一年你的学习成绩在班上属于	(J) 总体来看,过去一年你的学习成绩在班上属于	平均值差值(I-J)	标准误差	显著性	95% 置信区间	
							下限	上限
权利自主	LSD	1	2	-0.22879*	0.04247	0.000	-0.3120	-0.1455
			3	-0.40570*	0.03897	0.000	-0.4821	-0.3293
			4	-0.59424*	0.04004	0.000	-0.6727	-0.5158
			5	-0.73510*	0.04458	0.000	-0.8225	-0.6477
		2	1	0.22879*	0.04247	0.000	0.1455	0.3120
			3	-0.17691*	0.02395	0.000	-0.2238	-0.1300
			4	-0.36545*	0.02565	0.000	-0.4157	-0.3152
			5	-0.50631*	0.03229	0.000	-0.5696	-0.4430
		3	1	0.40570*	0.03897	0.000	0.3293	0.4821
			2	0.17691*	0.02395	0.000	0.1300	0.2238
			4	-0.18854*	0.01929	0.000	-0.2264	-0.1507
			5	-0.32940*	0.02751	0.000	-0.3833	-0.2755
		4	1	0.59424*	0.04004	0.000	0.5158	0.6727
			2	0.36545*	0.02565	0.000	0.3152	0.4157
			3	0.18854*	0.01929	0.000	0.1507	0.2264
			5	-0.14086*	0.02901	0.000	-0.1977	-0.0840
		5	1	0.73510*	0.04458	0.000	0.6477	0.8225
			2	0.50631*	0.03229	0.000	0.4430	0.5696
			3	0.32940*	0.02751	0.000	0.2755	0.3833
			4	0.14086*	0.02901	0.000	0.0840	0.1977

续表

因变量		(I) 总体来看，过去一年你的学习成绩在班上属于	(J) 总体来看，过去一年你的学习成绩在班上属于	平均值差值 (I−J)	标准误差	显著性	95% 置信区间	
							下限	上限
个性关怀	LSD	1	2	−0.20999*	0.04439	0.000	−0.2970	−0.1230
			3	−0.41994*	0.04072	0.000	−0.4998	−0.3401
			4	−0.65104*	0.04184	0.000	−0.7331	−0.5690
			5	−0.88222*	0.04659	0.000	−0.9735	−0.7909
		2	1	0.20999*	0.04439	0.000	0.1230	0.2970
			3	−0.20995*	0.02502	0.000	−0.2590	−0.1609
			4	−0.44105*	0.02680	0.000	−0.4936	−0.3885
			5	−0.67223*	0.03374	0.000	−0.7384	−0.6061
		3	1	0.41994*	0.04072	0.000	0.3401	0.4998
			2	0.20995*	0.02502	0.000	0.1609	0.2590
			4	−0.23110*	0.02016	0.000	−0.2706	−0.1916
			5	−0.46227*	0.02875	0.000	−0.5186	−0.4059
		4	1	0.65104*	0.04184	0.000	0.5690	0.7331
			2	0.44105*	0.02680	0.000	0.3885	0.4936
			3	0.23110*	0.02016	0.000	0.1916	0.2706
			5	−0.23117*	0.03031	0.000	−0.2906	−0.1718
		5	1	0.88222*	0.04659	0.000	0.7909	0.9735
			2	0.67223*	0.03374	0.000	0.6061	0.7384
			3	0.46227*	0.02875	0.000	0.4059	0.5186
			4	0.23117*	0.03031	0.000	0.1718	0.2906

续表

因变量		(I) 总体来看，过去一年你的学习成绩在班上属于	(J) 总体来看，过去一年你的学习成绩在班上属于	平均值差值 (I−J)	标准误差	显著性	95%置信区间	
							下限	上限
差别对待	LSD	1	2	−0.29929*	0.04784	0.000	−0.3931	−0.2055
			3	−0.50647*	0.04389	0.000	−0.5925	−0.4204
			4	−0.72379*	0.04509	0.000	−0.8122	−0.6354
			5	−0.92519*	0.05021	0.000	−10.0236	−0.8268
		2	1	0.29929*	0.04784	0.000	0.2055	0.3931
			3	−0.20718*	0.02697	0.000	−0.2600	−0.1543
			4	−0.42450*	0.02889	0.000	−0.4811	−0.3679
			5	−0.62590*	0.03637	0.000	−0.6972	−0.5546
		3	1	0.50647*	0.04389	0.000	0.4204	0.5925
			2	0.20718*	0.02697	0.000	0.1543	0.2600
			4	−0.21732*	0.02173	0.000	−0.2599	−0.1747
			5	−0.41872*	0.03099	0.000	−0.4795	−0.3580
		4	1	0.72379*	0.04509	0.000	0.6354	0.8122
			2	0.42450*	0.02889	0.000	0.3679	0.4811
			3	0.21732*	0.02173	0.000	0.1747	0.2599
			5	−0.20140*	0.03267	0.000	−0.2654	−0.1374
		5	1	0.92519*	0.05021	0.000	0.8268	1.0236
			2	0.62590*	0.03637	0.000	0.5546	0.6972
			3	0.41872*	0.03099	0.000	0.3580	0.4795
			4	0.20140*	0.03267	0.000	0.1374	0.2654

注：*表示平均值差值的显著性水平为0.05。

由方差检验的结果可知，普通高中教育过程公平六维度在学习成绩这一变量上的差异均达到了0.000的显著性水平，说明教育过程公平在不同学习成绩的学生之间存在显著差异。通过描述性统计表、LSD 事后检验和平均值图的结果我们可以看出（见图 4 - 15），教育过程公平六个子维度的得分均与学生的学习成绩呈正相关，其中，在过去一年内成绩不良学生在资源配置、权力自主和差别对待维度的得分最低，成绩"很差"这一组别的学生差别对待维度上的得分仅为 2.8 分，低于中等水平；根据平均值图，可以直观地看出成绩"很好"与"很差"的学生在六个维度上的差值均达到了 0.7，说明学生成绩之间的教育过程公平差异比地域、城乡和学校类型都要显著，因此关注"差生"的教育过程公平体验十分急迫且必要。

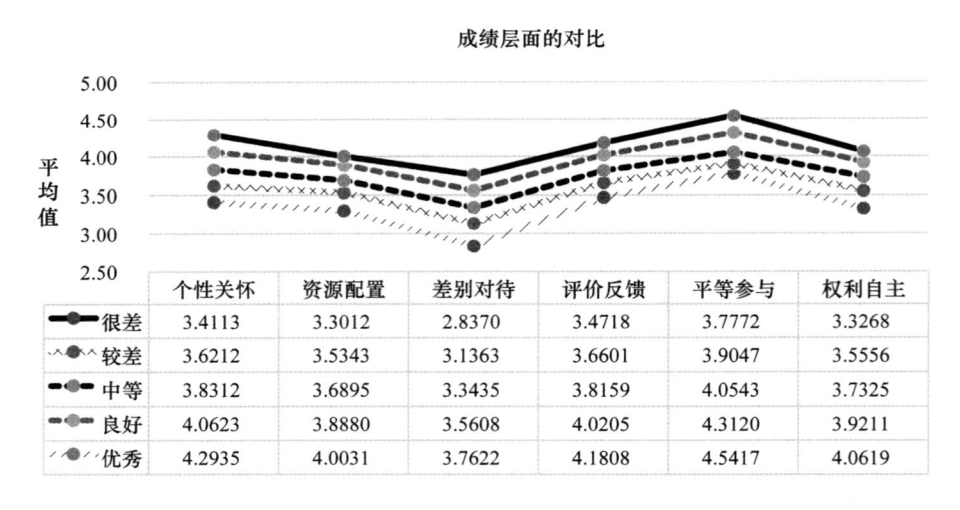

成绩层面的对比

	个性关怀	资源配置	差别对待	评价反馈	平等参与	权利自主
很差	3.4113	3.3012	2.8370	3.4718	3.7772	3.3268
较差	3.6212	3.5343	3.1363	3.6601	3.9047	3.5556
中等	3.8312	3.6895	3.3435	3.8159	4.0543	3.7325
良好	4.0623	3.8880	3.5608	4.0205	4.3120	3.9211
优秀	4.2935	4.0031	3.7622	4.1808	4.5417	4.0619

图 4 - 15　不同成绩学生教育过程公平六维度的平均值图

第三节　普通高中教育过程公平的影响因素

上一节的数据分析结果表明，不同区域、学校、年级、班级以及不同成绩、民族群体间的教育过程公平程度均有显著差异，这些群体间的"差异性"为相关影响因素的提出提供了数据支撑。前文提到，影响普通高中教育过程公平的影响因素从总体上可分为先赋性因素和自致性因素两类[①]，其中，先赋性因素既包括学生既有的个体特征，如性别、民族和智商等，也包括家庭的经济和文化资本，还包括由区位优势、师资优势、班额优势等一系列办学质量优势带来的学校教育资本；自致性因素则指在学校交往中学生个体的行为参与、情感参与以及与之"交换"的教师期望等。相比先赋性因素，自致性因素的"流动性"和"可变性"更强，促进过程公平的关键即在于不断缩减先赋性因素的作用空间，并促进自致性因素对于公平的积极影响。在本节中，将采用多元回归的方法对这些因素进行具体的分析。与相关分析相比，回归分析能够在控制其他自变量的情况下，反映出某个自变量对因变量的独立作用。一般来说，如果要探讨多个自变量对因变量的影响，且因变量为连续变量时，应采用多元线性回归的方法，在应用多元线性回归时，所分析的数据须符合以下基本假定：（1）残差为正态分布；（2）效标变量的各个观察值独立；（3）各预测变量彼此之间没有多元共线性关系；（4）预测变量与效标变量间呈线性关系；（5）残差独立性假定；（6）残差等分散性。[②] 因此，在进行多元线性回归分析之后将先对回归结果进行检验；同时，多元线性回归对变量属性的要求是，如果自变量是类别变量，需转化为虚拟变量方可进行回归分析。因此，在进行多元线性回归分析之前先根据研究假设对相关变量进行操作化处理。

一 研究假设的提出与说明

研究假设是一项实证研究的出发点与落脚点，也是串联研究思路的核心环节。国外学者科林格认为有效的研究假设应满足以下标准：（1）研究假设应能够严格界定对于研究问题有价值的变量，适

[①] 梁茜、代蕊华：《先赋抑或自致：何种因素影响着普通高中学习机会公平？——基于全国 11535 名高中生的实证研究》，《全球教育展望》2022 年第 2 期。

[②] 吴明隆：《问卷统计分析实务：SPSS 操作与应用》，重庆出版社 2009 年版，第 377 页。

切于一项研究的研究目的；（2）研究假设应具备可检验性；（3）研究假设应尽可能地推广和应用，以用作对更多事实的解释。[①] 除此之外，提出研究假设最重要的前提是建立在已有研究的基础上，与研究已有的理论基础紧密相关。[②] 基于以上原则，本书在前述文献和理论综述的基础上，结合前文对普通高中教育过程公平差异性分析的结论，提出普通高中教育过程公平影响因素的研究假设。

  本书的研究范围涉及不同区域和不同层次的公立普通高中，调查对象的基本单位是这些学校里的学生。学校所处的不同区域、学校所属的不同层次、班级所属的不同类别以及性别、民族、成绩等个体特征因子的不同等均可能对教育过程公平产生影响。前文对于普通高中教育过程公平群体间差异的分析结果表明，我国不同区域间（东中西与城乡之间）和不同层次间（示范性学校与一般高中）普通高中的差异显著，不同班级和不同个体（以性别和民族为分组变量）间的差异显著，这可以理解为以经费、师资、硬件设施、班额大小、信息技术手段使用等为代表的显性资源因素影响着学生获得学习资源的多少。而由这些显性的资源投入因素造成的师资水平差异、学校文化差异、课程质量差异等无疑会造成不同学生受教育过程公平的差异。因此，本书假设由不同区域、不同层次、不同班额、不同班级类型以及不同教师质量组成的学校资本因素均对普通高中教育过程公平具有显著影响。

  H_1：学校的地理位置对教育过程公平具有显著影响
  H_2：学校层次对教育过程公平具有显著影响
  H_3：班额对教育过程公平具有显著影响
  H_4：班级类型对教育过程公平具有显著影响

---

① Naroll R., Other: "Foundations of Behavioral Research: Educational and Psychological Inquiry", *American Anthropologist*, Vol. 67, No. 2, Feb. 2010, pp. 600-601.

② 孙健敏：《研究假设的有效性及其评价》，《社会学研究》2004年第3期。

H_5：教师的教龄和学历对教育过程公平具有显著影响

除了上述以学校资本为代表的先赋性因素外，公平是一个在很大程度上涉及人的主观感受的话题，具有不同家庭背景、不同年级、不同性别和不同学习成绩的学生之间的教育过程公平现状会存在一定差异。前文提到，家庭资本主要通过文化资本的形式作用于学生所习得的行为习惯和语言符号，进而通过学校中的社会交往影响自身学习过程中所获得的公平机会。而性别、民族、年级等因素构成不同学生所具有的不同"标签"的特征因子对教育过程公平状态也具有重要的影响。

H_6：学生的家庭资本对教育过程公平具有显著影响

H_7：学生个体特征因子对于教育过程公平具有显著影响

除此之外，根据前文在社会交换理论视野下对学生学习行为和表现与教育过程公平之间的关系探讨，当师生进行社会交往和互动时，师生会以理性原则调整自己的角色行为，各自带有一定的对于"报酬"的期待，对于学生来说，"报酬"意味着得到的知识、热情的态度以及期望和关注等学习机会。相应地，按照互惠原则，教师也期望得到学生积极的行为表现作为对自身努力的"回报"，如果学生无法积极地反馈这种"回报"，教师会感觉到自己的"期望"落空，将不自觉地调整与该生的相处模式和教学期望。[①] 因此，在日常的互动交往中，教师给予学生的期望与关怀越多，教育过程公平的状态就会越好；同时，学生反馈给教师的积极学习行为越多，教育过程公平状况也会越好，学生参与、学生成绩和教师期望等自致性因素会对学生的教育过程公平产生一定影响。

---

① 江淑玲等：《师徒互动对师范实习生专业观念的影响——交换理论的视角》，《华东师范大学学报》（教育科学版）2017年第6期。

H_8：教师期望对于教育过程公平具有显著影响

H_9：学生的学习参与程度对教育过程公平具有显著影响

根据以上研究假设，对于回归分析中涉及的变量作以下操作化处理。

（1）因变量：普通高中教育过程公平的总均值，在量表中，测量教育过程公平的题目共有32道，每道题目的答案都非常不符合到非常符合依次赋1—5分，将32道题加总取平均值得到每个样本的教育过程公平得分，得分越高，表示该名学生感受到的教育过程公平程度越好。

（2）自变量：在可能影响学生受教育过程公平的因素中，按照分类的思想将这些因素分为两大类，第一类因素为先赋性因素，包含变量如表4-30所示。

表4-30　　**影响学生受教育过程公平的先赋性因素变量**

变量类别	具体指标	变量操作化处理
个体特征因子	性别	男=1，女=2
	年级	高一=1，高二=2，高三=3
	民族	少数民族=1，汉族=2
学校教育资本	学校所处省份	西部=1；中部=2；东部=3
	学校所处区域	农村=1；县城=2；直辖市或省会城市=3
	学校层次	普通学校=1；示范性学校=2
	班级规模	20-35人=4；35-55人=3；55-70人=2；70人以上=1
	班级类型	创新/实验班=1；少数民族班=2；普通班=3
	班主任教龄	15年以上=3；5-15年=2；5年以下=1
	班主任学历	硕士及以下=4；本科=3；大专=2；高中或高中以下=1

续表

变量类别	具体指标	变量操作化处理
家庭资本	父亲/母亲最高学历	硕士及以下=4；本科=3；大专=2；高中或高中以下=1
	父亲/母亲职业类型	国家与社会管理者、经理人员和私营企业管理者=5；中层管理人员与专业技术人员=4；一般办事人员=3；产业工人、服务业、农业劳动者=2；城乡无业、失业或半失业者=1
	家庭年收入	30万以上=5；15万—30万=4；7万—15万=3；4万—7万=2；4万以下=1

表4-31　影响学生受教育过程公平的自致性因素变量

变量类别	具体维度	变量操作化处理
学习参与	学习信念	根据每道题目的答案都非常不符合到非常符合依次赋1—5分
	课堂投入	
	师生互动	
教师教育期望		硕士或博士以上=4；重点大学=3；普通大学=2；完成高中学业=1

二　先赋性因素的影响

首先将学生的性别、民族、年级等个体特征因子、师资、班额、学校区位等学校资本以及家庭年收入、父母受教育水平和职业类型等家庭资本因素作为自变量，将加总并进行均值处理后的教育过程公平得分作为因变量，进行"先赋性因素"对教育过程公平影响的多元线性回归，结果如表4-32和表4-33所示。

表 4-32　　先赋性因素对教育过程公平影响的模型摘要表

模型摘要[b]										
模型	R	R^2	调整后 R^2	标准估算的误差	更改统计					德宾－沃森
					R^2 变化量	F 变化量	自由度 1	自由度 2	显著性 F 变化量	
1	0.312[a]	0.097	0.096	0.71047	0.097	88.451	14	11520	0.000	1.954

注：a. 预测变量：（常量），3. 你的民族；10. 你所在的班级班主任的教学年限是；1. 你的性别；7. 你所在的班级人数；14. 你母亲的职业类型是；8. 你所在的班级类型为；11. 你了解到的班主任或任课教师的最高学历；2. 你所在的年级；6. 从办学情况看，你所在的学校属于；5. 你的学校位于；4. 请选择你所在的学校所属省份（市）；15. 你的家庭年总收入大概的分布范围在；12. 你父亲或母亲的最高学历是；13. 你父亲的职业类型是。

b. 因变量：教育过程公平。

表 4-33　　先赋性因素对教育过程公平影响的回归系数表

系数[a]							
模型	未标准化系数		标准化系数	t	显著性	共线性统计	
	B	标准误差	β			容差	VIF
（常量）	1.669	0.143		11.671	0.000		
1. 你的性别	0.004	0.013	0.003	0.317	0.751	0.994	1.006
2. 你所在的年级	-0.158	0.011	-0.136	-14.902	0.000	0.948	1.055
3. 你的民族	0.112	0.028	0.038	4.069	0.000	0.917	1.090
4. 请选择你所在的学校所属省份（市）	0.000	0.001	0.002	0.225	0.822	0.742	1.347
5. 你的学校位于	-0.073	0.016	-0.046	-4.639	0.000	0.799	1.252
6. 从办学情况看，你所在的学校属于	0.260	0.016	0.149	15.832	0.000	0.886	1.129
7. 你所在的班级人数	0.176	0.010	0.177	18.273	0.000	0.836	1.196
8. 你所在的班级类型为	0.032	0.007	0.039	4.281	0.000	0.956	1.046
10. 你所在的班级班主任的教学年限是	0.087	0.011	0.072	7.960	0.000	0.954	1.048
11. 你了解到的班主任或任课教师的最高学历是	0.147	0.013	0.106	11.519	0.000	0.925	1.082
12. 你父亲或母亲的最高学历是	0.004	0.008	0.005	0.491	0.623	0.844	1.184
13. 你父亲的职业类型是	0.004	0.006	0.007	0.698	0.485	0.702	1.424

续表

模型	系数ª			t	显著性	共线性统计	
	未标准化系数		标准化系数				
	B	标准误差	β			容差	VIF
14. 你母亲的职业类型是	0.005	0.005	0.011	1.073	0.283	0.746	1.340
15. 你的家庭年总收入大概的分布范围在	−0.009	0.005	−0.018	−1.979	0.048	0.913	1.095

注：a. 因变量：教育过程公平。

根据回归分析的结果，先用容差及方差膨胀系数（VIF）来检验多元回归分析是否具有多元共线性问题，一般认为，容差小于0.1，方差膨胀系数（VIF）大于10表示变量间有线性重合问题，上述14个自变量的容差值在0.7—0.9，VIF值均在1—2，表示进入回归方程式的自变量间没有明显的多元共线性问题。结合直方图、样本标准化残差值的正态概率分布图以及标准化残差值与标准化预测值的交叉散布图的结果，可以发现样本观察值大致符合正态性假定、回归标准化残差值没有极端值出现、散布图的点大致位于0值上下呈水平的随机分布，因而样本观察值符合正态性及方差齐一性假定。

根据回归模型的结果，可得出标准化后的回归模型如下：

教育过程公平 = $0.003 \times$ 性别 + $(-0.136) \times$ 年级 + $0.038 \times$ 民族 + $(0.002) \times$ 省份 + $(-0.046) \times$ 区域 + $0.149 \times$ 学校层次 + $0.177 \times$ 班级规模 + $0.039 \times$ 班级类型 + $0.072 \times$ 班主任教学年限 + $0.106 \times$ 教师学历 + $0.005 \times$ 父母学历 + $0.007 \times$ 父亲职业类型 + $0.011 \times$ 母亲职业类型 + $(-0.018) \times$ 家庭总收入

在回归模型中，标准化回归系数 β 的绝对值越大表示该预测变量对效标变量的影响越大，其解释因变量的变异量也会越大。从回归方程中可以看出，学校层次解释了 14.9% 的变异量、班级规模解释了 17.7% 的变异量、教师学历解释了 10.6% 的变异量、班主任教龄解释了 7.2% 的变异量，在先赋性因素中，这几个因素对于教育过程公平的影响较大。对 14 个自变量回归系数显著性检验未达显著（$p>0.05$）的变量有性别、学校所属省份、父母学历和父母职业类型，在回归分析中，未达显著水平的预测变量不一定与效标变量无关，而是很可能与其他自变量有某种程度的关系，因此应结合相关系数矩阵加以解释。在本次回归分析的相关系数矩阵中，除了"性别"和"母亲职业类型"外，其他变量均通过了显著性检验，其中，"省份"与"民族""班级规模"等变量间的相关程度较高，"父母学历"与"职业类型"相关程度较高、"家庭年总收入"与"父母职业类型"相关程度较高，这可能是造成这几个变量在回归分析中未达到显著的原因。因此，可以得出除了性别与母亲职业类型这两个因素外，其他 14 个因素均对教育过程公平产生了不同程度的影响，其中，学校层次和班级层次越好，教育过程公平程度越高；班级规模越小，教育过程公平程度越高；教师的教龄越高、学历越高，教育过程公平程度越高。这说明，学校资本对于学生受教育过程公平的影响较大，而家庭资本对学生受教育过程公平的影响较小，学校资本因素对于过程公平的影响远远超过家庭资本因素的影响。综合以上讨论，本书的假设 H_1、H_2、H_3、H_4 和 H_5 均得到验证，即学校所处的区域因素、学校办学水平、班额、班级类型、教师的教龄与学历等学校资本这一类先赋性因素均对于教育过程公平具有显著影响；在假设 H_7 中，经数据分析表明，学生的年级和民族特征对于教育过程公平具有显著影响，而性别不构成对教育过程公平的显著影响，因此假设 H_7 未完全成立；学生的父母学历、家庭收入等构成的家庭资本因素对教育过程公平的影响不显著，假设 H_6 "家庭资本对于教育过程公平具有显著影响"未成立。

三 自致性因素的影响

受到社会交换理论的启发，本书假设师生微观互动中的教师教学期望和学生的学习参与状况可能对教育过程公平得分具有某种程度的影响，为了进一步研究这两者和教育过程公平总体得分之间的关系，以标准化处理之后的教育过程公平得分为被解释变量，以教师期望和学生学习参与的三个维度为自变量，采用多元线性回归分析方法，得出线性回归结果，见表4-34。表4-34显示回归模型的容差均大于0.1且VIF均小于10，说明变量间不存在线性重合问题。[①] 结果显示，回归模型通过了整体的显著性检验（Sig值为0），说明学生参与和教师期望对于教育过程公平状态具有显著性影响，其中，这四个预测变量与教育过程公平的多元相关系数为0.567，决定系数（R^2）为0.322，调整后的R^2为0.322，R^2变化量等于0.322，表示这些预测变量共可解释"教育过程公平"这一效标变量32.2%的变异量，相比先赋性因素，微观层面上的自致性因素对教育过程公平发挥的影响效应更大。

结合回归系数的结果，可以得出多元线性回归模型的计算公式为：教育过程公平 = （-0.047）×课堂投入 + 0.422×学习信念 + 0.197×师生互动 + 0.099×教师期望。也就是说，在影响教育过程公平的因素中，课堂投入在4.7%的范围内会对其产生负向影响，学习信念可解释42.2%的变异量，对教育过程公平的影响最大，师生互动可解释21.3%的变异量，教师期望可解释9.9%的变异量（见表4-35）。

[①] 吴明隆：《问卷统计分析实务》，重庆大学出版社2010年版，第389页。

表4-34　　　　自致性因素对教育过程公平影响的模型摘要表

模型摘要[b]

模型	R	R^2	调整后R^2	标准估算的误差	更改统计					德宾-沃森
					R^2变化量	F变化量	自由度1	自由度2	显著性F变化量	
1	0.567[a]	0.322	0.322	0.61538	0.322	1368.927		11530	0.000	1.859

注：a. 预测变量：（常量），教师期望，师生互动，学习信念，课堂投入。
　　b. 因变量：教育过程公平。

表4-35　　　　自致性因素对教育过程公平影响的回归系数表

系数[a]

模型		未标准化系数		标准化系数	t	显著性	共线性统计	
		B	标准误差	β			容差	VIF
1	（常量）	1.462	0.038		38.823	0.000		
	教育期望	0.124	0.010	0.099	12.203	0.000	0.888	1.126
	学习信念	0.416	0.012	0.422	35.622	0.000	0.419	2.386
	师生互动	0.170	0.009	0.197	18.462	0.000	0.519	1.928
	课堂投入	-0.049	0.013	-0.047	-3.752	0.000	0.372	2.686

注：a. 因变量：教育过程公平。

由于教师期望和学习参与的不同维度对学生感知到的教育过程公平产生的影响大小不一，因此结合Persons相关分析的结果来分别探讨课堂投入、学习信念和师生互动与教育过程公平之间的相关关系。如表4-36所示，学习信念与教育过程公平的相关系数达到了0.537，属于中度相关，说明在学习参与的三个维度中，学习信念对教育过程公平的影响最大，其次是师生互动和课堂投入，教师期望与教育过程公平的相关系数为0.269，虽然是低度相关，但也说明教师期望与学生感知到的教育过程公平之间具有某种联系。对于自致性影响因素的分析结果表明，学生的学习态度比学习行为更能影响自身在教育过程中公平机会的获得，正如在访谈中许多教师频繁提到的，"学习态度是第一位，成绩和基础倒是其次"，在实际的教学过程中，能让教师产生放弃行为的往往是"不愿意学"和"自暴自弃"的学生，因此，在自致性因素中，学生的学习态度与信念是影响其受教育过程公平的关键因素。

综合上述分析，本书的假设 H_8 和 H_9 得到验证，即教师期望和学生参与均对教育过程公平具有显著影响。

表4-36　　自致性因素各维度与教育过程公平的相关性分析

		相关性				
		教育过程公平	教师期望	学习信念	师生互动	课堂投入
皮尔逊相关性	教育过程公平	1.000	0.269	0.537	0.451	0.428
	教师期望	0.269	1.000	0.304	0.284	0.298
	学习信念	0.537	0.304	1.000	0.611	0.743
	师生互动	0.451	0.284	0.611	1.000	0.669
	课堂投入	0.428	0.298	0.743	0.669	1.000
显著性（单尾）	教育过程公平	.	0.000	0.000	0.000	0.000
	教师期望	0.000	.	0.000	0.000	0.000
	学习信念	0.000	0.000	.	0.000	0.000
	师生互动	0.000	0.000	0.000	.	0.000
	课堂投入	0.000	0.000	0.000	0.000	.
个案数	教育过程公平	11535	11535	11535	11535	11535
	教师期望	11535	11535	11535	11535	11535
	学习信念	11535	11535	11535	11535	11535
	师生互动	11535	11535	11535	11535	11535
	课堂投入	11535	11535	11535	11535	11535

通过上述回归分析的结果可知，先赋性因素中学生所在的学校层次、班级规模、教师教龄和学历以及自致性因素中学生的学习信念、师生互动和教师期望对教育过程公平的影响较大；这些结果表明，对于普通高中教育过程公平来说，家庭资本发挥作用的空间很小，而学校办学资源、制度、质量以及师生交往中的学生参与和教师参与等因素发挥了较大的影响。

小　结　数据结果与讨论

　　数据虽不能代表事实的全貌，却能引出事实。在前文对于问卷调查所得数据的统计分析中，发现在教育过程公平的六个子维度中，分配公平中的资源配置子维度、程序公平中的权利自主子维度和互动公平中的差别对待子维度的得分相对较低，其中"差别对待"这一维度无论在哪个群体中的得分均较低，而"平等参与"维度在各个群体中的得分均较高，这一数据结果道出了现阶段我国普通高中教育公平发展的"让人欢喜让人忧"的整体状态，即以往公平理论研究和实践聚焦的重点——人人参与教育活动的平等权利已经基本得到保障，而旨在学生个性化与多样化发展的差异公平情况却不甚理想，在平等参与的基础上对于学生自主选择和规划权利的保障不足，构成了新时代我国高中教育走向"公平而有质量"的棘手难题。而学生对于"希望我在学习和人生规划中能有更多的选择权"与"希望老师能更多地发现我的个性与特长"的公平诉求更加凸显了提升差异公平理念和实践水平的必要性和紧迫性。同时，学生对于学校资源配置的强烈诉求表明无论公平发展到哪个阶段，学习资源都是一个重要的因素，它并不仅仅指向教育起点或教育外部，也影响着学生微观学习过程的方方面面，对于学习资源投入质量的关注永远不会"过时"。在对普通高中教育过程公平的影响因素分析的结果中发现，在高中教育阶段，与家庭资本相比，学生所持有的"学校资本"（包括学校层次、班级类型、教师质量、师生交往等）是影响学生受教育过程公平的主要因素。具体来说，研究发现如下。

　　第一，资源配置的不平衡与不充分依然是阻碍区域（包括不同省份和城乡之间）层面的教育过程公平的主要因素。在分配公平维度，中部和西部的程度相似，两者与东部的差距均较为悬殊；在程序公平和互动公平维度，则呈现中部与东部的差距较小，两者与西部的差距较大的状态，这说明中部地区在公平理念和实践上取得了长足的进展，但资源硬伤是阻碍中部地区教育公平的"顽疾"。

第二，示范校与普通校之间差距较之区域之间而言更大，说明攻克公平难题的"主战场"已经从区域之间转移到了学校之间。

第三，在年级层面，高二年级的学生感受到的教育公平程度最低，而刚刚进校不久的高一年级学生对于过程公平的体验较好，这说明随着年级的升高，学生对于教育过程公平的感受呈下滑的状态，高中学校内部的公平问题亟待关注。

第四，在班级层面，少数民族班级在不同的公平维度上得分均处于"谷底"，这说明学校对于相对弱势群体的关注不够。而与我们的预设不符的是，调研样本中的"创新班""实验班"等"重点班级"的教育过程公平得分低于平行班，在现实的学校情境中，这些班级往往享有更好的师资、更充足的资源配置、更多的学习机会，而学生对于教育过程公平的感受却低于普通班的学生，这一方面体现了饱受关注的"尖子生"群体可能对于公平有着更高和更为细腻的追求，另一方面也体现了这部分学生在学习中面临着更高的期许和更大的应试压力。

第五，问卷呈现的结果显示，超大班额的学生在教育公平的六个子维度上的体验都相对较差，尤其是在"个性关怀"和"资源配置"上的得分较低，说明班级人数超额十分不利于教育过程公平，控制高中班级的班额是提升公平和质量的重中之重。

第六，从不同成绩学生所呈现的教育过程公平结果来看，自评成绩为"很差"的学生与自评成绩较好的学生在六个子维度上的差值达到了0.7，这说明学生个体之间的教育过程公平差异远远超过区域、校与校、年级和班级之间，关注不同学生群体，尤其是学业成绩不良群体的公平感受对于教育过程公平程度的提升有着至关重要的作用。

第七，在影响普通高中教育过程公平的因素中，先赋性因素中的家庭经济资本和文化资本的影响较小，学校层次、教师学历和教龄和班级规模等学校教育资本的影响较大，这一方面说明家庭资本对于普通高中教育过程公平的介入力量较弱，有利于学校教育公平的实现；另一方面也更体现了教育过程中和学校内部环境中的公平的重要性。自致性因素中的学生学习信念对教育过程公平的影响最大，而学习信念同时也受到师生互动过程和教师期望的影响，这说明，教育过程公平的现状主要是由不同学校的办学质量"撬动"的资源配置过程、程序实施过程及微观的师生互动过程构成的，学校内部的教师质量、班级规模、师生交往等因素构成了影响普通高中教育过程公平的主要因素。

第五章

公平之困：
普通高中教育过程公平的困境表征

在本章中，通过对访谈文本的编码分析，梳理和总结了当前普通高中教育过程公平的三重困境：第一，分配过程不公平，具体表现为中部地区和县域的资源"中部塌陷"、重点班和非重点班级之间的教育资源配置的不均衡、因教育资源供给过程中欠缺对于学生需求的精准调研而导致已有资源配置无法满足学生现实的学习和发展需要的资源供给不充分，以及在教育改革政策执行过程中未充分考虑不同政策受众群体的实际情况，缺乏与政策要求相配套的资源补偿等困境，分别体现了平等、差异和补偿的不足与匮乏；第二，程序过程不公平，具体表现为制度本身的公平性争议、评价筛选中的隐性分层和对学生自主权利的干预与剥夺，尤其是在高中育人方式改革的背景下，教师和家长扮演了学生生涯选择的"代理人"角色，未能真正落实学生的选择权，违背了差异公平的初衷；第三，互动过程不公平，具体表现为教师在教育实践中感受到的"有教无类"和"因材施教"的矛盾，常常采取错误的"因材施教"理念，越过平等这一基础性原则对学生进行"区别对待"，对低成就学生群体倾向于采取漠视或放弃的态度，且有关性别、城乡、学习成绩好坏等"标签"在学校内部广泛存在，危害着互动过程的公平。

第一节 分配过程不公平

问卷数据分析的结果显示，分配公平中的"资源配置"维度的得分较低，且在不同区域、学校层次、班级类型和班级规模间差异显著，在区域层面的差距最大。聚焦于教育过程的公平核心即排除教育系统所无法控制的外部变量，如性别、种族、社会地位和所处区域等，使所有学生都能根据教育本身的逻辑，公平地享有教育资源。然而，这种教育公平发展的应然逻辑目前还无法完全地实现，教育过程依然难以排除外部条件的干扰，教育资源配置的"不平衡与不充分"即教育公平"应然"与"实然"之间的差距依然是普通高中教育过程公平困境中的具体表征。其中，教育不平衡的问题集中体现为城乡差距、区域差距、校际差距和群体差距中，"不平衡"既有短板也有整体中的局部短缺，不充分则主要表现在质量水平不够优，个性化教育供给不足。① 问卷的结果显示，普通高中资源分配过程的不平衡主要表现在区域和城市、县城、乡村之间的"中部塌陷"现象以及学生个体之间资源调控的"层级性"和"优先性"；不充分主要表现在已有的资源配置难以满足学生的实际发展需要，呈现供需矛盾的困境，同时，在进行高中育人方式改革时，往往缺乏对于弱势群体相应的资源补偿措施，导致这些弱势群体在改革中处于更加弱势的地位。

一 资源配置的不均衡

图 5-1 显示了区域层面的图书馆、多媒体以及生涯咨询和指导部门等相关教育资源的配置统计情况，可以看出东部与中西部之间

---

① 杨小微：《迈向 2035：中国教育现代化的目标定位》，《华中师范大学学报》（人文社会科学版）2019 年第 5 期。

的配置悬殊，教育资源配置在区域之间呈现不均衡的状态。

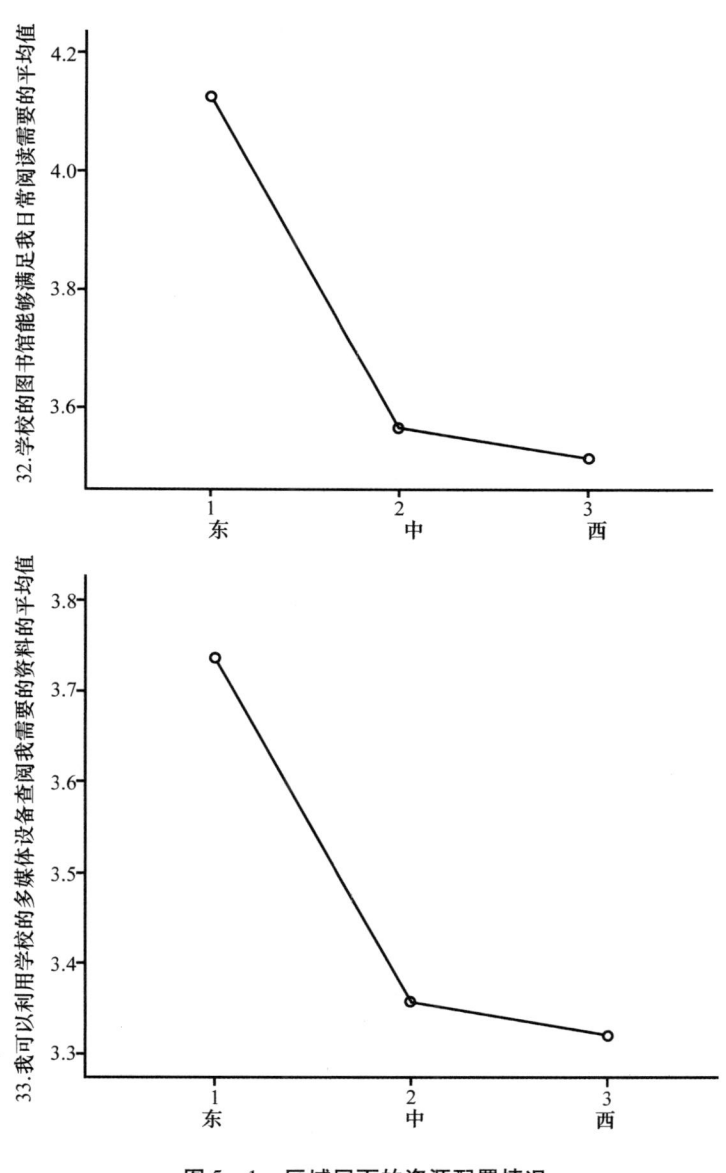

图 5-1　区域层面的资源配置情况

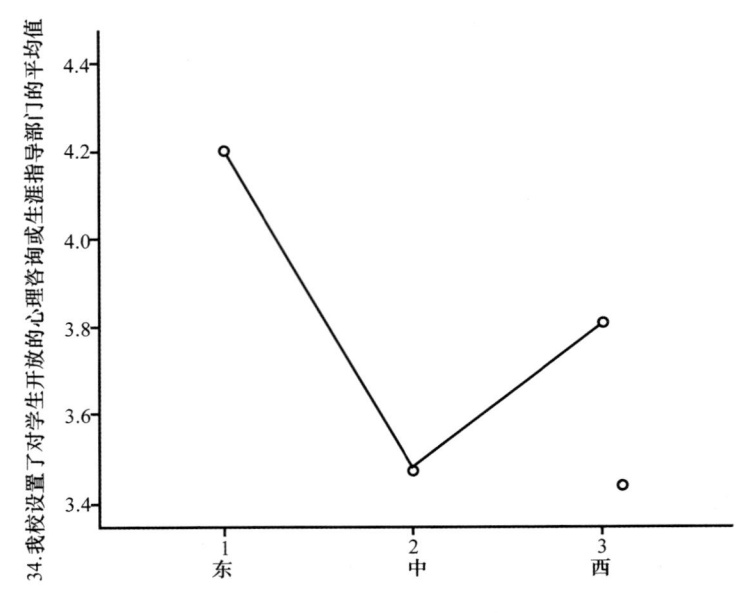

图 5-1　区域层面的资源配置情况（续）

其中，"学校设置了对学生开放的心理咨询或生涯指导部门"题项的调查结果呈现生涯教育资源配置的"中部塌陷"特点。事实上，教育资源投入的"中部塌陷"现象近些年已经得到了许多研究者的关注[1]。在教育资源的众多类型中，教育经费是最根本的资源类型，我国学者薛海平的研究表明普通高中地区间教育经费投入差距较大，且这种差距呈扩大趋势，其中，在"十二五"期间，全国普通高中生均事业经费的均值是 7931.22 元，东部地区的均值为 14832.21 元，西部均值为 8141.15 元，而中部地区的均值最低，只有 6421.42 元，这说明公共财政对于中部地区普通高中发展的支持力度严重不足[2]。在访谈中，一位来自湖北的普通高中校长也谈到了这个问题。

---

[1] 王远伟，2010；薛海平、唐一鹏，2016；李鹏，2017；汪传伟、雷万鹏，2017。

[2] 薛海平等：《我国普通高中教育经费投入：现状、问题与建议》，《教育学报》2016 年第 4 期。

普通高中教育过程公平的问题非常重要，但是要想实现公平，就不能没有充足的教育资源支持。目前的情况是，历史上欠账太多，条件和保障不足以支撑普通高中教育公平的层层深化。举个例子，新高考改革的初衷非常好，能够帮助学生找到兴趣，这是最高层次的公平，但现实是我们市 17 所公办普高，空余教室有 10 间的只有 4 所学校，走班教学难以进行。5—10 间教室的只有 3 所学校，其余学校没有一间空余教室。所以，硬件条件没有保障。以后可能要以科目来定教室才行得通。目前国家对义务教育的财政保障力度较大，职业教育也有大投入，但是国家投入的普通高中资金支持比较少，收费和成本分担比例在降低，重担就压在地方政府，对于中西部等"造血"能力不足的地区，实际上很难承担。高中是腰，但是目前的腰太软，普高得到的资源保障太少，最终只能是短腰工程、细腰工程。

（引自访谈对象 M4，2019 年 7 月 19 日）

在这段访谈资料中，该校长提到了普通高中资源配置不足的两方面问题：其一是从教育系统的纵向体系来看，国家对普通高中财政投入的占比较低；其二是从经济发展的区域水平来看，中西部地区的财政"造血"能力较弱，在整体教育资源配置的过程中呈弱势地位。这也是目前制约普通高中教育资源配置实现"平衡"和"充分"的主要瓶颈，在"以县为主"的普通高中教育财政体制下，学生能否得到发展所需的足够的教育资源在很大程度上取决于所处地市的经济发展水平，这对于学生来说不仅仅意味着进入好学校的机会多寡或是所接触的教师水平的差异，而是贯穿教育全过程的不公平。拿生师比这个影响教育公平与质量的关键要素来说，据 2015 年《中国教育统计年鉴》的数据，普通高中生师比的全国平均水平为 14∶1，而江西、河南、广西和贵州四省的生师比超过 16∶1，中西部地区的师资力量短缺直接影响着教育质量与过程公平。① 然而，地区的经济发展水平在短期内很难达到质的改变，而学生的发展与成长却是一天也不可停歇的，是否有其他的机制能够阻断经济水平和教育公平之间的必然联系，使有限的教育资源发挥最大化的作用呢？在调研中，一位来自西部贫困县的教师分享了自己的看法：

> 我们县的财政收入水平在省内排倒数，但是县域内的6所普通高中的生均经费在省内均位于前列。我认为这得益于国家政策的扶持，让我们的学生能够在艰苦的经济发展条件下，获得最大程度的教育资源支持。近几年，国家精准扶贫对于深度贫困地区的政策支持力度很大，扶贫项目很大，县里的领导也很重视，尤其是对于教育这块儿的倾斜力度很大，近几年学校新建了多媒体教室、室内篮球场等，学生在校的幸福感也越来越高。
>
> （引自访谈对象 T11，2019 年 9 月 5 日）

这段访谈资料提到了国家政策对于促进教育公平的关键作用，也从一定程度上佐证了教育资源投入"中部塌陷"的关键原因，在地区自身经济发展水平不足以支撑教育资源供给的情况下，一方面要加大总的财政投入，为中西部地区的教育资源"开源"；另一方面则要因循公平的补偿性原则，出台相关的补偿政策，重点帮扶教育资源短缺的落后地区。事实上，教育资源投入的"中部塌陷"不仅体现在地区之间，根据问卷数据显示，县城高中在分配公平维度上的得分低于农村高中，这说明在城乡层面，也同样存在着"重视两头、忽视中间"的不公平现象。这种现象很大程度上与我国独特的"县中模式"有关，要在严重短缺的资源环境中求得最大的教育收

---

① 于璇：《我国中西部贫困地区普通高中教育发展困境与治理路径研究》，博士学位论文，华东师范大学，2019 年，第 159 页。

益，学生在校内的公平感与幸福感便自然而然地成为牺牲品。要改善资源分配不平衡和不充分的状态，最为根本的是，在地区内或是学校内的教育资源总量一定的情况下，关注基于学生个体发展的资源配置公平，这就需要学校充分发挥教育本身的"育人性"作用，公正地对待每一位学生。但目前的现实情况是教育资源在学生个体层面传递的不公平机制更为复杂，具体体现为"重点扶持校"的资源垄断和"重点班级"学生的优先对待。

> 高中教育的公平和义务教育阶段的公平不一样，不是完全"一刀切"的均衡，而是要体现不同学校的特色。然而，在资源配置这个方面，我认为应该是要平等对待的。拿我们区来说，教育局重点扶持的高中只有两三所，这两三所学校的教师无论是课题申请还是交流访学都有非常多的机会，教师的视野不一样，学生的发展空间自然就跟着不一样，这就导致了学生在校内所接受的教育不公平。我不是对学校的特色化和多样化发展有意见，高中理应朝着多元的方向走，但是目前不管是区域之间还是区域内部，资源集聚的方式依然是看哪个学校考上的清华北大多、教出来的状元多，这是不公平的，首先要给所有学校一个公平的资源支持环境，然后才能谈多样化发展。
>
> （引自访谈对象 M3，2019 年 7 月 2 日）

上述的访谈记录谈到了在区域内部教育资源分配的不公平现象，更多的机会和资源朝着"重点"学校倾斜，不断地加剧着教育的马太效应，损害着促进教育过程公平的资源根基。而在这个不平等机制的形成过程中，最为关键的原因即社会对于"重点校"的理解目前依然是以高考成绩为导向，高中教育的"分层性"过于显著，阻碍着高中学校朝着"分类""多元"和"个性"的育人方向发展。正如访谈中这位书记提到的，诚然高中教育不能追求"一刀切"的均衡，但在资源配置的环节却依然要遵循平等的原则，使人人都有接触优质教育资源的机会，能够拥有良好发展的可能性。对于"重点班级"学生的优待也是遵循一样的逻辑，在调研中，有学生提到学校的多媒体教室属于创新班学生的"特权"，其他班级的学生很难借到教室，而所谓的创新班也是打着"创新发展"幌子的"竞赛班"和"状元班"，由中考自主招生和统考中名列前茅的学生组成，配备的都是学校最具经验的老教师，采用小班化教学的模式，每天还有专门的晚自习辅导。这种"特权"违背了分配公平的核心——权利平等，罗尔斯所说的"社会基本善——自由和机会、收入和财富及自尊的基础都应被平等地分配"背后蕴含的核心思想即人人都享有平等的权利。

在教育过程中，学生的受教育权和发展权应遵循人人平等的原则，而资源配置正是这种权利在现实教育生活中的显性体现。这种资源享有权利的平等并不是要将完全相等和相同的资源份额与类型分配给每一位学生，而是指每个学生接触到优质资源的机会均等，比如在访谈中学生提到的科创班的学生"占领"了多媒体教室的现象，由于科创班学生发展方向的需要，为他们配备专门的多媒体教室无可厚非，但对于其他普通班的学生来说，学校是否也为他们配置了相应的符合他们发展方向的学习资源？笔者认为，混淆了普通高中教育的"差异性"和"层级性"是当前普高在分配公平方面的主要问题，科创班的学生有"特权"享受更多的教学资源，而普通班的学生并无这种权利，这是打着差异发展的"幌子"传递"层级性"的不平等；而让"能文"的学生拥有读书的长廊，让"能武"的学生拥有训练的操场，不偏不倚地将相对应的资源分配给相对应的群体，才是普通高中走向多样化、育人模式走向差异化的应有之义。

二 资源供给的不充分

长久以来，对于教育公平问题的关注往往站在教育者和成人的角度，忽略了学生的声音。而"公平"的本质其实是由事实引发的主观体验和感受，对于"公平"问题的研究应落脚于"公平感"。普通高中教育资源配置的不充分即针对学生个体对于教育资源的需求来看的，以学生对于分配公平的感受来评价资源配置中的不充分。有学者认为，当前教育中的"不充分"影响着学生教育获得感的公平，具体体现为教育质量提升的不充分，对人们的多样化教育需求满足不充分，当新技术和新课堂进入学校，学校所做的准备不充分以及学校教育对未来社会转型发展的关注不充分。① 在对于普通高中教育过程公平的研究中，课程及教学资源的准备和使用不充分是尤为突出的问题。从问卷分析的结果来看，"资源配置"维度的总体平均分达到 3.7355，处于较好水平，然而在学生对于改善学校公平状况的需求中，排在第二位的即"希望学校的硬件资源更丰富"，这说明在资源配置的过程中，数量上的"有无"和"多寡"不能代表"需要满足与否"，学生对于教育资源的使用感应是衡量分配公平的重要标准。在访谈中，有不少学生对笔者提及"学校的多媒体教室只有在上公开课才会用""学校的室内篮球场只有在例行检查和办运动会的时候才对学生开放"等自己认为的"不公平"现象。在调研中，笔者还发现中部农村地区的高中教师的多媒体基本全新，仅仅作为"摆设"置于教室里，这与笔者十年前在中部地区读高中时的情况毫无两样，说明在一些师资水平较低、办学条件不足的学校，对于教学资源的利用率很低，且这种现象长期存在。学校硬件资源的闲置情况背后体现了管理者的积极性不足、师资力量薄弱以及使用和维护经费匮乏等困境，"不平衡"的问题大部分是硬资源配置的问题，而"不充分"的问题则属于软资源配置的问题，相对来说更为顽固也更难解决。

学校有图书室，但学生都不爱用，图书室里的书主要是教

---

① 安雪慧：《教育发展的不平衡与不充分》，《光明日报》2018 年 1 月 23 日第 13 版。

辅用书，很难吸引他们的兴趣。我是语文老师，所以还挺重视学生读书这一块儿，向领导反映过这个问题，希望能定期更新图书馆的藏书，但领导比较忙，并且平时上面的检查也不管这个，只是看学校图书馆建设的情况，达不达标，没人考核学生使用率高不高。另外，即使是增加了学生爱读的书目，比如经典小说之类，也必须我们这些班主任三令五申地要求他们去读，还要上交读书笔记才有效，现在的学生大多不爱读书，尤其是高中生高考的压力较大，有一点空闲时间的话好学生更愿意上自习做题目，差一点的学生更愿意休息，所以读书这个事情还是很棘手的。

（引自访谈对象 T9，2019 年 6 月 5 日）

该名受访者是一位来自东部示范性高中的年轻老师，她关注到了学生的图书馆利用率不高这个问题，并设法向领导反映，但由于"领导太忙""没人考核"以及学生的应试压力大等原因而只能将这个问题搁置，这里面既包含了资源供给和需求之间的矛盾问题，也包含了教育管理中的"走过场"问题以及高中教与学的功利性问题。这一系列复杂的"软资源"问题需要依靠系统性的改革来改善，而不能仅仅依靠数量上的资源投入与倾斜。

学校设有心理咨询室，说是能够帮助我们分析学习压力的问题，或者指导我们了解各行各业，帮助我们在高考中填报志愿。但咨询室的值班老师是各个高三年级的班主任，谁敢去呀！一不小心还会被班主任发现自己心理有问题。在去年寒假的时候，学校办过生涯指导的讲座，当时觉得挺受触动的，但是真到自己进行选择的时候还是没有头绪，我觉得一次两次的讲座帮助虽有但不是很大，还是日常生活中这方面的指导比较缺乏。

（引自访谈对象 S16，2019 年 9 月 2 日）

在当前新高考改革的背景下，面对着选考、选科、选专业和选大学等一系列"选择题"，生涯指导的重要性日益凸显，高中教育给了学生越来越多的选择性，但目前仍缺少相对应的人力、物力资源来培养学生理性选择的能力。一项对上海市 5 所公立普通高中的调查数据表明，有 66% 的学校是班主任承担学生生涯发展和指导的工作，仅有 20% 的学校聘请了专业的心理教师和生涯咨询师，有 31% 的学生报告生涯指导活动开展的频率为一学期一次，46% 的学生认为学校已开展的生涯教育活动成效一般，这说明即使是在上海这种教育较为发达的地区，生涯指导投入的人力资源、物力资源和时间成本等都远远未满足学生的需求。① 普通高中教育资源配置的"不充分性"对学生的分配公平感产生了较大的负面影响。

三 改革配套的资源补偿不足

《普通高中课程方案》（2017 年版）在 2003 年版的基础上提出了对于高中课程改革更高的要求，在课程类型的设置上，将课程类别改为"必修课程、选修性必须课程和选修课程"，在毕业总学分不变的情况下增加了选修课的比例，为学生的自主选择提供了空间，同时也给予了地方、学校一定的课程自主权。② 在学校内部，课程不公平是影响学生教育过程公平的最为直观的因素，而育人方式改革背景下的普通高中课程不公平现象主要体现在不同层次的学校在开发校本课程这一环节中的能力和水平的差距。开发校本课程的能力成为新时代普通高中之间质量竞争的"隐性资本"。由于不同学校的办学历史、条件、师资等因素的影响，开发和管理校本课程的能力也大不相同。一些基础较好的高中学校因其优异的师资、丰富的教育资源以及较为成熟和系统的校本课程体系（包括各种文化活动、

---

① 梁茜：《普通高中生涯发展规划与指导的现状研究——基于上海市 5 所普通高中的实证调查》，《基础教育研究》2016 年第 9 期。

② 郭华等：《中国普通高中课程结构改革的 70 年探索》，《中国教育学刊》2019 年第 10 期。

社团小组、特色项目等）在一开始就占据了校本课程质量"排头兵"的位置，而另外一些教育资源和师资水平薄弱的学校，尤其是农村学校则被进一步边缘化，从这个层面上讲，校本课程开发拉大了区域教育之间的差距，进而加剧了学生受教育过程的不公平。① 对此，我国学者熊和平认为，隐形课程建设对于课程公平的促进意义重大，应该从学校文化角度为学生带来公平的学习体验，加强学校之间的文化互通，弥合不同学校因办学条件和基础的不同所导致的课程不公平现象。②同时，在一些对区域经济和社会发展水平"依赖"程度较高的科目中也隐藏了一些潜在的公平风险，如新课程改革之后加大了对于外语学习的比重，城乡高中英语课程中的公平问题也更为凸显，英语课程标准的制定没有考虑到农村学生英语学习的薄弱基础，课程内容难度偏大且城市化倾向显著，在课程实施过程中，农村地区英语课程学习资源匮乏，教师的教学过程公平理念薄弱，评价标准缺乏适切性考虑等困境都表现了学生受教育过程不公平的困境。③

> 学校教育不平等主要是资源分配的不平等，比如博雅班学生放假免费补课，教室安装空调，配置最好的老师，学生给人的感觉也高人一等。次一级的实验班和平行班学生除了一个有经验的班主任和能力比较高的老师再无其他。还有就是性教育问题，孩子小小年纪就有了小小孩子，这是教育的不公平，农村学校缺了这个难以启齿的课，导致了受伤害的少女陷入绝境。这些问题中，我觉得最重要的就是心理问题，一个身体健康的

---

① 万伟：《校本课程开发：影响教育过程公平的新因素——以江苏省为例》，《教育理论与实践》2013 年第 32 期。

② 熊和平：《区域内义务教育课程公平的学校文化视角》，《教育研究》2011 年第 5 期。

③ 蒋维西：《基础教育改革中城乡课程公平问题及对策——基于中小学英语课程改革的视角》，《现代教育科学》2017 年第 2 期。

人，他的心沉重，那他的人就病态；一个身体有疾的人，他的心欢快，那他的人就美丽。作为县城乡村学生，我们已经拥有了很多不平等，无论是资源还是其他。但我们都是美丽的、花季的，当学生屡屡出现因压力放弃原本绽放的花季，病态地寻找自由，这是学校的失职、家长的失职、社会的失职。我们想要教育资源公平，我们更想要心灵的互动。我希望，学校能拥有心理教学机构！

（引自访谈对象 S6，2019 年 9 月 5 日）

该名学生在访谈中反复提及了心理辅导对于当地农村中学生的重要性，目前高中改革的方向是凸显学生的个性与差异化发展的可能性，给予学生更多的生涯发展指导，更关注学生的心理、兴趣及需要。然而，在资源落后的农村地区，对于学生心理上和生涯发展上的指导缺乏相应的人力和物力资源，如果缺乏必要的补偿政策，在改革中将进一步拉大与发达地区的差距。

由一系列改革带来的新的教育不公平现象凸显了政策配套的资源补偿不足的困境，从更深层次说，则是改革背后的平等与补偿逻辑不够完善。我国学者杨九诠认为，均等化的公平观与质量和多样化的公平观之间存在相接和相叠的关系，从均等化公平观发展到质量和多样化的公平观经历了一个历时性的变迁过程，而均等化公平观的充分发展也为质量和多样化的公平观的发展奠定更为坚实的基础；同时，在新时代中国教育改革正从外延式发展转向内涵式发展的过程中，均等化公平观与质量和多样化公平观的任务具有重叠性，质量与多样化公平观的重要性不断凸显，均等化公平观的任务也依然艰巨。[①] 因此，对于教育过程公平的理解也应基于多维度视角，建立"复合性"公平观，虽然教育过程公平

---

① 杨九诠：《"公平而有质量的教育"的双重结构及政策重心转移》，《教育研究》2018 年第 11 期。

的核心指向学生的学习过程公平，应充分体现学习机会供给的差异性，为学生的个性化发展服务，但同时也不能忽略公平的平等原则，尤其是在资源分配维度，应重视平等对待和弱势补偿的原则，规避教育教学改革带来的新的公平风险。教育过程公平的差异性和发展性要求学校在给学生提供学习机会时逐渐从"分层"走向"分类"，减少纵向上的排名与比较，增加横向上的资源供给和选择权，而非一味地强调"差别对待"与"个性化发展"，摒弃了平等原则的差异公平极易陷入效率至上的功利主义公平观的视野中，应警惕这种片面追求差异的公平观。

第二节 程序过程不公平

在探讨公平问题时，公平的程度、维度以及限度都需要谨慎对待。尤其是在程序公平范畴，从20世纪70年代起，组织行为学家开始关注分配规则的制定过程和决策背景，以补充分配公平理论，将对于"公平"的理解从结果延伸至过程中。对于何为程序公平，目前已达成的共识是其核心在于保障每个人平等参与的权利，我国学者冯建军认为，程序公平不探讨结果，主要探讨制度的制定与实施，强调规则的普遍性和对规则使用的无特权，只要参与者愿意接受这种制度规则并自愿参与，制度的执行过程中不存在违规行为，那么无论结果如何都是公平的。① 也就是说，要达到程序公平，首先要保障制度本身的公平，其次要保证制度实施过程中的公平，同时还要尊重参与者的监督权与发言权。德沃金的公平理论对于我们理解程序公平的复杂性也提供了可循的思路，他认为任何一种公平理论都应同时遵循重要性平等和具体责任两个原则，前者关注每个人

---

① 冯建军：《论高中教育机会的差异性公平》，《华中师范大学学报》（人文社会科学版）2010年第5期。

生来平等的基本权利,后者关注人们为自己的选择所应承担的责任。① 也就是说,在保障人人都能平等参与的权利的基础上,还应尊重每个人自由选择的权利与自由,程序公平的二维性即一方面指向人人相同的平等参与权,另一方面指向人人不同的自主选择权。概言之,程序公平问题的分析框架应遵循以下思路。

如图5-2所示,从程序公平的内涵来看,应体现在制度与规则的设计和制度的实施过程两个方面,从程序公平实现的程度来看,则应包括平等参与和权利自主(包含选择自由)两个方面。而通过调研结果发现,目前我国无论是区域层面、校际层面还是个体层面对于制度实施过程的"平等参与"维度的程序公平感受均处于较高水平,且学生对于"平等参与"的需求度较低,这说明在既成的制度规则中,"平等参与"已是可达的公平状态,但制度和规则设计本身公平和制度实施过程中学生自主权利的尊重与保障却还存在着许多问题。

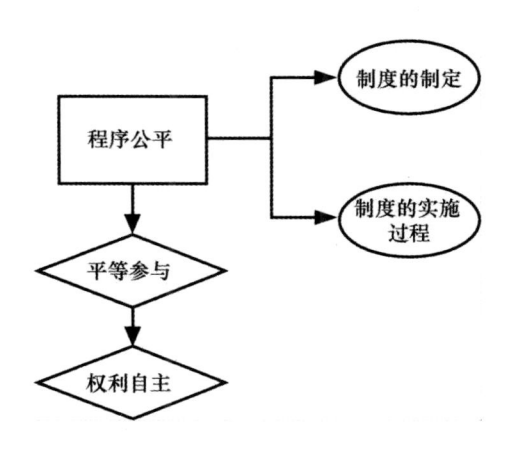

图5-2 程序公平分析框架

---

① [美]罗纳德·德沃金:《至上的美德》,冯克利译,江苏人民出版社2003年版,第71页。

一 制度本身的公平性争议

制度的构成包括制度观念、规则系统、规范对象以及呈现载体四个关键要素①，在学校教育中，则存在着课程管理制度、教科书制度、课程实施制度及评价制度等方面的制度系统。② 程序公平的前提在于确立公平的制度，而在目前普通高中的课程、教学与评价等方面均存在着不同程度上的不公平，这种不公平以一种隐匿的方式存在，以"区隔"或"排斥"的方式在潜移默化中加剧了教育不公平的状态。

2014 年颁布的《关于普通高中学业水平考试的实施意见》将高中学业水平考试纳入高考招生，公平是此次学业水平考试改革的重要价值取向，然而在实际的操作中却存在着一些不公平的风险。我国学者樊亚峤等认为，改革之后的考试的难度脱离学生平时所学的实际水平、考试内容抓热点的"城市化倾向"选考科目与考察方式的"能力化倾向"等在有意无意间对于教育资源薄弱地区的学生造成了"隐形排斥"，滋生了教育过程公平问题。③ 除此之外，各省之间高中学业水平考试的成绩呈现方式不同，有原始成绩给分、依据比例进行等第划分、依据分数进行区间划分以及比例和分数相结合等多种形式，缺乏统一的标准，而各行其道必将造成成绩评定中的不公平风险。④ 高考改革后的综合素质评价也滋生了若干公平风险，主要表现在综合素质评价的主观色彩浓厚，且评价指标更有利于城市学生，对于偏远地区和农村地区的学生来说可能会产生"评"的

---

① ［美］W. 理查德·斯科特：《制度与组织——思想观念与物质利益》，姚伟等译，中国人民大学出版社 2011 年版，第 56 页。
② 肖磊：《课程改革的制度化研究》，博士学位论文，西南大学，2014 年，第 11 页。
③ 樊亚峤等：《高中学业水平考试改革的公平性分析》，《教育发展研究》2016 年第 Z2 期。
④ 张雨强等：《基于区域方案比较的普通高中学业水平考试研究》，《课程·教材·教法》2016 年第 10 期。

内容和"实践"的内容相脱钩的现象，影响评价的客观性和公正性。另外，仍然有许多高校在综合评价招生中关注学生的竞赛获奖经历，对于弱势家庭的学生来说，他们便失去了和优势阶层家庭学生公平竞争的"筹码"。① 同时，还有学者认为新高考制度设计的复杂性以及学校生涯教育的准备不足催生了市场上有关升学指导和咨询产业的扩大，变相地转化为家庭资本背后的暗自较量，拥有优势家庭资本的学生可能会获得更多的信息支持，在新高考中获得增量优势。② 在科目设置中，学生对"物理"科目的选择权受到了来自考试分数压力的影响，由于高中学校层次的差异，来自较差的学校的"学霸"如果选择了物理等对于学校教育质量要求较高的科目，就只能给来自优质学校的"学霸"当"分母"，对于学校层次不好但仍然想要选择物理学科的学生来说损害了其学习机会的公平性。同时，"语文"和"英语"科目分值的设置可能更有利于文科生和语言感受力较强的女生，造成一定的不公平风险。③

表5-1显示了贵州省普通高中学生综合素质评价考核的五个方面和具体要点，其中，在需要学生填写的评价手册中，对艺术素养的考核具体到项目内容、持续时间、获奖情况等。贵州省从2017年起开始启动普通高中学生综合素质评价工作，2018年开始启动高考综合改革、学业水平考试改革，而现实的情况是，贵州省的教育发展很不均衡，在许多少数民族自治州的学校根本没有科技、艺术、社会实践等活动，家庭也没有足够的经济实力来支持学生发展艺术特长。

---

① 王新凤等：《新高考背景下高校招生与人才培养的成效、困境及应对》，《中国高教研究》2019年第5期。
② 鲍威等：《阶层壁垒与信息鸿沟：新高考改革背景之下的升学信息支持》，《中国高教研究》2019年第5期。
③ 王新凤：《新高考公平性问题及应对策略研究：基于浙沪经验》，《国家教育行政学院学报》2019年第4期。

表 5-1　　　　　　贵州省综合素质评价手册内容（节选）①

	考察要点
思想品德	参与党团活动、社团活动、公益劳动、志愿服务的次数和持续时间
学业水平	学业水平考试成绩、选修课程内容和学习成绩、研究型学习与创新成果等
身心健康	健康生活方式、体育锻炼习惯、身体机能、运动技能和心理素质
艺术素养	学生在音乐、美术、舞蹈、戏剧、戏曲、影视、书法等方面表现出来的兴趣特长，参加艺术活动的成果等
社会实践	学生参加实践活动的次数、持续时间、形成的调查报告等

综合素质评价的初衷是好的，但是我们实施下来困难还是蛮多的。说实话，教师和学生都把综合素质评价手册没太当回事儿，因为在我们县，从小就是留守儿童的孩子特别多，没有条件发展钢琴、美术之类的艺术特长，但是他们当中优秀的孩子也很多，考试成绩也很好，我们做老师的总不忍心给他们综合素质评价打低分，影响他们中少数才能拥有的参加大学自主招生的机会吧。所以只能睁一只眼闭一只眼，主要还是看他们的考试成绩，高中嘛，不谈成绩一切都是空谈。

（引自访谈对象 T14，2019 年 9 月 8 日）

访谈中这位来自贵州的老师谈到了综合素质评价的问题，道出了目前在高考改革进行中综合素质评价的尴尬处境"要么有失公平性、要么有失真实性"，而大部分学校和老师都会选择牺牲综合素质评价的"真实性"来为学生谋得"公平性"，即便如此，对于落后地区的学生来说，能做的也只有使综合素质评价不至于"拖后腿"，而无法使自己的综合成绩"锦上添花"。目前，全国范围内的综合素质评价缺乏统一标准，试点高校往往倾向于将物理和数学等学科竞赛成绩作为重要的录取参考依据，且这部分重点高校根据综合评价

---

① 黔西南州教育局：《关于转发〈贵州省普通高中学生综合素质评价实施办法〉的通知》，http：//www.qxn.gov.cn/View/notice.5/223209.html.，2018 年 3 月 30 日。

招生的规模越来越大，这对于没有条件学习和参与竞赛，只能依靠高考裸分拼名校的弱势学生来说难度加剧，"寒门出贵子"的情况只能是凤毛麟角。① 而目前我国对于在高考中处于弱势的学生的政策倾斜与补偿主要体现在高考录取这一教育结果中，而非教育过程中，且照顾和倾斜的对象主要以区域为划分单元，反而引起了更多的公平争议。比如我国长久以来实行的高考分省定额录取的政策，各省市区的录取名额没有统一的比例标准，形成了高考录取名额向发达地区和边远落后地区倾斜的现状，因而出现了"西藏400多分的考生与河南600多分的考生同住一个宿舍"的现象，这种为弥补不同省份间教育质量的差距所可能造成的竞争起点差距而采取的"逆向歧视"举措本身并无可厚非，但分数线倾斜的方式与比重对于一些生源大省的考生来说有失公平，也从很大程度上加剧了大规模的"高考工厂""高考移民"等教育畸形发展现象。

二 知识传递中的隐性分层

英国教育社会学家麦克·杨认为"学校教育的过程实际上乃是教育知识分配的过程，不同层次的教育知识，对部分学生比较易于理解和接受，对另一部分学生则较难理解和接受，而这就是造成学生学业成就分化的主要原因。知识的分化与增长为知识分层提供更多条件，也使一些群体获得将他们所拥有的知识合法化为高人一等的条件"②。

> 尊敬的老师，高速公路对我而言，也只是电视上、报纸上和书本上的事。我走过的路只有乡间小道，最好的路也只是镇里的马路……第一次听到高速公路这个词语后，我曾经幻想有

---

① 钟秉林：《新高考综合评价招生的成效与现实困境探析》，《高等教育研究》2019年第5期。
② ［英］麦克·F. D. 杨：《知识与控制：教育社会学新探》，谢维和等译，华东师范大学出版社2002年版，第170—173页。

一天，我能够带着父亲一起走在那样的路上，宽阔平坦。但截至现在，截止到我写这封信，我仍然没有目睹过"她"的芳容……父亲，一个一辈子只和土地打交道的质朴农民，他怎么会有车呢？当然，他有车，那个爷爷手里就有的架子车。①

《一封写给高考命题老师的信》

在 2018 年全国 I 卷的高考作文命题中出现了共享单车、移动支付等"城市化倾向"明显的关键词，2016 年浙江高考作文中出现的"VR（虚拟现实）"等均引发了众人的热议。关于高考作文公平与否的话题之所以能不断在网络上掀起风波，是因为触碰到了通常被认为是最公平的选拔渠道高考的命题痛点，在潜移默化中形成对处境不利学生的隐性区隔与排斥。伯恩斯坦认为，学校教育知识与中上层阶级子女生活经验之间具有某种同质性，与下层阶级子女的生活经验之间具有某种异质性。② 虽然当前大众传媒等日益发展的信息化媒介在一定程度上消弭了伯恩斯坦所说的"精致编码"和"局限编码"的局限，但这种在大众传媒中看到的和听到的经历依然无法与代际之间传递的文化资本相提并论，学校教育制度不应成为这种"先在性"资本的助推者。

在调研中，当笔者谈及这种知识传递与考核评价过程中存在的隐性不公平时，不同立场的老师也有着不同的观点。一位来自东部发达地区示范性高中的校长认为：

> 公平问题就是两难问题，如果不确立统一的标准，对于高中和高校来说都难以进行具体的培养人的活动和招生活动；如果确立明确的标准和等级，又会产生新的不公平。不能过分纠

---

① 观察者网：《2015 高考作文"告诉打电话"被指为难农村学生》，https://www.guancha.cn/Education/2015_06_103228 38.shtml.，2015 年 6 月 10 日。
② 转引自鲁洁《教育社会学》，人民教育出版社 2007 年版，第 307—309 页。

结于公平而失去了改革的勇气，教育的质量与公平应该是同步发展、同步进行的。当前可能就是要尽可能地完善各种评价制度和选拔制度，尽量能考虑到学生群体的多元性，但无论是为了公平还是质量，还是需要统一的标准。

（引自访谈对象 M1，2019 年 7 月 5 日）

事实上，任何制度的出台都应考虑其规范的对象，在我国教育发展依然没有达到优质均衡的现状之下，推行教育改革应该慎之又慎，但并非止步不前。程序公平的前提就在于确立公正的制度和规则，而制度公正的前提又在于规范对象的知情权与参与权，在制定高中阶段课程及评价政策时，应更多地考虑具有多元化背景的规范对象，既要考虑到社会资源配置的合理性，又要考虑到不同群体学生所拥有的素质能力的特征，削弱由制度设置本身带来的不公平风险。

三 对学生自主权利的干预与剥夺

前文提到，要理解程序公平，需从内涵与程度两方面入手，在达成程序公平的过程中，平等参与是基础，关注学生的选择权与发言权等权利自主是程序公平的核心。尤其是在高中阶段，学生已经接近成年，具备明辨是非与自主选择的能力，高考改革的方向也鼓励学生学会选择、善于选择，因此，学校和教师能否给予学生充分的选择权，辅助学生行使自己的选择权和发言权是衡量程序公平程度的重要标准。

表 5-2 是对于参与调研的示范性高中与一般高中在权利自主四道题目上得分的描述性统计，可以看出与示范校相比，一般高中在尊重学生的自主权利这一公平维度得分较低，"在参加学校安排的一些活动时我有'说不'的权利"这一题目的得分在一般高中仅为 3.26 分，说明权利自主不公平的情况在校际之间的差异明显。

表 5-2　示范性高中与一般高中在权利自主维度上的平均得分对比

描述		个案数	平均值	标准差	标准误差	平均值的95%置信区间		最小值	最大值
						下限	上限		
41. 老师允许我在课堂上提出不同意见	示范校	8758	4.14	0.901	0.010	4.12	4.16	1	5
	普通校	2777	3.94	0.984	0.019	3.90	3.97	1	5
	总计	11535	4.09	0.926	0.009	4.07	4.11	1	5
42. 我可以在上课之余自主安排学习时间	示范校	8758	3.89	1.062	0.011	3.86	3.91	1	5
	普通校	2777	3.61	1.112	0.021	3.57	3.65	1	5
	总计	11535	3.82	1.081	0.010	3.80	3.84	1	5
43. 在参加学校安排的一些活动时我有"说不"的权利	示范校	8758	3.56	1.191	0.013	3.54	3.59	1	5
	普通校	2777	3.26	1.231	0.023	3.21	3.30	1	5
	总计	11535	3.49	1.208	0.011	3.47	3.51	1	5
44. 我有权对考试分数提出异议	示范校	8758	3.78	1.082	0.012	3.75	3.80	1	5
	普通校	2777	3.44	1.151	0.022	3.40	3.48	1	5
	总计	11535	3.69	1.108	0.010	3.67	3.71	1	5

学校对文科生挺歧视的，学校分班之际给班里下选文科的指标，不能超过十个，越少越好，其余学生全部劝退，导致高一分班文理比例是1∶6。到分完班那些初心本是文的学生依然不甘，高一下学期依然有人愿意弃理选文，可却被所有老师当成受不了理科了又选文的谴责对象，那些学生真的很勇敢，面对的也是更大的压力。

（引自访谈对象 S20，2019 年 8 月 12 日）

"重理轻文"是高中阶段，尤其是经济欠发达地区的高中阶段比较显著的教育倾向，受到社会职业分类和薪金水平等因素的影响，"学好数理化、走遍世界都不怕"的观念深入人心，文科生与理科生相比似乎有着天生的劣势，这种社会大众观念和就业市场的筛选信号影响着普通高中办学的方向，也干预了学生遵从自己内心兴趣和需要的自主选择。高中阶段既属于高等教育的预备阶段，更属于义务教育的延伸阶段。笔者认为，这一阶段的学习不应有过于显著的分科倾向，而应更多地拓展学生的知识域，帮助学生认识到自己的兴趣与特长所在。新高考改革便是因循这样的思路，打破了传统文理分科的形态，对于学生来说保障了他们自主选择的权利，然而，在文理边界被打破，学生的选择性增多的同时也出现了新的公平问题。笔者调研走访上海、河南、贵州等地区的高中时发现，与示范性高中的学生相比，一般高中的学生在访谈中往往表现得更为局促，即使是学习成绩十分优异的学生对于在学习过程中的"权利自主"也并无强烈的诉求，提起自己的人生规划时大多只能说出模糊的想法，而缺乏清晰的目标路径。

> 上课之余自主安排学习时间大部分时候是可以的，但由于最近快要期末考试了，自习课都被各个科目的老师占去讲题，我们想自己做卷子的话只能下了晚自习之后留在教室做，不过这都无所谓，老师讲题对我们的帮助可能更大吧。一般不会去质疑老师，也不是不敢，只是没有这个必要，有些知识点老师如果讲错了自己心里知道就可以，像那些差生即使被误导他们可能也不知道，我们班有一些学生上课根本不听老师讲什么。关于选考的话，我会选自己擅长的或者容易得分的科目，在目前这个阶段最主要的还是高考吧，考好了想上什么学校都可以，也可以根据分数再来挑选专业，现在想这些我觉得会有些浪费时间。老师也不会强迫我们选什么科目，但是对于学习成绩好的学生来说，一般会鼓励我们选一些理科，因为将来学了相关的专业好就业。
>
> （引自访谈对象 S19，2019 年 9 月 30 日）

这段访谈记录来自中部地区一所一般高中实验班的高三学生，在和他聊天的过程中，他经常用到"无所谓""没关系""看情况"

这样的字眼，他对于自己应该拥有的在学校教育生活中的参与权、发言权和选择权采取比较漠视的态度，认为"只有高考是最重要的，想其他事情都比较浪费时间"，在谈及未来想学习的专业和从事的职业时，他认为这是考上大学之后才应该考虑的问题，惊讶于这位刚刚满十八岁学生身上所透露出的"淡定"和"老成"，繁重的学习和考试压力使这群身处高考大省的一般学校的"尖子生"无暇顾及自由与梦想，对被忽视的权利自主采取默认的态度，觉察不出丝毫的不公平之处。这是大多数高三学生的缩影，他们对于公平的理解和感受更多是从被动的"被对待"的角度考虑，而很少考虑到自己手中的权利与自由。而与他年纪相仿的少数身处发达省份示范性高中的学生则对这份权利与自由有着不一样的认知与实践：

> S9：选修课我更倾向于在高二考完，这样高三就可以少学一门，节省很多时间，选择主要是依据我擅长不擅长和有没有兴趣，如果这两者出现冲突那我就会优先选择擅长的，因为我必须考得好成绩才能到我想去的学校。我目前是想考 FD 大学，虽然我选择的考试科目是物理和生物，但我其实是想学文科，想学新闻，我对这个比较感兴趣，但比起文科我更擅长理科，所以我就只能"曲线救国"，先考到理想的大学，再学习自己喜欢的专业啦。
>
> 笔者：老师或家长平时会给你选择专业或大学一些建议吗？
>
> S9：建议肯定会有的，但主要还是看我自己，比如我爸妈都希望我学医，班主任老师也曾经和我沟通过，他认为我理科这么好不学医有些浪费，但在我明确表明自己想学新闻的心声之后，他们也就理解和尊重了，现在我的班主任还会时常送我一些新闻类的周刊或书籍，他很支持我的选择。
>
> （引自访谈对象 S9，2019 年 9 月 5 日）

这段访谈记录来自上海一所示范性高中的高二学生，他用

"曲线救国"的说法来回答自己关于选择考试科目以及将来选择大学和专业的看法，对于自己所擅长的和所感兴趣的东西有比较清晰的认知，而他的父母以及班主任也对于他的选择自主权给予了充分的尊重和支持。但是在对于将近40位教师与学生的访谈中发现，像 S9 这样对自己未来想要学习的专业和从事的职业有明确规划，且已经制定了清晰的目标路径的学生少之又少，而像他的班主任这样充分尊重、理解和支持他的选择的老师即使是在示范性高中里也是凤毛麟角。在程序公平的权利自主维度，无论是教师还是学生都倾向于采取"功利化"手段来消解这份权利，以达到最优的效果。

> 选科就是"怎么划算怎么来喽"，一般是按照考试的时间，只要不是非常不擅长，就会倾向于选择在高二可以考掉的科目，学生一般从考试难易程度和兴趣方面选科，成绩越好的在选科上越有主见，成绩越差的反而什么都不知道。像普通的班级的学生，最后就选了容易学的，比如不爱背书的会选择物理，在高考 3+1 时期考虑成绩的因素比较多，等级考了以后差距就没有那么大。学生认为总共就 30 分，认真学和不认真学上下浮动也就几分，学生就会选择不用花费精力太多的。同时他还可能会有一个考虑，专业的性质。当然也会受到家长自身意愿的影响，但一般家长都搞不清楚专业，那么这个过程中，我们肯定是有这样一种生涯指导，我们选科指导一般有两块，第一块是分析学习情况，对比学习成绩和学习负担（课时容量，花费时间）分析他的学业的压力，同样的内容，你比如说语文，考到年级50%和物理考到50%的负担差不多，但数学的课时多，负担重，那么就会让学生参考。然后另外还有包括学生做一些心理的测试，我感觉学生主要还是从高三学习到底能不能承受住那两门课带来的压力和对未来的专业的考虑，他倒不是说他已经知道他想干什么，而是说他肯定会选择将来选择范围更大的

那种选择。

（引自访谈对象 T8，2019 年 9 月 9 日）

"选科就是怎么划算怎么来"道出了大部分教师、学生和家长对于新高考给予学生的选择权的认识，选择的落脚点不是为了帮助学生规划未来的专业和职业发展方向，而是为了方便学习和考试，而相比分配公平，人们对程序公平中的权利自主认知模糊，大部分学生并不能及时感知到自己的自主权被剥夺，只是听话顺从地接受家长和学校为自己铺好的一条条路。德沃金认为"敏于志向"是公平的应有之义，只有尊重个人自主选择的意愿与权利，公平才不是一副空壳，而对于这种选择的风险，应有相应的"保险"措施①，在学校的情境中，即应该加大生涯规划与指导的力度，帮助学生认识自我、认识专业和职业，同时为学生提供更多的发展通道。与义务教育和高等教育公平相比，高中教育公平既有义务教育阶段的平等与均衡性特征，也有高等教育阶段的竞争性与选拔性，因此平等地对待与自主地选择都要兼顾才能真正触及高中教育公平的内核。

某一些"亚重点"高中为求更高的升学率，会强制性影响学生的选考科目。我初中的班里边有几位同学中考差几分没考上当地重点中学，他们多是偏理科的男生，文科较为薄弱。然而，在现在的浙江选考形势下，选考政史地的高分比远远高于物化生，而选考的分数对于一段线左右的学生至关重要，所以他们的学校多次、反复地对学生强调选政史地的优越性，甚至可以说是鼓吹学生选政史地。据我所知，有一所学校，一个年级八个班，只有一个班的学生学了物理。这种现象是普遍的，普通高校更不用说，学理科的人更少，而我的学校（我有幸进

---

① ［美］罗纳德·德沃金：《至上的美德》，冯克利译，江苏人民出版社 2003 年版，第 71 页。

入当地一所重点高中）受到选考难易度差异变化，由文理分科前的十二个理科班，变为了只有三个纯粹的物化班。于大局，全省理科教育的缺失，是浙江未来的不幸。对那些偏理科但选文科的学生，是个人潜力的丧失。对留下来选理科的学生，那就真的是"血"一般的竞争。其实说到底，这样的恶化效应像是一种"失控"的市场调节，是教育改革中的必然，需要一些有形的手去调控。我希望在当代的竞争激烈的时代，在一个功利性很强的时代，我们可以更加尊重个人的特长，创造更多学习机会，从大众心理和个人心理上做一些改变，去实现真正对个人的"公平"教育。

（引自访谈对象 S12，2019 年 9 月 5 日）

在访谈中，该名学生提到了在当前新高考改革背景下学校对于学生选择自主权的干预和强制性引导，"物理"学科遭受冷遇是新高考背景下出现的新问题，这种"田忌赛马"现象从很大程度上体现出了制度设计本身的缺陷，但在实际操作中，高中学校利用这种漏洞和缺陷，试图将其变为新的致力于应试的手段，使新高考改革背离了初衷。正如这位学生所谈到的"希望在功利性很强的时代能更尊重个人的特长"，高中教育如果不能充分尊重学生对自己发展方向的选择权与自主权，将这种权利真正地落实到学生手上，多倾听学生的声音，了解学生的兴趣与需要，就无法真正的体现育人性，对学生的发展来说也是一种功利导向下的所谓"为你好"隐性不公平。

我最近觉得有个不公平的事情是我们学校高三会优中选优，从每个理科班选出几个人进入致远班，进行一个 25 人的小班化教学，然后致远班的每个学生可能老师都会给你私人化定制一个要考的大学，专攻这个目标。我是在不知情的情况下被通知选进了这个班，我觉得高三压力本来就很大，如果再让我进入这种所谓的"状元班"，对我来说我的心理很难承受，但是父母和班主任都会认为这是好事情,我去找班主任说要退出,班主任劝我不要浪费机会,语重心长地和我说了许多,我现在内心也慢慢接受了,但还是感觉这件事对我来说不那么公平,没有事先询问我的意见,就是把他们觉得好的东西给了你,但你未必觉得好。

(引自访谈对象 S10,2019 年 9 月 6 日)

这位"优等生"的烦恼道出了"权利不自主"给学生带来的困扰,有时候过多地关注对于学生来说反而是种多余的压力,在选择人选进入所谓的"状元班"之前,学校没有事先询问学生的意见,在学生主动提出要退出之后,学校也依然采取劝说的方式阻碍学生行使自己的权利,违背了程序公平的原则。这个案例体现了教育者对受教育者内心感受的"想当然"与"视而不见",也是教育过程中最常出现的问题,即忽略了作为教育主体的学生群体的感受与需要,习惯性地为学生"安排"好发展的方向与路径,对于已经具备独立意识和能力的高中生来说是不公平的。

第三节　互动过程不公平

亚里士多德认为,公平应基于差异性,关注"比例平等",不公平就是违反了比例,出现了多或少。① 麦金泰尔认为,正义是给每个人——包括给予者本人——应得的本分。② 这些学者的观点都道出了对"差异"的考虑在我们审视公平问题时的重要性,尤其是在高中

---

① [古希腊]亚里士多德:《政治学》,吴寿彭译,商务印书馆 1965 年版,第 234—235 页。
② [美]阿拉斯戴尔·麦金泰尔:《谁之正义? 何种合理性?》,万俊人等译,当代中国出版社 1996 年版,第 56 页。

教育阶段，相比义务教育阶段应更多地考虑学生的不同能力与适合发展的路径，使不同类型的学生在面对升学和择业时能相对清晰地找到自己的方向。因此，在互动中对于学生差异和个性的关注、指导和包容就显得尤为重要，互动公平的差别对待和个性包容两个维度分别指向较为宏观的课程与教学中因学生不同学习风格和需要的差别对待，以及较为微观的师生交往过程中的因学生不同个性特质的差别对待，这两种差别对待都应建立在平等对待的前提和基础之上。问卷调查的结果显示，互动公平的整体得分偏低，尤其体现在差别对待维度，结合笔者调研和走访不同学校时所进行的课堂观察记录和师生访谈记录，发现从差异发展和个性包容两个维度来看，主要的问题在于教师公平认知和实践能力的局限，混淆了"差别对待"与"区别对待"的界限，习惯于以分数和成绩作为衡量学生差异的主要标准，常常采取越过了"平等"的差别对待，对部分弱势学生采取漠视和放弃的态度，且在当前的学校文化中，广泛存在着对不同性别、不同成绩学生的刻板印象。

一 有教无类与因材施教的现实矛盾

英国学者沃尔泽（Michael Walzer）在罗尔斯的基础上，重新阐释了"社会基本善"的内涵，他认为，这些"善品"是多元的，每一类型都有特殊的社会意义，因此不能仅仅按照罗尔斯所说的平等性原则、差异性原则和补偿性原则的模式统一分配，而应采取符合每个领域的社会善品所特定的分配方式，这些分配方式本身也是存在差异的，基于此，他提出"复合平等"的概念，即分配制度并不追求所有善品分配的平等化，而是要采用差异化分配的方式降低不平等的影响。在学校教育中，对不同物品的分配（如座位、分数、师资、教师的期望与关注）等不能简单地照搬经济和政治秩序的分配模式，因为其分配的是不同类型的物品。① 因循这种思路，在普通高中教育过程中，能否及能够在多大程度上根据学生的特点与需要差异化配置学习资源也属于判断互动公平与否的重要因素，但是，公平的三个层次，平等对待、弱势补偿和差别对待具有递进关系，这里所说的"差别对待"应该是基于"平等"原则基础之上的"差别对待"，而非带有功利取向的区别对待。在调研中，大部分受访的学校管理者和教师都认同普通高中教育公平的核心在于因材施教，给予每位学生差异化的发展路径，使不同的学生能够各美其美。然而，他们纷纷表示在现实中，想要达到真正意义上的差别对待和因材施教是非常困难的，综合他们的想法与感受，笔者认为这种困难一方面是来自教师繁重的压力，对于关注学生的差异化发展感到"心有余而力不足"；另一方面则是教师对于"差异公平"的理解较为片面，未从根本上考虑到学生的需要和感受，这与长久以来高中教育的应试取向有关，大部分老师是从"规训""提高分数"的层面来衡量对于学生的付出，而并非真正考虑到了学生个性的特质和能力特质。

　　因材施教和有教无类是相互矛盾的，班级有 40 多名同学，一个老师教 160 多名学生，要完全做到因材施教还是很难的，如果一个老师只带 20 多个学生，可以做到课上有教无类，课后因材施教，但是现在教师负担太多顾不上。即使能够兼顾，如果我差别对待不同的学生，那么我是做到了平等还是不平等呢？如果学生是一个特别调皮捣蛋的人，我每天都要关注它，这样我应该是算因材施教，对吧？但这会不会造成对其他学生的不公平，因为我的精力和时间没有平等的分配。我可能会忽略了那些非常守纪律的学生。但如果我对大家都一样，可能对于这

---

① ［英］迈克尔·沃尔泽：《正义诸理论：为多元主义与平等一辩》，褚松燕译，译林出版社 2002 年版，第 262 页。

个调皮捣蛋的学生来说又不公平，没有给他针对性的教育，所以这是很矛盾的，在现实中我一般具体情况具体分析，有时候也看自己的精力是否允许。

（引自访谈对象 T14，2019 年 7 月 21 日）

这位老师向笔者诉说了自己对于"差别对待"和"平等对待"之间矛盾的思考。事实上，这位老师仅仅是从人际互动的层面来理解普通高中的差异化公平，而并未从更深层次上的学生能力发展来考虑。国外学者阿玛蒂亚·森认为，人与人之间的差异既包含内部特征如性别、年龄、才能、健康等因素，也包含外部特征如财产数量、社会背景等因素，而要实现实质的平等，并不是要补齐这些差异，而是使他们获得"基本能力平等"。[①] 笔者在对 T14 老师进行课堂观察中发现，她用了三分之一的课堂时间来维持课堂纪律，按照她的想法，这种对于课堂上纪律性差的学生的警告和提醒就属于对于这类学生的"特殊关注"，对于这些学生来说是投入了时间和精力的"有益事物"，属于"因材施教"，但现实是，这种"有益事物"并不一定能够对这些纪律性差的学生产生有益影响，也就是说，她所采取的这种关注的方式未必是适合这部分学生的个性特点和发展需要的。可见，"差别对待"的核心在于促进学生能力的发展，不仅仅意味着投入时间和精力上的侧重，更应该是教育方式和方法的差异。

我觉得从宏观一点的角度来说，可能高中的差异发展应该更关注课程。比如现在的校本课程开发，就是给了学生更多的学习选择和资源，就是为了促进他们的差异化发展。但是学校老师在这方面的热情其实是不够的，因为累啊，我们现在要求

[①] 高景柱：《资源平等抑或能力平等？——评德沃金与阿玛蒂亚·森的平等之争》，《同济大学学报》（社会科学版）2009 年第 2 期。

每个科目都有自己的校本课程，任课教师要拿出十八般武艺来进行自编课程。并且，为了适应高考出题风向的变化和学生学习的需要，这些课程每一年都要更新，尤其我们语文，校本课程的选文必须特别具有时代性。所以每年暑假的时间都是在弄校本教材的修订、修编这些事情，另外，新高考之后，走班制也给老师带来了更大的压力，每个老师都要备好几个层次班级的课程，作为班主任，如果是在以前，某个学生期末考试某一科成绩下滑了是比较容易协商补课或者是什么，但现在不同的学生在不同的班级上课，有时候要联络、了解学生情况、商量改进方案都是非常烦琐的，任课老师也不一直带某一个学生，对他的学习特点也很难充分了解，所以这些都是挺困难的问题。可能也是高中走向差异化初期必须面临的棘手难题，要给学生差异化的教育，其实就是要求教师打鸡血，要在原来的基础上更累。

（引自访谈对象 T8，2019 年 9 月 11 日）

高中教育改革的方向是给予学生更多的选择性和多元发展的可能，而当我们强调这种选择和发展时，应首先提供给学生多样化的课程资源、学习资源供他们进行选择。当前普通高中在互动公平的"差别对待"这个环节中遇到的首要难题即多样化学习资源的供给，正如访谈中这位老师所讲述的情况，为了促进高中育人模式转型，为学生提供更多样化的发展路径，校本课程和选课走班是最重要的两项举措，改变了传统高中课程与教学的方式，然而在实践中使教师群体感到压力倍增、每天都要"打鸡血"去上班。在这样高压的情境下，教师很难有时间和精力去关注到不同学生的个性特点，并及时予以差异化指导，如何将面（课程、管理和教学）上的差异发展与点（师生互动）上的差异发展更好地融合起来，是当前普通高中走向差异化公平所应克服的关键难题。

二 对低成就学生群体的漠视与放弃

在上一节的差异性分析中，方差齐性检验的结果证明了不同成绩的学生在这两个维度上的得分差异显著，且从平均值图可以直观地看出学生的学习成绩越好，感受到的互动公平情况越好。表5-3和表5-4是对成绩从"很差"到"很好"（赋值1—5）的学生在个性关怀和差异发展维度具体题目得分的描述性统计，可以看出，"个性关怀"维度的整体得分高于"差别对待"，在"个性关怀"维度的六道题目中，"我认为老师在日常教学中考虑到了不同学生的学习兴趣和需要"以及"我认为老师比较重视我的感受和需要"的得分相对较低，尤其是成绩较差的学生对于公平的主观感受处于较低水平。而在"差别对待"维度，成绩较差的学生在五道题目上的平均分都没有超过3分，说明在平时的互动中，这部分学生的需求与个性往往容易被忽视，他们就如同学校教育的旁观者，由于各方面的原因难以融入正常的师生交往中，获得公正的学习体验。

表5-3　　　　不同成绩的学生在"个性关怀"维度上的得分

描述							
		个案数	平均值	标准差	标准误差	平均值的95%置信区间	
						下限	上限
我认为老师对成绩好和成绩差的学生能做到一视同仁	1	524	3.43	1.311	0.057	3.32	3.54
	2	1677	3.63	1.135	0.028	3.58	3.68
	3	5005	3.84	1.070	0.015	3.81	3.87
	4	3154	4.06	0.954	0.017	4.03	4.09
	5	1175	4.28	0.934	0.027	4.22	4.33
	总计	11535	3.89	1.069	0.010	3.88	3.91

续表

描述							
		个案数	平均值	标准差	标准误差	平均值的95%置信区间	
						下限	上限
我觉得老师对待我很公平	1	524	3.65	1.213	0.053	3.54	3.75
	2	1677	3.82	1.041	0.025	3.77	3.87
	3	5005	4.01	0.966	0.014	3.98	4.03
	4	3154	4.23	0.844	0.015	4.20	4.26
	5	1175	4.45	0.829	0.024	4.41	4.50
	总计	11535	4.07	0.967	0.009	4.05	4.09
我认为老师在日常教学中考虑到了不同学生的学习兴趣和需要	1	524	3.32	1.287	0.056	3.21	3.43
	2	1677	3.54	1.104	0.027	3.48	3.59
	3	5005	3.77	1.052	0.015	3.74	3.80
	4	3154	3.98	0.952	0.017	3.95	4.01
	5	1175	4.18	0.994	0.029	4.12	4.23
	总计	11535	3.81	1.061	0.010	3.79	3.83
我认为老师比较重视我的感受和需要	1	524	3.23	1.272	0.056	3.12	3.34
	2	1677	3.47	1.111	0.027	3.41	3.52
	3	5005	3.70	1.053	0.015	3.67	3.73
	4	3154	3.94	0.935	0.017	3.91	3.97
	5	1175	4.17	0.964	0.028	4.12	4.23
	总计	11535	3.76	1.059	0.010	3.74	3.78
我认为老师对我的评价合理公正	1	524	3.57	1.152	0.050	3.48	3.67
	2	1677	3.73	1.017	0.025	3.69	3.78
	3	5005	3.91	0.953	0.013	3.89	3.94
	4	3154	4.14	0.827	0.015	4.11	4.17
	5	1175	4.38	0.830	0.024	4.33	4.43
	总计	11535	3.98	0.950	0.009	3.96	4.00
在学校生活中，我的特长和优势能得到肯定	1	524	3.27	1.273	0.056	3.16	3.37
	2	1677	3.54	1.062	0.026	3.49	3.59
	3	5005	3.76	1.001	0.014	3.74	3.79
	4	3154	4.01	0.891	0.016	3.98	4.05
	5	1175	4.30	0.882	0.026	4.25	4.35
	总计	11535	3.83	1.014	0.009	3.81	3.85

表5-4　　不同成绩的学生在"差别对待"维度上的得分

		描述				平均值的95%置信区间		最小值	最大值
		个案数	平均值	标准差	标准误差	下限	上限		
我认为老师比较了解我的兴趣特长及学习风格	1	524	2.83	1.331	0.058	2.72	2.94	1	5
	2	1677	3.12	1.160	0.028	3.06	3.17	1	5
	3	5005	3.36	1.100	0.016	3.33	3.39	1	5
	4	3154	3.64	1.014	0.018	3.60	3.67	1	5
	5	1175	3.92	1.034	0.030	3.86	3.98	1	5
	总计	11535	3.44	1.122	0.010	3.41	3.46	1	5
老师会根据我的学习情况给我布置相应的学习任务或提供建议	1	524	2.95	1.341	0.059	2.84	3.07	1	5
	2	1677	3.23	1.185	0.029	3.17	3.29	1	5
	3	5005	3.42	1.133	0.016	3.39	3.45	1	5
	4	3154	3.66	1.055	0.019	3.63	3.70	1	5
	5	1175	3.90	1.122	0.033	3.84	3.97	1	5
	总计	11535	3.49	1.152	0.011	3.47	3.51	1	5
根据我的学习情况会有针对性的反馈或学习材料	1	524	2.68	1.381	0.060	2.56	2.79	1	5
	2	1677	2.97	1.230	0.030	2.91	3.03	1	5
	3	5005	3.17	1.216	0.017	3.14	3.20	1	5
	4	3154	3.35	1.235	0.022	3.31	3.39	1	5
	5	1175	3.44	1.334	0.039	3.36	3.51	1	5
	总计	11535	3.20	1.256	0.012	3.17	3.22	1	5
老师在课堂上会根据我的学习情况对我进行针对性的提问或指导	1	524	2.90	1.323	0.058	2.79	3.02	1	5
	2	1677	3.25	1.156	0.028	3.19	3.30	1	5
	3	5005	3.42	1.111	0.016	3.39	3.45	1	5
	4	3154	3.63	1.042	0.019	3.60	3.67	1	5
	5	1175	3.89	1.113	0.032	3.82	3.95	1	5
	总计	11535	3.48	1.132	0.011	3.46	3.50	1	5
我能够根据自己的兴趣特长参加相应的拓展课程或社团活动等	1	524	2.83	1.399	0.061	2.71	2.95	1	5
	2	1677	3.11	1.249	0.030	3.05	3.17	1	5
	3	5005	3.35	1.225	0.017	3.31	3.38	1	5
	4	3154	3.52	1.206	0.021	3.47	3.56	1	5
	5	1175	3.67	1.292	0.038	3.59	3.74	1	5
	总计	11535	3.37	1.254	0.012	3.34	3.39	1	5

有学者在相关研究的基础上，详细地归纳了教师对于高成就和低成就学生所采取的不同教学行为方式①，其中，在提问与反馈、评价与要求、交往与互动和教学资源配置方面和低成就学生的互动特点如表 5-5 所示，可以看出，在提问与反馈方面，教师对于低成就学生的耐心和反馈不足；在评价与要求层面对低成就学生的"要求少""评价消极"；在互动与交往层面对于低成就学生缺乏尊重与信任；在教学资源配置层面倾向于为低成就学生提供"速成"的课程内容，而忽略对于这部分学生思维的训练。在调研中发现，这些特点在高成就学生身上的体现则往往是恰恰相反的，我们可以从教师期望这一视角来分析教师在日常的教学工作中这种偏差行为，如果教师一旦对学生形成了某种期望（比如这个学生很有学习的能力或没有学习的能力），就会受到这种期望的影响，采取与期望相一致的教学行为。对于低成就的学生，教师的低期望引导了一系列潜移默化的不公平对待。而这些不公平对待往往是教师无意识的和不自觉的行为流露，在对教师的访谈中，没有一位老师认为自己在日常的教学中戴有"有色眼镜"，甚至有部分老师将对于低成就学生的"放弃"理解为一种因材施教的策略。笔者认为，互动公平的难点就在于在现实的师生互动中，有失公平性的"区别对待"和"因材施教"的标准和界限模糊，不能绝对地从教师的不同对待中判断这种对待是属于有益于教育公平的"差别对待"还是有悖于教育公平的"差别对待"。国外学者古德和布罗菲也认为，教师通常很难意识到他们对待学生的行为有什么不同，但低成就的学生往往能够从教师那里接受到消极情绪的信息②，所以在判断师生的互动行为是否公平合理时，应综合学生与教师的感受，尤其要注意倾听低成就学生的声音。

---

① ［美］古德·布罗菲：《透视课堂》，陶志琼等译，中国轻工业出版社 2002 年版，第 118 页。
② ［美］古德·布罗菲：《透视课堂》，陶志琼等译，中国轻工业出版社 2002 年版，第 119 页。

表5-5　　　**教师对低成就学生倾向于采用的教学行为方式**

教学行为方式	低成就学生
提问与反馈	回答问题时教师的等待时间短
	更倾向于直接将答案告诉低成就学生或换人回答，而不是尝试提供线索引导低成就学生，或耐心地重复问题、改变提问方式来改进低成就学生的答案
	以不恰当的负强化惩罚差生的错误行为或答案
	较少对低成就学生的当众回答给予反馈；对低成就学生的提问反馈的信息少而简洁
	很少提问低成就学生，或是向低成就学生提供简单直接的问题
评价与要求	更为经常地批评低成就学生的失败
	不大表扬低成就学生的成功
	对低成就的学生要求较少（如教他们比较少的内容，接受他们低质量的或不准确的答案，提供过多的同情或不需要的帮助）
	在考试或作业评价中区别对待，遇到难以确定的答案往往偏向于高成就学生
交往与互动	很少在公开场合与低成就学生互动，且对于低成就学生的行为监督严格而密切
	在于低成就学生交往时较为严肃，很少有眼光接触、微笑或肢体性鼓励（如身体向前倾、点头表示肯定等），语调焦急欠温和
教学资源配置	在时间有限的情况下较少对低成就的学生采取有效但耗时的教学方法
	把低成就学生的座位安排在离教师较远的地方
	倾向于给低成就学生安排枯燥的课程（如限制多的、重复的内容；更强调事实性的背诵而不是深化拓展课程的讨论，强调反复操练和实践任务而不是应用和高水平的思考任务）

　　课堂提问我会根据作业的情况，记录一些学生错得较多的题目，上课时让他起来写板书。我这节课就一直在点学生，每道题点几个，当然提问就没点最好的（因为都会，没意义），提问的都是中等偏上的。对于学习成绩太差的，我们也无能为力，其实上了高中一般家庭资本好的话会让学生提前去学的，会提前了解一些课程，这样他在学校的学习就不吃力了，但像一些郊区学生，就没有提前学过的。在学校上课完全是在预习，上课的话这部分学生挺耽误事，但也不会过多地关注他，因为特别去关注就像逼着他们去补课，他自己不想补就算了，但是如果特别差，比如不及格的情况还是会加以提醒，反正你总是要去想办法，要么是报辅导班，要么让你父母也帮你辅导一下，

对吧？但这些都是他自己想办法，我们也不会主动说，除非他主动过来问。你说学习公平，老师是同一个老师，但是效果就完全不一样。有些可能是他基础太差，老师也做不到随时沟通，这里会存在一些偏见，但也是无能为力的。因为有些班级程度好，有些班级程度差，老师自己期望很高，但是回报率很低，那么就会产生偏见。作为老师，谁不喜欢学习态度好、成绩也好的学生。

（引自访谈对象 T1，2019 年 9 月 9 日）

访谈中这位老师向笔者吐露了作为一名老师最真实的心声"谁不喜欢学习态度好、成绩也好的学生"。其中，他还表达了学校对于家庭资本参与学校教育这一现象的"默许"，家庭资本不足，没有条件参与课外补习的学生在学校里被视为"影响课堂进度的群体"，对于这部分学生，教师倾向于采取"回避"的态度，并不愿意主动承担责任帮助他们弥补家庭资本不足对学习进度和成绩带来的消极影响。罗尔斯提出的"差别对待"原则中最为核心的含义即"弱势补偿"，但在当前的学校教育中，教师将更多的经历和资源投入了高成就学生的身上，忽视了"弱势补偿"在促进教育公平中的关键作用，并将这种"弱势"合理化为家庭资本的薄弱所造成的学生个人学习态度与习惯的问题，无形中削弱了学校教育在促进社会公平中的重要作用，反倒使本应该最为客观和公正的学校教育成为辅助精英阶层资本代际传递的中介。

能够兼顾所有的学生基本上是不可能做到的，我们在备课和实际的课堂教学中一般都是按照中等学生的进度来，如果一节课能够做到 70% 的学生都有收获，对于老师来说就是很成功的了。因为总有一些学生自己不愿意学，一节课的时间有限，不能让少数人耽误大多数，一般在期末或者大考之前会额外辅导一下跟不上进度的学生，但是说实话，这部分学生不良的学习习惯和学习态度是长久以来形成的，并不是短期能改变的，家长都不管的话，学校也只能放弃。

（引自访谈对象 T17，2019 年 9 月 6 日）

上述两段访谈资料一段来自东部直辖市示范性高中，另一段则来自西部农村高中，可以看出这两位老师对于差生的态度基本上是一致的，说明在大多数高中老师的教育感受中，学业成绩不良的学生群体都是一个让他们感到棘手的群体，在繁重的工作压力之下，面对这部分学习成绩不好、学习习惯与态度不佳的学生，他们无力也无心去改变。并且，他们认同"对待多数人的公平"即公平，选择性地忽略了学业低成就群体的个性与感受。事实上，这个问题的根源在于目前我国高中教育的应试导向依然严重，教师更倾向于依据成绩去"认识"学生，采用以分数对学生进行分类的横向比较方法，使得所谓"差生"的存在变成学校教育中的永久性存在的"顽疾"。教育过程中的互动公平应该是从更为立体的角度去认识学生，发现不同学生身上不同的个性与闪光点，在尊重与包容学生的同时引导学生朝着差异化的路径发展，而现实是在大多数教师依然习惯于以学业成绩的优、良、中、差来为不同的学生打上不同的标签，忽视了学业不良学生的个性与需要。

三 人际交往中的刻板印象与标签效应

表 5-6 为来自本研究问卷调查的开放题目"请谈一谈你看到的或经历过的学校中的不公平现象"的部分答案节选，可以看出，学生对于不公平的感受大多来自教师对于不同学生的不同对待。很显然，学生对于学校和老师的一举一动都十分"敏感"，尤其是在学校中常常处于弱势地位的学业成绩不良的学生群体，对于教师给自己的"标签"感觉十分敏锐，问卷编号为 00100 号的学生诉说了一段来自差生的独白，他们也有前进的愿望和被关注的期望，但却在"差生"的标签下过着压抑的校园生活。"老师认为学习成绩差的品

德也不好""生物考得好认为我是抄的""视性格差异为个性缺陷"等不公平的现象和感受都表现了学校对于部分弱势学生的个性关怀不足，甚至在某些细节中伤害了这部分学生的自尊与个性。问卷编号09770的同学讲述了一位被老师看作"没心没肺"的学生患上了抑郁症的事，"发生雪崩时，没有一片雪花是无辜的"，在学校内部，受到老师关注较多的"优生"习惯了更优质的学习资源、更多的学习机会、更加事无巨细的关注与高期望，久而久之会形成一种"自我中心"的个性特质，如问卷编号05630的同学所抱怨的"运气不好，学校新政策，把优秀的学生和一般学生打乱分到一块，影响了优秀生的学习"，在学校内部，来自教师的偏见仅仅是不公平的一部分，同学之间的冷漠，尤其是比较受重视的那部分学生群体居高临下的态度使"差生"的标签更加根深蒂固地打在这些学生心里，也可能这种消极的强化会刺激某些学生的行为，使他们为了撕掉"标签"证明自己而奋发向上，但更常见的结果则是激化这部分学生内心的厌学情绪和自我放弃行为，使他们难以再脱离这种负面的标签。

除了"优生"与"差生"所受到的对待不同外，在高中阶段长期以来的对学生个性与差异的忽视，导致受老师喜欢和学校重视的学生形象变得越来越刻板，成绩好、活泼健谈、善于和老师同学打交道这样的学生往往会得到老师更多的关注。在调研中，笔者在进入课堂进行听课和课堂观察时发现，大部分老师在课堂提问时更倾向于提问男生，一名来自东部省份示范性高中的年轻女老师告诉笔者，这不是由于老师对性别有偏见，而恰恰是由于老师关注到了不同性别学生在个性特质上的差异，并尊重了这种差异。

> 女生大多比较内向、害羞和被动，课堂提问如果回答得不好在她们的心里会造成很大负担，甚至可能影响整节课的学习效果，但男生就不一样，大部分没心没肺，答错了也不怕。
>
> （引自访谈对象T4，2019年9月9日）

教师这种想法的初衷是没有错的，但是这种对于不同性别的"刻板印象"又是给不同的学生贴上了"标签"，正如问卷编号09469的同学所谈到的不公平感受，课堂交流的机会更多地偏向于健谈、外向的学生，而性格显得内向和寡言的学生则成为课堂中的"观众"，难道这些"观众"就真的不想得到发言和表达的机会吗？在当前人力资本的竞争中，沟通和交流的能力极其关键，在自主招生、考研、出国留学以及找工作的过程中，面试环节也逐渐取代笔试成为决定成败的关键环节，如果学生在高中阶段因为性别和性格这种先天的因素被减少或剥夺了"说话"的机会，那么当他们之后面对一次次需要侃侃而谈的竞争舞台，谁来为他们的胆怯和沉默埋单呢？学校教育的使命在于为每一位学生的充分发展提供支持与可能性，而为不同的学生打上不同的"标签"就是在扼杀学生发展的可能，不仅走上了与互动公平中的"差别对待"背道而驰的路径，也损害了学生对于学校教育的信任感。

表 5-6　　　　　　　　学生对不公平现象的描述（节选）

问卷编号	不公平现象描述
00024	老师对所谓学习好的学生有一种盲目信任，不问缘由的那种
00030	个别老师对学生有偏见，例如会认为爱美的女同学心思一定不在学习上、发朋友圈比较频繁的学生一定在校外交了"素质不高"的朋友等
00067	期末考得好就是三好学生，不考虑其他方面的因素，单纯以成绩作为评判标准
00100	从老师的需要、眼神各种方面可以看出老师对于成绩好的学生更为优待，而成绩差的同学老师对于他们说的话甚至会出现无视或回避的状态，对于差生几乎处于放纵的状态，只抓好学生是很多老师的通病，个别老师甚至在批评某一成绩较好的同学时会说："你怎么能和 A 一样呢！你以后可以考上重点大学！他连个大专的考不上！"我是老师眼中所谓的差生，种种不公平地对待让我们变得自卑、扭曲、放弃自己、重度抑郁。我想，我写的这些也不会有人真正在意吧，学校的所有调查都会要求给予每一位教育工作者完美的评价，谁又会在乎我们真正的想法呢，又有多少学生敢直面老师提出自己的不满？而我，却依旧抱着愚蠢的期待，希望这样的现象得以重视，我们，真的是"差生"吗？只是成绩不好便给我们所有的一切打上了恶劣的标签，仿佛是世界在告诉我们，你们是没用的人、没出息的人，慢慢地我们迷失了自己、放弃了自己
00823	有些老师会认为学生成绩差的学生品德也不好

续表

问卷编号	不公平现象描述
02398	就因为我是重点班转到实验班，成绩肯定开始是比不上实验班的学生，但是综合素质评价单单他们凭成绩就比我高好多，所以等第就比我高，我觉得不公平
03002	因为平常学习不是很好，但是我这学期对生物很上心考了生物单科第一，我的生物老师认为我是抄的
03045	优秀的学生考试考差了是意外，成绩比较不理想的同学考差了就认定是不用功，不需要安慰和鼓励
04760	学校仍会存在特殊的好的机会只开放给成绩好的优秀的同学，而相对普通的学生没有选择权
05010	学校常常视性格差异为"个性缺陷"
04378	好的同学问问题老师会很高兴，但成绩相对不大好的同学上课在记笔记都会让老师觉得没有认真听讲，会很生气地责骂同学
05630	运气不好，学校新政策，把优秀的学生和一般学生打乱分到一块，影响了优秀生的学习，对此我家长也很不满意
08299	分数高的学生在实验班，分数低的在普通班，实验班经常考试，普通班不参与；还有一些同学靠关系进实验班，尽管分数低，却从来没有出来过
10023	在上自习课时，班长可以自由说话，不受约束，但却不允许其他人讨论问题，尤其对女生有一些偏见。班主任对班长及其他班干部照顾有加，在竞选班干部时，并不是自由竞选，而是由班主任根据自己的看法选择。希望老师可以给其他同学一些机会，让其他同学能展示自己的能力
09770	不公平对学生而言很正常，因为我们没有反抗的能力，然后不公平就成了我们生活的一部分，上课老师只找好生回答问题，仿佛差生在班里只是空气，差生永远都是眼红地看着好生拥有的大把福利：老师的无条件原谅，上课单独讲解回答好生问题，问好生想坐哪儿。这不仅是对差生的伤害，也会危害好生人格的成长，他们大多因过多的骄傲而自尊敏感，容易受伤。班主任无法理解学生。我有一个差生朋友，他是个很活跃的人，被老师认为没心没肺。然而谁也不知道，他有一点抑郁症。有一次下课我突然发现他在哭，他说想请假去看心理医生。可老师听了他的反复诉说以后依然不理解，让他快回去写作业，后来老师终于同意他请假，检查结果出来他患有中度抑郁，可从来没有人注意过，知道了也不关心。我认为，造成他抑郁的原因很多，和我们学校没有任何心理机构和课程，课外活动也比较少，同学之间不愿意互相帮扶有关，包括普通班新班主任的教学经验不足（我们学校普通班都是用来给新老师练手的），不重视每位学生的心理情况，甚至他的父母也为他患精神病感到难为情！

续表

问卷编号	不公平现象描述
10870	感觉老师对优等生会更好一些，而且学校为了帮助优秀班级赶进度，提成绩，为他们配备了最好的老师，并且优秀班级的所有老师都只教他们这一个班，但其他班的老师却带好几个班的课。而且优等班级的某些教学资源，例如学习用的平板不用买就可以使用，我们这些个班却要花6000元
09469	课堂教育中，有时候会有一些展示自我、上讲堂讲课、演讲的机会，这些时候一些性格开朗大方的学生会比较占优势，性格内向、不善于表达自己的学生则比较吃亏。同时，有些老师也不考虑帮助内向的同学发表意见，偏向于她比较喜欢的学生或者善于交流的学生，这也就导致了一些不公平现象

第 六 章

成因探讨：普通高中教育过程公平困境的新制度主义分析

在前文中，结合问卷调查的结果和访谈文本对普通高中教育过程公平中的困境进行了探讨，而这些困境背后的成因及作用机制却尚未清晰。通过数据分析的结果得知影响普通高中教育过程公平的主要因素有学校层次、教师质量、班级规模、教师期望和学生参与与信念等。而这些因素仅仅是影响教育过程公平最显性的和直接的因素，在这些因素背后隐含的是不同的程序制度、资源配置、办学理念等教育过程因素，正如美国学者帕森斯所认为的"教育系统与经济系统、政治系统和社会共同体系统都有密切关联"[1]。任何的教育活动都势必会受到社会政治和文化环境的影响，而在新制度主义的视野中，政策、规则和文化等都是制度的不同表达形式。本章从新制度主义的分析视角，从宏观的政策设计与执行层面、中观的评价规则与导向层面以及微观的个体文化认知层面对普通高中教育过程"不公平"问题存在背后原因进行分析，力求呈现造成公平困境的较为系统和完整的成因机制。

---

[1] 钱民辉：《教育社会学》，北京大学出版社 2005 年版，第 40 页。

第一节　规制性要素

美国学者道格拉斯·诺思认为制度的构成包括正式规则、非正式规则和制度的实施方式。其中，正式规则中包含的政治、法律、经济规则和契约与斯科特所提出的规制性要素属于同一范畴。① 规制性要素是所有制度要素中最基础的一种，其突出特征在于特别强调外在的、明确的规则设定、监督和奖惩。制度的变迁通常遵循"强制性制度变迁"和"诱致性制度变迁"两种逻辑，强制性制度变迁是由法律和政府的强制性命令来保证制度实施，以达成制度目标的过程。这种制度变迁的逻辑反映了"规制性要素"的作用逻辑。在教育领域中，教育法规、教育政策、课程制度、学校管理、教师管理等都属于规制性要素，这些要素能够制约、规制和调节学校的办学行为，是保证教育的稳定性和强制性的基础。同时，这些要素也从最为根本和宏观的层面上影响和调节着教育的发展方向及状态。然而，这些制度的执行过程往往呈现自上而下的"政策中心性"，在制度目标转化为现实实践的过程中，呈现许多"应然"与"实然"间的矛盾与差距，对学生的受教育过程产生消极影响。

一　自上而下的政策执行逻辑

在教育政策执行和落实这一"现实化"过程中，通常遵循着两种轨迹，第一种是"自上而下"的政策执行模式，这种模式下的政策目标与执行呈线性关系，政策制定者往往通过设定明确的目标和实现条件来形成一种理想化的政策过程，这种政策过程能够在某种程度上实现政策初衷，但也可能会因为缺乏对现实情况和阻力的判

---

① ［美］道格拉斯·C.诺思：《制度、制度变迁与经济绩效》，杭行译，格致出版社2014年版，第55页。

断而导致政策执行结果背离政策理想；第二种是"自下而上"的政策执行模式，这种模式关注政策执行过程中的政策制定者与基层实践者的网络和互动过程，使政策执行更接近现实的需要，但也可能消解了政策的刚性影响，削弱政策执行的效果①。在高中教育发展相关政策制定与执行过程中，更多地遵循"自上而下"的行动逻辑，缺乏对于基层实践者需求的精准调研，使政策在执行过程中逐渐偏离了最初的政策理想。

2017 年，我国教育部等四部门印发了《高中阶段教育普及攻坚计划（2017—2020）》，要求全国各省到 2020 年实现高中阶段毛入学率达到 90% 以上，主要解决普高大班额、职高生源不足和运转困难等问题。② 此次攻坚计划的难点在于中西部贫困地区，而在笔者走访这些地区的普高时，也确实感受到了这些学校对于这项政策的"力不从心"。

> 目前，所有的高中学校办学资源和条件已经超负荷运转，超过 56 人班级在一半以上，如果按照湖北省攻坚计划的要求高中普及率达到 92.5%，班额控制在 56 人以下，那全省至少应扩充四所 3000 人规模以上的高中学校。你说教育过程公平的问题，我们每一个做教育的人都很重视，作为校长，我更明白大班额对于学生个体的受教育体验来讲是不好的，但是目前要首先达到高中入学率的提高，才能保证高中阶段普及率达标（职高大部分还是不愿意去），所以这和班额缩减其实是相互矛盾的。根源问题还在于国家对普通高中办学资金的支持比较少，义务教育保障比较好，职业教育也有大投入，学前教育也还可

---

① 朱亚鹏：《公共政策过程研究：理论与实践》，中央编译出版社 2013 年版，第 143 页。
② 中华人民共和国教育部：《2020 年全国普及高中阶段教育》，2017 年 4 月 7 日，http://www.moe.gov.cn/jyb_xwfb/xw_fbh/moe_2069/xwfbh_2017n/xwfb_170406/170406_mtbd/201704/t20170407_302109.html，2020 年 1 月 2 日。

以，高中这块一直是短板。如果真正要高质量普及，要保证学生受教育过程的质量与公平，国家要舍得投入，目前收费和成本分担都在降低，但经济重担就压在地方政府，实际上很难承担。

（引自访谈对象 M4，2019 年 7 月 25 日）

影响高中教育公平最关键的问题就是控班额的问题，新入学生正在增加，老师编制没有增加，教育投资没有增加，一纸文件的要求，这行不行得通？新的形式主义太多了，能实现真正的教育公平吗？不该花钱的地方，花了很多很多，该花钱必须花钱才能实现的地方没有花。现在普高缺教师、缺教室。尤其是新高考改革之后，至少缺 1000 人的教师编制，目前 1 个老师做了 3 个老师的事，重负荷的事情太多。

（引自访谈对象 M6，2019 年 6 月 19 日）

上述两位来自我国中部地区的高中校长道出了普及高中政策和新高考改革在现实实施中的资源困境，主要表现在缺地、缺人和缺经费三个方面。"目前教育中呈现的许多危机和问题都是特定的教育政策在深层历史结构的和意识形态上所存在矛盾的外在表现。"[1] 普通高中的教育过程公平看似是落脚于学校内部的微观公平，实则与外部的政策和制度环境联系密切。比如目前我国普通高中发展中最为突出的大班额问题，在前文的分析中，已经证明所在不同班级规模的学生感知到的分配公平、程序公平与互动公平之间均有显著差异，在资源配置维度，超大班额与小班的平均分相比差值达到 0.7。因此，在普及高中的背景下，高中学校的数量没有增加、职高的招生人数短时期内难以达到"大体相当"，那么普通高中大班额的问题

---

[1] 柯政：《理解困境：课程改革实施行为的新制度主义分析》，教育科学出版社 2011 年版，第 53 页。

就很难得到解决，甚至会愈演愈烈，损害学生受教育过程的公平。

  虽然国家出台的文件出发点是很好的，但各级政府可能还没有做好准备普及高中和应对新高考。以师资为例，国家如何创造条件，构建机制，让更优秀的人投入基础教育事业中，这是一个根本的问题。一般的学校校长没有办学自主权，人事招聘和奖励机制校长都没有办法决定，优秀的师资招不进、留不住、培养不好，示范性高中的校长往往有更多的权利和资源，所以就形成了好的学校越来越好、差的学校越来越差的马太效应。另外，各个部门的分工也有矛盾之处。人社局每年招聘新教师的时间都是5月前后，这个时间点本身就很尴尬，大部分优秀的人才都找到工作了，没有找到工作的才来做老师。在教师招聘中，人社局去招聘，但是教育局用，人社局掣肘，地方财力又不够，很难保证教师的待遇和质量。但也不是说所有的问题都是由于教育投入不足，而是缺乏对于高中发展实际需要的调研。比如高中国家助学金，国家给学校划指标，我校只有500人，但是分给我了1000人指标，现在读高中没有生活费和交不起学费的学生很少，这些钱拿来改善师资，改善办学条件多好啊！营养餐、助学金都没有切中高中质量发展的要害。师资不足，办学硬件和软件不充分，学生的公平感和满意度就难以提高。

（引自访谈对象M7，2019年7月4日）

  访谈中，这位校长提到了三点造成普通高中公平困境的制度因素：第一，校长缺乏办学自主权，尤其是一般高中的校长，手上的资源和权力十分有限，难以招的到、留得住优秀的师资；第二，各个部门之间的分工混乱，人社局、教育局和学校在师资招聘中角色错位，使学校在招聘教师时陷入被动；第三，政策的执行缺乏足够的"循证"过程，资源供给与学校实际发展的需求没有很好地对应起来，造成了一定程度上的资源浪费。

另一个体现自上而下的强制性政策执行逻辑的例子是普通高中育人改革中的选课走班制度。选课走班的初衷在于关注以生为本的发展，满足不同学习者的学习需要，然而，这种美好的初衷仅仅是在具有充分的选课走班资源基础，能够将"选课走班"高效彻底地落实高中学校才能完满地实现，对于相对薄弱的高中学校而言，存在着教室不够、教师不够、课程开设不足等一系列现实的资源困境。为了回应改革的需要，这些学校也只能"浅尝辄止"地做做表面功夫，以"选课走班"作为按成绩对学生进行等级划分，满足应试教育需要的"幌子"，继续进行"高考工厂"式的流水线教育。这说明，未考虑受众群体的改革措施极容易造成更大程度上的不公平，对于相对薄弱的学校来说，要进行改革的实践，但缺乏进行改革的必要资源条件，这本身就是一种分配不公平，体现了顶层设计中"弱势补偿"这一公平理念的匮乏，对于这些学校的学生来说，学校将一次次的改革变成提升应试教育成绩的"工具"，无视学生个体的多样化发展需要，无疑是更高层次的不公平。

二 低重心管理体制的压力演绎

长期以来，我国普通高中实行地方负责、分级管理、以县为主的低重心教育管理与财政体制，该体制从一定程度上激发了地方政府的积极性和创造力，促进了高中教育事业的发展。但从教育公平的角度看，"以县为主"的教育财政体制极易导致省级政府的主体责任缺失，给县级高中办学带来严峻的挑战，尤其是加剧了优质教育资源集聚的"马太效应"，使经济发展的不平衡进一步演化为教育发展的不平衡。

从区域之间的教育公平来看，在我国中西部经济发展较为薄弱的地区，政府举债办学的现象十分常见，无法保证学生所能享受到的各方面硬件及软件设施，直接影响了学生的教育体验和发展空间，从资源方面掐断了区域间教育公平的可能性；从校与校之间的教育公平来看，我国重点高中制度的长期遗留使地方政府将当地为数不多的"重点校"或"示范校"视为高中办学的"勋功章"，极力投入财力和物力，加剧了地方高中校与校之间的办学质量差距，同时也助长了家长的择校心理，使家庭资本和社会资本介入教育领域，损害了教育公平；从学生全面发展的个体公平来看，目前县级层面的高中教育对高分和升学率的追求十分迫切，在笔者调研的过程中，超过70人的超大班额绝大部分位于县级中学里，学校的布告栏中明确列出考取清华北大奖金、双一流高校奖金和本科一批上线奖金的现象也大多发生在县级中学。对高分和高考上线人数的趋之若鹜进一步加重了县级政府的财政负担，而中央和省级政府在地方高中办学时的角色缺位使得"自负盈亏"的县级中学只能依靠传统的升学率来博得更高的社会关注，吸引更多的生源与资金。这是县级政府在低重心管理与财政体制之下的"压力演绎"，而深受其害的则是一步步被塑造为"考试工具"的县乡生源，他们缺乏发展兴趣和生成个性的教育资源与信念引导，这对他们来说是最根本的不公平之处。

事实上，普通高中教育属于中央和地方共同事权，无论是从涉及教育产品和服务的"事"的角度来看，还是从涉及教育决策与监督等"权"的角度来看，都应由中央和地方政府共同负责。因此，普通高中的教育财政支出责任也应按照事权与财权相匹配的原则[①]，由中央和地方共同承担，而不能随着教育"事权"的层层下放而将财政负担的压力积聚到地方政府身上，未来应进一步加强中央和地方办学的具体责任划分的法律与制度条例，完善各级政府办学的财政分担机制，促进各方的权利与责任归位。

---

① 于璇：《我国中西部贫困地区普通高中教育发展困境与治理路径研究》，博士学位论文，华东师范大学，2019年，第243页。

三 教师考核制度的负向影响

目前，学校对教师的绩效考核仍然以学生成绩为主要指标，尤其在高中阶段，有学者的调查显示，当前教师绩效工资考核中最重要的因素分别是"工作量""学生成绩"和"是否管理人员"[①]，虽然教师的绩效工资制度对教师工作的激励效果一直存在争议，但这项制度代表了社会各界对于教师评价的基本导向，这意味着虽然高中的改革已经逐渐打破了"唯分数是举"的应试主义僵局，但对于教师的评价却仍滞留于高中育人改革之前的状态中，未建立起与高中育人方式改革相呼应的教师考核体系。如此一来，教师便容易陷入左右为难的情境中：一方面是投入更多的精力以关注学生的全面发展，促进学生个体的差异公平，但为此付出的时间和精力难以得到直接的激励和收益；另一方面是按照传统的教学方式抓学生成绩，不断提升学生的应试水平，收获更多短期可见的绩效激励，但可能牺牲掉学生个性发展的可能性，有悖于教育过程公平的要求。

    老师都是懂教育的人，当然希望能够平等地对待每一个学生，关注到每一个学生的个性特长，然后充分地发掘和引导。但是现实不允许，作为老师的精力也是有限的，肯定是要先完成学校的要求，才能完成一点自己的教育情怀吧。并且学校的激励机制就说要求老师有侧重地抓教学，每个学期的教工表彰大会，高考成绩好的任课教师会受到表彰，据说奖金最高的可以拿好几万元，对于收入一般的教师群体来说是笔不小的收入。就算不考虑这些，谁不想要教得好的荣誉呢。还有一点，带重点班的教师和普通班教师的绩效工资算法是不一样的，好像会

[①] 宁本涛：《高中绩效工资制实施进展分析——基于东中西部 13 省高中的调查》，《华东师范大学学报》（教育科学版）2020 年第 1 期。

高15%，而只有带的班成绩好才能有机会教重点班，或者一直带重点班。虽然现在到处提倡高中要从应试转向育人，但育人的成果不好量化，只有应试的成果和老师的考核挂钩，老师们也只能把有限的精力更多地投入到一些愿意学、学得会、考得好的学生身上。这听起来不公平，但作为老师其实也是要受到很多制约的，也很无奈。

（引自访谈对象T6，2019年9月12日）

这位老师提到的教师的收入与升迁和所带班级的高考成绩挂钩的情况在多数普通高中普遍存在，而学校对于重点班级和普通班级教师收入核算标准的不同更加强化了用应试成绩来考核教师教学这一机制，因此，老师们将有限的精力投入"愿意学、学得会、考得好"的学生身上，对于另外一些基础薄弱或因为各方面的原因产生了厌学情绪的学生则采用默许其放弃学业的态度。这是高中教育过程中最常见的一种不公平现象，而学校上下对于这种"不公平"现象的默认态度源于学校管理者的管理理念和塑造的学校整体愿景与价值观。我国学者崔允漷认为"教了，不等于学了；学了，不等于学会了"，在这样一种应试文化浓厚的高中校园里，只关注教师教得怎样、学生考得怎样，而无法关注到每位学生在学校里到底学会了什么、还需要学什么，这种粗放式的管理与教育方式无法契合当前普通高中育人模式改革的需要，传统僵化的教师评价和考核制度对教育过程公平具有负向影响。

第二节 规范性要素

与规制性要素相比，规范性要素更多地强调价值观念、行为准则、职业惯例等内化于个体行为习惯中的"社会责任"。① 通过社会舆论或道德规范来制约个体的行为，使个体自觉地按照社会期望采取行动。从某种层面上说，规范性因素能使由规制性因素建立起的"权力"转化为"权威"，强化规制性因素对于个体行为的感召作用。规范性要素遵循诱致性制度的变迁规律，由个体或群体自发倡导、组织和实行。通常，学校管理者是一所学校发展和改革的"领航者"，管理者的教育观往往会通过各种显性或隐性的作用构成一所学校内部的"行事准则"，影响和约束着师生的行为②。当前，部分高中办学依然以应试和成绩作为核心追求，学校管理者功利化的教育政绩观从负面强化了教育不公平现象。与此同时，从系统的视角来看，社会舆论、教师的职业惯例、家长的价值追求等一系列规范性要素共同构成并强化了教育评价导向变迁的"路径依赖"现象，加剧了教育过程公平的困境。

一 普通高中承担的社会责任与舆论

一直以来，高中教育所承担的升学功能都远超其应承担的育人功能，社会大众对于高中教育的期待即顺利地将学生送进大学，并培养出更多在高考中取得高分的"佼佼者"。因此，普通高中承担的社会责任与舆论往往更偏向"效率"或者形式上的简单公平，而教师群体作为这一责任的履行者，不可避免地在日复一日的耳濡目染中认同了这种责任，将分数至上、升学为本的社会舆论内化为自身行动的指南。这便是社会普遍持有的"共识"作为一种规范性要素对办学者和教育者产生的潜移默化的影响。

> 一所高中办得怎么样，老百姓的口碑最重要。而截至目前，

---

① 柯政：《理解困境：课程改革实施行为的新制度主义分析》，教育科学出版社2011年版，第104页。
② ［美］R. 科斯、A. 阿尔钦、D. 诺斯等：《财产权利与制度变迁》，刘守英等译，上海人民出版社1994年版，第384页。

老百姓最认同的还是分数，而我们作为高中老师，理应比幼儿园和小学老师多一份对学生未来发展的关注，因为能否考上一所好大学直接关乎他们的就业和终身发展。你说对学生来说怎样才算是公平？我认为他们这个年纪未必懂，而我们作为过来人，就应该明白高中阶段的学习对他们的重要性，哪怕高中三年拼了分数进了清华北大之后再发展兴趣、陶冶情操，但这三年就是要冲着高分和名校拼一拼，将来才不会后悔，所以我是比较反感学校搞花里胡哨的活动的，该发展特长就应该在进入高中之前发展好，高中的时间太宝贵，应该把心思花在考学上。

（引自访谈对象 T12，2019 年 8 月 11 日）

访谈中这位有着十几年教龄的教师向笔者吐露了自己对于高中教育公平的真实看法。在她看来，高中的教育公平就是能尽可能地将更多学生送入名牌大学，而发展兴趣特长这些活动都应在进入高中之前或高中毕业之后再发展。这种看法在接受访谈的教师中较为普遍，尤其是在中部高考竞争压力较大的地区，教师自觉地用社会大众对于高中办学责任的期许来指引自己的行为，并不断强化普通高中不同于义务教育阶段和高等教育阶段的特点，将高中三年视作改变学生命运的三年，认为普通高中应承担起帮助学生获得高分、顺利升学的社会责任，并敢于接受社会公众的舆论监督。基于这样的观念引导，办学者和一线教师就难以认识到教育对人一生发展影响的连贯性，而简单地将高中三年割裂为孤立的教育阶段，忽视学生的个性发展需要，看似是满足了形式上的分数面前、人人平等的公平，实则违背了高中育人方式改革背景下的实质公平的理念，加剧了过程公平中对人本身的漠视，形成了新的不公平。在新的时代背景下，必须由学校率先做出改变，引领社会各界转变对于高中教育的认识，高中教育不仅仅承担着面向全体适龄儿童，提供均等的教育机会和升学机会的形式公平责任，同时更发挥着作为影响学生一生发展的关键教育阶段而应具有的引领学生个性生成，为每位学生提供适切的发展道路的实质公平责任。

二 学校管理者引领的师生行为规范

帕森斯认为,共同的规范和价值观是稳定社会秩序的重要基础之一①,在教育领域中,校长和教师的职业道德、教学观念、学生的行为守则、家长和社会对于学校办学的支持以及社会媒体舆论等都属于规范性要素讨论的范畴。学校的文化和价值观是一种典型的规范性制度要素,对于学生的教育过程公平来说,规范性制度要素的影响可能是正面的也可能是负面的。比如,在一些"高考工厂"类型的学校里,由于学生人数多、优质资源少、教师的专业水平有限等各种主客观条件的限制,这些学校往往盛行应试文化,倾向于以考试为唯一的指挥棒考核教师和评价学生,学校成员不得不以考试的分数作为自身教学或学习表现的衡量指标,教师便会更多地将学习机会分配给在考试中占据潜力和优势地位的学生,很难关注到学生的差异化发展,造成教育过程中的不公平现象;而在一些发展水平较高的优质学校,校长、教师乃至学生家长都对公平有着较为全面的理解,更能关注到不同学生的发展需要,为学生提供较为公平的学习和发展机会。

> 我认为教育部出台的不准宣传高考状元等的政策非常好。我们老师之间流传一句话"清华北大是生出来的,好成绩是学出来的"。不是每个学生都能上清华北大,学校不能将此作为炫耀资本。地方教育部门应端正"教育政绩观"。高中教育姓"文",不姓"考"。
>
> (引自访谈对象 T6,2019 年 9 月 14 日)

---

① [美]塔尔科特·帕森斯:《社会行动的结构》,张明德等译,译林出版社 2012 年版,第 54 页。

访谈中，这位老师提到了"教育政绩观"的概念，事实上，在高中教育办学的过程中，学校并不是掌握着完全办学自主权的独立个体，普通高中教育过程是否能够达到公平的状态，一方面受制于教育资源的数量与质量；另一方面则很大程度上受到高中教育评价导向的影响，社会各界对于"什么是好的教育"的认知不一，教育评价导向下的各方利益互动都可能对普通高中教育过程的公平产生影响。作为学校发展的"掌舵人"，校长规划并实践着一所学校的发展道路，虽然校长更多地担任了顶层设计和宏观指导的工作，并不能亲历学生教育过程的方方面面，但他对于学校的定位、对于学生培养的理念、对于公平的理解都影响着学生最微观的教育体验。

谈到教育过程公平的问题，其实影响因素有很多，主要有外因和内因，外因就是资源、投入、经费这些，是一定会影响教育过程的公平的，因为虽然强调过程，但也不可能不讲到教育过程中的资源分配。从内因来讲，我个人感觉校长个人的教育思想和领导风格还是很关键的。现在都在谈高中的育人模式改革，其实是把难题丢给了校长，校长的眼睛如果就盯在考试的"3+3"上，肯定会觉得又花钱又耽误学生真正学习和复习的工夫，会认为搞那些没用的干吗。所以一个校长是只盯着考试的升学率，还是真正希望能为学生提供发展的可能性，直接影响着这个学校的育人氛围。你说现在高中改革，师资缺、教室缺、硬件也缺，没有一所学校不缺钱，尤其是对于想真正做事情的校长来说，经费永远不够。我就一直是到处去"讨钱"，只要有机会申请一些项目，拿到一些办学经费，我一定是打了鸡血一样地去争取。但是对于只要升学率的校长来说其实就没有必要这样，所以能不能给学生更高质量的教育，给学生更深层次的公平体验，校长个人的想法非常重要。

（引自访谈对象M2，2019年9月3日）

访谈中，这位校长谈到自己对高中教育公平和高考改革的问题的看法，他认为，对于同样一个政策，不同的管理者眼中会诠释出不同的视角。对他来说，高中教育应该重过程、轻结果，给予学生更多的发展机会，这些机会就体现了对于每一位学生而言的教育过程公平。高中教育的千校一面和对学生个性差异的长期忽视不仅体现在育人和招考模式上，也体现在不同学校管理者的管理理念上。许多学校管理者遵循"多、快、省"的粗放式规范管理方式，乐于培养具备统一的"考试素质"的人，而"无视"学生的差异和个性，这种管理理念最直接的影响就是在学校内部塑造潜移默化的愿景和价值观来规范教师的行为，从而影响学生受教育过程的公平。

三 教育评价导向变迁的路径依赖

教育系统作为一个组织共同体，我们可以将其看作一个具有资源、产品、供应者、消费者和中介机构等在内的"生活空间"，不同的角色有着不同的立场与需要①，如果没有一套基于"民主协商"而形成的组织管理制度来规范与制约各方的行为，那么就会产生由于各方"利己行为"导致的不公平现象。以新高考政策为例，其初衷是改革高中育人模式，给予学生更多的选择性，促进更深层次的过程公平。那么为什么在政策执行的过程中却使基层校长感到举步维艰，争议不断呢？可以从教育系统这个大的"组织域"的不同角色的行动逻辑来分析。

如图 6-1 所示，任何一项教育政策的制定和执行都涉及政策的制定方——教育部；教育政策执行的主体——地方教育行政部门；教育政策执行效果的监督和资源供给主体——地方人民政府；教育政策实施的具体对象——学校和学生以及教育政策执行的利益相关者——家长与社会人员。他们分别在这个大的教育系统中担任着不

---

① Knoke D., Powell W. W., Dimaggio P. J., "The New Institutionalism in Organizational Analysis", *The American Political Science Review*, Vol. 87, No. 2, 1993, p. 501.

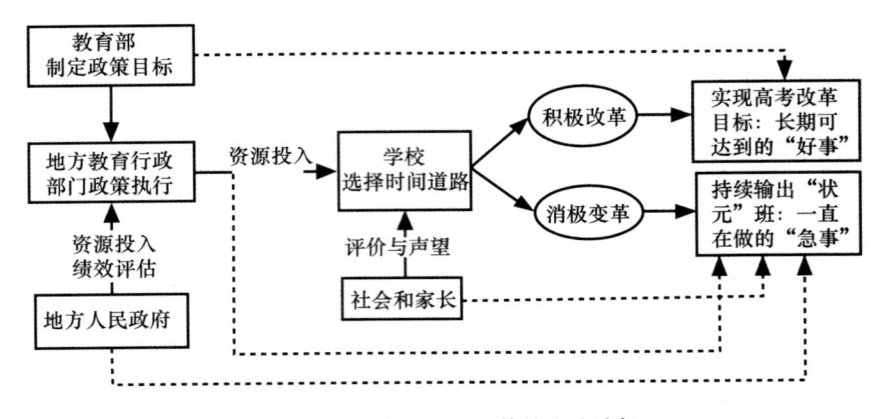

图 6-1　新高考改革政策的实践演绎

同的角色，也有着不同的利益诉求和评价逻辑。在新高考政策的推行过程中，教育部联合各级教育部门经过对高中教育发展方向的研究与讨论，采用一系列政策工具发布"新高考"政策及相关补充意见，旨在使高考改革顺利推行，以达到推进高中育人方式改革、促进教育走向更深层次的公平的政策理想。地方教育行政部门在接到政策指令之后，会综合考虑政策压力的强度、可行性以及现实的资源条件等因素给学校施加压力，并根据学校的表现投入相应的资源（师资和经费等），同时，地方教育行政部门在很大程度上向地方人民政府负责，所获得的资源支持也更多地来自地方人民政府，所以地方教育行政部门与地方人民政府达成了"利益共同体"，共同权衡着政策推行的力度与评价尺度。作为政策执行具体对象的学校，一方面受到地方教育部门的资源掣肘，要向地方教育部门表明改革的决心、展示改革的成绩；另一方面则受到来自社会和家长的舆论评价，这些舆论与评价直接影响着学校的办学声望和生源输入。因此，在学校选择采用全身心的依据政策改革要求来进行大刀阔斧的"积极变革"还是"表面上过得去"的投机敷衍的"消极变革"的道路时会综合考虑地方教育部门与社会双方的评价标准，显而易见的是，在大多数地区，无论是渴望"政绩"的地方人民政府和地方教育部门，还是渴望"考入名校"的社会与家长，都依然和高考改革之前一样遵循着"应试""效率"和"成绩"的评价导向,更多的财力、人力和物力也依然朝着应试和效率的方向集聚。如果说积极地按照高考改革的要求,推进高中育人模式改革,给予学生真正的选择权和发展权是需要长期缓慢达到的、有益于教育过程公平的"好事",那么在高考改革的推行过程中使用一些"功利性"手段,将有限的资源投入高考上线数量的增加上,多、快、好、省地输出更多的"状元班",依然是高中教育一直在做的,受到家长和社会欢迎的"急事"。而家长不仅仅是教育系统中"教育产品"的"消费者",更是具有绝对话语权的"主导者",因为地方人民政府和地方教育行政部门的立场是"办人民满意的教育",这是家长对于教育方向的"政治主导"作用,另外,普通高中的办学经费有一半左右需要自筹,而最后为这笔经费埋单的大部分也是家长,这是家长对于教育方向的"经济主导"。[①]

以上便是教育评价导向从"应试"变为"育人"的路径依赖的形成过程,影响和制约普通高中教育过程公平的最根本因素还在于教育的"消费者"——社会和家长群体对于教育"产品"的需求,最终落脚于高中教育根深蒂固的应试主义评价导向,这种评价导向和规则的路径依赖桎梏了教育过程公平的实现。纵然在北上广等经济发达地区的一些高质量高中已经逐渐摆脱了这种导向,构建起了能够支撑和促进教育全过程公平的新的育人模式,但是在我国幅员辽阔的中西部地区,类似于衡水中学的"高考工厂"仍比比皆是,家长依然不厌其烦地根据往年的升学率将学生送往有更大可能考上名校的高中,只问结果,而不过问教育的过程。

---

① 柯政:《理解困境:课程改革实施行为的新制度主义分析》,教育科学出版社2011年版,第158页。

第三节 文化—认知性要素

不同于规范性要素对遵守规则和服从义务的强调，文化—认知性要素更关注个体化的文化与认知图示对其行为产生的影响，强调特定的行为惯习对于特定行动群体所具有的力量，正如国外学者迪马吉奥和鲍威尔所指出的，各种各样的信念体系和文化框架制约着个体与组织的行为，一般来说，更接近"主流文化信念"的行为更容易被群体接受，且认为该行动者的"有能力且重要的"。[1] 学校中正式或非正式的文化、价值观与规则习惯构成了这个特定的组织域中共享的符号意义系统。[2] 新制度主义中的文化—认知性要素组成了教育系统隐性的文化制度，学校从某种程度上担当了"优势文化"传递的主要工具[3]，学校的课程、考试和师生交往等行为都带有一定的文化偏好，文化资本对于学校教育有着潜移默化地影响。这种文化资本的主要来源即家庭资源，在布迪厄看来，文化资本包括世代相传的文化背景、性格、习惯和技能，这些要素塑造着个体"习以为常"的行为和习惯。因此，文化—认知性制度可以从社会学的视角来解释和分析影响普通高中学生教育过程公平的先赋性因素，比如，教师倾向于将更多的学习机会分配给某一群体的学生，与该群体学生表现出的行为惯习有关，也与教师自身的受教育经历和公平观念有关，这些都是文化—认知性要素对于个体行为产生影响的表现。

---

[1] David K., "The New Institutionalism in Organizational Analysis", *American Political Science Review*, Vol. 87, No. 2, 1993, p. 501.

[2] 柯政:《学校变革困难的新制度主义解释》,《北京大学教育评论》2007年第1页。

[3] 刘欣:《阶级惯习与品味：布迪厄的阶级理论》,《社会学研究》2003年第6期。

一 教师的个体化公平观念与经历

有学者认为,学校教育从一定程度上重现了社会的不平等,使下一代接受特定的合适角色的安排,并将现存的不均等合法化。① 对此,相反的观点是学校教育本身是一种补偿机制,可通过三种途径来弥补学生进入学校之前的发展差异:一是课程巩固,通过在学校内的课程学习减小学生的学业表现差距;二是弱势补偿,通过为处境不利学生提供补偿性教育资源来缩小学业成就差距;三是教师的理念与实践,尽管在师生互动中存在着一定的不公平现象,但大部分老师能够平等对待,以弥补生生之间的落差。② 其中,教师如何理解和看待教育公平、如何在教学实践中诠释教育公平、对自己的学生有怎样的期待是影响学生教育过程公平最为微观但却至关重要的因素。

> 我个人觉得公平,尤其是教育过程的公平一定要关注到弱势群体。我们学校地处郊区,它的生源一般都是这边(郊区)的学生,但这个区有一些外地的区县的学生是父母在这边刚刚拿到居住证或者户口,所以这些学生在高中之前可能是读的私立或者在外地就读,基础相对于本地孩子来说会比较薄弱。每个班可能会有两三个这种情况,我会比较多地去关注他们,有时候也会和他们聊一些生活上的问题,可能跟我本身是外地人也有关吧,对于这种从外地到大城市来学习,然后发展的人有种亲切的、想要主动去帮助他们的感觉。
>
> (引自访谈对象 T4,2019 年 6 月 15 日)

---

① Chunling, Li, "Sociopolitical Change and Inequality in Educational Opportunity: Impact of Family Background and Institutional Factors on Educational Attainment (1940–2001)", *Chinese Sociology & Anthropology*, Vol. 38, No. 4, 2006, p. 36.

② Downey, D. B., Condron, D. J., "Fifty Years since the Coleman Report: Rethinking the Relationship between Schools and Inequality", *Sociology of Education*, Vol. 89, No. 3, 2016, p. 213.

什么对学生来说是公平的？我认为帮助愿意学习的学生顺利地考上大学，教会他们做人的道理，就是最公平的教育。我现在经常和学生说，从高中开始就要关注大学四六级英语考试，英语一定要学好，这个对将来就业什么的都很重要。因为我上大学的时候六级考了三次，浪费了很多时间，就是高中的时候偏科不爱学。学生现在还小不懂事，作为老师要把这些道理教给他们，一般他们的体育课每两周我会让他们停一次在班里自习英语，这完全是为他们好，可能他们还不理解。不是说取消他们上其他课的资格就是不公平，我只是在替他们争取为高考添砖加瓦的时间，体育运动学校每天都有跑步、做操，我认为不需要再每周都专门腾出体育课的时间给他们玩，何况基本上他们也不去活动，就是坐在教室里睡觉看小说。

（引自访谈对象 T8，2019 年 6 月 15 日）

上述两段访谈来自同一所发达地区的示范性高中的老师，两名老师均为年轻教师，教龄在 3 年左右，但因个人生活经历、教育经历和公平理念的不同而对于教育过程公平有着不同的看法和实践。同属于到大城市打拼的"外地人"的 T4 教师对于学校里的外地学生会予以特殊关注，在大学里考了 3 次六级的 T8 教师取消了学生的体育课，让学生好好学习英语，这说明，教师个体的教育经历对于他的教育实践会产生深刻的影响，使他们形成一种认定的思维观念和带有独特个人色彩的个人情感，并将这种情感潜移默化地融入自己的教学实践中。

二 学校内部的文化区隔与排斥

在学校教育中，课程是陪伴学生学习和成长的"跑道"，也是教师日常教学与学生日常学习的载体和范本。从某种程度上来说，课程文化就代表了学校文化甚至教育文化。在国外学者伯恩斯坦看来，课程开发机制和程序应当保持一定的中立性，消除课程的知识霸权和阶层偏见。① 而现实的情况是，以知识分子为代表的教师不可避免地带有一定的"精致文化"偏好，教育中的课程内容和教学内容也不可避免地偏向社会中的某一个阶层，这种课程交往和课程内容中的隐性不公平长期存在。在学校中，往往会用"主流的"和"非主流"的文化符号来将学生群体一分为二，其中，在"非主流"的学生群体中，如果缺少家庭教育的介入，则这些学生很容易成为学校教育主动放弃的对象。我国学者石中英认为，完全意义上的公平的教育不单单指向教育公共资源配置的平等或均衡，更应该旨在解决教育系统内部普遍存在的不平等、不民主以及等级化、边缘化、排斥和欺侮等现象。②

> 这个公平问题我觉得很棘手，因为你对 A 公平就是对 B 不公平。比如说我最近班里就遇到了一个非常调皮捣蛋的学生，不能很好地遵守学校的规章制度，但是怎么管呢？我去找年级领导，找学校里，但是学校领导也很为难，不知道该怎么办。法律规定我们要尊重每一个学生受教育的权利，我们不能开除他，但他就是一个令学校教育者感到无能为力的学生，现在社交媒体这么发达，打不得骂不得，给他家长打电话家长也不回应，他父母可能从很小就出去打工，送到学校来也就是给他找个地方待着，不图他学到什么，归根结底还是家庭教育的问题，其实他成绩也过得去，就是道德品质有点问题，行为表现都比较反常，也会经常扰乱其他学生学习，现在所有班级都不想收他，这看似是对他的不公平，但是收下他是对其他学生的不公平，作为老师，我也觉得是对我的不公平。现在整个社会大环境都是在保护学生，没有人保护老师。
>
> （引自访谈对象 T11，2019 年 7 月 9 日）

---

① ［英］巴索·伯恩斯坦：《阶级、符码与控制（第四卷）：教育论述之结构化》，巨流图书有限公司 2006 年版，第 102 页。

② 石中英：《教育公平政策终极价值指向反思》，《探索与争鸣》2015 年第 5 期。

该名教师所控诉的令学校教育者感到"无能为力"的学生代表了困扰教师公平实践的一种特殊群体。笔者访谈的多名教师都发出了这样的"控诉",而他们对于这一群体的态度也基本一致——想要放弃,却迫于制度和规范的制约,想要关注和教育,却身心乏术、束手无策,最终归因于家庭教育的缺失。这些学生在教师和同学看来是"反常的、不入流的",而在笔者的调研中发现,这些学生大部分属于我国贫困地区或农村学校的留守儿童,他们缺乏家庭教育,父母无心也无力培养他们符合学校教育标准的"文化惯习",这些学生的家庭不仅在经济条件上贫困,还呈现"知识贫困"的特点,对教育的重要性认识不足,往往拒绝配合学校教育的工作。然而,对于这部分群体的学生来说,一方面属于家庭教育的受害者,而进入学校之后又很可能成为被学校教育抛弃的对象。学校和家庭之间的沟通缺失,责任相互推诿对他们的受教育过程公平可能产生极其负面的影响,而在这种负面影响产生之前,无论是家庭还是学校都不应采取不作为的消极态度。国外学者夸美纽斯认为,学生不愿学习的"过错"并不在于学生自身,更多地应归咎于教师,这表明教师没有足够的教学能力来吸引学生接受知识,或缺少这样做的意愿。[①]即使学生的问题有很大一部分原因来自家庭教育,但学校教育不应只为那些受到良好的家庭教育,具有"可教性"的学生负责,而放弃那些没有条件接收良好的家庭教育、成长得不够完美的学生。

三 学生的消极参与及教师的负面期望

回归分析的数据表明,学生的学习参与对其受教育过程的公平程度会产生显著影响,而在学习参与中,学生的学习信念又是最主要的影响因素。美国心理学家阿尔伯特·班杜拉(Albert Bandura)认为虽然外界的环境对我们的判断和行为会产生很大影响,但是个

---

① [美]扬·阿姆斯·夸美纽斯:《大教学论》,傅仁敢译,人民教育出版社1984年版,第116页。

体对于外在环境和自身生活进行改造和控制的能力也不容忽略。① 在普通高中教育过程公平的研究视野中,这种"个体对于外在环境和自身生活的改造与控制的能力"即学生教育过程公平的自致性因素,通过自身的行为、努力和期望能动地作用于学习机会的获得与使用过程中。尽管教育过程公平受到诸如制度、资源、文化等先赋性因素的影响很大,但我们依然不可忽视这样一部分学生群体的存在:他们在教育资源匮乏的农村学校求学,父母都是目不识丁的农民,拥有的先赋性教育资源几乎为零,但依然能够取得优异的学业成就和良好的人生发展机会。对这部分学生来说,学校教育构成了他们通往美好未来的唯一阶梯,在学校教育生活中,他们通过主观的能动行为获得了有限资源内的最大学习机会,而这些学习机会的获得往往是通过良好的师生交往互动得以增强和扩大的。

> 其实作为老师,真的不会说特别偏心,每个学生都是希望他能发展得好,但是却不是每个学生都能体会到教师的良苦用心。有时候学生的行为真的会伤害到我们做老师的心,尤其是那些无论你怎么教育、怎么苦口婆心甚至批评惩罚都没用,完全不在意你说什么,对学习没有丝毫的积极态度的学生。即使一个学生学习成绩差也没关系,只要他的心思是向上的,我们都愿意尽力去教好他。教育也是需要两方配合的,不然只有我们老师演独角戏,谁能演得好。
>
> (引自访谈对象 T10,2019 年 9 月 9 日)

这位老师说出了在学校教育中,教师面对公平的两难情境,如果不对每一位学生倾注相同的心血,从公平的角度来看是不妥的,可是却不是每一位学生都能很好地"配合"老师,给予老师的付出

---

① Bandura, Albert., "Human Agency The Rhetoric and the Reality", *American Psychologist*, Vol. 46, No. 2, 1991, p. 159.

以积极的回应。在学校情境中，教师向学生提供教育服务和学习机会，同时建立了作为教师的权威，从某种层面来讲，教师与学生之间的关系即一种"权力—依赖"关系，当师生进行社会交往和互动时，师生会以理性原则调整自己的角色行为，各自带有一定的对于"报酬"的期待，在互动持续的过程中，学生会得到教师传授的知识、耐心热情的态度以及细心的关注等，相应地，按照互惠原则，教师也会得到学生的服从与尊敬，这时如果教师出现了不公平对待，违反了社会交换的公平原则，学生则会出现被剥夺感，影响后续的师生交往；同样地，如果学生无法给予教师教学的肯定及尊敬，教师也会感觉到自己的"期望"落空，调整对于该生的互动行为，这种调整会受到边际效用原则和不均衡原则的影响，产生师生关系的整合或对立倾向。①透过社会交换理论的视野分析影响普通高中教育过程公平的因素，可以发现教师是否能够公平地分配学习机会除了受到自身的专业发展水平、教学技能、个人公平观念及教学素养的影响外，还受到师生互动的另一方——学生主观行为表现的影响，事实上，在谈论教育公平时，往往会不自觉地把它看作一个应然的结果，从政府应该怎么做、学校应该怎么做和教师应该怎么做的角度出发，寻求外在于学生个体的支持性因素，很少谈及学生的主观能动性对于其经历的公平或不公平"待遇"的影响。国外社会学家吉登斯（Giddens）认为具有主动性、目的性和反思能力的个体除了受到"结构"的影响之外，对于既有的"结构"具有干预的能力。②这启示我们在分析普通高中教育过程公平的微观领域时，应将学生的学习行为作为影响其学习机会获得和使用的重要因素，更为全面地理解学生教育过程公平。

---

① 江淑玲、陈向明：《师徒互动对师范实习生专业观念的影响——交换理论的视角》，《华东师范大学学报》（教育科学版）2017 年第 6 期。

② [英] 安东尼·吉登斯：《社会的构成》，李康、李猛译，生活·读书·新知三联出版社 1998 年版，第 66 页。

我觉得我现在的自信都是高中的班主任给我的，其实我自己没有那么相信自己，但我的班主任就一直非常看好我、信任我，她相信我的英语口语水平高，推荐我去参加演讲比赛，其实我还是很忐忑的，但是我想再怎样也不能辜负她的期望，所以那段时间苦练口语，最后真的拿了第一名。所以遇到一个好老师挺重要的，好的老师应该信任每一位学生，能发现不同学生身上的闪光点，并且为学生的进步鼓掌。这让我想到在初中的时候，我的数学老师就对我实施打击式教育，因为我比较粗心，虽然成绩好但数学总是计算失误然后失分，有次期末考试数学考了满分，她却说"这套卷子的计算题是你自己算的吗"，当时我非常沮丧，她对我已经形成了"马虎、粗心"的印象，即使我有进步也不能获得她的表扬，这让我感觉到很不公平，也是从那时起我对学数学的兴趣逐渐减弱了，所以老师对学生的看法，学生真的会很在意，甚至会影响学习热情。

（引自访谈对象 S15，2019 年 7 月 11 日）

　　国外学者布劳认为，人们除了会对"社会报酬"产生经济收益方面的"一般期望"以外，还会对人与人之间的交往和关系产生"特殊期望"，这种期望与个人的需求有关。① 在影响教育过程公平的自致性因素中，教师对学生的期望是与学生的学习参与相互互动的一个重要因素，前文对于样本数据的回归分析结果表明，在众多的影响因素中，教师期望对于学生教育过程公平的影响较大，远远超过了父母期望，国外学者奥苏泊尔认为，在学校情境中，学生的成就动机中的重要概念是"附属内驱力"是指学生为了赢得家长或教师的赞许和认可而表现出来的把任务做好的一种需要。② 这也是教

---

　　① ［美］彼得·M. 布劳：《社会生活中的交换与权力》，李国武译，商务印书馆 2008 年版，第 214 页。

　　② 邵瑞珍：《教育心理学》，上海教育出版社 1997 年版，第 301 页。

育中的"罗森塔尔效应",教师对于学生的关注、信任和期望能够极大限度地促进学生的成就动机,使学生潜移默化地成为教师眼中那个"优秀"的自己。而这种肯定与期望,能够提升学生的教育公平感和获得感,增强对于学校教育的信任与认同。假如教师给予学生的期望从一开始就是负面的和消极的,学生便很难产生相应的成就动机,更多地采取无视、抵抗等消极的行为模式对教师进行负向的交往"回馈",这种负面的信号在师生交往中不断来回作用,影响着交往的质量,因此,学生在教育过程中的消极参与和教师在师生交往中的负面期望都是构成教育过程不公平的重要因素。

根据上述对普通高中教育过程公平困境的成因分析,发现在普通高中育人方式的改革背景下,高中学校的课程设置、教学组织形式、学生指导、考试方式等各个方面都发生了改变,改革中蕴含的公平"风险"要比改革之前更大,应不断地从顶层设计到具体实践等各个方面进行系统思考,将政策的设计与执行、学校管理规范与评价、学校文化与个体的理念和惯习等要素结合起来对教育过程不公平问题进行系统分析,以"对症下药",寻求解困之道。

第 七 章

公平之策：促进普通高中教育过程公平的若干思考

　　提出问题的最终目的在于解决问题，虽然对于公平问题而言，本书所触及的仅仅是"冰山一角"，但也希望根据这些细微的研究发现为更好地将过程公平的理念落实于普通高中育人方式改革的实践中提供建议和思考。在普通高中育人方式的改革背景下，高中学校的课程设置、教学组织形式、学生指导、考试方式等各个方面都发生了改变，改革中蕴含的公平"风险"要比改革之前更大，对于教育过程公平的研究应关注以下几个层面：第一，学生是否享有平等获得学习资源、平等参与学习互动以及获得公正评价的权利；第二，学校提供给学生的学习资源、教学互动以及学习结果评价类机会是否考虑到了学生实际的学习需要和学习兴趣，以学生为主体，肯定和支持学生的差异化发展；第三，高中学校是否考虑到了教育过程中学习机会的"有选择"和"可选择"性，尊重学生的选择权利，并为学生提供尽可能多的选择前的发展指导以及选择后的风险保障。基于这些要求，在普通高中的课程改革、教学管理形式和评价体系等方面构建教育过程公平测量框架。一方面，持续关注普通高中教学资源的配备，包括经费、师资、教材、多媒体、图书馆等学习的支持性因素；另一方面，则要加大对课程设置以及教学管理方式和评价方式的关注，是否考虑到了不同学生的不同发展路径；同时，还应加强物质关怀以外的"人文关怀性"，关注师生互动和学生内心公平感受，从学生的视角理解和考察公平，基于系统性的视角，形成教育过程公平的评价域。综上，建议部分将从制度层面、资源层面、学校管理层面以及学校内部的文化建设层面提出相关对策与思考，以期为改善普通高中教育过程公平困境，促进过程公平的实现提供思路。

第一节 改善程序公平：优化制度设计与执行过程

教育制度的顶层设计是教育过程公平最基本、最有力的保障。制度设计本身的公平性与制度实施过程中的公平性都是程序公平的应有之义。在前文的研究中发现，现实中的制度区隔与制度执行中对学生权利的剥夺损害了教育过程中的程序公平，而这种"区隔"与"剥夺"的发生往往会受到教育政策执行与教育评价制度等因素的影响。因此，制度保障是普通高中教育过程公平的最基础保障，为了提升公平在各个维度上的表现，应将公平的价值导向贯穿在制度设计、执行和评价的各个环节。

一 转变普通高中办学质量评价方式，回归高中教育的育人本质

近几年，高中新一轮的考试评价改革以及配套的高中教育管理模式改革、普通高中新课程方案等举措成为普通高中育人模式改革探索的"排头兵"，这一系列的改革最终都旨在促进普通高中育人导向从应试走向能力，评价的方式也从单一化趋向多元化。在笔者调研的过程中发现，纵然新高考改革已经在很大程度上改变了传统高中的教学组织形式、评价考试方式以及课程开设模式，但是社会、

家长、学校和教师依然没有从根本上转变观念，真正落实高考改革的初衷，而是采取了各种各样的"应对"方案，以求在高考改革的过程中占据有利契机，进一步增加升学率和提升学生的应试水平。对于高中教育来说，其肩负着向高等教育输送人才的选拔性功能，对于高中学校来说，升学率也是衡量其办学质量和成效的重要指标，所以对升学率的关注无可厚非。然而，理念上的优先性排序却不能"唯分数"和"唯升学"，降低学校的育人价值，无视学生个性发展的权利和选择的自由。一直以来，通过升入好大学来实现社会阶层的流动是普通老百姓最朴素的教育愿望，而高中学校的办学宗旨应该超越这种"朴素的愿望"，用更为普遍化的"好的教育"来弱化所谓好学校的标签效应，将更多的精力投入学校教育质量提升上。当前的普通高中育人模式改革和新高考改革是高中教育评价导向转变的关键契机，而只有高中教育评价导向得到了根本的改变，教育公平的价值才能真正落实到教育过程中。因此，无论是国家层面的制度顶层设计，还是学校层面的制度实施过程，都应以普通高中育人方式改革为契机，不断深化高中评价制度改革，转化普通高中办学质量评价方式。

（一）削弱高考"指挥棒"效应，取消高中升学奖励机制

在调研中有校长提到，高中应该姓"文"而不姓"考"，近几年地方政府已经开始逐步减弱对于"状元班""状元校"等事迹的宣传，但对于升学率高的高中的奖励力度依然很大。尤其在我国中部地区，由于学生人数多，超大规模的学校和超大规模的班级广泛存在，而往往规模越大的学校和班级对于分数和成绩的追求就越高，这一方面是由于大规模学校的形成本就与它的"应试技能"强有关，学生家长"用脚投票"，竭力将孩子送往升学率高的学校，造成这些学校的规模越来越大；另一方面则是由于当地政府对于高考上线人数的激励机制吸引着这些学校不断追求更高的升学率，以获得更多的办学资金和社会声誉。而前文的分析也证明，班级规模对于学生的教育过程公平有着显著的负向影响，这些大规模学校的容量不断

增加，也就意味着学生所获得的教育体验和教育质量不断下滑，公平性更是堪忧。这种"效率至上"的办学激励模式已无法适应更加公平有质量的教育追求，只能将学生变得更像机器，将学校变得更像流水线工厂。因此，笔者认为，地方政府应弱化以高考上线人数"定英雄"的高中学校绩效激励机制，转变奖励和激励的标准，更强调高中教育的"育人性"。采用多元化的考核评价方式，发扬不同高中学校独有的特色和特长，将更多的资源投入特色学校的建设中。正确处理考试升学与发展素质教育的关系，将高考升学率作为全面实施素质教育的客观结果之一，不在学校内部进行公开排名与升学指标分配，弱化对于高考上线率的宣传和"炒作"。同时，地方政府应加强对于标准化班额的督导，深入县域高中进行实地考察，破除"大班额"和"超大班额"现象，有效控制办学规模。

（二）优化综合素质评价改革方式，促进评价过程及结果的科学性

为了改革"唯高考""唯分数"的高中办学生态，我国自2014年起开始探索基于统一高考和高中学业水平考试成绩、参考综合素质评价的多元录取机制。虽然在实践中推进综合素质评价改革存在多重阻力，但其仍是促进高中办学评价质量改革，使高中教育回归育人本质的关键路径。因此，应持续推动以生为本的综合素质评价，警惕综合素质评价中的"功能两分"倾向，避免综合素质评价"虚设"于高校评价录取的材料中，关键在于坚定不移地将综合素质评价与高考接轨，赋予综合素质评价以强大的生命力，不断探索推进高中综合素质评价改革的科学路径。首先，逐步推进可量化的综合素质评价模式，将综合素质评价中对学生的过程性考核部分（如各学科平时成绩等）予以计分量化，细化对于等级的划分并纳入高考成绩中，改善高考与过程性考试成绩之间难以转换的问题。[①] 其次，

[①] 李志涛：《新高考招生参考综合素质评价的有效方式探讨》，《中国考试》2021年第12期。

依托信息技术平台对于综合素质评价的方式进行优化创新，推行国内高中综合素质评价的先进经验，将较为科学和成熟的技术平台推向省域乃至全国范围内。如清华大学附中开发的9个模块46个维度的学生综合素质评价系统，借助云计算和大数据等信息技术，对于评价内容和结果进行动态量化，为高中学校推进综合素质评价提供了较好的范本。通过在省域范围内推广使用统一的综合素质评价平台，避免各个学校实践中各行其是，得出的综合素质评价结果缺乏科学性与参考性。与此同时，对于信息技术基础薄弱、资源匮乏的学校，地方教育行政部门要加强调研与指导，加强政策与资源倾斜，建立专项经费保障机制，尽可能为各个学校配齐推进科学的综合素质评价手段所需的硬件资源。

（三）采用渐进式改革方式，消解新旧制度更替中的路径依赖

高中办学评价改革的核心指向科学的育人目标，确保教育视野的正确发展方向。然而评价改革在推行过程中，往往存在新旧制度之间的相互掣肘甚至彼此矛盾，根深蒂固的传统应试教育评价观念会在改革过程中不断强化"路径依赖"现象，对新的评价制度造成冲击与影响。政府、社会及学校在普通高中办学质量评价改革的过程中应相互助力，采取渐进式变革方式，依托最新发布的《普通高中学校办学质量评价指南》，分步骤、分层次、分区域的开展和落实指南要求。所谓"渐进式"一方面是指改革的步伐要分阶段，做得扎实；另一方面则指改革的对象要分层次，有所侧重。因而，应给予地方政府一定的制度创新自由，防止用"一把尺子"衡量不同学校的做法，鼓励高质量、有特色的学校为改革提供先进的优质经验；同时也允许一部分基础薄弱的学校平稳过渡，比如先做好外部评价与自我评价的结合，激发内生办学活力，主动发现办学中存在的问题。在此基础上进一步加强综合评价与特色评价、结果评价与增值评价相结合等。在渐进式改革的过程中，逐渐提升学校内部治理水平，加快建设现代学校制度，

提升学校参与改革的主观能动性。

二 优化高中教育公平政策落地过程，提升政策执行效力

在本书调研中发现，虽然高考制度改革的初衷是达到更深层次的公平，但在制度实施的过程中却也不乏各种各样的"公平风险"。如改革后考试内容的城市化倾向、考试方式日益多元化之后所产生的对于弱势群体的隐性排斥、以实现学生的个性化发展为"借口"的区别性对待等。事实上，任何一项制度的变迁都可能会产生路径依赖或新的问题，这些问题往往产生于各方的利益博弈之中，并在刚性的制度实施方式与模糊的信息传递机制中得到强化。在制度执行过程中的"排斥性"极大地增加了制度改革的公平风险，而上传下达的制度实施过程、缺乏反馈通道和连贯性的信息沟通机制进一步强化了这种风险。在教育政策的执行过程中，往往过多地运用强制性的政策工具，政策的刚性力量过强，而忽略了落脚于现实之后的政策实施"弹性"。如免费师范生政策、教师轮岗交流政策等致力于教育过程公平的政策在现实的执行中均遭遇了一定程度的政策执行偏差，从而影响了这些政策对于教育公平的积极影响。因此，应从以下几个方面入手，提升高中教育政策的执行效果。

（一）加强对教育政策制定和设计过程中的"需求侧"调研

当前，教育政策的制定和实施已由一元化的政府行政过程转化为多元化的教育治理的一部分[①]，政策从设计到出台再到执行的过程不仅要考虑纵向的目标和效果，更要考虑横向的参与者的处境与需求。若想使高中教育相关制度的改革能够真正落实对于公平性的追求，应该在制度设计的过程中加强民意调研和智库研究，尽可能地在制度源头上减少漏洞，更为明确和精细地阐述制度细则，挤压各方利益博弈的作用空间。尤其是在政策文本形成的过程中，充分调

---

① 刘晶：《论"上下互动"的教育政策执行——以师范生免费教育政策为例》，《教育发展研究》2016年第10期。

动地方参与的积极性，以系列座谈会、问卷调查和田野追踪等形式，发掘教育实践中存在的"真需求"和"真问题"，增强改革利益相关各方的协同性和沟通性，对制度改革过程中的公平风险加以预防和应对。

（二）倡导多元主体参与治理，促进教育政策执行从"自上而下"走向"上下互动"

教育政策的执行应从层次分明的垂直等级模式转变为多元共治的立体网络模式，只有这样才能避免"自上而下"的政策执行方式对各方参与者话语权的剥夺以及对政策效果的无力性，探索"上下互动"的政策执行机制，需要中央政府持续发挥"元治理"的作用，做好科学决策和顶层设计，同时赋予各方参与者明确的权责身份，增强多方主体的参与性和话语权，完善政策执行的配套保障机制，真正发挥教育公平相关政策的实效。拿高考政策来说，它是我国国家和社会最重要的公共政策之一，但也正因为覆盖的利益群体广泛，如何能够在不同区域、不同阶层和不同的利益相关者之间取得最大程度的共识，直接关系到大众心中的高中教育公平程度。因此，高考的改革应该尽可能地吸纳智库与公众的参与，如世界银行为了使教育贷款项目最大限度地实现公平，调用第三方专家小组对各个贷款学校和机构的可行性报告进行社会评估，基本形式就是采用抽样调查或田野调查的形式，在充分循证的基础上做出政策决策。[1]

（三）鼓励地方政府探索差异化的政策实践路径

前文的研究发现，我国普通高中教育过程公平状态因学校所处的区域和层次不同而存在较为显著的差异，因此，相关制度的推行也应考虑到不同地区学校发展的差异性，给予地方办学一定的自主权，鼓励地方政府进行制度创新。同时注重对于地方优质实践经验

---

[1] 谢维和：《教育评价的双重约束——兼以高考改革为案例》，《教育研究》2019年第9期。

的全国推广。比如，高考改革看似只关乎高中教育结果，实则会渗透进高中教育的方方面面，在改革的过程中也涉及不同区域、不同类型、不同层次的利益主体，仅仅通过公众参与和专家智库的介入无法保证政策实施过程的有效性，还需要基于政策的顶层设计给予地方政府一定的自主权，以满足不同区域教育发展的差异需要，凸显适切性公平的理念。如高考命题的公平性问题、综合素质评价、选考的公平性争议等都是由于以一种统一的内容和手段来"一刀切"地对不同层次和类型的高中学生进行教育和评价，才产生了"众口难调"的公平困境。

（四）深化教育督导和问责机制

随着普通高中教育公平治理主体多元化格局的形成，对于政策执行过程的追踪更为复杂而重要。应建立健全相对独立的问责监督体系，突出教育督导的"督政"职能；构建社会力量依法参与和监督普通高中教育治理的体制机制，支持和探索以政府购买等方式引入专业机构对于普通高中办学过程进行监测评估，提升监督的科学性和实效性。尤其对于公平指标体系的监测与评价，应与普通高中办学质量评价指南中确定的指标体系相结合，凸显平等性公平、差异性公平以及补偿性公平原则。

三 构建为教师减负增能的考核评价体系

一场改革要取得成功，不仅要有宏大的蓝图，更要有积极回应改革的行动者。在普通高中育人方式改革的背景下，高中教育教学的各个方面都发生了颠覆性改变，而高中教师作为这场改革的亲历者和实践者，面临着更大的工作压力与负担。这种负担一方面来源于生理上的更忙更累，为了帮助学生尽快适应新高考的规则设计，教师群体要花费成倍的时间来研究新的高考方案、科目设置；为了促进选课走班的顺利进行，每位教师的备课量都急剧增加，还要考虑不同层次、不同水平班级的适切性；为了帮助学生更好地选择考试科目，每位教师都有了另一种"生涯规划师"的身份，在教好课的同时也要关注学生的选择与发展，这些方面都给教师带来了更重的工作负担。另一方面则来源于教师自身心理上的不适应。如不同考试科目之间的博弈也引发了不同科目教师在这场改革中的"心理战"，"弃考物理"的现象使以往作为高中"王牌学科"的物理教师的成就感降低，以往一直是"边缘学科"的地理学科老师的负担突然增加，这些身体上和心理上的负担不停地在要求教师"增效"，但相应的激励机制却未能给予教师足够的"赋能"基础。

（一）从评价理念上转变对教师"功绩"的刻板印象

以往，我们评价一个优秀教师（尤其是高中教师）的标准往往是通过他/她教得"好坏"，而通常所说的教得"好坏"则是通过最为直观的所带班级的平均成绩的判断。在学校教育实践中，许多教师心怀公平的教育理念但无法全力实施，其重要原因就在于社会和学校对自身的评价单一地依赖于考试成绩，而教师对于学生个性的关注、差异的引领、特殊情况的关注与补偿等都需要耗费大量的精力，且这些精力难以直接地转化为可量化的教学绩效。在新高考的背景下，教师的工作压力加大，工作内容增多，但同时工作形式也更为丰富，学校对于教师的评价应与教师的工作形式相"匹配"，更加趋向多元化。比如，在高考改革之后，教师应更多地关注对学生的生涯指导、更多地关注校本课程的开发和研究、更多地致力于教学内容的广度和宽度，在对教师进行评价时，也应从对应的角度入手，鼓励教师大胆地进行教学变革，而不是在要求教师适应新高考的同时还按照一成不变的"老标准"来对教师进行评价。同时，评价教师的主体也纳入学生群体，评价的形式不限于填写表格和打分，让学生评教真正从一项"课余任务"变成和教师互动交流的通道，从而提升学生的被关注感和公平感。

（二）从评价过程中健全教师待遇保障和激励机制

提升教师收入水平，健全教师待遇保障机制是破除教育公平难题的根本之策。在高中育人方式改革的背景下，教师承担了比以往更多的"多头"工作，但相应的考核机制和补充性收入却未明朗。

教育过程公平的核心在于教师对于学生个性和需要的关注以及对于学生差异化发展的引领，但是在教师自身的需要、个性和感受都无法得到足够重视与激励的情况下，很难再花费精力去主动地关心学生。缺乏"赋能"的"增负"和"增效"要求只能起到相反的效果，在高中教育改革给教师带来越来越大的负担却未提供相应的激励机制的情况下，教师会将主要精力花费在"事务性"工作中，以应付各种各样新的工作要求，而更容易忽略对于学生内心公平感受的关注，造成新的互动不公平。而解决上述难题最为根本的方式即从制度上改革对于教师的工作考核机制。坚决执行中央发布的各项教师工资保障性政策，厘清各级政府对教师工资的支出责任，确保省级统筹的工资保障机制改革与中央转移支付制度调整以及县级财力的度量分档同步推进。[①] 比如，设置专项基金用以补充教师所承担的事务性工作，采用项目制考核的方式，为教师增加绩效收入；建立教师专业发展专项资助基金，支持教师通过课题申报、公开课比赛、专著出版等各种各样的形式发挥自身特长，提升专业素养；从物质激励和精神激励两方面入手，破除教师教育负担重、教育能量低、教育目标偏离的难题。

第二节　促进分配公平：提升教育资源供给的质与量

当前，人们对"公平而有质量"的教育追求的核心依然在于对优质教育资源的追求。资源配置的公平是分配公平的重点，也是制约教育过程公平基础性要素。从前文对于问卷和访谈资料的梳理分析中，发现我国普通高中阶段教育资源配置的不平衡与不充分现象

---

① 杜屏：《完善中小学教师工资制度和保障机制，推进高素质教师队伍建设》，《华东师范大学学报》（教育科学版）2018 年第 4 期。

依然严峻,优质的教育资源总是稀缺的,而优质教育资源集聚的方向总是占据天然的经济水平"高地"的发达地区学校,或是占据后天的教学质量"高地"的示范性高中,对于那些区位一般、成绩表现一般的薄弱高中而言,长期处于一种分配不公平的状态中,难以给予学生良好的教育过程公平体验。基于这样的现状,高中学校须改变"单打独斗""闭门办学"和"被动求生存"的传统办学模式,开展多元化的办学模式,寻求合作、拥抱变革、主动发展,以此来拓展教育资源边界,提升教育资源的质量,增强教育资源在教育过程中分配的平衡性与充分性。

一 鼓励高中学校集群发展,促进优质资源的流通共享

在我们讨论教育问题时,一般会将学校作为独立的个体,要么关注学校内部以生为本的微观教育问题,要么关注教育行政部门对学校办学模式的顶层设计,而很少将学校回归于所在的教育系统中,探讨校与校之间的微妙关系。高中学校的集群式发展,能够破除学校之间相互隔离的状态,更好地实现优质资源的流通共享。

(一) 从"层次化"集群发展到"分类化"集群发展

在研究普通高中教育过程公平这一问题时,笔者发现校与校之间的公平差异在各个维度上的表现已经远远超过区域之间和城乡之间,这说明,长期以来秉承校本管理理念的学校独立办学模式已经形成一定的竞争效应,学校间办学质量的差距不断加大,优质的高中依托校本管理的治学方式,在很大程度上提升了办学自主权,满足了自身的发展需要。但是,从教育公平的角度看,每位学生接受优质教育的权利都是平等的,优质教育的大门也从来都不应仅对某一部分群体开放。要提升教育过程公平,需从以校为本的理念转向以生为本的理念,加大优质教育资源集群发展的力度。我国学者周彬认为,对良好教育生态的需求已经超过对个别优秀学校的需要,学校发展模式从竞争走向合作,从校本化管理走向集群发展已经成

为教育发展的时代选择。① 英国提倡校本管理思想的学者大卫·哈格里夫斯认为,升级校本管理的要求就是建立以学校互助、学校联盟为基础的校本管理。② 在我国,对于学校集群办学的实践探索有集团化办学、学区化办学和大学与附属中学合作的学校联盟模式等,这些学校集群发展的办学模式有助于增强优质教育资源的流动性,帮助相对弱势的学校拓展教育资源的边界。然而在实践中,"被帮扶的学校"与"领航学校"之间的身份边界很难消解,集群发展要么流于形式,各自之间的合作有名无实,要么成为学校"同质化"的中介,弱校一味地复制与照搬强校的办学模式。要想真正地使学校之间的"集群发展"成为优质教育资源的拓展和融合共通渠道,还需重新审视学校之间的合作关系,探索分布式领导的合作策略,走出传统的竞争思维,更多地以"类别性"来寻找各个学校的闪光点,而非仅仅以"层次性"来论英雄和学榜样。这样一来,"领航校"就不会一直是领导学校,薄弱校也不会一直是薄弱校,教育资源合作的重点不仅仅在于"共享",更在于"共建",积极发掘每所学校的办学长处和特色,才能真正打破学校间相互隔离的边界。

(二) 重视高中集群发展过程中教师之间的交流协作

在学校的集群发展中,应重点突出"人"这一要素的协作与发展,以教师之间的协作促进知识共享。从这一点来说,我国在2015年已经展开了对于教师"县管校聘"模式的探索,由县级政府对中小学教师的编制进行统一管理,促进教师从"学校人"到"系统人"的转变,以实现师资资源共享,提升教育的公平性。然而这一政策在实践中却引发了一些争议,在本书调研中,有校长向笔者抱怨了这一政策对于学校优质师资培养和教师管理的消极影响,学校

---

① 周彬:《学校集群发展:理论突破与实践选择》,《教育学报》2019年第4期。
② David H. Hargreaves, "Leading a self-improving school system (2011)", Vol. 1 (Spring 2019), https://www.gov.uk/government/uploads/system/uploads/attachment_data/file/325890/leadinga-self-improving-school-system.pdf: 10, 12.

的权利空间被挤压、教师的归属感降低、教育行政部门和学校间的协调难等问题阻碍着这一政策的顺利有效实施。这一方面是由于学校和教师对于自己的"系统人"身份认同感较弱；另一方面是政策的配套措施缺失，刚性的政策执行无法处理好教育的"公共性"与教师的"个人性"之间的关系，但政策的方向是符合资源集群与知识共享的需要的，应进一步改善基于教师流动的政策工具，善用能力建设和激励性政策工具，同时丰富教师合作交流的渠道，先在小规模内展开师资的合作共享，关注教师的归属感与成就感，更为柔性地展开教育资源集群中"人"的集群。同时，在高中集群发展的过程中，进一步完善教师流动制度。可借鉴日本的"定期流动制"，要求基础教育学校教师平均每 6 年流动一次，中小学校长 3—5 年就要到新学校轮岗。[①] 在集团内统筹教师资源，使名校长和名师们不再是某一所学校的校长、特级教师，而成为助益整个集群教育质量提升的师资力量。

同时，教育资源的集群不应仅局限于教育系统内部，还应寻求与外在社会生态的联系和互动。比如，北京的方庄教育集群的办学模式，不仅包括大学与附中之间的资源共享、跨学校和跨学段之间的资源共享，还包括学校与社区之间的资源共享。例如，与社区体育中心共享体育场地和设施、以购买社会服务的方式引进体育专业俱乐部的教练等[②]，打破了教育与社区之间的边界，在更大程度上拓展了资源的"量"与"质"延伸的空间。

二 借助信息技术资源弥合师资发展差距

2014 年，经济合作与发展组织（Organization for Economic Cooperation and Development，OECD）在 OECD（*Measurement Innovation in*

[①] 于璇：《我国中西部贫困地区普通高中教育发展困境与治理路径研究》，博士学位论文，华东师范大学，2019 年。

[②] 郭秀平：《方庄教育集群：探索具有内生动力的生态性治理机制》，《人民教育》2016 年第 16 期。

Education: A New Perspective)的报告中指出,信息技术发展对教育教学创新的影响体现在以下几个方面:(1)提高整体的教育质量和学生的学业成就;(2)推动教育公平;(3)促进教育效率提升和教育成本降低;(4)使教育适应社会变化发展的需要。① 作为21世纪最伟大的革命,信息技术的发展以及与教育的融合为教育公平问题的改善提供了一条前景开阔的光明之路。信息技术在教育中的广泛应用为区域间、城乡间和学校间的教育均衡发展提供了技术支持,理论上来讲,通过慕课、优质课堂实时转播、线上合作平台等方式能够超越时间和空间限制,帮助教育资源薄弱的地区享受到优质教育资源,改善教育资源分配不公平的现实难题。但是在实践中,要想真正以信息技术手段促进教育资源共享,以提升教育公平,还需要互联网+教育的系统变革,真正改变传统的教育形态。其中,最为关键的即为提升教师的技术理解力与应用能力,在笔者的调研过程中,不乏有农村教师和学生提到信息设备的使用问题,教师抱怨不会用信息技术资源,或是由信息技术硬件进课堂带来的纪律与管理问题;学生抱怨信息技术设备成为公开课考核和展示的"道具",在日常学习中并不被允许使用。这说明,虽然当前基础教育信息化发展的重点就在于城乡教育资源间的均衡,大部分学校教室安装有多媒体设施,信息技术的硬件资源基本已得到解决,但学校和教师对信息技术的态度与应用能力使用依然是值得重点关注的难题。由OECD开展的TALIS 2018最新调查的数据结果显示,我国参与调查的教师在应用信息技术工具维度上的得分远低于OECD平均水平②,这说明即使是在我国教育较为发达的上海地区,教师的信息技术应用素养也依然有待提高,在教育较为薄弱的地区,许多教师对信息技术的认知和应用更是一片空白。要想使信息技术的发展真正对教

---

① OECD, *Measuring Innovation in Education: A New Perspective*, Obstetrics & Gynecology, 2014.
② OECD, *TALIS 2018 Results (Volume Ⅰ): Teachers and School Leaders as Lifelong Learners*, TALIS, Paris: OECD Publishing, 2019.

育公平有所助力，需以提升教师的信息素养为关键突破口。

（一）实现农村教师信息素养从"无"到"有"的突破

这需要在教师的职前和职后培训中增加信息技术使用这一模块，使信息素养内化为教师专业素养的一部分，这不仅意味着要不断改善和提升学校的信息技术硬件设备，更要加强信息技术使用的能力建设。另外，应促进全体教师信息素养从"有"到"优"的突破，在已有的教师的专业发展活动，大多只提供信息技术理论性的知识培训，而缺乏对适合特定学科和主题的技术应用实训的探索。有关信息技术使用技能的培训不应局限于工具本身，而应着力于技术对教学创新和知识创造的激发效应，培养教师成为超越信息技术工具属性的适应性专家（Adaptive experts）。韩国教师的ICT能力培训目标便经历了"以技术技能为中心"到"以学生和教学为中心"的转变，使信息技术能力成为教师专业性的体现，而非一项与教师专业技能"并列"而"隔离"的技术工具。①

（二）提升教师技术整合教学的实践能力

对于信息技术促进公平的理解应超越仅仅是以信息手段来复制和传输教育资源的目标，进一步地思考信息技术对促进育人模式变革，以达到更深层次的优质公平可能做出的贡献。目前，我国教师信息技术能力建设的总体目标仍在于以信息技术驱动教学改革，提升学生的学业成就和学校的绩效表现。而要想真正地促进发挥信息技术手段对于优质公平的促进作用，应超越传统的"成绩"和"分数"导向，激发以信息技术促进知识创造的活力，整合学习环境、学习者、学科知识与评价等要素之间的关系，以教师的信息技术融合教学的能力发展作为教师专业发展进阶的目标，转变已有的信息技术使用的理论性和工具性导向。只有将对"人"的培养置于众多资源的核心位置，才能避免由简单的"资源输送"可能带来的新的

---

① 沈伟、侯晓丽、潘丽芳：《从技术素养到知识创造：韩国教师ICT能力的培养》，《中国电化教育》2018年第9期。

教育不公平，尤其是在"互联网+"教育背景下，基于信息技术的学习能力和信息素养差距的新的数字鸿沟正在形成，很有可能旧的教育公平问题还未得到解决，新的教育公平已经迎面而来，因此，在以信息技术手段助力教育资源公平的过程中，提升教师信息素养的提升紧迫而必要。

（三）保障落后地区的信息技术硬件设施建设，加强教育精准扶贫

信息技术的发展为弥合地区之间的师资资源差距，提升落后地区教师的专业素养提供了有利契机，但利用这一契机的前提在于保障落后地区的信息技术硬件设施建设，改善薄弱地区高中教育的经费与资源困境，尤其是要改善由"以县为主"的低重心教育财政体制带来的县级中学发展压力过大的困境，提升财政支出的统筹层次，落实省级政府的办学责任，构建不同层级政府间的办学经费分担机制，摸准地方办学的实际需要，增强由中央下发的教育专项资金的效用。"公共资源从富裕流向贫困"是经济学中判断资源分配是否公平的根本标准，也是实现教育公平最根本的财政要求，不断深化弱势群体的倾斜拨款政策和教育成本的分担和补偿机制是促进教育公平的"长效药"。教育伦理学的观点认为，"合乎最少受惠者的最大利益"是衡量公平与否的最重要准则。① 实质上，自2010年以后，政府已经在不断加大对普通高中教育的财政支持力度。2013年公共财政预算教育拨款为2131亿元，比2010年增加955亿元，增长率为81.2%，公共财政预算教育拨款占普通高中教育经费总收入的比例也从2010年的58.69%增长到66.04%，增加了7.34个百分点②；同时，我国政府还开始了对普通高中生均拨款机制的探索，2017年

---

① 华桦：《教育公平新解：社会转型时期的教育公平理论和实践探究》，上海社会科学出版社2010年版，第16页。

② 霍益萍、朱益明：《中国高中阶段教育发展报告》（2015），华东师范大学出版社2016年版，第28页。

全国普通高中生均公共财政预算教育事业费为 13768.92 元，比上年的 12315.21 元增加了 11.8%①，可见，以政府投入为主的教育经费体系是正在逐渐建立起来，这为普通高中教育过程公平提供了有力的资源保障，但仍需进一步强调经费和资源使用的科学性与有效性，确保经济发展薄弱地区高中教育资源的有效和精准供给。

三　重视学生的资源选择偏好，提升教育资源供给的精准性

供给与需求是经济学中一组最基本的概念，"分割供给与需求就如同分割电池的正负极一样荒唐"②。教育的供给侧改革唤醒了对于教育需求的关注，从"限制教育需求"逐渐走向"尊重、顺应和激发教育需求"，具体到教育过程公平的问题中，教育资源要重视对"有效需求"的"有效供给"，只有这样才能更有效率地在有限的教育资源内实现最大化的和最优质的公平。在教育过程公平中，对学生需要与自由的尊重和对学生基本权利的保障同样重要。教育资源在现实的分配中的不公平样态不仅仅表现为"不平衡"的匮乏样态，也表现为"不充分"的低效状态。低阶的教育资源公平状态是"有"，而高阶的教育资源公平状态是"可用"，在论文调研中，不少学校的图书馆被学生称为"半年才去一次的地方"，许多拓展课程的开设在学生看来是浪费时间的，虽然以学生视角来勾勒学校中大大小小的资源与活动并不一定能呈现学校教育最真实的样态，但起码能够呈现在学校教育服务的需求者眼中的样态，而在以往的学校教育中，最容易忽略的便是作为学校教育的需求侧——学生的声音，从某种程度上来看，公平就像一枚硬币，正面是客观的制度、资源、程序、互动等，反面则是人的主观感受。因此，要促进教育过程中

---

① 教育部国家统计局：《财政部关于 2017 年全国教育经费执行情况统计公告》，2018 年 10 月 8 日，http://www.moe.gov.cn/srcsite/A05/s3040/201810/t20181012_351301.html，2020 年 1 月 20 日。

② 吴敬琏：《供给侧改革：经济转型重塑中国布局》，中国文史出版社 2016 年版，第 78 页。

资源配置的公平，需加强对于学生教育资源偏好的关注，以需求来改善供给。

第一，加强教育资源分配之前的"循证"调研。学校在为学生配备各种教育教学资源之前，应尽可能地展开"循证"调查，提供若干种可供学生选择的教育资源（如图书类别、拓展课形式等），在遵从教育合理性的前提下充分尊重学生的意见，增强资源配置的循证性；在学生使用教育教学资源时，应建立起灵活的各方沟通机制，发挥"匿名意见箱"等监督评价工具的实际效用，随时关注使用者的评价与需要，比如，在笔者调研时，有学生提出学校的班级轮转机制使他觉得不公平，因为每个学期从创新班流入平行班的学生较多，但从平行班流入创新班的学生很少，这种单向的流动机制使学生在入学时一旦进入了平行班，就鲜有机会再能享受到创新班的优质教育资源，对于学生的这种优质资源需要，学校未建立起相应的补偿和改善机制。

第二，开展"需求侧"的用户满意度评价。在当前新高考的背景下，生涯发展规划与指导的重要性日益凸显，但在笔者调研中了解到，大多数学校开设的形式单一，效果也仅仅停留在指导学生怎样"合算"的选科上，对学生的生涯发展难以产生深刻的影响。这些资源配置的"不充分"问题都源于对学生这一需求侧的需求关注与回应。在学校教育中，不仅需要学校对教师的评教和对学生的评价，也需要重视学生对学校所供给的教育资源的评价，在教育资源供给的开端、过程和评估中加大对于学生意见的考察。为了保障在教育过程公平中资源配置的公平和高校达到"办人民满意的教育"的目的，不仅要持续不断地扩大供给，更要考虑以"需求"来改善"供给"，提升教育供给的水平，以使得教育资源落实到每一个学生身上时是"充分的"和"有效的"，而非"表面的"和"低效的"。

第三节　关注差异公平：打通高中育人改革的多样化通道

当前，我国大多数省份都已完成了90%的高中入学率普及目标，高中教育的全纳性呼应了教育起点公平中人们对于教育机会的需求，而与此同时，我们必须思考在高中教育的后普及时代，怎样提升高中教育的质量，为高中教育过程的公平提供保障。我国学者段会东指出，高中教育"精英化"的对立面并非就是"普及化"，这两者相互对立的思路不可取，需将高中教育的价值导向定位于"面向大众的精英教育"。[①] 这要求高中教育从"重视精英"的教育理念转向"培养精英"的教育理念，破除普职之间、高中学校之间、学校内部不同班级之间的等级化身份和地位标签，以差异公平理念引导高中育人改革的方方面面，将每位学生发展的多样化和特色化与每所学校发展的多样化与特色化有机结合。教育理念的转变要以教育方式的重构和变革为基石，当前，高中教育正处于改革的浪潮之中，方向也正是朝着育人模式的变革正在进行，但从过程公平的视角来看，应着重厘清普高和中职的关系、课程分层与分类的关系以及学涯指导和生涯指导的关系，在高中后普及时代，把准公平而有质量的育人方式的脉搏。

一　促进高中课程中的普职要素融通

在我国，中等职业教育和普通高中教育代表了高中阶段教育的"两个阵营"，而学生和家长的选择则往往"一边倒"向普通高中教育，人们把学生在高中阶段教育的希望全盘放入普高的"篮子"中，

[①] 段会冬：《精英抑或大众——几种高中教育价值取向述评》，《上海教育科研》2013年第2期。

使普通高中教育的大班额现象成为制约公平和质量的"顽疾",而这种现象要归咎于长期以来中等职业教育的发展不足以及普职之间的相互隔绝状态。早在20世纪初,美国教育学家杜威就指出普通教育和职业教育的分离意味着教育制度的割裂,在这种割裂之下,学校演化为一种社会分层机构,最突出的表现即使处境不利的学生不得不接受特殊的工艺预备教育①,对此,英美等国家采取了许多旨在促进普职融通的制度措施来消除这种教育不平等。如 2016 年英国政府出台的《16 岁后技能计划》,划分"学术选择"和"技术选择"两条发展通道,这两种选择通道涵盖学术路径、职业路径和技术路径,规定学生在16岁之后才能走"技术选择"的发展通道,延迟了学术与技术分流的时间,强调发展技术路径的前提是所有学生都必须经过核心课程和广博而平衡的课程学习,只有这样,技术教育才能免蹈历史的覆辙,被人们视为"没有选择的选择"而不受尊重。② 在我国高中教育的后普及时代,也应不遗余力地发展职业教育,让普高和职高的各 50% 成为真正势均力敌的 50%,这需要摒弃"职业教育"等同于"职业学校"的理念,在提升中等职业学校质量的同时在普通高中学校发展职业教育,在普通教育中增加更多职业教育的要素,丰富校本课程建设,将职业技术教育要素以选修课、拓展课的形式融入普通高中课程体系,打通学生多元发展的通道,为学生的个性化发展提供更多的课程支持,教育过程公平的关键在于为学生适切的学习和发展道路,而高质量的职业教育对于每一个学生找准自己的发展道路都是十分必要的环节。

二 鼓励从分层走向分类的特色高中建设

在笔者进行论文调研的过程中,每每提及"公平",受访的校长

---

① [美] 约翰·杜威:《民主主义与教育》,王承绪译,人民教育出版社 2001 年版,第 337 页。
② Department for Bussiness Innovation and Skills, Department for Education, *Post 16 Skills Plan*, London: His Majesty's Stationary Office, 2016, p. 36.

或教师都会表现出高中教育对于完全平等的"一刀切"的警惕性，他们认为分班和分层教学都是实现高中高质量教学的重要手段，即使这种手段看起来缺乏公平性。实质上，这种警惕性一方面说明他们对于公平的理解是单维度的，缺乏对于过程公平和复合公平的深度思考；另一方面说明平等对待的确不是高中教育过程公平的重心，为了满足高中生的差异化发展，实现差异公平，高中教育对于学生的"区分"是有必要的。然而，从教育公平的角度来看，这种"区分"的方式不应只是纯粹地按照期末的排名进行分班教学，也不应按照班级内部学生的学业表现而将学生划分为三六九等区别对待，高中教育要走向真正的过程公平，需尽快将"分层"的思想转变为"分类"的思想，从"纵向"地看待学生变成"横向"地看待学生，发掘每个学生身上不同的可能性，对这种"等值"的可能性进行因材施教。

同时，教育部门在对学校进行评估时，也需要转变分层的思想，注重引导和鼓励普通高中办出特色，因地制宜，彰显特色发展理念，为促进普通高中的差异公平提供现实可行的路径。以上海为例，从2017年至今，先后命名了4所上海市特色普通高中，地方政府给这些原本不属于市级实验性示范性高中的学校提供了同等的政策支持[1]，极大地鼓励了高中学校办出特色的动力和激情。因此，教育行政部门首先要从原有的分层治校的旧思维中跳出来，基层学校才有原动力来探索特色化的办学模式，学生才有可能享受到真正的差异化公平对自己独特的个性发展和人生发展道路产生的积极影响。同时，应避免将普通高中特色化发展看作一些优质高中或发达地区高中的"特权"，对于贫困地区或弱势高中来说，同样具有特色化发展的平等机会和权利。我国少数民族地区往往分布在经济发展较为贫困的地区，当地的普通高中办学水平与其他区域相比也有一定差距，

---

[1] 徐士强：《面向2035年的普通高中教育发展新境界》，《中国教育学刊》2018年第9期。

对于这些地区，按照公平的补偿性原则，国家和政府应不遗余力地采用一些倾斜性政策予以资源补偿，但与此同时，相对弱势的高中也应调动起自身的办学积极性，抓住普通高中特色化发展的契机，找寻自己的办学亮点。例如，少数民族得天独厚的地域特色和历史文化瑰宝是当地普通高中进行特色化探索的天然优势，为这些学校进行拓展课程的探索提供了先天性的资源条件。当地的教育行政部门应重视对于普通高中特色化发展的引领和鼓励，让这些学校的学生也能拥有和别人不一样的教育体验和一技之长。

三 优化基于学生个性发展的生涯教育体系

美国学者费西金认为，机会平等之所以难以实现，是因为机会通常以"瓶颈"的形式存在，稀缺而珍贵，需要通过竞争性的手段来获得。而要想冲破这种"机会瓶颈"，最好的办法是将视角从"分配单一机会"转向"创造多元机会"，使人们不再被生来带有的地位和角色所禁锢，享有更多的人生发展的可能性。① 我国目前为学生提供的发展通道基本上都是发生在学校外部的，且形式以升学考试为主，在高考改革和高中育人模式变革的背景之下，学校内部的管理者也应思考如何呼应外部的改革方向，在校内为学生提供更多的分流渠道和多样化发展通道，从而给不同的学生以差异化的学习机会，促进教育过程公平。

目前，高中学校的选课走班制度已经推动一些学校为学生打造了"一人一课表"的差异化发展通道，如我国较早展开选课走班探索的深圳中学、北大附中和北京十一学校等，但在更多的高中学校内部，仍然是以高考成绩为日常教育教学的唯一指挥棒，窄化了学生个性发展的可能性，也违背了教育过程公平中"因材施教"的原则，对此，学校管理者应持续地思考高中办学的价值与目标，引领

---

① ［美］约瑟夫·费西金：《瓶颈：新的机会平等理论》，徐曦白译，社会科学文献出版社 2015 年版，第 255 页。

全体教师的教育观念转变，鼓励校本课程的开发，真正给予学生选择课程、选择考试科目、选择自己人生的权利，不再做学生的"代言人"，把选择的权利归还给学生。对于学生选择权利的尊重和保障符合德沃金提出的"钝于禀赋，敏于志向"的理念，强调个体对于自身发展道路的选择的权利，以及在公平理念导向下对于个体选择风险的调控与补偿。正如德沃金所提出的"保险"策略，学校在给予学生充分选择权的同时也应为学生的"选择"提供足够的事前指导和事后保障，"事前指导"是指在学校内部应不断强化生涯教育的重要性，丰富生涯教育的形式，警惕现有的将生涯指导窄化为学涯指导的现象，给予学生更多的职业体验机会，让学生对自己想要做出的选择有充分的了解，对于选择背后的困难也能够充分认识；"事后保障"是指学校应建立灵活的流动机制和多元化的评价体系，比如完善对于学生编班的原则、调班的条件、调班后的追踪等一系列的完整流程，公平地对待不同学生的班级流动权利，改善受访学生所提到的平行班的学生入校之后难以流入实验班的困境，给予学生更多地享有优质资源的机会。同时，建立过程性的评价指标，真正落实综合素质评价，探索对不同学生的不同特长的差异化评价激励方式，为学生的自主选择保驾护航，促进学生丰富性格和多元能力的发展。

第四节　强化互动公平：关照学生内心的公平感受

学校内部公平是教育过程公平在具体学校情境中的投射，可以反映教育过程公平的真实情境。对于公平问题而言，无论外部的资源如何分配，制度如何保障，基于学生个体公平体验的内部公平和微观公平才是切中公平内核的关键所在。学校，是教育发生的重要场所，当社会政策、教育资源以及理论建构是基本稳定的时候，在学校这一教育生态圈中如何界定公平、关注公平、促进公平就成了教育公平提升的重中之重。发生在学校内部的教育活动恰恰组成了教育最真实的面貌和最关键的部分，也影响着每个学生具体的教育体验。

多元文化主义流派的公平理论主张公平应重点关注对人的心理、情感、尊严和荣誉的承认，消灭剥削、边缘化、暴力、文化帝国主义等行为[1]，以关怀、尊重和赞许来平等对待每个人。[2] 这是关系公平和互动公平的原则，也是教育过程公平的核心所在。前文在对普通高中教育过程公平中存在的问题分析时发现，教师给不同学生贴上的不同"标签"是学生内心不公平感的主要来源，从互动公平的角度来看，这种"标签"实质上就是一种"蔑视和羞辱"的符号，这种交往中的不公平会通过损害师生关系来干扰学生学习的投入程度，久而久之会造成较为严重的后果。因此，在学校内部，学校管理者、教师和学生应合力塑造以公平为导向的文化氛围，在对教师进行职前和在职培训时应将公平素养纳入加以强化和指导，如美国20世纪80年代以来的教师教育课程就试图通过教师教育，使教师基于美国多元文化背景对学生进行平等有效的教学，培养教师实现教育公平的道德感和责任感，以及相关的知识与技能。[3] 同时，根据本书对学生的"学习参与"这一自致性因素的探讨，说明学生自身的学习信念与投入会通过社会交换的形式影响教师期望，从而影响教育过程公平的状态，因此，应在不断强化教师公平观念、提升教师公平素养的同时注重对学生在校学习参与情况的关注以及正确的公平观念的引导，使学校内部的互动公平能从师生双方得到改善和

---

[1] ［美］南希·弗雷泽：《正义的尺度——全球化世界中政治空间的再认识》，欧阳英译，上海人民出版社2009年版，第90页。
[2] ［德］阿克塞尔·霍耐特：《承认与正义——多元正义理论纲要》，胡大平译，《学海》2009年第3期。
[3] 戴伟芬：《教育公平：当代美国教师教育课程思想的社会取向分析》，《比较教育研究》2011年第8期。

提升。

一　学校管理者应重视对公平文化氛围的塑造和引领

从学校内部来看，学校领导者的公平观念及其制定的发展策略是促进教育公平的关键①，一所学校的校长所持有的公平观念及其塑造的学校文化氛围会对师生的公平理念和实践形成潜移默化的影响，因此，我们不能忽略学校内部公平文化的力量，这种力量源于学校管理者的办学愿景与公平观念，为了发挥文化氛围塑造行为的正向力量，学校管理者自身应不断提升公平相关的理论素养，尤其对于高中学校的校长来说，在面对高考和高中教育教学形式的一系列变革之时，是选择积极的迎难而上，还是消极的无所作为，极大限度地考验着学校管理者办学的初心。同时，高中育人模式的改革对于学校管理者来说也是重塑学校文化的关键契机，应借着这股学校变革的潮流带领全校师生一起冲破一直以来桎梏高中教育的应试文化，使高中阶段教育的育人性得到回归。其中的关键点就在于转变传统的教师教育文化，用更为过程性的与多元化的培训和评价方式来促进教师公平理念与实践能力的提升。

一般而言，人们理想中的好教师形象往往是一个高效率、高智商和足够严厉的"背影"，其中，高效率意味着多出成绩、快出成绩；高智商意味着"教的全对"以帮助学生"考的全会"，足够严厉意味着一丝不苟地对待学生，使学生能避免犯错误和误入歧途，"背影"则意味着作为一名教师应该是乐于奉献的，即使做了"好事"、做出了好成绩，也能足够沉默和低调。这种传统师者形象的"脸谱化"流露出一直以来社会对于教师成就的单一化评价和对教师主观感受与表达诉求的忽略，因此，教师在对待学生时缺乏耐心和

---

① Ward S. C., Bagley C., Lumby J, et al., "School Leadership for Equity: Lessons from the Literature", *International Journal of Inclusive Education*, Vol. 19, No. 4, 2015, p. 340.

对学生个性的关怀，在有意无意间给学生贴上撕不掉的"标签"，差别对待成绩不同的学生群体，这些有损公平的意识和行为源于社会对于教师的期待与培养方式。为了改善互动公平，匡正教师的公平理念，应从源头上优化教师教育的方式和内容，将对学生的伦理关怀作为考量教师合格标准的重要维度，培养教师对于多元化和差异化理念的认同感，从教师评价上给予教师更多的职业表现的可能性，将教师从追求效率的社会期望中抽离出来，促进教师对于高中育人模式改革背后蕴含的"差异公平"理念的深刻认识，并能将这种理念运用到实际的教育教学中。

二 鼓励教师以公平三原则指导教育实践

在学校教育实践中，许多教师都有着非常强烈的公平愿景，希望能够在教育过程中让学生感受到充分的公平感，然而有时候却因为公平理论的薄弱或实践经验不足而取得适得其反的效果。在教师教育教学的过程中，可以结合具体的教育情境，以罗尔斯提出的公平三原则来指导实践，从三个角度来思考公平伦理关怀的实践方式。

第一，以平等对待相同。与西方国家相比，我国学生的背景来源虽然没有突出的种族问题，但也存在着民族、家庭背景等方面的显著差异，每个学生在进入学校之前都带有自身特定的社会背景和家庭背景所塑造出的个性和能力，教师在面对这些差异化的个体时，首先要看到的是他们身上的相同性——那就是他们都是具有平等的受教育权的人，因此，应首先抛除学生的家庭、民族、性别等背景性因素的干扰，消除偏见，一视同仁地对待相同的受教育个体。

第二，以差异对待不同。虽然每个学生都有平等的受教育权，但他们各自不同的成长轨迹和教育轨迹造就了不同的个性特点和能力特长，如果继续按照平等对待的方式"一刀切"地对待具有个性和能力差异的个体，那就形成了更深层次上的不公平，比如当前高中存在的"唯分数"论的评价导向，看似达到了形式上的公平，实质上却忽略了许多学生除学习成绩之外发展的可能性。互动公平的难点也在于正确的"差别对待"，前文在谈到当前高中学校存在的公平困境时，提到教师对于差异发展的理解不一，更多地从单一维度的学习成绩来对学生进行区分并进行"差别对待"，这种以差异对待不同的方式实质上还是一种简单的形式公平，并在实际操作中造成了大量的偏见、蔑视和损害公平的"标签"，真正基于公平观念的"差别对待"应该是从立体维度去看待学生，不仅看到学生纵向上的学习成绩，也看到学生横向上的个性特长，差别对待不是指投入时间和精力上的差异，不意味着对于有希望考上重点大学的学生投入更多的关注，放弃班级的最后几名同学，而是指在指导方向和方式方法上的差异，采取适切于不同个性和能力学生的不同教育手段，尊重学生的多元特征，善于运用这种特征来进行教学设计和对学生进行生涯指导，为学生提供差异化的学习资源和机会，使教育的脚步"慢"一点，教育的过程更精细一点，只有这样才能更多地关注到学生的需要和感受，提升学生的公平感。

第三，以补偿对待弱势，一直以来，我国从资源配置方面对于经济弱势的学生提供了许多资助，这是致力于教育公平的重要举措，在学校内部，教师也应对相对弱势的学生群体给予更多的关注和补偿，这种"弱势"可能不仅仅是经济上的，也有家庭关系上（如单亲）、性格上或健康与智力上的弱势，对于这部分群体，教师应在充分尊重学生自身意愿的前提下努力为其提供更多的学习资源和机会，并在班级内塑造尊重多样性的班级氛围，建立良好的生生关系以帮助弱势学生更好地融入集体，和其他学生一样平等地参与到学习活动中。

三 引导学生形成客观合理的公平观念

理论上来说，公平的客观事实是公平感的来源，客观事实本身不公平，就无法给人以充足的公平感，然而在现实中，如果一个人缺乏感受公平的必要条件和能力，或是秉持了错误的公平观念，那么即使得到了实质公平，也不一定会产生相应的公平感。因此，在教育过程中除了给予学生足够的关注、尊重、理解和差异化指导等公平导向的教育方式，还应在一定程度上警惕自由过度的风险，培养学生正确的公平观念，促进学生深度参与学习过程，张弛有度地应对公平问题。

一方面，在学校内部的教育过程中，应将学生的主观公平感受作为衡量公平的核心，为学生创设更多表达意愿的机会和渠道，引导学生大胆表达合理的公平诉求，多采用学生自评的评价方式，让学生有更多机会观察到自身在校内的表现并进行自我问答与反思，国外学者阿玛蒂亚·森认为，人们在对正义、平等或者福利等价值目标进行评估时会有不同的取舍，这些标准他称之为"评估域"。①学校内部应建立起学生视角下的"公平评估域"，重视学生对于自身评价反馈结果的发言权，削弱教师评价的绝对权威，支持学生对自己的学习和发展道路行使自主选择权，允许学生对制度本身中存在的不公平发声，鼓励学生参与学校内部的各项规则制定与设计。

另一方面，在充分尊重学生主观公平感，发挥学生群体对于学校教育过程公平提升的关键作用的同时也要谨慎"过度的自由和权利"以及有偏差的公平观念和行为，将正确的公平观念以丰富多样的教育形式浸润在学校文化之中，培养学生形成客观合理的公平观念，鼓励学生多去感受公平和不公平现象，多思考与公平相关的问题、多阅读与公平相关的著作，形成健全和多元的公平观。最后，在对学生进行公平相关问题的疏导时，应帮助学生形成换位思考和双向思考的习惯，如教师对自身的期望过低是否和自身的学习参与不足有关？教师看似不公平对待的背后有着怎样的因果脉络？互动公平的一端是学生，另一端是教师，只有两端的主体都树立起客观的公平观，并愿意为促进更为公平的教育过程生态而付出努力，实质公平才能得到实现。

---

① 程天君：《以人为核心评估域：新教育公平理论的基石——兼论新时期教育公平的转型》，《华东师范大学学报》（教育科学版）2019 年第 1 期。

结　语

研究总结与展望

"公平而有质量"是在当前这个时代人们对于教育结果的追求，也为我们理解新时代的教育过程和结果公平提供了更为立体的视角。这也是本书对"教育过程公平"所秉持的最基本的"复合公平观"的出发点，即平等、补偿、差异均为教育过程公平的应有之义，我们不能因为在某一个公平层次中稍有进展，就立刻投入另一个公平层次中，只有充分理解到公平的复杂性和多维性，才能真正触及公平的核心。从教育过程的价值意义来看，过程和生成是学生的个性全面发展的基本方式，[①] 而在普通高中育人改革的背景下，对于学生自主权利和多样化发展的空前重视将对教育过程和人的关注推向了高点，而这契合了教育过程公平的理念，因此，本书选取普通高中作为研究对象，探讨普通高中育人方式改革背景下教育过程公平的实然状态，以期能以教育过程公平的理念嵌合于高中育人方式改革的实践中，促进两者的"相伴而生"。基于此，本书主要包括理论研究和实证研究两个部分，基于理论研究部分对于国内外相关研究、公平的经典理论、教育过程的要素以及普通高中教育公平发展的历史阶段，教育过程公平之于普通高中育人方式改革的必要性探讨等

[①] 郭元祥：《论教育的过程属性和过程价值——生成性思维视域中的教育过程观》，《教育研究》2005年第9期。

各个方面做了相关梳理和分析，提出了对教育过程公平"维度—程度"的理解框架，在"程度"层面，将平等对待、弱势补偿和差异引领作为隐含在具体分析指标背后的理论基础，用以衡量实然公平的程度；在"维度"层面，通过分配公平、程序公平和互动公平这三个方面探讨"公平"在普通高中教育的资源分配过程、程序设计与执行过程和微观的师生互动过程中的形态，通过学生在资源配置、评价反馈、平等参与、权利自主、个性关怀和差别对待六个过程公平子维度的得分来观测普通高中教育过程公平的基本情况，然后基于深度访谈与案例分析进行探讨，得出了以下主要研究结论。

第一节　主要研究结论

第一，普通高中经历了追求结果公平的效率优先发展阶段和强调起点公平的规模扩充发展阶段，然后逐渐转向了聚焦过程公平的内涵发展阶段，在这个阶段，尤其是育人方式改革的背景之下，普通高中教育过程公平具有"以生为本""多维度"和"可测可证"的特点，但同时也存在着考试与评价制度设计中的公平性缺陷、校本课程开发能力的差异、教学组织形式变革的资源困境以及教师"增负"背景下的"增能"挑战等公平风险，因此探讨这一阶段的教育过程公平的实然状况，寻找各种困境背后的成因机制十分必要。

第二，问卷结果显示，普通高中在分配公平、程序公平和互动公平中均存在着"短板"，分配公平中的资源配置、程序公平中的（选择）权利自主和互动公平中的差别对待是当前普通高中教育过程公平存在的主要困境。而在对于公平差异性的分析中发现，学生个体之间的差异远远超过了区域间、校与校间和班级间，这说明，对于学生的个性关怀和基于平等基础的差别对待与引领是当下教育过程公平提升的主要难点；同时，与普通班级相比，少数民族班级的教育过程公平得分较低，而在笔者走访学校的过程中发现在许多学校少数民族学生往往有着更多硬件资源上的"优待",如条件更好的宿舍和食堂等,这说明学校在公平实践中不仅要重视硬件上的"弱势补偿",更应关注在教育体验和心理感受上的"弱势补偿"。

第三,超大班额的教育过程公平得分在六个子维度上均处于较低水平,多元回归分析的结果也显示班额对于教育过程公平有着显著的负向影响,而在我国的中部地区,高中大班额的现象十分常见,教师对于学生个别化的关注"有心无力",削减班额、增加教室和教师数量依然是欠发达地区高中发展的必要保障,尤其是在育人方式改革的背景下,选课走班对于学校的教室和师资数量提出了更高的要求,相应的资源保障机制却尚未落实,这是由于"规制性要素"的影响,在高中教育发展相关政策制定与执行过程中,更多地遵循"自上而下"的行动逻辑,缺乏对基层实践者需求的精准调研,使政策在执行过程中逐渐偏离了最初的政策理想。

第四,在分配公平维度,普通高中教育资源的配置的不平衡主要体现在生生之间,调研对象提到学校的许多资源都属于创新班学生的"特权",而这种现象并不罕见,归根结底还是由于资源的匮乏,应进一步探索教育资源拓展的方法,鼓励高中学校集群发展、加强信息技术手段和教育的融合,提升教师的信息技术素养以弥合师资差距。同时,教育资源配置的"不充分"情况更为突出,"公平"的本质其实是由事实概念引发的主观体验和感受,对于"公平"问题的研究应落脚于"公平感"。普通高中教育资源配置的不充分即针对学生个体对于教育资源的需求来看的,以学生对于分配公平的感受来评价资源配置中的不充分,研究结果显示,学生对于资源的需求和学校供给的资源之间存在很大差距,如图书馆的图书均为试卷和教辅书籍、生涯指导老师的配备多为班主任,要改善资源配置的"不充分"问题,应进行资源分配的"供给侧"改革,更多地聆听学生的声音。

第五,在程序公平维度,目前我国无论是区域层面、校际层面还是个体层面对于制度实施过程的"平等参与"维度的感受均处于较高水平，而学生在程序过程中的自主选择权存在明显的"功利性取向"，即学校、家长和学生"合谋"选出"最合算"的考试科目，哪个容易拿分就选哪个，这背离了改革的初衷，这其中有制度本身的区隔性与排斥性的原因，更多的则是由于"规范性要素"的影响，虽然高中育人方式改革已经拉开帷幕，但高中学校长期形成的应试文化与评价导向一时间难以改变，在学校选择采用全身心的依据政策改革要求来进行大刀阔斧的"积极变革"还是"表面上过得去"的投机敷衍的"消极变革"的道路时会综合考虑地方教育部门与社会双方的评价标准，而在新的评价规范形成之前，无论是渴望"政绩"的地方人民政府和地方教育部门，还是渴望"考入名校"的社会与家长，都依然和高考改革之前一样遵循着"应试""效率"和"成绩"的评价导向，更多的财力、人力和物力也依然朝着应试和效率的方向集聚，因此，应尽快建立与新高考和综合素质评价相配套的过程性评价指标，在教师评价和高中办学质量评价等各个方面为教育过程公平理念的落地提供保障。

第六，在互动公平维度，从问卷调查的结果来看，个性关怀维度的表现总体较好，在"大班额"群体中的表现较差；而差别对待维度的表现在各个群体层面均得分较低，尤其是在西部地区、农村地区和相对薄弱的学校，对于"分层"和"分类"的理念厘清不足，部分教师的公平理念偏颇，解决公平问题的实践能力较弱，难以把握"有教无类"与"因材施教"的界限，倾向于将"差别对待"合理化为越过了平等基础上的"区别对待"，对低成就学生群体易采取漠视和放弃的举措，损害了交往中的互动公平。另外，公平是融合了个体经历和体验的复合概念，交往互动方式同时受到交往双方的公平观与文化体验的影响，在学校内部，性别文化和应试文化的干扰也加剧了师生交往中的"标签效应"，造成了新的不公平。由此，应进一步聚焦学校内部的人际互动过程，学校管理者应引领良好的公平文化氛围，关注教师与学生的个体公平观与公平体验。指导教师以平等对待、差别对待和弱势补偿的原则对待学生。

第七，在影响普通高中教育过程公平的各个因素中，学校资本（班额、教师质量、学校层次、班级层次）的影响效应远远超过家庭资本（父母教育水平、家庭年收入），这说明高中家长对于学生在学校内受教育过程的干涉空间较少，对于教育公平的促进来说是较为理想的状态，同时，学校的教育过程包含微观的师生互动的过程，教师的期望和学生的学习参与是一对相互交换的"礼物"，共同作用着教育过程公平，尤其是学习参与中的"学习信念"因子对于教育过程公平的影响较大，这说明学生对于学校和教师的信任与对于自身学业成功的信心能够促进教育过程公平，因此不仅应重视学校资本中的教师质量提升、班额缩减、评价文化改革等因素，还应重视学校管理者和教师对于公平的认知，以及学生自身的公平观和对学校活动的参与度。

第八，从教育过程公平的程度来看，在学校教育资源分配过程和程序参与过程中平等对待和弱势补偿的程度较好，这意味着学生对于学习资源的平等享有和学习活动的平等参与权已经基本得到保障，对于弱势群体的资源补偿和程序上的"优待"意识也基本得到普及，但无论是资源配置还是程序参与，学校教育在差异引领这一公平方面依然欠缺很多。值得注意的是，在学校内部的互动过程中，平等对待、弱势补偿和差异引领三种公平程度的表现均不理想，教师给学生"贴标签"的现象常见，难以做到微观互动中的"一视同仁"，对于生活和学习上有困难的学生也缺乏予以特别关注的理念和行动，而差异引领在微观互动过程中的表现往往是变了味的"区别对待"，这说明，学校内部的微观互动公平实质上还停留在公平最基础的层次"平等对待"，而恰恰是微观上的互动公平构成了学生公平感的主要来源，要想从根本上促进教育过程公平，提升学生的公平感，对于学校管理者和教师公平观的关注、公平理念的扭转以及公平实践"能力"的培训急迫而必要。

第二节 研究的创新点

总的来看，本书在研究视角、研究内容、研究方法和研究对象上体现出了以下创新点。

在研究视角上，本书所持有的"公平观"是综合了平等、补偿和差异的"复合公平观"，在分析具体的教育公平问题时也分别从这三个层次来考虑，最终指向平等与补偿基础上的差异发展，这种视角弥补了已有研究或是只关注绝对的"数量平等"，或是只关注"差异发展"，缺乏对于公平问题多元视角讨论的空缺，为当前教育公平观的延伸提供了综合性的视角；同时，本书对于教育过程公平的理解在借鉴瑞典学者胡森的观点的基础之上有所延伸和创新，将狭义上的"教育过程公平即师生交往中的公平对待"拓展为学生受教育过程中所涉及的资源分配、程序设计和实施中及师生互动中的公平对待，从更为全面和系统的视角来分析教育过程公平问题。

在研究内容上，本书依托普通高中育人改革的实践场域，将对公平问题的探讨建立在具体的教育问题情境中，相比以往的研究，更好地结合了理论与实践，尤其对当前普通高中育人方式的改革具有较大的理论和实践指导意义，同时，虽然本书的主题是"教育过程公平"，但对于过程公平的探讨不仅仅局限于微观的人际互动之中，而是综合了围绕学生学习的教育资源分配过程、教育程序实施过程和微观的师生互动过程，对教育过程公平的探讨更为系统和全面。

在研究方法上，本书采取理论研究范式与实证研究范式相结合、量化方法与质性方法相结合的混合研究设计，以研究问题为中心，注重多种方法之间的互补和互证，兼顾了公平问题的理论性与现实感。同时，在实证研究过程中构建并验证了教育过程公平的测量指标框架，为研究我国的教育过程公平问题提供了可供参考的理论与实践框架。

在研究对象的选取中，本书的调查范围涵盖了我国 19 个省份的 15000 余名普通高中学生及教师，一方面力求以大样本调研的结果来弥补当前对于学校教育公平指数的实证调查空缺；另一方面则基于群体差异分析的视角，探讨了不同群体、不同类别的教育过程公平状态，较为全面地呈现了我国普通高中教育过程公平在区域之间、学校之间、班级之间及个体之间的差异。同时，教育过程公平的研究应以学生的微观感受为本，在本书的研究对象中，学生占了绝大多数比例，保证了学生对于公平问题的话语权，丰富了对于学生公平感的研究。

第三节　研究局限之处

虽然本书从选题、调研、论文的撰写到出版之前的修改共历时三年有余，调研的足迹也遍布了我国的众多省份，但由于研究者本身理论功底的欠缺和实践经验的匮乏，即使尽力去完善，本书仍存在一些局限之处。

第一，公平是一个既包含客观事实也包含主观感受的问题，虽然在研究中笔者尽力将量化数据与质性数据相结合，但最终呈现的结果仍然不能代表公平问题的全部真相，在未来的研究中应进一步采用田野调查的方式，通过长期的观察与追踪，力求更为全面真实地呈现公平问题。

第二，中西理论融合基础上的创新不够；虽然本书在文献和理论梳理部分花费了大量的精力，尽可能全面地梳理了国内外的公平理论、政策和相关研究，也选取了比较具有适切性的公平理论依据以指导研究的开展，但总的来说对相关理论的融合与创新不足，未来应进一步加强这方面的研究和探讨。

第三，由于本书的问卷和访谈样本都比较多，在对于数据分析处理的过程中研究者有些力不从心，尤其在对十万余字的访谈文本的取舍与分析时耗费了大量的精力，可能存在部分信息的遗漏，另外，由于研究者本人理论素养的局限性，对于量化和质性研究资料的分析以平铺直叙的描述为主，欠缺对研究事实较为深入的阐释与升华。

第四节　余论与展望

美国学者费西金认为，机会平等不仅代表了一种平等，更代表了一种自由。① 机会平等具有特殊的价值，而并不仅仅是对平等化的单一追求。他认为，受到四种因素的限制，这种单一的机会平等是一个"无法实现的理想"。第一是家庭问题，包括父母的不同优势带来的对子女教育经济方面和行为举止方面的影响，虽然国家可以采取各种补偿措施帮助弱势家庭的子女，降低这种由家庭资本带来的机会不平等，但家庭教养对于子女能力和功绩的不同影响之间的差距是无法被弥合的。第二是功绩问题（merit，也指行为或特征）②，罗尔斯和德沃金等学者的观点主张根据人的禀赋、选择和努力程度来公平地分配机会，然而这些因素之间并不是相互孤立的，人们的行为和选择与所处的生活背景和环境有着千丝万缕的联系。第三是考试等"起跑门"问题，即使个体在人生的一个个"起跑门"之前获得了平等的发展机会；但"起跑门"设计和组织过程总是无法完全避免公平争议，以考试为代表的"起跑门"的筛选机制使得竞争失败的群体很难再有发展的选择和机会。第四是个性问题，费西金认为"只有一件事值得做、只有一种人值得成为、只有一种生活方

---

① ［美］约瑟夫·费西金：《瓶颈：新的机会平等理论》，徐曦白译，社会科学文献出版社2015年版，第3页。

② 张虎：《费西金对机会"平等化"的批判及其机会多元主义》，《中南大学学报》（社会科学版）2018年第4期。

式值得追求"的社会对于人的个性发展来说有着消极的形塑作用，而传统的机会平等在无意中成为这种社会模式的"拥护者"。①

费西金主张用"机会多元主义"来取代"机会平等化"，构建提供多元机会模式的社会。他指出，机会通常以三种"瓶颈"的形式存在，其一是资格类机会，即人们为获得某个机会所必须满足的资格要求，如学历、性别、种族等；其二是工具物品类机会，即金钱等人的发展所必备的物质资源；其三是发展类机会，即不同的家庭背景、社会境遇和教育过程所带来的人生发展路径。为了突破这三种机会瓶颈，应坚持价值和目标的多元化，鼓励非竞争性，如在教育中重视多层次的出口而非零和竞争的"赛跑"，一方面使更多人能通过"瓶颈"，拥有发展机会；另一方面创造更多元的机会，使一些群体可以绕过这些"瓶颈"获得与自身需求和特点相符的发展机会。②

虽然费西金所探讨的问题依然是有关家庭、物质资源和资格等机会问题，但不同于传统的机会公平研究的是，他引导人们从"分配单一机会"转向"创造多元机会"，为思索人的个性化和多样化发展提供了可供借鉴的框架。正如国外学者密尔所指出的那样："社会发展的趋势表明人们不再被禁锢于生来带有的地位和角色中，可以自由地运用机会与才能去改变命运。"③ 要实现机会的公平，社会要更多地考虑创造能够适应人们多元偏好的机会，使人们突破获取丰富人生机会的"瓶颈"。对于教育公平来说，也存在费西金所提到的三类机会，如经费、师资等学习资源带来的工具物品类机会、学生参加学习活动的权利等资格类机会、学校和家庭给予学生在学习

---

① ［美］约瑟夫·费西金：《瓶颈：新的机会平等理论》，徐曦白译，社会科学文献出版社 2015 年版，第 77 页。
② ［美］约瑟夫·费西金：《瓶颈：新的机会平等理论》，徐曦白译，社会科学文献出版社 2015 年版，第 255 页。
③ ［英］玛丽·沃斯通克拉夫特等：《女权辩护——妇女的屈从地位》，王蓁等译，商务印书馆 1995 年版，第 45 页。

过程中的发展类机会，要想在有限的资源内提升公平，应在丰富这三类机会的同时为学生提供更多发展的可能性，使学生的人生不仅仅禁锢于这三类机会之中。不同于以往的限制机会、竞争机会的思路，"拓展学习机会"为理解教育过程公平提供了一个更新的视角，当评价标准、学习路径与教育出口等机会都能得到足够的拓展，学生才能更具有多样发展的可能性，因此，未来有关教育公平的研究和实践应更多地从"开源"视角，讨论教育如何能够为人的发展拓展更多的通道，当学生在教育的过程中能够真正地"各美其美"，教育过程公平的实现也就不言而喻了。

附录一

普通高中教育过程公平调查问卷

同学你好！

    感谢你在繁忙的学业之余帮助我完成这份问卷，这是我博士毕业论文的重要部分，主要目的是想要了解你们在学校的日常学习生活情况，问卷为匿名填写，答案不分对错，所有题目均为单选题，你们只需要按照最真实的感受填答，我会充分为你保密，请你放心、细心填答，感谢你的帮助和支持！

第一部分   个人基本信息

填空题在"_____"作答，选择题在"（　）"作答。

1. 你的性别（　）

   A. 男   B. 女

2. 所在年级（　）

   A. 高一   B. 高二

3. 你的民族（　）

   A. 汉族   B. 少数民族

4. 你学校所在的省份（市）_____

5. 学校所在地（   ）

　　A. 直辖市、省会城市

　　B. 地级市或县城

　　C. 乡镇或农村

6. 从办学情况看，你所在的学校属于（   ）

　　A. 示范性学校（或实验性、重点校等）

　　B. 特色学校

　　C. 普通学校

7. 你所在的班级人数（   ）

　　A. 20—35 人　　　　　B. 35—55 人

　　C. 55—70 人　　　　　D. 70 人以上

8. 你的班级类型属于（   ）

　　A. 创新班或实验班　　B. 语言班或国际班

　　C. 少数民族班　　　　D. 普通班或平行班

9. 总体来看，过去一年你的学习成绩在班上属于（   ）

　　A. 很差　　　　　　　B. 较差

　　C. 中等　　　　　　　D. 良好　　　　　E. 优秀

10. 你所在班级的班主任教学年限是（   ）

　　A. 5 年以下　　　　　B. 5—15 年　　　　C. 15 年以上

11. 你了解到的班主任或任课教师的最高学历是（   ）

　　A. 硕士及以上　　　　B. 本科

　　C. 大专　　　　　　　D. 高中或高中以下

12. 你父亲或母亲的最高学历是（   ）

　　A. 硕士及以上　　　　B. 本科

　　C. 大专　　　　　　　D. 高中及以下

13. 你父亲的职业类型是（   ）

14. 你母亲的职业类型是（   ）

　　A. 国家与社会管理者，经理人员和私营企业管理者（如政府官员、公司经理、科学家等）

B. 中层管理人员与中层专业技术人员（如企业部门主管、科研人员、医生和会计师等）

C. 一般办事人员（如普通公务员、企业员工等）

D. 产业工人、商业服务业、农业劳动者

E. 城乡无业、失业和半失业者

15. 你的家庭年总收入大概的分布范围在（　）

A. 30 万元以上　　　B. 15 万—30 万元

C. 7 万—15 万元　　D. 4 万—7 万元　　E. 4 万元以下

16. 父母对你的教育期望是（　）

A. 希望我以后能够取得较高的学历（硕士或博士以上）

B. 希望我能够考取重点大学

C. 希望我能够考取大学

D. 希望我能够完成高中学业

17. 班主任或任课教师对你的教育期望是（　）

A. 希望我以后能够取得较高的学历（硕士或博士以上）

B. 希望我能够考取重点大学

C. 希望我能够考取大学

D. 希望我能够完成高中学业

18. 你对目前的学校生活有哪些希望和憧憬？（将你的想法按重要性排序）

（　）希望老师能更多地发现我的个性与特长

（　）希望学校的硬件资源更丰富（如多媒体设备、图书资源、体育场馆等）

（　）希望老师对学生能更加一视同仁

（　）希望学校的实践与活动更丰富（如社会实践、社团、兴趣小组等）

（　）希望我在学习和人生规划中能有更多的选择权

（　）希望学校为我提供更加多样化的发展道路

（　）希望学校不要按照成绩分班

第二部分 学生学习参与情况调查

请根据你的真实感受在恰当的数字上打钩。

1＝非常不符合　2＝不太符合　3＝一般符合　4＝比较符合　5＝非常符合

1. 我在课堂上能全神贯注	1	2	3	4	5
2. 我经常参与班级讨论	1	2	3	4	5
3. 我在学习上花费了很多精力	1	2	3	4	5
4. 学习上遇到难题时我不会轻易放弃	1	2	3	4	5
5. 我喜欢不断地在课堂上学习新知识	1	2	3	4	5
6. 我很愿意向老师请教问题	1	2	3	4	5
7. 我认为学校的学习能够帮助我实现目标	1	2	3	4	5

第三部分 教育过程公平情况

1＝非常不符合　2＝不太符合　3＝一般符合　4＝比较符合　5＝非常符合

1. 我可以得到课堂发言的机会	1	2	3	4	5
2. 我可以得到竞选班干部或学校干部的机会	1	2	3	4	5
3. 我能够和其他同学一样参加日常的测验或考试	1	2	3	4	5
4. 我不会因为学习成绩不理想而被取消某些课程学习或实践活动资格	1	2	3	4	5
5. 学校向每位同学开放参与社会实践或社团活动的机会	1	2	3	4	5
6. 学校里的场馆（图书馆、体育场、多媒体中心等）都向我开放	1	2	3	4	5
7. 学校的图书馆能够满足我的日常阅读需要	1	2	3	4	5
8. 我可以利用学校的多媒体设备查阅我需要的资料	1	2	3	4	5
9. 学校设置了对学生开放的心理咨询或生涯指导部门	1	2	3	4	5
10. 我所在的班级是按照身高和视力情况排座位	1	2	3	4	5

1. 我认为老师比较了解我的兴趣特长及学习风格	1	2	3	4	5
2. 老师会根据我的学习情况给我布置适合我的学习任务	1	2	3	4	5
3. 学校会提供不同难易程度的教材或教辅供不同的学生群体学习	1	2	3	4	5
4. 老师在课堂上会根据我的学习情况对我进行针对性的提问	1	2	3	4	5
5. 学校提供了面向不同兴趣特长的选修科目	1	2	3	4	5

1 = 非常不符合　2 = 不太符合　3 = 一般符合　4 = 比较符合　5 = 非常符合					
1. 老师允许我在课堂上提出不同意见	1	2	3	4	5
2. 我可以在上课之余自主安排学习时间	1	2	3	4	5
3. 在参加学校安排的一些活动时我有"说不"的权利	1	2	3	4	5
4. 学校对我的评价会考虑综合素质而不仅仅是以考试分数为标准	1	2	3	4	5
5. 当我取得不错的成绩时能够得到学校和老师相应的认可	1	2	3	4	5
6. 通常来说考试和测验的内容与平时学习的内容基本一致	1	2	3	4	5
7. 在考试过后，老师会帮助我分析试卷查漏补缺	1	2	3	4	5
8. 学校（或老师）为我们提供了一些选科和选考指导	1	2	3	4	5
9. 学校（或老师）为我们提供了一些未来进入大学选专业的指导	1	2	3	4	5
10. 学校（或老师）为我们提供了一些人生目标和职业发展方面的指导	1	2	3	4	5

1 = 非常不符合　2 = 不太符合　3 = 一般符合　4 = 比较符合　5 = 非常符合					
1. 我认为老师对成绩好和成绩差的学生能做到一视同仁	1	2	3	4	5
2. 我觉得老师对待我很公平	1	2	3	4	5
3. 我认为老师在日常教学中考虑到了不同学生的学习兴趣和需要	1	2	3	4	5
4. 我认为老师比较重视我的感受和需要	1	2	3	4	5
5. 我认为老师对我的评价合理公正	1	2	3	4	5
6. 在学校生活中，我的特长和优势能得到肯定	1	2	3	4	5

开放题：请你简要说一说在学校生活中你经历的或看到的不公平现象。

附录二

普通高中教育过程公平访谈提纲

教师（校长）访谈提纲

老师您好！随着教育事业的不断发展，规模不断扩大，学生"有学上"的问题基本得到解决，关注以学生为主体的教育过程公平问题成为教育公平的发展方向。本次访谈的主要目的在于了解学生日常学习过程中的公平问题，包括学习资源、学习内容和教学互动方面的情况，以及教师在处理与公平相关的问题时采取的方法及遇到的困难，为全面呈现学生受教育过程公平的现状及复杂影响因素，促进教育过程公平发展提供参照。访谈结果仅仅用于博士论文的撰写，会充分为您的个人信息及学校信息保密，谢谢您无私的帮助和支持！

个人信息：

您的教龄_____ 学历_____是否担任班主任_____是否担任行政职务_____

1. 您对于教育公平或不公平的理解是怎样的？可结合事例说明。
2. 可否讲一下您的班级选择班干部的方式、条件以及更换班干部的频率？
3. 在什么情况下您会取消班上某些学生参加某种活动或者测验的资格？
4. 在您的学校是按照什么标准来划分不同类型的班级（比如特

长班、民族班、实验班）

5. 您班上的座位安排的方式和更换频率如何？

6. 您认为学校的图书馆、多媒体、体育馆等是否能满足学生的日常需要？

7. 面对优等生和后进生，您是如何兼顾两者的学习进度的？比如在课堂提问、作业布置和学习时间的安排上，您认为应该更多地考虑哪一群体的学生？因材施教和有教无类矛盾吗？

8. 您了解到的学生在选择选修科目和选考科目时主要的影响因素有哪些？目前遇到的困难有哪些？学校现有的生涯指导活动有哪些？

9. 您是否感受到家庭资本很大程度上影响学生的学业表现和行为表现，较好和较差的影响分别有哪些？对于弱势家庭的学生，您是否会给予特殊关注，您认为学校最需要为他们做什么？

10. 学校有什么多样化或特色化发展的项目或课程、综合实践活动吗？

11. 您如何分配课堂教学时间？（比如用于授课/互动/纪律管理）

12. 您觉得学校领导如何影响学生在受教育过程中的公平？希望您能举例说明。

13. 您认为学生自身如何影响其公平的学习机会的获得？希望您能举例说明。

14. 您如何看待教育过程公平问题？除了上述提到的，还有其他影响因素吗？在您的日常教学中有哪些关于教育公平的困惑、思考和提升教育公平的建议，希望您能举例说明。

学生访谈提纲

1. 在课堂上你愿意发言吗？一般情况下是哪些同学发言比较多，为什么？

2. 除了老师安排的时间，你是否有时间自主安排学习任务？你的作业和别人完全一样吗？老师是否了解你的学习需要和风格？

3. 在你的印象中，你是否遭遇过不公正的评价？

4. 你所在的学校是如何进行分班的？

5. 对于选择选修科目和选考科目你是怎么看的？你的选择受到哪些因素影响？

6. 对于学校的图书馆、多媒体和体育设施等，你有哪些建议和想法？

7. 你们班上的座位安排是怎样的？

8. 你怎么理解班主任或任课老师的"偏心"？

9. 在上课之余，你是否有机会参加自己感兴趣的实践活动或竞赛？

10. 你在学校学习的过程中有过不公平的感受吗？能否回忆一下带给你这种感受的具体事件和影响。

课堂观察表

科目_____ 年级_____ 教师情况_____ 班级人数_____

视角	要素	观察点
学习内容	课程教材 作业练习	课堂中生成的教学内容 教材的使用和处理（增/删/改） 课堂练习和课后作业
学习资源	学习时间 教学设备	学生听课和自主学习的时间安排 多媒体使用和学习环境设计
教学互动	提问反馈 个别化指导	叫答方式及反馈方式 自由讨论和自由提问安排 课堂评价 对不同层次学生的个别化指导

参考文献

一　中文文献

1. 专著

包亚明：《文化资本与社会炼金术》，上海人民出版社1997年版。

陈晓萍等：《组织与管理研究的实证方法》，北京大学出版社2008年版。

陈向明：《质的研究方法与社会科学研究》，教育科学出版社2000年版。

仇立平：《社会研究方法》，重庆大学出版社2015年版。

陈薛萍、徐淑英、樊景立：《组织与管理研究的实证方法》，北京大学出版社2012年版。

风笑天：《现代社会调查方法》，华中科技大学出版社2013年版。

华桦：《教育公平新解：社会转型时期的教育公平理论和实践探究》，上海社会科学出版社2010年版。

霍益萍、朱益明：《中国高中阶段教育发展报告（2015）》，华东师范大学出版社2016年版。

柯政：《理解困境：课程改革实施行为的新制度主义分析》，教育科学出版社2011年版。

联合国教科文组织国际教育发展委员会：《学会生存——教育世界的今天和明天》，教育科学出版社1996年版。

刘精明：《教育公平与社会分层》，中国人民大学出版社2015年版。

李实：《中国人类发展报告2005：追求公平的人类发展》，中国对外翻译出版公司 2005 年版。

林清山：《多变项分析统计法》第五版，东华书局 2003 年版。

罗胜强、姜嫌：《管理学问卷调查研究方制》，重庆大学出版社 2014 年版。

刘良华：《教育研究方法》，华东师范大学出版社 2014 年版。

鲁洁：《教育社会学》，人民教育出版社 2007 年版。

欧阳康、张明仓：《社会科学研究方法》，高等教育出版社 2001 年版。

瞿葆奎：《教育学文集·美国教育改革》，人民教育出版社 1990 年版。

钱丽霞：《普通学校促进不同学习需要学生有效参与的策略——可持续发展教育事业下的全纳教育实践研究》，教育科学出版社 2008 年版。

钱民辉：《教育社会学》，北京大学出版社 2005 年版。

人民教育出版社：《教育改革重要文献选编第 2 版》，人民教育出版社 1988 年版。

孙培青：《中国教育史》（修订版），华东师范大学出版社 2009 年版。

孙宵兵：《受教育权法理学——一种历史哲学的范式》，教育科学出版社 2003 年版。

邵瑞珍：《教育心理学》，上海教育出版社 1997 年版。

滕大春：《外国教育史和外国教育》，河北大学出版社 1998 年版。

吴康宁：《教育社会学》，人民教育出版社 1998 年版。

吴式颖：《外国教育史教程》，人民教育出版社 2001 年版。

吴明隆：《问卷统计分析实务》，重庆大学出版社 2010 年版。

吴明隆：《结构方程模型：AMOS 的操作与应用》，重庆大学出版社 2010 年版。

王凤才：《蔑视与反抗：霍耐特承认理论与法兰克福学派批判理论的"政治伦理转向"》，重庆出版社 2008 年版。

吴敬琏：《供给侧改革：经济转型重塑中国布局》，中国文史出版社 2016 年版。

夏征农：《辞海》，上海辞书出版社 1999 年版。

谢维和、李乐夫、孙凤：《中国的教育公平与教育发展（1990—2005）：关于教育公平的一种新的理论假设及其初步证明》，教育科学出版社 2008 年版。

徐红：《教育科学研究方法》，华中科技大学出版社 2013 年版。

袁振国：《论中国教育政策的转变》，广东教育出版社 1999 年版。

余保华：《学校课堂中教育机会平等的文化分析》，教育科学出版社 2012 年版。

张人杰：《国外教育社会学基本书选》，华东师范大学出版社 2009 年版。

中国教育年鉴编辑部：《中国教育年鉴 1949—1981》，中国大百科全书出版社 1894 年版。

中华人民共和国教育部：《国家教育事业发展"十一五"规划纲要》，人民教育出版社 2007 年版。

张文彤、董伟主编：《SPSS 统计分析高级教程》，高等教育出版社 2013 年版。

朱亚鹏：《公共政策过程研究：理论与实践》，中央编译出版社 2013 年版。

2. 译著

［美］阿瑟·奥肯：《平等与效率》，王奔洲等译，华夏出版社 1999 年版。

［印］阿玛蒂亚·森：《论经济不平等》，王利文等译，社会科学文献出版社 2006 年版。

［英］安迪·格林著：《教育与国家形成：英、法、美教育体系起源之比较》，王春华译，教育科学出版社 2004 版。

［美］阿拉斯戴尔·麦金太尔：《谁之正义？何种合理性》，万俊人译，当代中国出版社 1996 年版。

［英］安东尼·吉登斯：《社会的构成》，李康、李猛译，生活·读书·新知三联出版社1998年版。

［法］爱弥尔·迪尔凯姆：《实用主义与社会学》，渠东译，上海人民出版社2005年版。

［美］柏拉图：《理想国》，郭斌和等译，商务印书馆1986年版。

［英］保罗·威利斯，《学做工：工人阶级子弟为何继承父业》，秘舒等译，译林出版社2013年版。

［美］B.盖伊·彼得斯：《政治科学中的制度理论："新制度主义"》，王向民、段红伟译，上海世纪出版社2011年版。

［美］彼得·M.布劳，《社会生活中的交换与权力》，李国武译，商务印书馆2008年版。

［英］巴索·伯恩斯坦：《阶级、符码与控制（第四卷）：教育论述之结构化》，巨流图书有限公司2006年版。

［美］卡尔·弗里德里希：《超验正义——宪政的宗教之维》，周勇等译，生活·读书·新知三联书店1997年版。

［美］道格拉斯·C.诺思：《制度、制度变迁与经济绩效》，刘守英译，格致出版社2008年版。

［法］E.迪尔凯姆：《社会学方法的准则》，狄玉明译，商务印书馆2009年版。

［美］E.博登海默：《法理学——法哲学及其方法》，邓正来等译，华夏出版社1987年版。

［美］古德·布罗菲：《透视课堂》，陶志琼等译，中国轻工业出版社2002年版。

［加］威尔·金里卡：《当代政治哲学》，刘莘译，上海译文出版社2015年版。

［英］凯西·卡麦兹：《建构扎根理论：质性研究实践指南》，边国英译，重庆大学出版社2009年版。

［美］夸美纽斯：《大教学论》，傅任敢译，人民教育出版社1984年版。

［美］罗尔斯：《正义论》，何怀宏等译，中国社会科学出版社 1988 年版。

［法］卢梭：《爱弥儿》，李平沤译，商务印书馆 1978 年版。

［美］罗森塔尔·雅各布森：《课堂中的皮格马利翁：教师期望与学生智力发展》，唐晓杰等译，人民教育出版社 1998 年版。

［美］罗纳德·德沃金：《至上的美德》，冯克利译，江苏人民出版社 2003 年版。

［美］罗纳德·德沃金：《身披法袍的正义》，周林刚等译，北京大学出版社 2010 年版。

［美］罗伯特·诺奇克：《无政府、国家和乌托邦》，姚大志译，中国社会科学出版社 2008 年版。

［美］理查德·沙沃森、丽萨·汤：《教育的科学研究》，教育科学出版社 2006 年版。

［美］迈克尔·弗雷泽：《同情的启蒙：18 世纪与当代的正义和道德情感》，胡靖译，译林出版社 2016 年版。

美国心理学协会：《教育与心理测试标准》，沈阳出版社 2003 年版。

［英］麦克·F. D. 杨：《知识与控制：教育社会学新探》，谢维和等译，华东师范大学出版社 2002 年版。

［英］迈克尔·沃尔泽：《正义诸理论：为多元主义与平等一辩》，褚松燕译，译林出版社 2002 年版。

［英］玛丽·沃斯通克拉夫特等：《女权辩护——妇女的屈从地位》，王蓁等译，商务印书馆 1995 年版。

［美］南希·弗雷泽：《正义的尺度——全球化世界中政治空间的再认识》，欧阳英译，上海人民出版社 2009 年版。

［法］皮埃尔·布尔迪厄、J. C. 帕斯隆，《再生产：一种教育系统理论的要点》，刑克超译，商务印书馆 2002 年版。

［美］乔纳森·H. 特纳：《社会学理论的结构》，邱泽奇译，北京大学出版社 2004 年版。

［美］乔治·弗雷德里克森：《公共行政的精神》，张成福等译，中

国人民大学出版社 2003 年版。

［美］乔万尼·萨托利：《民主新论》，冯克利等译，上海人民出版社 2008 年版。

［美］R. 科斯、A. 阿尔钦、D. 诺斯等：《财产权利与制度变迁》，刘守英等译，上海人民出版社 1994 年版。

［美］S. 鲍尔斯、H. 金蒂斯：《美国：经济生活与教育改革》，王佩雄等译，上海教育出版社 1990 年版。

［瑞典］托尔斯顿·胡森：《平等：学校和社会政策的目标》，张人杰译，华东师范大学出版社 1989 年版。

［美］塔尔科特·帕森斯：《社会行动的结构》，张明德等译，译林出版社 2012 年版。

［美］威廉·维尔斯马，斯蒂芬·G. 于尔斯：《教育研究方法导论》（第 9 版），袁振国等译，教育科学出版社 2010 年版。

［美］W. 理查德·斯科特：《制度与组织——思想观念与物质利益》，姚伟、王黎芳译，中国人民大学出版社 2010 年版。

［英］休谟：《人性论》，关文运译，商务印书馆 1980 年版。

［古罗马］西塞罗：《西塞罗文集》（政治学卷），王焕生译，中央编译出版社 2010 年版。

［美］约翰·S. 布鲁贝克：《高等教育哲学》，王承绪等译，浙江教育出版社 2001 版。

［美］约翰·I. 古德莱德：《一个称作学校的地方》，苏智欣等译，华东师范大学出版社 2006 年版。

［美］约翰·杜威：《民主主义与教育》，王承绪译，人民教育出版社 2001 年版。

［美］约瑟夫·费西金：《瓶颈：新的机会平等理论》，徐曦白译，社会科学文献出版社 2015 年版。

［美］约翰·罗尔斯：《正义论》，何怀宏等译，中国社会科学出版社 1988 年版。

［古希腊］亚里士多德：《政治学》，吴寿彭译，商务印书馆 1965

年版。

［捷克］扬·阿姆斯·夸美纽斯：《大教学论》，傅仁敢译，人民教育出版社1984年版。

［美］詹姆斯·科尔曼：《教育机会均等的观念》，张人杰译，华东师范大学出版社1989年版。

3. 期刊

［德］阿克塞尔·霍耐特：《承认与正义——多元正义理论纲要》，胡大平等译，《学海》2009年第3期。

安雪慧：《教育发展的不平衡与不充分》，《光明日报》2018年1月23日第13版。

鲍威等：《阶层壁垒与信息鸿沟：新高考改革背景之下的升学信息支持》，《中国高教研究》2019年第5期。

程天君：《新教育公平引论——基于我国教育公平模式变迁的思考》，《教育发展研究》2017年第2期。

程天君：《以人为核心评估域：新教育公平理论的基石——兼论新时期教育公平的转型》，《华东师范大学学报》（教育科学版）2019年第1期。

查啸虎：《教育机会均等的历史演进与现实思考》，《安徽师范大学学报》（人文社会科学版）2001年第4期。

操太圣：《轮岗教师作为具有公共性的人力资源》，《教育发展研究》2018年第4期。

陈时见、王芳：《21世纪以来国外高中课程改革的经验与发展趋势》，《比较教育研究》2010年第12期。

陈纯槿、郅庭瑾：《我国基础教育信息化均衡发展态势与走向》，《教育研究》2018年第8期。

曹红峰：《当代政治哲学视域下教育机会均等的再思考——基于德沃金平等资源论研究》，《当代教育论坛》2018年第4期。

陈忠卫、潘莎：《组织公正感的理论研究进展与发展脉络述评》，《现代财经》（天津财经大学学报），2012年第7期。

段俊吉:《美国基础教育改革的公平演进及现实反思——基于"二战"后联邦教育政策的考察》,《外国中小学教育》2019年第2期。

杜屏:《完善中小学教师工资制度和保障机制,推进高素质教师队伍建设》,《华东师范大学学报》(教育科学版)2018年第4期。

段会冬:《精英抑或大众——几种高中教育价值取向述评》,《上海教育科研》2013年第2期。

戴伟芬:《教育公平:当代美国教师教育课程思想的社会取向分析》,《比较教育研究》2011年第8期。

樊亚峤、张善超、李宝庆:《高中学业水平考试改革的公平性分析》,《教育发展研究》2016年第15期。

冯建军:《论高中教育机会的差异性公平》,《华中师范大学学报》(人文社会科学版)2010年第5期。

冯建军:《高中教育资源公平配置:取向与原则》,《教育科学研究》2010年第9期。

冯建军:《承认正义:正派社会教育制度的价值基础》,《南京社会科学》2015年第11期。

冯建军:《后均衡化时代的教育正义:从关注"分配"到关注"承认"》,《教育研究》2016年第4期。

冯建军:《课堂公平的教育学视角》,《教育发展研究》2017年第10期。

冯成火:《新高考物理"遇冷"现象探究——基于浙江省高考改革试点的实践与思考》,《中国高教研究》2018年第10期。

风笑天:《方法论背景中的问卷调查法》,《社会学研究》1994年第3期。

风笑天:《社会调查方法还是社会研究方法?——社会学方法问题探讨之一》,《社会学研究》1997年第2期。

傅建明:《内地、香港语文教科书的性别意识形态比较》,《湖南师范大学教育科学学报》2015年第2期。

冯晓敏、张新平：《我国普通高中多样化改革的政策解读与反思》，《苏州大学学报》（教育科学版）2016年第2期。

方来坛、时勘、张风华：《中文版学习投入量表的信效度研究》，《中国临床心理学杂志》2008年第6期。

郭元祥：《论教育的过程属性和过程价值——生成性思维视域中的教育过程观》，《教育研究》2005年第9期。

郭少榕：《论学校教育的微观公平》，《中国教育学刊》2018年第10期。

郭华等：《中国普通高中课程结构改革的70年探索》，《中国教育学刊》2019年第10期。

高景柱：《资源平等抑或能力平等？——评德沃金与阿玛蒂亚·森的平等之争》，《同济大学学报》（社会科学版）2009年第2期。

郭秀平：《方庄教育集群：探索具有内生动力的生态性治理机制》，《人民教育》2016年第16期。

黄向阳：《公平之道的探索：以排座位为例》，《全球教育展望》2017年第4期。

郝亚迪：《教育过程公平视角下的课堂提问研究述评》，《课程教学研究》2016年第8期。

胡婷婷：《中学生心理韧性与学业成就的关系》，《中国健康心理学杂志》2013年第11期。

靳玉乐、全晓洁：《"预期课程"框架下的学习机会探析》，《云南师范大学学报》（哲学社会科学版）2017年第1期。

焦开山、李灵春、孙占淑：《摆脱教育不平等的最后机会——研究生教育机会的不平等及其影响因素》，《社会发展研究》2018年第1期。

江淑玲等：《师徒互动对师范实习生专业观念的影响——交换理论的视角》，《华东师范大学学报》（教育科学版）2017年第6期。

蒋维西：《基础教育改革中城乡课程公平问题及对策——基于中小学英语课程改革的视角》，《现代教育科学》2017年第2期。

孔凡琴：《英国综合中学："后综合化"理念及其改革举措》，《外国教育研究》2013年第8期。

柯政：《学校变革困难的新制度主义解释》，《北京大学教育评论》2007年第1期。

李学良、杨小微：《义务教育阶段学生公正体验的实证研究——基于学校内部公平数据库的报告》，《华东师范大学学报》（教育科学版）2018年第4期。

李春玲：《高等教育扩张与教育机会不平等——高校扩招的平等化效应考察》，《社会学研究》2010年第3期。

李春玲：《教育不平等的年代变化趋势（1940—2010）——对城乡教育机会不平等的再考察》，《社会学研究》2014年第2期。

李学良、杨小微：《义务教育阶段学生公正体验的实证研究——基于教育过程公平数据库的报告》，《华东师范大学学报》（教育科学版）2018年第4期。

李文平：《我国政策话语对高等教育质量的关注及演变——基于1987—2016年〈教育部工作要点〉的文本分析》，《教育发展研究》2016年第11期。

刘利民：《普及高中教育首先应该做什么？》，《基础教育论坛》（文摘版）2015年第12期。

刘茂祥：《20世纪90年代以来国外高中阶段"普职沟通"研究的十个视阈》，《现代基础教育研究》2015年第4期。

李社亮：《课堂教学中"边缘人"的生成机制与转化路向》，《教育研究与实验》2017年第6期。

刘精明：《高等教育扩展与入学机会差异：1978—2003》，《社会》2006年第3期。

李煜：《制度变迁与教育不平等的产生机制——中国城市子女的教育获得（1966—2003）》，《中国社会科学》2006年第4期。

刘精明：《中国基础教育领域中的机会不平等及其变化》，《中国社会科学》2008年第5期。

李英飞:《现代政治的社会基础——迪尔凯姆论政治社会的历史与现实》,《社会学研究》2018年第4期。

梁茜:《普通高中生涯发展规划与指导的现状研究——基于上海市5所普通高中的实证调查》,《基础教育研究》2016年第9期。

梁茜、代蕊华:《先赋抑或自致:何种因素影响着普通高中学习机会公平?——基于全国11535名高中生的实证研究》,《全球教育展望》2022年第2期。

刘欣:《阶级惯习与品味:布迪厄的阶级理论》,《社会学研究》2003年第6期。

李志涛:《新高考招生参考综合素质评价的有效方式探讨》,《中国考试》2021年第12期。

刘畠:《论"上下互动"的教育政策执行——以师范生免费教育政策为例》,《教育发展研究》2016年第10期。

[英]麦克·杨:《教育社会学中的知识与课程》,《华东师范大学学报》(教育科学版)2003年第3期。

马忠虎:《"第三条道路"对当前英国教育改革的影响》,《比较教育研究》2001年第7期。

宁波、王媛媛:《从1986年到2006年:我国义务教育法立法理念的变迁》,《现代教育论丛》2008年第5期。

宁本涛:《高中绩效工资制实施进展分析——基于东中西部13省高中的调查》,《华东师范大学学报》(教育科学版)2020年第1期。

蒲丽芳:《公平·优质·多样:面向未来的中国基础教育——中国教育学会第30次学术年会综述》,《中国教育学刊》2018年第1期。

石中英:《教育机会均等的内涵及其政策意义》,《北京大学教育评论》2007年第4期。

石中英:《关于现阶段普通高中教育性质的再认识》,《教育研究》2014年第10期。

石中英:《教育公平政策终极价值指向反思》,《探索与争鸣》2015年第5期。

沈有禄：《教育机会分配及其公平性问题探析》，《上海教育科研》2017年第11期。

孙健敏：《研究假设的有效性及其评价》，《社会学研究》2004年第3期。

沈伟、侯晓丽、潘丽芳：《从技术素养到知识创造：韩国教师ICT能力的培养》，《中国电化教育》2018年第9期。

王善迈：《构建促进教育公平的教育财政制度》，《中国教育报》2007年2月10日第3版。

王善迈：《教育公平的分析框架和评价指标》，《北京师范大学学报》（社会科学版）2008年第3期。

王海明：《平等新论》，《中国社会科学》1998年第5期。

王晓辉：《教育优先区："给匮乏者更多"——法国探求教育平等的不平之路》，《全球教育展望》2005年第1期。

王世岳、文东茅：《高中招生"指标到校"政策是否更公平》，《北京大学教育评论》2019年第1期。

王良健、罗璇：《我国省际农村教育资源配置的公平性》，《教育科学》2011年第6期。

王建军等：《初中课堂教学中的学习机会：表现与差异》，《全球教育展望》2016年第9期。

王青、彭雅楠：《大学生正念主体性量表编制研究》，《华东师范大学学报》（教育科学版）2017年第5期。

万伟：《校本课程开发：影响教育过程公平的新因素——以江苏省为例》，《教育理论与实践》2013年第32期。

王新凤：《新高考公平性问题及应对策略研究：基于浙沪经验》，《国家教育行政学院学报》2019年第4期。

王新凤等：《新高考背景下高校招生与人才培养的成效、困境及应对》，《中国高教研究》2019年第5期。

辛涛、姜宇、王旭冉：《从教育机会到学习机会：教育公平的微观视域》，《清华大学教育研究》2018年第2期。

谢维和：《教育公平与教育差别——兼谈教育改革与发展的深层次矛盾》，《人民教育》2006 年第 6 期。

夏惠贤：《教育公平视野下的新加坡教育分流制度研究》，《上海师范大学学报》（哲学社会科学版）2018 年第 5 期。

熊和平：《区域内义务教育课程公平的学校文化视角》，《教育研究》2011 年第 5 期。

谢维和：《中国教育公平发展的阶段性分析》，《基础教育》2015 年第 3 期。

谢维和：《教育评价的双重约束——兼以高考改革为案例》，《教育研究》2019 年第 9 期。

薛海平、唐一鹏：《我国普通高中教育经费投入：现状、问题与建议》，《教育学报》2016 年第 4 期。

薛海平：《课外补习、学习成绩与社会再生产》，《教育与经济》2016 年第 2 期。

薛海平等：《我国普通高中教育经费投入：现状、问题与建议》，《教育学报》2016 年第 4 期。

徐士强：《面向 2035 的普通高中教育发展新境界》，《中国教育学刊》2018 年第 9 期。

余澄、王后雄：《高考改革的公平风险分析》，《课程·教材·教法》2015 年第 9 期。

杨小微：《为促进教育过程公平寻找合适的尺度》，《探索与争鸣》2015 年第 5 期。

杨小微、李学良：《关注学校内部公平的指数研究》，《教育科学研究》2016 年第 5 期。

杨小微：《迈向 2035：中国教育现代化的目标定位》，《华中师范大学学报》（人文社会科学版）2019 年第 5 期。

俞可平：《重新思考平等、公平和正义》，《学术月刊》2017 年第 4 期。

殷玉新、王德晓：《19 世纪以来英国教育公平的嬗变轨迹探寻》，

《外国中小学教育》2016年第1期。

杨思帆、杨晓良：《处境不利儿童教育补偿政策比较研究——以美国、印度、中国三国为例》，《现代教育管理》2016年第12期。

杨九诠：《"公平而有质量的教育"的双重结构及政策重心转移》，《教育研究》2018年第11期。

袁振国：《实证研究是教育学走向科学的必要途径》，《华东师范大学学报》（教育科学版）2017年第3期。

姚松、曹远航：《70年来中国教育扶贫政策的历史变迁与未来展望——基于历史制度主义的分析视角》，《教育与经济》2019年第4期。

朱益明：《以育人方式改革促进普通高中健康发展》，《教育发展研究》2019年第18期。

张雨强等：《基于区域方案比较的普通高中学业水平考试研究》，《课程·教材·教法》2016年第10期。

张雨强等：《普通高中生高考选考科目现状及影响因素研究——以浙江省5所高中首批选考学生为例》，《教育学报》2018年第4期。

周坤亮：《普通高中教育定位的历史考察》，《全球教育展望》2014年第3期。

赵婷婷、王彤：《从入学机会平等到发展机会平等——20世纪中后期美国高等教育政策目标变迁研究》，《高等教育研究》2018年第2期。

张和平、张赟、程丽：《教育均衡研究与政策的发展特征及未来走向——基于近三十年研究论文及政策文本的分析》，《现代教育管理》2018年第6期。

曾家延、丁巧燕：《西方学习机会测评50年研究述评》，《全球教育展望》2018年第1期。

张人利、龚程玉：《后"茶馆式"教学的发展研究》，《上海教育科研》2016年第7期。

赵允德：《韩国中等学校教师轮岗制度及其特点》，《教师教育研究》

2014 年第 3 期。

张济洲、黄书光：《隐蔽的再生产：教育公平的影响机制——基于城乡不同阶层学生互联网使用偏好的实证研究》，《中国电化教育》2018 年第 11 期。

朱斌：《文化再生产还是文化流动？——中国大学生的教育成就获得不平等研究》，《社会学研究》2018 年第 1 期。

周鸿敏、方光宝：《教育公平测量的路径演变和典型方法》，《教育研究》2019 年第 6 期。

周秀平：《学生群体的政策分类与教育治理》，《清华大学教育研究》2019 年第 3 期。

郑琦等：《班级规模与学生学业成绩——基于 2015 年 PISA 数据的研究》，《北京大学教育评论》2018 年第 4 期。

钟秉林：《新高考综合评价招生的成效与现实困境探析》，《高等教育研究》2019 年第 5 期。

周彬：《学校集群发展：理论突破与实践选择》，《教育学报》2019 年第 4 期。

张虎：《费西金对机会"平等化"的批判及其机会多元主义》，《中南大学学报》（社会科学版）2018 年第 4 期。

［瑞］托尔斯顿·胡森：《平等——学校和社会政策的目标》（上），张人杰译，《全球教育展望》1987 年第 2 期。

4. 其他（学位论文、报纸、网络等）

草珺：《社会主义教育公平观及其实践对策研究——以我国西北地区基础教育为例》，博士学位论文，兰州大学，2017 年。

姜超：《大学教师发展制度创新研究——基于新制度主义的视角》，博士学位论文，华东师范大学，2019 年。

梁剑：《普通高中办学体制转型研究》，博士学位论文，西南大学，2017 年。

马洁：《高中课堂小组合作学习作为一种学习机会的质性研究》，硕士学位论文，华东师范大学，2018 年。

孙蔚雯：《高中生日常性学业复原力、学业投入对学习成绩的影响》，硕士学位论文，东北师范大学，2009年。

肖磊：《课程改革的制度化研究》，博士学位论文，西南大学，2014年。

殷玉新：《学习机会公平研究》，博士学位论文，华东师范大学，2018年。

于璇：《我国中西部贫困地区普通高中教育发展困境与治理路径研究》，博士学位论文，华东师范大学，2019年。

张和生：《高考公平问题的伦理审视与实证研究》，博士学位论文，中南大学，2013年。

张萌：《初中生教育公平感研究》，硕士学位论文，华东师范大学，2018年。

郑程月：《我国考试招生政策演进研究》（1977—2017），博士学位论文，天津师范大学，2018年。

吴康宁：《教育机会公平的三个层次》，《中国教育报》2010年5月4日第4版。

谢维和：《从基础教育到大学预科——新时期高中教育的定位及其选择》，《中国教育报》2011年9月29日第3版。

国务院办公厅：《关于新时代推进普通高中育人方式改革的指导意见》，2019年6月19日，http：//www. gov. cn/ zhen-gce/content/2019 - 06/19/content_ 5401568. htm，2019年9月19日。

国务院办公厅：《关于〈中国教育改革和发展纲要〉的实施意见》，http：//old. moe. gov. cn/ publicfiles/ business/htmlfiles/moe/moe_ 177/200407/2483. html，1994年7月3日。

观察者网：《2015高考作文"告诉打电话"被指为难农村学生》，https://www. guancha. cn/Education/2015_ 06_ 103228 38. shtml. 2015年6月10日。

教育部国家统计局：《财政部关于2017年全国教育经费执行情况统计公告》，2018年10月8日，http：//www. moe. gov. cn/srcsite/

A05/s3040/201810/t20181012_351301. html，2020 年 1 月 20 日。

黔西南州教育局：《关于转发〈贵州省普通高中学生综合素质评价实施办法〉的通知》，http：//www. qxn. gov. cn/View/notice. 5/223209. html. 2018 年 3 月 30 日。

中华人民共和国教育部：《关于印发〈普通高中课程方案（实验）〉和语文等十五个学科课程标准（实验）的通知》，http：//old. moe. gov. cn//publicfiles/business/htmlfiles/moe/s8001/201404/xxgk_167349. html，2003 年 3 月 31 日。

中华人民共和国教育部：《2020 年全国教育事业发展统计公报》，http://www. moe. gov. cn/jyb_sjzl/sjzl_fztjgb/202108/t20210827_555004. html，2021 年 8 月 27 日。

中华人民共和国教育部：《为学生的终身发展奠定基础——解读普通高中课程方案和课程标准（2017 年版）》，2018 年 1 月 17 日，http：//www. pep. com. cn/rjqk/sjtx/ptgzb/pg2004_1zl/201101/t20110106_1008042. htm，2019 年 10 月 27 日。

中华人民共和国教育部：《2010 年全国教育事业发展统计》，2012 年 3 月 21 日，http：//www. moe. gov. cn/srcsite/A03/s180/moe_633/201203/t20120321_132634. html，2019 年 11 月 2 日。

中华人民共和国中央人民政府：《国务院印发关于深化考试招生制度改革的实施意见》，2014 年 9 月 4 日，http：//www. gov. cn/xinwen/2014-09/04/content_2745653. htm，2019 年 11 月 2 日。

中华人民共和国教育部：《2020 年全国普及高中阶段教育》2017 年 4 月 7 日，http：//www. moe. gov. cn/jyb_xwfb/xw_fbh/moe_2069/xwfbh_2017n/xwfb_170406/170406_mtbd/201704/t20170407_302109. html，2020 年 1 月 2 日。

二　英文文献

Apple, M. W. , *Ideology and Curriculum*, London：Routledge, 2004.

Borders L. D. , Drury S. M. , " Comprehensive School Counseling Programs: A Review for Policymakers and Practitioners", *Journal of Counseling & Development*, Vol. 70, No. 4, 2014.

Buckley, Lecretia A., "Unfulfilled Hopes in Education for Equity: Redesigning the Mathematics Curriculum in a US high school", *Journal of Curriculum Studies*, Vol. 42, No. 1, 2010.

Bottiani J. H., Bradshaw C. P., Mendelson T., "A Multilevel Examination of Racial Disparities in High School Discipline: Black and White Adolescents'Perceived Equity, School Belonging, and Adjustment Problems", *Journal of Educational Psychology*, Vol. 23, No. 2, 2017.

Bray T., Adamson B., Mason M., "Introduction to Comparative Education Research", *Comparative Education Research Approaches & Methods*, Vol. 11, No. 2, 2007.

Bystydzienski J. M., Eisenhart M., Bruning M., "High School Is Not Too Late: Developing Girls' Interest and Engagement in Engineering Careers", *Career Development Quarterly*, Vol. 63, No. 1, 2015.

Bandura, Albert, "Human Agency The Rhetoric and the Reality", *American Psychologist*, Vol. 46, No. 2, 1991.

Browne, D. Book Review Charles E., "Larmore, Patterns of Moral Complexity", *Political Science*, Vol. 41, No. 1, 1989.

Bruner J. S., Olver R. R., Greenfield P M E A., "Studies in cognitive Growth", *Journal of Philosophy*, Vol. 23, No. 2, 1968.

Coleman, J. S., Campbell, E. Q., Hobson, C. J., Mcpartland, J., Mood, A. M., Weinfeld, F. D., York, R. L., "Equality of Educational Opportunity", 1966, Washington, D. C., U. S. Government Printing Office.

Coleman J. S., "The Concept of Equality of Educational Opportunity", *Harvard Educational Review*, Vol. 38, No. 1, 1968.

Coleman J. S., "Equal Educational Opportunity: A Definition", *Oxford Review of Education*, Vol. 1, No. 1, January 1975.

Chory, Rebecca M., " Enhancing Student Perceptions of Fairness: The Relationship between Instructor Credibility and Classroom", *Justice Communication Education*, Vol. 56, No. 1, 2007.

Chunling, Li, "Sociopolitical Change and Inequality in Educational Opportunity: Impact of Family Background and Institutional Factors on Educational Attainment (1940 – 2001)", *Chinese Sociology & Anthropology*, Vol. 38, No. 4, 2006.

David K., "The New Institutionalism in Organizational Analysis", *American Political Science Review*, Vol. 87, No. 2, 1993.

Downey, D. B, Condron, D. J., " Fifty Years Since the Coleman Report: Rethinking the Relationship between Schools and Inequality", *Sociology of Education*, Vol. 89, No. 3, 2016.

David H Hargreaves, " Leading a Self-Improving School System (2011)", Vol. 1 (Spring 2019) https://www.gov.uk/government/uploads/system/uploads/attachment _ data/file/325890/leadinga-self-improving-school-system.pdf: 10, 12.

Department for Bussiness Innovation and Skills, Department for Education, *Post 16 Skills Plan*, London: His Majesty's Stationary Office, 2016.

Esmonde I., " Mathematics Learning in Groups: Analyzing Equity in Two Cooperative Activity Structures", *The Journal of the Learning Sciences*, Vol. 19, No. 2, 2009.

Eldridge E., "The Quest for Educational Equity with Developing Bilinguals at a Majority Mexican Immigrant Urban High School: Opportunities and Obstacles", *Dissertations & Theses-Gradworks*, Vol. 23, No. 4, 2010.

Dimaggio P., Mohr J., "Cultural Capital, Educational Attainment, and Marital Selection", *American Journal of Sociology*, Vol. 90, No. 6, 1985.

Goetz A. R., Vowles T. M., "Tierney S. Bridging the Qualitative-Quantitative Divide in Transport Geography", *Professional Geographer*,

Vol. 61, No. 3, 2009.

Greenberg, J., "Organizational Justice: Yesterday, Today, and Tomorrow", *Journal of Management*, Vol. 16, No. 2, 1990.

Harris, D. M., & Anderson, C. R, "Equity, Mathematics Reform and Policy: The Dilemma of 'Opportunity to Learn'", *Equity in Discourse for Mathematics Education*, Netherlands: Springer, Vol. 55, No. 2, 2011.

Herman J. L., Klein D. C. D., "Evaluating Equity in Alternative Assessment: An Illustration of Opportunity-to-learn Issues", *The Journal of Educational Research*, Vol. 89, No. 4, 1996.

Herman J. L., Klein D. C. D., "Assessing Opportunity to Learn: A California Example", National Center for Research of Evaluation, Standards, and Student Testing (CRESST), Center for the Study of Evaluation (CSE), Graduate School of Education & Information Studies, University of California, 1997.

Hamilton A. F., Malin J., Hackmann D., "Racial/Ethnic and Gender Equity Patterns in Illinois High School Career and Technical Education Coursework", *Journal of Career & Technical Education*, Vol. 31, No. 1, 2016.

Hall P., Taylor R., "Political Science and the Three New Institutionalisms", *Political Studies*, Vol. 44, No. 5, 1996.

Iris Marion Young, *Justice and the Politics of Difference*, Princeton: Princeton University Press, 1990.

Kena, G., Musu-Gillette, L., &Robinson, J., et al., *The Condition of Education 2015*, 2015, http://nces.ed.gov/pubs.

Knoke D., Powell W. W., Dimaggio P. J., "The New Institutionalism in Organizational Analysis", *The American Political Science Review*, Vol. 87, No. 2, 1993.

LesleyA. Jacobs., *Pursuing Equal Opportunities: The Theory and Practice of Egalitarian Justice*, London: Cambridge University Press, 2004.

Lacobucci) D., "Structural Equations Modeling Fit Indices, Sample Size, and Advanced) topics", *Journal of Consumer Psychology*, Vol. 20, No. 1, 2010.

Murphy J., "Equity as Student Opportunity to Learn", *Theory into Practice*, Vol, 27, No. 2, 1988.

Murphy J., Hallinger P., "Equity as Access to Learning: Curricular and Instructional Treatment Differences", *Journal of Curriculum Studies*, Vol. 21, No. 2, 1989.

Nachmias R., Mioduser D., Shemla A., " Information and Communication Technologies Usage by Students in an Israeli High School: Equity, Gender, and Inside/Outside School Learning Issues", *Education and Information Technologies*, Vol. 6, No. 1, 2001.

Naroll R. Other: "Foundations of Behavioral Research: Educational and Psychological Inquiry ", *American Anthropologist*, Vol. 67, No. 2, Feb., 2010.

OECD, *PISA 2012 Techenical Report*, OECD Publishions, 2014.

OECD, PISA 2009 *Results: Overcoming Social Background: Equity in Learning Opportunities and Outcomes*, Paris: OECD Publishing, 2010.

OECD, *Measuring Innovation in Education: A New Perspective*, Obstetrics & Gynecology, 2014.

OECD, *TALIS 2018 Results (Volume I): Teachers and School Leaders as Lifelong Learners*, TALIS, OECD Publishing, Paris. 2019.

Pelgrum, W. J., *Educational Assessment. Monitoring, Evaluation and the curriculum*, Enschede: Febo Printers, 1989.

R. Boudon, *Education, Opportunity, and Social Inequality: Changing Prospects in Western Society*, New York: John Wiley&Sons Inc , 1974.

Scheerens, J., *Opportunity to Learn, Curriculum Alignment and Test Preparation*, Switzerland: Springer International Publishing, 2017.

Schmidt, W. H. Cogan, L. S. , "*Development of the TIMSS Context Questionnaires*" in M. O. Martin and D. L. Kelly (eds.), *Third International Mathematics and Science Study (TIMSS) Technical Report*, *Volume I : Design and Development*, *Chestnut Hill*, MA : Boston College, 1996.

Schmidt, W. H. Maier, "Opportunity to Learn", in Sykes G. B. Schneider and D. N. Plank (eds.), New York : Routledge, 2009.

Shifrer D. , Callahan R M , Muller C. , "Equity or Marginalization? The High School Course-Taking of Students Labeled With a Learning Disability", *American Educational Research Journal*, Vol. 50, No. 4, 2013.

Shari Seidman Diamond & Hans Zeisel, "Procedural Justice : A Psychologicalanalysis", *Duke Law Journal*, 1977.

Siu Loon HOE, "Issues and Procedures in Adopting Structural Equation Modeling Technique", *Journal of applied quantitative methods*, Vol. 3, No. 1, 2008.

Williams, Tony, " High School Size, Achievement Equity, and Cost : Robust Interaction Effects and Tentative Results", *Academic Achievement*, Vol. 46, No. 1.

Ward S. C. , Bagley C. , Lumby J. , et al. , "School leadership for Equity : Lessons from the literature", *International Journal of Inclusive Education*, Vol. 19, No. 4, 2015.

索　引

C

差异引领　20，111，122，123，127，142，143，152，316，319

承认正义　55，108，109，111，152，340

程序公平　5，45，46，104，105，110－114，120－123，127，142－144，149－152，155，156，161，162，169，173，174，176，179，195，216，232－234，239，243，244，246，265，288，316，317

F

分层抽样　23，28，31

分配公平　57，104，110，113，114，121－123，127，142－144，149，150，152，155，156，161，162，169，173，174，176，179，195，216，219，224，226，227，229，232，244，265，296，316，317

G

个性　3－6，12，14，15，39，45，55，71，72，76，82，88，94，102，107，108，111，112，120－123，127，142，143，151，152，155－158，160－162，166－169，171－173，175，177－180，182－185，187，188，190，191，193－197，202，216，217，220，225，231，232，247－251，257，258，260，268，269，272，275，289，292，295，296，306－308，312，313，315，316，318，322，323，327

规范性要素　117，270，271，273，

277,318

规制性要素 117,262,263,270,317

H

互动公平 20,54,55,81,96,113-115,121-123,127,142-144,149,151,152,155,156,161,162,169,174,176,180,195,216,247,248,250,251,254,257,259,265,309,310,312,314,316,318,319

J

减负 294

教师期望 16,92,143,205,207,208,213-215,218,254,262,285,310,337

教育改革 21,38-40,46,47,59,64-67,69-72,94,219,230,231,239,245,250,296,334,338,340,341,343,345,348

教育过程 1-4,6-12,15-20,22-24,27,28,30-32,34,43-58,70-73,76-84,86-88,90,92-102,109-113,115,117-123,125-128,130-136,138-140,142-145,147,151-156,160-162,164-167,169-188,191-198,203-220,223,225-227,229-232,234,237,246,248,257,262-266,269-271,273-275,277-280,282-289,292,293,296,297,303-310,312,314-321,323-325,328,330,331,341,342,344,345,357,358

教育资源 2,5-7,18,20-22,39,40,42,45-48,53,55,56,60,62-66,68,69,72,80,81,86-89,92,98,110-112,121-123,142,219-227,229-231,234,267,268,274,279,283,296-304,309,317,319,320,340,344

P

平等对待 4,19,20,55,57,95,96,122,123,127,145,225,232,247-249,279,307,310,312,316,318,319

评价 2,4,5,7,8,11,18,19,21,41,42,46,50,60-62,73,74,78,84,86,88,91,

98，113，114，120 - 123，127，128，136，138，140，142，143，145，150，152，154 - 158，166 - 173，175，177，178，181 - 183，186，187，189，192 - 194，196，197，199，206，219，227，230，234 - 239，252，254，255，259，260，262，269 - 271，273 - 277，286 - 291，293 - 295，301，304，309，311，312，314，316 - 319，324，329，332，343 - 345，347，349

普通高中　1，5 - 15，22 - 24，27，28，30 - 32，57 - 82，87，88，94，95，97 - 100，110 - 112，115，118，120 - 122，125，127，129，132，136，140，143，151，152，154 - 156，161，164 - 167，169 - 174，176，179 - 181，184，191，192，203 - 206，208，215 - 220，222 - 224，226，227，229，234，235，240，248 - 250，262，264 - 268，270 - 272，274，277，278，283，284，286 - 289，291，293，294，296，297，299，302，303，305 - 308，310，315 - 317，319 - 321，325，330，341，343，345 - 349

Q

权利　2，3，6，7，11，22，33，35，37，38，40 - 43，45 - 48，55 - 57，63，72，83，94 - 96，102 - 106，108 - 112，120 - 123，127，137，142，143，150 - 152，155 - 158，161，166 - 173，175 - 179，184，187，188，190，193，194，196，197，201，216，219，226，232，233，239 - 246，266，268，271，281，287 - 289，297，299，303，307，309，314 - 316，323，329，338

群体间差异　155，164，206

R

弱势补偿　20，22，46，69，74，95，121 - 123，127，185，232，248，256，267，279，316 - 319

W

文化—认知性要素　117，277，278

X

先赋性因素　117，118，120，205，207 - 210，212，213，215，217，

278，283

学生参与　28，55，122，142，147，148，152，207，213，215，262，314

学习机会　3，4，6，9，11，16-18，22，44，46，49-56，65，70-72，78，80-83，85-87，90，92-97，111，112，125，162，205，207，217，232，235，245，258，273，278，283，284，287，308，324，331，341，343，344，346-348

Y

约翰·罗尔斯　102，103，338

约瑟夫·费西金　102，120，308，322，323，338

Z

治理　3，101，118，223，268，291-294，299，341，347，348

自致性因素　118-120，205，207，209，212-215，218，283，285，310

综合素质评价　7，19，61，62，74，78，234-236，260，290，291，294，309，318，343，349

组织公平感　113-115，127

后　　记

年少时曾因写的作文常被当作范文在隔壁班诵读而尝到甜头，沾沾自喜，所以立志长大后要当个作家——将自己的喜怒哀乐、所思所想都倾注于笔尖，再将其印在带着香味的书页上收藏在枕边，该是一件怎样的人生美事啊！可当我阴差阳错地从文学专业被调剂为教育学专业，又不知天高地厚地读了博士，面对博士论文这样一本待完成的"大巨头"，原来想象中的自由的思绪、慵懒的生物钟、甜甜的书香都摇身一变成为一座难以逾越的"山丘"。为了顺利越过这座"山丘"，我一边仔细回顾自己在二十余年的受教育历程中那些一朵朵转瞬即逝的"思想浪花"，一边搜寻各种各样前沿的教育论坛，试图在感性与理性、个体与整体、微观与宏观的交汇处寻找一个值得研究的"真"问题。正是在这样的寻寻觅觅中，我开始逐渐走近教育过程公平，并在理论与现实的跋涉间，尝试从不同的视角和维度去剥开"公平"问题的本质，寻求除"平等"外，能够解开公平难题的更多答案。

在完成博士论文的两年后，我获得了将它进一步修订和出版的机会。这是我离年少时梦想最近的一次！这两年间，虽然经历了从学生身份到教师身份的转变，但在课堂上与学生互动时，脑海中还是会不自觉地浮现出调研时坐在讲台下做课堂观察员的情景；在指导学生进行论文写作时，也总不由自主地回想起那些伏案写作、苦思冥想的夜晚，那是无数个痛苦与快乐循环往复的瞬间。所以，与这本书有关的记忆一直以来都在塑造和影响着"新"的我，无论是在特定的学术之路上，还是在寻常的生活之旅中。

感谢国家社会科学基金后期资助项目的支持，让这本仍有许多瑕疵和不成熟观点的博士论文有机会和读者见面，也恳请所有读者不吝赐教，多多批评；感谢我的导师代蕊华教授，是您的支持、指导和鼓励，才使得这本书得以"成形"与"成长"；感谢我的母校华东师范大学以及我的工作单位上海师范大学，多么幸运能同时拥有这两片教育热土的滋养；感谢一路走来遇到的良师益友，你们的关怀与陪伴无时无刻不温暖着我。感谢我的父母，你们不是"望女成凤"型的父母，很少干涉我的选择，也从不对我提出要求，在我成长的过程中，听过最多的一句话就是"别太累了"。我想，当你们拿到这本书的时候，一定会非常开心和自豪吧！感谢你们，给了我自由成长的空间和无条件的退路与港湾。感谢昊哥，多亏有你，我才能在许多次失落和挫折中感到安慰，在无数个平凡普通的日子里感到幸福。过去、现在和未来，我们永远是最亲密的爱人和伙伴。

生活本就是个过程，而人们对于"平等"和"差异"的追求则是生活中最朴素与最深刻的追求。在孜孜以求的路上，我们总会失望，但又总能生出新的希望，希望是难以戒掉的习惯。在今后的工作和生活中，我将继续对"教育过程公平"的研究，步履不停，希望不止。

梁 茜

2022 年 4 月于上海